대한민국 역사

나라만들기 발자취 1945~1987

대한민국 역사

나라만들기 발자취 1945~1987

이영훈

기파랑

중·고등학교 역사교과서를 포함하여 서점가에서 널리 팔리고 있는 대한민국 역사에 관한 책들은 해방 후 통일 민족국가가 세워져야 했는데 그렇지 못했음에 대한 아쉬움으로 첫 페이지를 열고 있음이 보통이다. 이 책은 그러한 통설적 시각에서 벗어나 자유민주주의와 공산주의가 대립할 때 그것을 어떤 무엇으로도 통합할 수는 없으며, 그 점에서 분단은 불가피했다는 입장을 취하고 있다. 보다 정확히 표현하면 좌우합작의 유혹을 물리치고 자유 이념에 입각하여 새로운 나라를 세운 것은 훌륭한 선택이었다는 입장이다. 한국인의 숙원인 민족통일은 그 새로운 나라가, 곧 대한민국이 이룩해야 할 장래의 과제로 미루어진 것이다.

또 기존의 통설과 달리 이 책은 새로운 이념에 의해 새로운 나라를 만드는 데에는 시간을 두고서 단계적으로 성취해 가지 않으면 안 될 수많은 과제가 있다는 관점을 취하고 있다. 그것을 두고 '나라만들기'라고 하였다. 이 책의 키워드는 '나라만들기'이다. 민주주의, 경제발전, 복지국가를 한꺼번에 이룰 수는 없는 법이다. 선진국의 역사를 살펴도 그러했으며, 조금만 차분히 생각해 봐도 그 점은 금방 이해할 수 있다.

'나라만들기'에는 합리적인 계획과 건강한 리더십이 필요하다. 이를 두고 인간들은 갈등할 수밖에 없다. 대한민국의 지난 60년 역사가 온통 그러하였다. 그렇지만 그런대로 볼만한 '나라만들기'의 역사였음은 심한 갈등 속에서도 그러한 조건이 충족되었기 때문이다. 그렇다고 이 역사에서 빚어진 온갖 허물과 희생에 눈을 감자는 이야기는 아니다. 이 책은 이 나라가 얼마나 준비가 덜 된 상태에서 허둥지둥 만들어졌으며, 그 과정에서 피했으면 좋을 큰 상처를 안게 되었는지를 몇 차례나 강조하였다. 대한민국은 상처투성이의 나라로 출발하였다.

이 책은 1988년부터의 민주화시대를 맞이하여 우리의 '나라만들기' 역사가 일단락을 지었다는 입장을 취하고 있다. 어디까지 일단락이다. 완성된 것은 아니다. 이 나라가 차라리 생겨나지 말았으면 좋았다는 역사관이 오히려 그 때부터 널리 확산되어 한동안 군림하였다. 이 점을 고려하면 어디까지나 겉치레만의 일단락이다. 어느 나라가 자신의 출생 기원과 성장 과정에 대해 국민들이 애국심으로 공감할 역사를 쓸 수 없다면, 아니 쓸 의지가 없다면, 그 나라의 장래에 무슨 볼만한 점이 있겠는가.

그러한 위기의식에 이 책을 쓰게 된 데에는 두 가지 계기가 있었다. 몇 년 전부터 틈나는 대로 장병들의 정신교육에 참가해 왔는데, 장병들이 읽을 만한 대한민국의 역사책이 없음을 알게 되었다. 일선 부대를 방문하여 진중문고를 관찰할 기회도 있었는데, 온통 취미나 취업 관련 도서로 꽉 채워진 가운데 병사들의 애국심을 고취할 역사책은 찾기 힘들었다. 그래서는 장차 통일 대업을 성취할 군의 정신전력에 문제가 있을 것이다.

김문수 경기지사의 권유는 이 책을 쓰게 된 동기로서 직접적이었다. 도의 공무원들과 토론해 보면 이 나라의 역사에 대해 너무 알지 못한다는 것이 김 지사의 걱정이다. 정치가의 역사에 대한 발언이 정치적 지지로 연결되는 경우는 드물다. 대중의 역사의식이 심하게 분열된 상태에서는 오히려 반발이 커서 손해를 보기 십상이다. 그럼에도 김 지사의 역사에 대한 발언은 뜨겁다. 그는 정치가이기 이전에 도(道)를 추구하는 정직한 지식인이다. 그가 즐겨 인용하듯이 아침에 도를 들으면 저녁에 죽어도 좋은 법이다 (朝聞道 夕死可矣, 論語).

집필 과정에서는 여러분의 도움이 컸다. 해방 전의 독립운동사, 해방 후 북한의 정치사에 관해서는 거의 전적으로 김학준 동아일보사 회장이 쓰신 『북한의 역사』1·2에 의존하였다. 1950년대와 1960년대의 정치사에 관해서는 맨 나중의 참고문헌에 나오는 기무라 칸(木村幹)의 두 책으로부터 큰 시사를 얻었다. 경제사를 본업으로 하는 필자가 그 시대의 정치사를 나름의 시각으로 정리할 수 있었던 것은 그의 두 책 덕분이다. 면식이 없는 분이지만 지면을 통해 감사드린다. 6·25전쟁의 역사, 1960년대 이후 민주화운동의 역사, 1950년대 이후 북한의 역사에 관해서는 주익종 박사로부터 큰 도움을 받았다. 주 박사가 초를 잡아 준 글이 있었기에 그 부분의 집필이 가능하였다. 1950년대와 1960년대의 경제사에 관해서는 최상오 박사로부터 큰 도움을 받았다.

여러분이 원고를 읽고 잘못된 점을 바로잡아 주거나 논지에 대해 충고해 주셨다. 안병직, 이대근, 류근일, 류석춘, 양동안, 강규형 교수님께 감사드린다. 특히 양동안 교수님은 꼼꼼하게 원고를 검토해 주셨다. 현대기업금융의 김재근 사장은 이 책이 안고 있을 문제점에 대해 세밀히 지적해 주었다. 이 책의 상당 부분은 당초 경기도문화재단과의 용역으로 집필되었다. 실무에 수고가 많으셨던 여러분에게도 감사드린다. 출판을 맡아주신 기파랑의 안병훈 사장님께도 감사의 말씀을 올린다. 기파랑이 대한민국의 자유 이념을 수호하는 보루로서 더욱 융창하기를 기원한다.

2013년 6월
관악산 아래 연구실에서
지은이 드림

차 례

제 7 장 북한의 역사

부록

| 제1장 |

대한민국 역사를 위한 올바른 관점

1 | 국민이 공유하는 역사가 없다

정치가 안정되고 사회가 잘 통합된 선진국에서 찾아볼 수 있는 공통의 특징은 국민 대다수가 공유하는 국가의 역사가 건전하게 성립해 있다는 사실이다. 국가의 역사를 공유하는 일은 그 국가에 속한 인간들을 하나의 국민으로 통합하는 기초적인 요건의 하나이다. 그래서 선진국으로 갈수록 정부는 그의 자라나는 세대에게 나라의 기초 이념이 무엇인지, 왜 그것이 정정당당한 것인지, 그것이 언제 어떻게 생겨났는지, 어떠한 정치세력이 그 이념을 받들어 국가를 세웠는지에 대한 역사교육을 중시하고 있다. 어릴 때부터 그러한 교육을 받은 선진국의 국민은 대개 애국적이다. 자기가 소속한 국가가 정당한 이념에 기초하여 세워진 훌륭한 정치체제이며 그에 의해 자기와 가족의 행복이 보장되고 있음을 이해하고 그에 동의하기 때문이다. 때문에 선진국의 국민은 국가가 위기에 처하여 그를 부를 때

1948년 8월 15일 중앙청 광장에서 열린 대한민국정부수립 기념식.

주저하지 않고 몸을 던져 전장에 나아간다.

　우리 대한민국은 어떠한 형편인가. 국민의 대다수가 공유하는 국가의 역사가 있는가. 2011년 한국청소년미래리더연합이란 단체가 전국 400개 중·고등학생 2,500명을 대상으로 설문조사를 한 적이 있다. "만약 전쟁이 난다면 어떻게 하겠는가"라는 질문에 "참전한다"는 대답은 296명에 불과하였다. 반면 "해외로 도피한다"는 대답이 892명이나 되었다. 나머지는 "국내에 남는다"(328명) 또는 "잘 모르겠다"(496명) 등이었다. 이처럼 대한민국의 청소년들은 의외로 애국적이지 않다. 전쟁이 나면 해외로 도피하겠다는 학생이 죽음을 무릅쓰면서 참전하겠다는 학생보다 세 배나 많은 실정이다.

한국의 청소년들이 애국적이지 않은 것은 그들의 책임이 아니다. 중·고등학교의 선생님이, 나아가 교육정책을 맡은 정부 당국이 국민의 의무를 소중하게 가르쳐 주지 않았기 때문이다. 다시 말해 선생님이나 정부 당국이나, 나아가 대한민국의 국민 모두가 그리 큰 애국심을 보유하고 있지 않은 실정이다. 이 같은 지적에 대해 독자 여러분은 의아하게 생각할 것이다. 우리 한국인만큼 애국적인 국민이 어디 있는가. 2002년 월드컵 때를 돌이켜 보라. 수십만의 인파가 거리를 메우고 '대~한민국!'하면서 열렬히 응원하지 않았던가.

다른 나라와 축구시합을 할 때 제 나라를 응원하는 것은 애국심이라기보다 민족감정이라고 하는 편이 좋을 것이다. 애국심은 나라의 기초 이념과 역사에 대한 이해, 동의, 자발적 헌신에 기초해 성립하는 국민적 연대감 혹은 도덕적 책무감이라고 할 수 있다. 한국인이 그러한 수준의 애국심에서 선진국의 국민보다 취약한 것은 부정하기 힘든 사실이다.

예컨대 동서대학교의 마이어스(B. Y. Myers) 교수는 2010년에 발생한 천안함 사건에 대해 한국의 대학생들이 보인 반응을 보고 큰 충격을 받았다. 북한의 기습 공격으로 폭침한 그 군함에는 동서대 학생 한 명이 수병으로 근무하다가 전사하였다. 그럼에도 그 사건에 대해 분노를 느끼는 동 대학의 학생은 거의 없었다. 분노는커녕 무시할 수 없는 수의 많은 학생들은 이명박정부가 사건을 조작하였다는 음모설을 지지하였다. 뉴욕타임즈에 기고한 글에서 마이어스 교수는 2002년 여중생 두 명이 훈련 중인 미국 군의 장갑차에 치여 죽은 사고를 상기시켰다. 당시 온 나라가 두 여중생을 추모하고 미국을 비난하는 촛불로 밤거리를 덮었다. 그처럼 흥분하던 한국 인이 천안함 폭침으로 46명이나 전사했는데도 전혀 분노하지 않는 이유는 무엇일까. 마이어스 교수는 한국인에게 '국가이성'이 결여되어 있다고 진 단하였다.

대한민국에 다수의 국민이 공유하는 국가의 역사가 성립해 있지 않 음을 보여주는 대표적인 사건을 2008년의 광복절 기념식에서 찾을 수 있 다. 그 해 2월에 들어선 새 정부는 대한민국이 세워진 것은 1948년 8월 15 일이라고 하였다. 따라서 그 해의 광복절은 '건국60주년'이었다. 대한민국 이 환갑을 맞이한 것이다. 그 특별한 의미를 살려서 새 정부는 그해의 광복 절을 '건국60주년'으로 경축하였다. 그랬더니 야당이 그에 항의하면서 기 념식에 불참하였다. 야당은 대한민국의 건국은 이미 1919년에 상해에서 대한민국임시정부가 수립됨으로써 이루어진 일이라고 주장하였다.

여기서 어느 쪽이 옳고 그른지는 논하지 않기로 한다. 문제는 이 나라 가 언제 세워졌는지, 다시 말해 독립기념일 또는 건국일이 언제인지를 둘 러싸고 정부·여당과 야당이 서로 다른 생각으로 분열하였다는 사실이다. 당일 야당은 백범기념관이란 장소에서 별도의 기념식을 가졌다. 뿐만 아 니라 야당과 그에 동조하는 단체와 학회들은 정부가 '건국60주년'을 기념 하는 것은 위헌이라는 소원(訴願)을 헌법재판소에 제기하였다. 한 나라가 언제 세워졌는가를 두고 정치와 사회가 이처럼 공공연하게 대립하는 예를 어디 다른 나라에서 찾아 볼 수 있을까. 마치 기억상실증에 걸린 사람이 제

생일이 언제인지도 알지 못하고 내면의 갈등을 일으키는 것과 다를 바 없는 상태라고 할 수 있다.

그만큼 한국의 정치와 사회는 깊은 내면의 분열을 안고 있으며, 그것은 끊임없이 정치와 사회의 크고 작은 갈등과 대립으로 표면화하고 있다. 국민 모두가 애국심으로 공유하는 국가의 역사가 아직 성립해 있지 않은 실정이다. 기성세대가 다음 세대에게 자랑스럽게 물려줄 역사가 없다. 마이어스 교수의 표현 그대로 '국가이성'이 결여되어 있다. 이런 상태를 그냥 내버려둔다면 대한민국은 아마도 선진국이 될 수 없을 것이다. 선진국은커녕 외부로부터 예상치 못한 큰 충격이 가해지면 정치와 사회가 크게 분열하여 국가체제가 사상누각(沙上樓閣)처럼 허물어 내릴 수도 있다.

대한민국의 국민이 자랑스럽게 공유할 역사를 새롭게 쓸 필요가 있다. 지금까지 쓰이고 가르쳐진 대한민국의 역사는 이 나라가 세워지고 발전해 온 역사를 정당하게 평가하지 않았다. 그래서 역사가 오히려 국민을 분열시키는 역할을 하였다. 그런 분열의 역사가 아니라 통합의 역사를 새롭게 쓸 필요가 있다. 관점을 달리하면 그 동안 보지 못했던 것들을 많이 새롭게 볼 수가 있다. 그 관점은 어떠한 것들일까. 먼저 그에 대해 생각해 보자.

2 | 사실을 있는 그대로 정확히 이해해야 한다

　역사란 무엇인가. 역사는 과거의 사건에 대한 이야기이다. 이미 지나간 사건이기 때문에 역사를 이해하는 데에는 별 어려움이 없을 것 같다. 그렇지만 전혀 그렇지 않다. 무슨 일이 실제로 벌어졌는지, 그것이 무엇을 의미하는지를 두고 사람마다 생각이 다른 경우를 우리는 자주 접하고 있다. 과거사만 그런 것이 아니다. 심지어 눈앞에서 벌어진 일을 두고서도 서로 다른 해석으로 다투고 심지어 재판정으로까지 가기도 한다. 한 마디로 말해 모든 사람이 누구나 수긍하는 객관적인 진리는 현실에도 과거에도 없다.

　그래서 영국의 역사학자 카(E. H. Carr)는 "역사는 과거와 현재의 끊임없는 대화"라는 유명한 말을 남겼다. 역사는 과거에 있었던 사건이 아니라 그에 대한 현재를 살아가는 사람의 해석이라는 뜻이다. 같은 사건을 두고서도 현재를 살아가는 사람의 관점이나 문제의식이 다르면 해석이 달라질 수 있다. 다시 말해 역사란 현재를 살아가는 사람이 특정한 관점에서 끊임없이 재해석하는 과거사의 흐름이다.

대한민국의 역사를 두고서도 같은 이야기를 할 수 있다. 예컨대 6·25전쟁을 두고 공산주의 세력의 무력 침략으로부터 한국인이 자유와 인권을 방어한 전쟁이었다고도 할 수 있으며, 미국의 식민지로 있는 남한을 해방하기 위해 북한이 벌인 민족해방전쟁이었다고도 할 수 있다. 또 없었으면 좋았을 동족상잔(同族相殘)의 슬픈 전쟁이었다고도 할 수 있다. 몇 년 전에 6·25전쟁에 대한 이 같은 해석의 차이를 둘러싸고 한국의 정치가 시끄러웠던 것을 독자 여러분은 기억할 것이다. 그것은 6·25전쟁을 바라보는 관점이 다르기 때문이다. 어떤 사람은 자유민주주의의 관점에서, 다른 사람은 공산주의의 관점에서, 또 다른 사람은 민족주의의 관점에서 6·25전쟁을 위와 같이 달리 해석하고 있다.

그런데 역사가 과거와 현재의 대화라면, 다시 말해 보는 관점에 따라 역사의 해석이 달라진다면, 역사를 두고 과학이라 할 수 있는가라는 의문이 제기될 수 있다. 결론을 말하자면 역사는 과학이며 과학이지 않으면 안 된다. 누구나 함부로 제 하고 싶은 대로 대화를 한다면 그것은 올바른 역사라고 할 수 없다. 이 점에 대해 깊이 주의하지 않으면 안 된다.

실제 무슨 일이 있었는지는 그에 관해 남겨진 문서, 신문, 잡지, 편지, 일기, 녹취록 등 수많은 자료를 꼼꼼하게 읽고 검토하기 전에는 알 수 없는 법이다. 그것을 읽고 검토하는 직업이 바로 역사학이다. 역사가는 역사가 남겨 놓은 수많은 자료를 통해서 사실 인식의 지평을 넓히는 직업인이다. 그런 작업에 종사한 적이 없는 사람이 제멋대로 해석만 일삼는다면 진정한 역사가라고 할 수 없다. 역사학을 전공하는 사람도 어느 나이가 되어서는 더 이상 사료를 보지 않는 경우가 많은데, 그것은 사료를 보는 일이 매우 힘들기 때문이다. 그럴 경우 그 사람도 더 이상 진정한 역사가라고 할 수 없다. 또한 역사가들이 사료를 통해 무엇을 밝혀 놓았는지 잘 알지도 못하면서 역사를 즐겨 입에 올리는 사람들이 많다. 아무리 훌륭한 정치가라도, 아무리 성공한 기업가라도 그런 사람을 두고 올바른 자세의 교양인이라고 하기는 어렵다. 역사를 올바로 이해하기 위한 가장 기초적인 조건은 사실을 있는 그대로 이해하고 설명하려는 과학하는 자세라고 할 수 있다.

다시 6·25전쟁에 대해 이야기해 보자. 그 전쟁이 왜 일어났는가에 관해 1980년대까지 미국이 북한과 소련의 남침을 유도하였다는 설이 그럴듯하게 사람들의 마음을 파고든 적이 있다. 미국에서 진보적이라는 학자들이 미국 정부를 비판하기 위해 그런 설을 만들어 냈다. 한국 학자들도 그로부터 큰 영향을 받았다. 그런데 1991년 소련연방이 해체되고 모스크바의 공문서관이 개방되자 스탈린이 작성한 여러 문서가 공개되었다. 그에 따르면 6·25전쟁은 스탈린의 지시에 따라 미리 세밀하게 준비된 전쟁이었다. 스탈린의 문서를 읽으면 누구나 그 점을 금방 알 수 있다. 유엔 안보리에서 거부권을 가지고 있는 소련이 무엇 때문에 한국에 유엔군을 파병하기로 결정하는 유엔 안보리 회의에 불참했는지도 오랫동안 그 이유를 잘 알 수 없었다. 그런데 스탈린의 문서 속에 그에 대한 해답이 명쾌하게 담겨 있다. 스탈린의 문서가 공개되자 미국이 북한과 소련의 남침을 유도하였다는 학설이 쑥 들어가고 말았다. 이 같은 예로부터 역사에 대한 올바른 이해의 첫걸음은 자료에 바탕을 둔 과학하는 자세임을 다시 한 번 알 수 있다.

　그런데 과학하는 자세도 생각만큼 쉬운 일이 아니다. 정치가 역사에 개입하여 사실을 왜곡하는 경우가 많기 때문이다. 예컨대 북한의 역사책을 보면 1945년 8월 15일 우리 민족이 일제로부터 해방될 당시 위대한 김일성(金日成) 장군이 조선인민혁명군과 함께 두만강을 건너 북한으로 진격했다는 이야기가 나온다. 이는 그야말로 순전한 날조이다. 김일성과 그의 약 50여명으로 이루어진 소규모 부대는 1941년부터 소련군의 보호 하에 연해주 하바로프스크에 있었다. 김일성이 북한으로 들어오는 것은, 여러 사람들의 증언에 의하면, 1945년 9월 중순의 일이었다. 김일성과 그의 일행은 소련 군함을 타고 원산항으로 입항하였다. 이처럼 힘 있는 정치가가 사실을 왜곡하거나 조작하고자 할 때 힘없는 일개 역사가가 죽기를 각오하지 않는다면 그에 저항하기 힘들다. 그렇게 날조된 역사를 두고 과학이라고 평가할 수는 없다.

　대한민국의 역사에서 그 같이 노골적인 왜곡이나 날조를 찾기는 힘들다. 그렇지만 사실에 대한 이해가 불완전하거나 잘못 이해된 사실을 고치려고 노력하지 않는 경우를 많이 볼 수 있다. 근대과학의 역사가 일천하여 여전히 과학하는 자세가 부족하기 때문이다. 예컨대 1945년 8월 15일의 사건을 예로 설명해 보자. 그 날 우리 민족은 일제의 식민지 억압으로부터 해방되었다. 그런데 많은 한국인들은 그날 우리 민족이 독립을 했다고 알고 있다. 일본으로부터의 해방을 독립의 뜻으로 잘못 알고 있는 것이다. 실제 우리 민족은 그날부터 3년간 미군정(美軍政)의 지배를 받았다. 이 땅에서 일본을 몰아낸 것은 미국이었다. 그 미국이 일본제국주의를 완전히 해체할 요량으로 1910년부터 그의 부속영토로 지배되어 온 한반도 남부에 군대를 상륙시킨 것이다. 한국인이 새로운 점령세력인 미군정으로부터도 해방되어 대한민국이란 나라를 세우는 것은 1948년 8월 15일이었다. 그 때서야 진정한 독립이 이루어졌다고 할 수 있다. 당시의 기록을 읽으면 누구나 그 점을 알 수 있다. 예컨대 "우리의 소원은 통일"이라는, 한국인이면 모르는 사람이 없는 노래가 있다. 이 노래는 원래 1947년 3·1절을 맞이하여 "우리의 소원은 독립"으로 지어진 것이다. 독립이 아직 이루어지지 않았기 때문이다.

1948년 8월 15일 대한민국이 독립하고 1년 뒤 4대 국경일이 제정되었다. 그 가운데 하나인 광복절은 대한민국의 독립을 경축하기 위한 국경일이었다. 그래서 예컨대 1950년 8월 15일은 제2회 광복절이었다. 그런데 세월이 흐르다보니 광복의 뜻이 애매해졌다. 광복이란 원래 '광복조국'(光復祖國) 또는 '광복독립'(光復獨立)의 준말이다. 조국을 영광스럽게 되찾는다는, 곧 독립을 이룬다는 뜻이다. 그런데 언제부턴가 광복이라 하면 캄캄한 암흑의 시대를 뚫고 광명의 빛이 찾아왔다는 식으로, 곧 일제로부터의 해방을 가리키는 뜻으로 잘못 이해되기 시작했다. 그래서 오늘날 광복절 하면 1945년 8월 15일의 해방을 경축하는 것으로 모든 국민이 알고 있다. 그렇지만 진정한 광복은 1948년 8월 15일 대한민국의 독립과 함께 이루어졌다.

이러한 혼란이 발생한 데에는 여러 가지 원인이 있지만 사실을 있는 그대로 이해하려는 과학하는 자세의 결여가 가장 큰 원인이라고 생각한다. 자료를 세밀히 읽고 검토하여 사실이 원래 어떠했는지를 알려고 하지 않기 때문에 그 같은 혼란이 발생한 것이다. 그런데 보통사람만 그런 것이 아니라 책임 있는 정부 당국과 직업적인 역사가조차 그러한 혼란을 일으키는 경우가 많음을 보면, 과학하는 자세가 그리 쉽지 않다는 생각을 하게 된다. 특정 관점에 깊이 매몰되면 과학하는 자세에 장애가 생긴다. 그래서 역사에 대한 올바른 이해를 위해서는 과학하는 자세와 더불어 다음과 같은 몇 가지 역사관에 대해 깊이 고찰할 필요가 있다.

3 | 민족주의는 우리의 소중한 공동체 정서

과학하는 자세에 충실히 입각하여 언제 어떤 사실이 어떻게 벌어졌는지에 대해 의견을 같이 하더라도 역사관에 따라 그에 대한 해석은 여러 가지로 달라질 수 있다. 앞서 소개한 6·25전쟁에 대한 세 가지 해석이 그 좋은 예이다. 6·25전쟁이 북한에 의한 남침이라 해도 북한과 그에 동조하는 세력은 민족해방을 위한 정의의 전쟁이었다는 주장을 접지 않는 것이다.

주변을 돌아보면 오늘날의 한국인은 그들의 역사를 두고 서로 다른 해석으로 심하게 대립하고 있다. 6·25전쟁만이 아니다. 앞서 잠시 소개한 대한민국의 건국일도 그렇다. 어떤 사람은 1948년 8월 15일에 이 나라가 세워졌다고 주장하는 반면, 다른 사람은 1919년 4월 11일 중국 상해에서 대한민국임시정부가 세워진 날이 대한민국의 건국일이라고 주장하고 있다. 이승만(李承晩)과 박정희(朴正熙) 두 대통령의 역사적 평가도 마찬가지이다. 이 두 대통령에 관한 이야기가 나오기만 하면 사람들은 찬반양론의 두 패로 나뉘어 얼굴을 붉힌다. 독자 여러분도 적어도 한두 번은 그런 체험을 했을 것이다. 그래서 앞서 지적한대로 오늘날 한국인이 흔쾌히 공유하는 대한민국의 역사는 없다고 할 형편이다. 서점에 가면 몇몇 잘 알려진 책들이 있기는 하지만 너무 심하게 대한민국의 역사를 비판하고 있어서 자라나는 세대에게 권장하기 힘들 정도이다. 군도 마찬가지 고민을 하고 있다. 중대 단위마다 도서실이 있고 수백 권의 책이 있지만, 대한민국의 역사에 관한 책은 잘 보이지 않는다. 그렇다고 대한민국의 역사를 심하게 매도한 책들을 들여놓을 수도 없다. 그렇게 잘못된 나라라면 그 나라를 위해 장병들이 목숨을 바치면서까지 전쟁을 할 이유가 없어지기 때문이다.

이제부터 대한민국의 역사를 새롭게 다시 이해함에 필요한 역사관에 대해 함께 생각해 보도록 하자. 한국인에게 가장 익숙한, 널리 수용되고 있는 역사관은 두말할 것도 없이 민족주의이다. 민족이란 한 마디로 우리 한국인은 모두 단군(檀君) 할아버지의 자손이라는 것이다. 다른 말로 표현해 민족이란 한 핏줄이라는 혈연에 바탕을 둔 운명공동체 의식이라고 할 수 있다. 한국인만큼 인종이 동질적인 집단은 세계에서도 드물다. 눈도 코도 머리털도 피부도 어딜 가나 모두 꼭 같다. 이 같은 인종적 동질성이 한국의 유달리 강한 민족주의를 낳았다고 한다.

민족주의는 한국인의 소중한 정신문화이다. 민족주의는 대한민국의 강한 국민적 통합의 바탕으로 작용하고 있다. 1997년 외환위기를 당하여 한국경제가 국제통화기금(IMF)의 감독을 받게 되었다. 그러자 온 국민이 집집마다 가지고 있는 금붙이를 내놓아 상당한 액수의 달러를 마련한 적이 있다. 당시 국난을 당하여 금을 모으는 한국인의 모습은 세계의 여러 나라에 강렬한 인상을 주었다. 이런 나라는 세계에서도 드물다. 최근 남유럽 국가들이 재정위기를 당하여 1997년의 한국과 비슷한 처지가 되었다. 그런데 국민들이 정부의 정책에 협조하기는커녕 격렬한 항의 시위를 벌이고 있다. 그래서 위기는 점점 더 심각해지고 있다. 그런 나라들에 비한다면 한국의 국민적 통합은 매우 높은 수준이다. 그 밑바탕에는 우리 모두 형제자매라는 민족주의 의식이 자리 잡고 있다.

또한 민족주의는 강한 평등의식의 뿌리를 이루고 있다. 한국인만큼 평등의식이 강한 국민도 세상에 없다고 한다. 그것은 모두 다 형제자매인데 누구는 잘 살고 누구는 못 살아서 되겠는가라는 공동체의식 때문이다. 남북통일과 민족주의의 관계도 마찬가지이다. 한국인이면 누구나 할 것 없이 민족 통일을 간절히 바란다. 왜 그런가. 그 역시 우리 모두는 원래 한 가족이었는데 본의 아니게 갈라졌다는 민족의식의 작용이라고 할 수 있다. 이러한 여러 가지 이유에서 민족주의는 한국인을 하나로 뭉치게 하는 소중한 정신문화라고 할 수 있다. 민족주의를 소중히 간직하고 북돋워 갈 필요가 있다.

그런데 주의하지 않으면 안 될 점은 민족이라는 공동체의식은 어디까지나 감성의 영역에 속한다는 사실이다. 예컨대 한국의 축구팀이 월드컵에서 일본과 시합을 할 때 온 나라가 떠들썩하게 응원을 벌인다. 시비곡절(是非曲折)이나 이해득실(利害得失)을 따져서 그렇게 하는 것은 아니다. 한국인이면 누구나 어릴 때부터 그러한 의식과 행동양식을 부모 세대로부터 주입받아 왔기에 그렇게 행동하는 것이다. 다시 말해 민족이라는 것은 인간사회가 세대 간에 자연스럽게 물리고 계승하는 집단적 감성의 범주라고 할 수 있다.

민족은 옳고 그름을 분별하는 이성의 영역과는 차원이 다른 것이다. 그 때문에 민족이라는 집단적 감성은 자칫하면 오도될 위험성을 안고 있다. 인간은 이성의 동물만이 아니라 감성의 동물이기도 하다. 경우에 따라 분별력을 잃고 다른 사람에게 좋고 싫은 감정을 마구 드러내기도 한다. 민족이라는 집단감성이 정치가의 선동으로 잘못 오용된 경우를 우리는 세계사에서 흔하게 찾을 수 있다. 우리 아리안족은 세계에서 가장 우수한 종족이라고 믿었던 나치체제 하의 독일인들, 우리는 신의 민족이라고 하면서 이웃나라를 침략했던 천황제 하의 일본인들이 그 좋은 예이다.

민족이 감성의 범주이기 때문에 정치적 상황에 따라 그 역할이 달라지는 예를 대한민국의 역사에서 훌륭하게 찾을 수 있다. 해방 후 미국, 영국, 소련이 한국을 신탁통치 하겠다는 모스크바협정을 발표하자 자유민주주의를 지향하는 우익세력은 반대를, 공산주의를 추구하는 좌익세력은 찬성을 하였다. 신탁통치를 둘러싼 우익과 좌익의 투쟁에서 우익이 승리하였다. 다수 한국인의 민족의식이 신탁통치를 반대하여 우익을 지지하였기 때문이다. 그래서 당시 우익을 가리켜 민족진영이라고도 하였다. 그 전까지만 해도 좌익세력의 정치적 영향력이 우익보다 강하였다. 그런데 신탁통치 반대운동을 통해서 우익이 좌익보다 더 세졌다고 한다. 그만큼 집단적 감성의 범주로서 민족의 힘이 컸던 것이다.

그런데 1980년대가 되어서는 정반대의 현상이 벌어졌다. 이번에는 다른 세력이 민족의 힘을 장악하였다. 5·18광주민주화운동이 그 계기였다.

당시 광주에서 유혈참극이 벌어진 데에는 미국의 책임이 크다는 주장이 널리 확산되었다. 그와 동시에 대한민국은 여전히 미국의 식민지라는 주장이 다시 제기되었다. 대한민국은 반(反)민족세력이 잘못 세운 나라라는 이해가 역사학계의 새로운 흐름으로 등장하였다.

앞서 잠시 언급한대로 2002년 훈련 도중의 미국군 장갑차에 치여 두 명의 여중생이 사망하자 그에 항의하여 대규모 촛불 시위가 일었다. 그것은 교통사고였다. 고의적인 살인은 아니었다. 그런데도 수만 명의 한국인이 밤거리에 촛불을 들고 모였음은 미 제국주의의 압제로 억울하게 희생된 꽃다운 소녀의 목숨을 떠올렸기 때문이다. 당시 촛불시위를 이끌었던 사람들이 그런 식으로 대중을 선동하였다. 이 사건도 민족주의 감정이 정치적으로 오용된 대표적인 사례라고 하겠다.

이렇게 상황에 따라 그 역할을 바꾸는 민족에 대해 지난 10년간 한국의 역사가들은 종전에 알지 못했던 새로운 사실을 많이 밝혀냈다. 한국인들이 민족이란 의식을 갖게 된 것은 20세기 초 조선왕조가 멸망의 위기에 처하면서부터라고 한다. 민족이란 말 자체가 1907년경에 일본에서 수입되었다고 한다. 그 이전에는 그와 같은 뜻의 말이 없었다. 19세기까지 조선왕조의 인간들은 양반, 상민, 노비의 신분으로 나뉘었다. 노비, 곧 종은 양반에 의해 사고 팔리는 재산이었다. 17세기에는 노비가 전체 인구의 3~4할에 달하기도 하였는데, 19세기까지도 다 없어지지 않고 1할 전후를 차지하였다. 일반 상민도, 쉽게 말해 상놈도 양반에 의해 심한 차별을 받았다. 그렇게 신분 차별이 심했던 사회에서 우리 모두는 형제자매라는 공동체의식이 있을 리 없었다. 그러한 공동체의식은 한국인 모두가 일제로부터 차별을 받으면서 생겨난 것이다. 그러면서 우리 모두는 단군의 자손이라는 사상이 생겨났다. 조선시대에는 나라의 조상으로 추앙된 것은 단군이 아니라 중국에서 건너온 기자(箕子)였다.

이러한 사실들이 여러 자료에서 분명해지자 민족이 영원불변의 존재인 줄 알았던 사람들이 큰 충격을 받았다. 그렇게 대중의 선입관념에 맞서 새로운 사실을 밝혀내는 것이야말로 역사학의 위대한 힘이라고 할 수 있다. 민족이 불과 100년 전부터 생겨난 것이라면 그것은 역사와 함께 변해 갈 수밖에 없는 것이다. 앞서 민족의 역할이 정치적 상황에 따라서 바뀌는 예를 소개하였는데, 그것은 민족이란 집단감성의 범주가 특정 시대에 생겨나서 그 내용이 차츰 바뀌어가는 것이기 때문에 당연한 현상이라고 하겠다.

역사와 함께 민족의 내용이 바뀌는 더없이 좋은 실례를 북한에서 찾을 수 있다. 북한정권은 1998년에 개정된 헌법에서 "위대한 수령 김일성 동지는 민족의 태양이시며 조국통일의 구성이시다"라고 선언하였다. 이후 북한에서 민족이라 하면 '김일성민족'으로 그 뜻이 바뀌었다. 그것은 같은 민족이라 하지만 대한민국의 국민으로서는 도저히 받아들일 수 없는 것이다. 그래서 가끔 남한과 북한의 사람들이 만나 좋은 뜻으로 '우리민족끼리'를 함께 외치지만 막상 내용을 알고 보면 서로 다른 이야기를 하고 있음이 밝혀져 어색한 분위기가 연출되는 경우가 적지 않다.

이상과 같이 한국인에게 가장 큰 영향력을 미치는 역사관인 민족주의는 지난 20세기에 생겨난 한국인의 집단감성으로서 정치적 상황에 따라 그 내용과 역할이 바뀌어 왔다. 우리는 민족주의라는 공동체의식을 우리의 소중한 정신문화로 간직하고 북돋워갈 필요가 있다. 동시에 민족주의가 발휘할 수 있는, 누구도 제어하기 힘든 무시무시한 힘이 잘못된 이념에 의해 오용되지 않도록 늘 경계하지 않으면 안 된다.

4 | 자유 이념은 역사 발전의 근본 동력

　　민족주의와 더불어 또 하나의 소중한 역사관을 들자면 자유의 이념이다. 민족주의가 감성의 영역이라면 자유 이념은 이성의 영역이다. 이 둘은 서로 보조를 맞추며 함께 나아갈 필요가 있다. 이성의 자유 이념이 앞장서고 감성의 민족주의가 뒤를 밀면서 함께 나아가야 한다. 자유 이념이 앞장서지 않으면, 민족주의만으로는 그것이 어디로 갈지 모르기 때문에 위험하다. 자유 이념은 우리가 대한민국의 역사를 올바로 해석함에 있어서 다른 무엇보다 소중한 역사관이라고 하겠다.

　　민족과 마찬가지로 자유 이념 역시 특정 시대에 발견되었다. 그것을 발견하고 국가의 기초 이념으로까지 발전시킨 것은 16~18세기의 서유럽 문명이다. 서유럽의 계몽주의자들은 인간은 원래 하나님에 의해 자유로운 개체로 창조되었다고 믿었다. 인간은 원래 자유의 존재이기 때문에 어느 누구도 다른 사람의 신체를 소유하거나 억압할 수 없다. 그것은 하나님의 뜻에 어긋나는 일이다. 인간은 자신의 생명과 신체를 보전하기 위해 자연에 노동을 가하여 재화를 생산한다. 그 재화는 노동을 한 당사자의 고유한 권리로서 재산이다. 왜냐하면 노동을 하는 인간의 신체가 자유일 뿐 아니라 노동의 대상인 자연이 하나님이 인간을 위해 창조하신 것이기 때문이다. 그렇지만 인간은 혼자 살아갈 수 없다. 모든 사람이 자유를 마음껏 추구하면 혼란이 발생한다. 그래서 인간은 서로 계약을 맺어 자신의 자유를 조금씩 양보하여 사회의 질서를 바로 잡는 정부를 세웠다. 그 정부가 인간의 신체를 함부로 구속하거나 재산을 빼앗을 수는 없다. 그것은 하나님의 뜻에 어긋나는 일이다. 그러한 정부를 타도하는 것은 정당한 일이다.

이러한 계몽주의 정치철학에 입각하여 최초로 건설된 국가가 미국이다. 1776년의 미국 독립선언서는 "우리는 다음과 같은 것을 자명한 진리라고 생각한다. 모든 사람은 평등하게 태어났으며, 조물주는 몇 개의 양도할 수 없는 권리를 부여했으며, 그 권리 중에는 생명과 자유와 행복의 추구가 있다"라는 유명한 말로 시작하고 있다. 이 같은 자유 이념은 뒤이어 1789년 프랑스혁명을 일으키는 힘으로 작용하였다. 이후 자유의 이념은 20세기 전반까지 세 차례의 큰 파동을 그리면서 전 세계로 전파되었다. 오늘날 대한민국의 헌법도 "모든 국민은 인간으로서 존엄과 가치를 가지며, 행복을 추구할 권리를 가진다. 국가는 개인이 가지는 불가침의 기본적 인권을 확인하고 이를 보장할 의무를 지닌다"고 선언하고 있는데(제10조), 그 역사적 기원은 위와 같은 서유럽과 미국의 계몽주의 정치철학에 있다고 하겠다.

한국을 위시한 동아시아의 문명은 오랫동안 유교의 정치철학에 의해 통합되어 왔다. 유교의 정치철학에는 위와 같은 자유의 이념이 없었다. 동아시아에서 자유의 이념은 서유럽에서 전파되어 온 것이다. 한국에서는 1870~1890년대에 활동한 김옥균(金玉均), 박영효(朴泳孝), 서재필(徐載弼) 등의 개화파 인사들이 자유 이념을 최초로 받아들였다. 대한민국의 초대 대통령 이승만도 그 가운데 한 사람이다. 그는 1894년 갑오경장으로 과거제가 폐지되자 배재학당에 들어가 서양 학문을 공부하였다. 거기서 그는 자유의 이념을 알게 되었으며, 이후 평생에 걸쳐 그것을 정치적 신조로 삼았다.

16~18세기 서유럽에서 성립한 자유 이념이 전 세계로 퍼져간 것은 그것이 인간의 본성과 사회의 자연적 질서에 가장 적합한 것이기 때문이었다. 서유럽의 자유 이념은 하나님이 인간을 창조하였다는 등, 기독교 신앙을 전제한 것이었다. 그렇지만 자유 이념은 기독교 문명권을 넘어 전 세계의 상이한 문명권으로 널리 전파되고 수용되었다. 그것은 자유가 경험적으로 인간의 본성에 가장 적합하고 또 사회의 발전을 이끄는 가장 우수한 원리이기 때문이다.

스미스(A. Smith)를 비롯한 최초의 경제학자들이 그 점을 훌륭하게 증명하였다. 진화론적 생물학을 선두로 하는 현대의 자연·사회과학은 수많은 실험을 반복하면서 그 점을 과학적으로 입증하였다. 그들이 던지는 공통의 메시지는 다음과 같다. 즉 인간들은 서로 자발적으로 협력하고 소통할 때 그들의 행복을 증진시킬 수 있는 가장 훌륭한 환경과 조건을 만들어낸다는 것이다. 역사는 지식의 축적과 함께 발전한다. 새로운 지식이 나타나지 않으면 역사는 정체한다. 인간의 행복도 마찬가지이다. 인간을 보다 행복하게 만드는 것은 새로운 지식이다. 그리하여 새로운 지식을 개발하고 교환하고 또 모방하는 자유가 주어져 지식의 축적이 순조로운 사회는 발전해 가고 인간의 삶도 보다 윤택해진다.

지식은 어느 천재가 개발하는 것만이 아니다. 지식은 수많은 사람에 의해 분산적으로 개발되며 서로 소통함으로써 널리 확산된다. 인간은 불완전한 존재이다. 인간은 그가 무엇을 모르는지조차 알지 못할 정도로 무식한 존재이다. 그런 인간들이 일상의 생활 속에서, 자연과의 노동과정에서, 전통적인 인간관계 속에서 조금씩 새로운 지식을 발견하고 암묵적인 형태로 축적해 간다. 예컨대 어느 가구를 짜는 데 들어가는 재목의 결은 그 일에 오랫동안 종사한 목수가 가장 잘 아는 법이다. 아인슈타인과 같은 천재적인 물리학자라 해도 그에 관한 한 그 목수를 당할 수 없다.

지식의 속성이 이와 같기 때문에 인간들은 그의 오랜 역사에서 지식을 소통하고 교환함이 서로에게 유리하다는 것을 알았다. 현대 인류학은 인간이 유인원(類人猿)과 결정적으로 구분되는 것은 교환의 유리함을 이해하는 지성의 능력에 있다고 주장하고 있다. 어쨌든 인간 사회는 지식의 자연발생적이고 진화적인 교환과 소통의 체계와 더불어 발전해 왔다. 그 교환과 소통의 경제적 체계가 다름 아닌 시장 또는 교역이다.

시장에서 벌어지는 가격의 움직임은 어느 누구의 지식이 옳고 그른지를 자연스럽게 판별해 준다. 사람들은 그에 맞추어 무엇을 얼마나 생산할지를 결정한다. 그가 올바로 판단하였는지는 시장에서의 교환을 통해 증명된다. 시장은 완벽하지 않다. 수요와 공급은 꼭 일치하지 않는다. 그렇지만 사람들은 오랜 관습에 비추어 그 차이가 조만간 조정되는 오차의 범위에 불과함을 알고 있다. 이러한 협력과 소통의 체계로서 시장이 원활하게 작동하기 위해서는 모든 사람에게 자신의 의지대로 행동하고 선택할 수 있는 자유가 보장되어야 한다. 그런 자유가 보장되지 않으면 시장은 성립하지 않거나 불완전하게 성립할 뿐이다. 자유의 기초는 재산권이다. 사람들이 자신의 의지대로 자유롭게 행동하는 것은 그에 따른 결과가 오로지 자신의 권리에 속한다고 믿기 때문이다. 그런 믿음이 없다면, 다시 말해 재산권이 보장되지 않는다면, 사람들은 자발적으로 자유롭게 행동하려 하지 않으며, 그에 따라 시장은 성립하지 않는다.

지난 20세기에 시도된 공산주의혁명은 이 같이 인류가 오랜 문명사에서 체득하고 실천해 온 평범한 진리를 무시하고 억압하였다. 공산주의자들은 인간 이성의 합리성, 그 완전성을 신봉하였다. 특히 혁명을 지도하는 공산당의 지성을 신뢰하였다. 당은 오류를 범할 수 없다고 하였다. 그들은 정부가 시장을 대신하여 필요한 만큼 생산하고 분배하는 계획경제가 가능하다고 믿었다. 그들은 계획을 수립함에 필요한 지식이 완벽하게 수집될 수 있다고 믿었다. 그렇지만 그들이 수집한 지식은 불완전하거나 왜곡된 것이었다. 보통사람들이 그의 고유한 환경과 전통 속에서 축적해 온 모든 유용한 지식은 억압되거나 폐기되었다. 공산주의혁명은 결국 실패하고 말았다. 엉터리 정보로 계획을 짜니 낭비와 부족과 비효율이 생길 뿐이었다.

모두가 평등하게 잘 사는 세상을 만들어 보겠다는, 인간 이성의 합리성을 과신했던 공산주의체제는 결국 한 세기도 넘기지 못하고 해체되었다. 보통사람들의 자발적인 협력과 소통의 체계로서 시장을 대신할 다른 것은 없었다. 그 점이 공산주의 체제의 해체와 더불어 더 없이 명확해졌다. 이를 두고 미국의 사회학자 후쿠야마(F. Fukuyama)는 '역사의 종언'이라고까지 말하였다. 역사의 발전이 끝났다는 뜻이 아니라 무엇이 역사를 발전시키는 원동력인지를 이제야 어느 정도 확실하게 알게 되었다는 뜻이다. 이를 두고 역사의 결과론적 해석이라 해서는 곤란하다. 인간은 원래 무식한 존재이며 수많은 시행착오와 더불어 조금씩 그 지혜를 발전시켜 간다. 공산주의혁명의 실패는 그러한 지혜를 인류사회에 선사하였다. 그러한 진화론적인 관점에서 후쿠야마의 말을 이해할 필요가 있다.

이에 다음과 같은 이야기가 가능해진다. 역사의 진정한 발전은 타협적이며 개량적이며 점진적이며 진화적인 경로로 이루어진다. 단절적이며 파괴적인 혁명은 역사의 정상적인 발전이 아니다. 왜냐하면 역사를 발전시키는 유용한 지식은 보통사람의 노동과정과 전통적 인간관계 속에 암묵적인 형태로 축적되기 때문이다. 흔히들 기존의 국가체제를 때려 부수는 혁명이야말로 역사의 진정한 발전인 줄 알지만 커다란 오해이다. 따지고 보면 성공한 혁명의 예는 거의 없는 편이다. 20세기의 공산주의혁명은 소련에서, 중국에서, 북한에서 모든 지역에서 실패하였다.

인간의 의지로 기성의 국가체제를 때려 부순 대표적인 혁명이 1789년의 프랑스혁명이다. 현대의 역사학은 그 혁명도 실패작이었다고 평가하고 있다. 프랑스혁명이 초래한 것은 장기간의 좀처럼 수습되지 않는 혼란뿐이었다. 프랑스의 황제체제는 다시 복구되었으며, 프랑스의 민주주의는 19세기 내내 표류하였으며, 프랑스의 산업혁명은 한참 지체되었다. 역사의 진정한 발전은 인간들이 기성체제의 문제점을 발견하고 타협하고 개량하는 지혜를 발휘할 때 이루어졌다. 파괴적인 혁명을 경과하지 않은 영국이 그 모범 사례로 알려져 있다.

대한민국의 역사도 마찬가지이다. 대한민국은 기성의 사회체제를 때려 부수지 않고 좋은 점은 계승하고 나쁜 점을 버리는 개량적인 방식으로 세워진 나라이다. 예컨대 건국 초기 대한민국은 이전의 총독부와 미군정이 제정한 법률을 계승하였다. 일제가 한국을 지배하기 위해 구축한 시장경제 체제는 그대로 온존되었다. 좋은 것은 비록 그것이 제국주의가 만든 것이라도 활용할 줄 아는 지혜가 결국 역사를 발전시켰다.

혹자는 일제의 통치기구와 사회체제를 혁명적으로 폐기하지 않았다고 대한민국을 비판한다. 대한민국을 두고 반민족세력에 의해 잘못 세워진 나라라는 이해가 그렇게 해서 생긴 것이다. 그렇지만 기존의 사회체제를 혁명적으로 때려 부술 때 어떠한 결과가 발생하는지는 북한의 역사가 잘 말해 주고 있다. 북한의 공산주의자들은 지주들의 재산을 몰수하고 고향에서 추방하였다. 일제가 만든 법과 모든 통치기구를 폐기하였다. 그랬더니 그 법과 제도에 실려 있는 근대문명마저 죄다 폐기되고 말았다. 그 법과 제도가 보장한 자유 이념이 계급의 적으로 몰려 추방되었다. 그에 따라 보통 사람들이 자발적으로 협력하고 소통할 수 있는 역사 발전의 장이 닫히고 말았다. 이후 60년간 북한은 정체와 후퇴의 역사를 걸을 수밖에 없었다. 반면 기존의 사회체제를 온건하게 타협적으로 개량한 대한민국은 번영에 번영을 거듭하여 오늘날 경제적으로나 문화적으로 선진국의 반열에 진입하고 있다. 대한민국의 국민총생산은 북한을 40배나 능가하며, 그 동안 축적된 국부(國富)의 차이는 수백 배에 달한다.

요컨대 자유 이념에서 바라 본 역사의 발전은 타협적이며 개량적이며 점진적이며 진화적이다. 지난 20세기의 세계사를 성찰하면서 이 점을 솔직하게 인정할 필요가 있다. 그러면 지금까지 어둡고 부정적이고 정체적으로 비쳐진 대한민국의 역사가 밝게 긍정적으로 달리 해석된다. 독자들은 이 책에서 그렇게 재해석된 우리의 역사를 만나게 될 것이다.

5 | 나라만들기라는 새로운 관점

  대한민국의 역사를 새롭게 재해석하기 위해 필요한 역사관을 한 가지 더 소개한다. 그것은 지난 60년간의 대한민국 역사를 나라만들기라는 새로운 시각에서 바라보자는 것이다. 많은 한국인들은 1945년 8월 우리 민족이 일제로부터 해방된 것을 두고 제2차 세계대전 당시 프랑스가 나치 독일의 점령으로부터 해방된 것과 같은 것으로 간주하고 있다. 이는 잘못된 생각이다. 나치의 프랑스 점령은 고작 4년이다. 그에 따라 나치가 물러간 뒤 프랑스는 이전의 국가와 사회체제를 그대로 회복하였다. 나치의 군사적 점령이 프랑스의 국가와 사회를 바꾸어 놓은 것은 아무 것도 없었다. 두 나라 다 일찍부터 근대화된 나라였다.

  그에 비하자면 일제의 한국 지배는 1905년부터 치면 40년이나 되었다. 일제가 물러간 뒤 한국인들은 이전의 왕조체제의 국가와 사회를 회복하지 않았다. 회복하려 해도 할 수가 없었다. 일제 하의 40년간 사회가 완전히 달라져 버렸기 때문이다. 비유하자면 물리적으로 억압되고 있다가 원상회복된 것이 아니라 화학적인 작용을 받아 다른 형질로 바뀌어 버린 것이다. 일제의 식민지 지배가 한국 사회를 그렇게 바꾸었다. 일제는 한국을 영구히 그의 영토로 병합할 야욕을 품었다. 그러기 위해서는 한국을 일본과 동질의 사회로 만들 필요가 있었다. 그래서 일본에서 시행되고 있는 법과 제도를 그대로 옮겨 심었다. 사유재산제도를 보장하는 민법도 그런 목적으로 만들어졌다. 그래야 일본인들이 한국에 건너와 땅도 사고 공장도 짓고 광산도 개발하여 한국인을 소작농으로 노동자로 광부로 지배할 수 있기 때문이다. 일제는 한국인의 정치적 자유를 인정하지 않았다. 세금만 걷었지 투표권을 주지 않았다. 그런데 경제적 자유는 인정하였다. 그래야 일본인 지주와 계약을 맺어 소작농이 될 수 있기 때문이다. 그래야 일본인 공장의 노동자로, 일본인 광산의 광부로 일할 수 있기 때문이다. 그것은 반쪽의 자유로서 종속될 자유에 불과하였다.

그렇지만 그런 식의 지배를 40년이나 받는 가운데 사회가 질적으로 변하고 말았다. 변화의 자생적인 출발은 19세기 후반부터였는데, 식민지기에 걸쳐 그러한 변화가 가속되었다. 사유재산제도와 시장경제체제가 성립하니까 한국인 자본가와 공장도 생겨나기 시작하여 1930년대가 되면 그 수가 일본인보다 많아졌다. 일제는 한국을 동화시킬 목적으로 학교를 세웠지만, 의도하지 않은 결과를 낳았다. 한국인 가운데서도 근대 교육을 받은 기업가, 상인, 엔지니어, 변호사, 의사, 교사, 숙련노동자, 하급관료 등의 전문가 집단이 생겨났다. 이들은 일제에 동화되기는커녕 민족의식에 강하게 눈을 떴다. 이들은 언젠가 그들의 조국이 회복되면 근대국가를 세우는 일꾼으로서 역할을 할 참이었다.

요컨대 일제의 식민지 지배를 거치는 동안 한국사회는 슬슬 근대문명의 사회로 바뀌어갔다. 일본 역시 서유럽으로부터 근대문명을 받아들인 국가이다. 그 근대문명의 법과 제도가 일본의 지배를 통해 한국으로 이식되었다. 근대문명의 핵심 요소는 개인의 자유와 권리이다. 식민지라는 종속적이며 왜곡된 환경에서도 그러한 문명의 요소는 이식되고 확산되었다. 대한민국은 그러한 '문명사(文明史)의 대전환' 과정에서 생겨난 국가이다. 개인의 자유와 권리라는 새로운 문명의 원리에 입각하여 새로운 국가가 세워진 것이다.

그런데 새로운 문명의 원리에 입각하여 새로운 국가를 세우는 것은 결코 쉬운 일이 아니다. 새로운 나라를 세우는 일은 무(無)에서 유(有)를 창조하는 것과 같다. 우선 국가의 기초 이념을 공고하게 다져야 했다. 그래야 다른 이념을 가진 내외의 적대적 세력으로부터 나라를 제대로 방어할 수 있기 때문이다. 또한 대통령중심제인지 내각책임제인지 정부의 형태를 빨리 결정하고 정착시켜야 했다. 그래야 국내 정치가 안정되기 때문이다. 뒤이어 청렴하고 유능한 직업적 관료제를 양성해야 했다. 외적의 무력 침입을 맞아 나라를 지킬 튼튼한 상비군을 육성함은 다른 무엇보다 시급한 일이었다. 이를 위해서는 경제개발을 조속히 추진할 필요가 있다. 그래야 세금이 제대로 걷혀 관료와 군인들에게 먹고 살기에 충분한 봉급을 줄 수 있기 때문이다. 나아가 정부재정을 확충하여 사회적 약자에게 최소 수준의 인간다운 삶을 보장하는 복지제도를 갖추지 않으면 안 된다.

이러한 기초적 조건들이 어느 정도 갖춰지는 단계가 되어서야 국가에 대해 자발적인 귀속감을 느끼는 애국적인 국민이 생겨난다고 하겠다. 흔히들 국민이 먼저 생긴 다음 국가가 생기는 줄 알지만 정반대이다. 소수의 창조적이며 선도적인 정치세력에 의해 국가가 먼저 생겨난 한참 뒤에 그에 충실한 국민이 생겨나는 법이다. 새로운 국가는 건국을 선포한 다음 이 같은 여러 조건을 충족하게 될 때 비로소 온전하게 만들어졌다고 이야기할 수 있다.

이 같은 나라만들기의 과제들을 한꺼번에 동시다발로 해결할 수는 없다. 신생 후진국이 보유하는 인적 물적 자원이 부족하기 때문이다. 나라만들기의 과제들은 짧아도 두어 세대에 걸쳐 단계적으로 점진적으로 이루어질 수밖에 없다. 그 사이 제한된 자원을 효율적으로 투자하기 위해서는 여러 과제의 우선순위를 올바로 정할 필요가 있다. 그것이 잘못되면 낭비와 비효율이 발생하여 망쳐 버리게 된다.

그런데 우선순위를 정하면 순위가 뒤로 밀리는 분야로부터 저항이 발생하여 정치적 긴장이 조성된다. 그래서 나라만들기가 성공하기 위해서는 그 과정에서 발생하기 마련인 정치적 긴장을 조정하고 해소할 수 있는 강력하고 유능하고 올바른 방향의 정치적 리더십이 필수적이다. 제2차 세계대전 이후 1960년대까지 수많은 국가들이 생겨났지만 나라만들기에 성공한 사례는 그리 많지 않다. 적지 않은 나라가 도중에 실패하여 적대세력에 의해 국가체제가 전복되고 말았다. 상당수의 국가는 일상적인 혼란, 부패, 빈곤의 늪에서 헤어나지 못하고 있는 실정이다. 그것은 후진국이 보유한 인적 물적 자원이 빈약할 뿐 아니라, 강력하고 유능하고 올바른 방향의 정치적 리더십을 확보하는 데 실패했기 때문이다.

대한민국의 건국도 마찬가지로 곤란한 과정을 거쳤다. 대한민국이 국제사회에 독립을 선포한 것은 1948년 8월 15일이었다. 이후 나라다운 나라가 만들어지는 데에는 대략 40년의 세월이 소요되었다. 1988년 서울올림픽이 개최되는 그 시점에 이르러서야 대한민국은 경제성장도 이루고 민주주의도 정착하여 나라다운 나라가 만들어졌다는 평가를 받게 되었다. 그 사이 수많은 시련이 있었다. 전쟁이 터졌고, 수많은 사람이 죽었다. 몇 차례의 폭력적인 정변도 겪었다. 그렇지만 대한민국에는 다른 후진국과 달리 나라만들기에 적합한 인적 자본과 정치적 리더십의 조건이 충족되었다. 그래서 제2차 세계대전 후 독립한 국가 가운데 거의 유일하게 경제성장과 민주주의를 성취하는 모범사례를 이루었다.

다시 말해 건국 이후 대한민국의 역사는 나라만들기의 과제를 단계적으로 합리적으로 성취해 가는 관점에서 이해될 필요가 있다. 역사가의 전문적인 용어를 빌리면 수십 년의 단위로 변화를 보이는 '중기'(中期)의 시간으로 '국면'(局面)과 같은 것이다. 어느 사건의 역사적 의미를 온전하게 이해하기 위해서는 그 사건을 둘러싸고 있는 '국면'을 제대로 파악할 필요가 있다. 건국 이후 대한민국에서 벌어진 온갖 사건은 한국인이 그들의 새로운 나라를 만들고 있다는 '국면'에서 보아야 그 역사적 의미가 온전하게 이해될 수 있다.

처음부터 민주주의를 완전하게 실천할 수는 없었다. 그를 위한 기초적 조건이 전혀 갖추어져 있지 않았기 때문이다. 정부형태를 대통령중심제로 할 것이냐 내각책임제로 할 것이냐를 두고 건국 이후 13년간이나 심각한 정쟁이 있었다. 정부형태도 확정되지 않았는데 민주주의 정치제도가 제대로 운용될 리 없었다. 그런데 지금까지 많은 역사가들은 처음부터 민주주의를 제대로 실천하지 않았다고 해서 초창기의 정치 지도자들을 너무 심하게 매도해 왔다. 심지어 초창기의 대한민국을 두고 이것이 과연 나라인가라는 의문을 제기함으로써 애당초 생겨나지 말았어야 할 나라라는 인식을 확산시키기도 하였다.

그렇다고 건국의 초창기에 대한민국이 범한 잘못을 모두 덮어서는 안 된다. 건국을 전후하여 특히 6·25전쟁 중에 무고한 양민들이 군경에 의해 학살된 경우가 있었다. 그러한 인류의 양심에 반하는 범죄에 대해서는 끝까지 진상을 조사하여 피해자들의 명예를 회복하고 보상을 행할 필요가 있다. 역사가의 값진 역할은 과거의 인간들이 범한 무지, 교만, 과오를 낱낱이 밝혀내 보다 나은 미래의 건설을 위한 밑거름으로 삼게 하는 것이다. 역사가가 기득권 세력의 포로가 되어 그러한 역할에 주저한다면, 그것은 사실을 왜곡하는 것만큼이나 역사를 오도하는 잘못이라 하겠다.

| 제2장 |

해방과 건국 투쟁

1 | 해방의 여명

중일·태평양전쟁

1931년 일본은 만주를 점령하고(만주사변) 이듬해에 만주국이란 괴뢰국가를 세웠다. 그에 대해 국제적 비난이 거세게 일자 일본은 1933년 국제연맹을 탈퇴하였다. 1937년 일본은 중국 본토에 대한 침략을 개시하였다(중일전쟁). 일본은 북경, 상해, 남경 등 연안의 주요 도시를 신속하게 점령하였다. 그에 맞서 중국의 국민당정부는 내륙 깊숙이 이동하여 장기 항전에 들어갔다. 미국은 국민당정부를 지원하였다. 1939년 미국은 일본과의 통상협정을 폐기하였으며, 1940년부터는 철강, 항공유, 기타 전쟁물자의 대일본 수출을 중단하였다. 미국은 일본의 최대 교역국이었다. 미국의 수출 제한은 일본의 경제와 전쟁 수행의 능력에 큰 타격을 가하였다.

1940년 일본은 석유 등의 자원을 확보하기 위해 동남아시아로 진출

일왕의 항복 선언이 발표된 다음 날 서울 시민들이 서대문 형무소 앞에서 출옥하는 독립투사들과 함께
환희의 독립만세를 부르고 있다. 1945. 8. 16

하였다. 그해 7월 일본은 독일에 항복한 프랑스 비시 정부의 협조를 얻어
프랑스령 인도차이나(베트남)를 점령하였다. 일본의 동남아 진출에는 영
국령 버마에서 중국 중경으로 이어지는 국민당정부의 물자 보급로를 차단
할 목적도 있었다. 이 같은 일본의 군사적 팽창에 맞서 미국은 국내의 일본
자산을 동결함과 더불어 일본과의 모든 무역을 폐쇄하였다. 일본은 미국을
상대로 경제제재의 해제를 위한 외교적 교섭을 벌였지만 실패하였다. 미국
은 일본이 중국에서 즉시 철수할 것을 강경하게 요구하였다.

드디어 일본은 1941년 12월 하와이 진주만의 해군기지를 기습 공격
함으로써 미국과의 전쟁에 돌입하였다(태평양전쟁). 아울러 일본은 동남
아시아에 대한 대대적 침공에 나섰다. 1942년 2월까지 일본은 영국령 말레

일본군의 미국 하와이 진주만 폭격. 1941. 12. 7

이시아, 버마, 싱가포르를 차례로 점령하였다. 3월에는 네덜란드의 식민지인 인도네시아 자바를 점령하였다. 그해 5월에는 필리핀의 미국군을 축출하였으며, 뒤이어 뉴기니 동쪽의 남태평양 솔로몬제도까지 점령하였다.

1942년 5월경 일본은 북으론 만주와 중국 전 연안지역, 남으론 동남아 각국과 뉴기니, 그리고 하와이 서쪽의 남태평양 전역을 장악하였다. 일본은 자신이 맹주가 되어 동아시아·동남아시아를 서양 제국주의에서 해방하여 대동아공영권(大東亞共榮圈)을 만들겠다고 선전하였다. 일본의 세력이 이렇게 팽창하자 1910년부터 일본의 식민지 지배를 받아 온 한국의 독립은 물 건너간 것처럼 보였다.

일본의 승세는 오래가지 못했다. 미국은 막강한 산업생산력에 뒷받침된 군사력으로 반격에 나섰다. 1942년 6월 미국 해군은 하와이 북서쪽 미드웨이해전에서 일본 해군을 격파하여 북태평양에서 제해권과 제공권을 장악하였다. 일본 해군은 전함 11척, 항공모함 8척, 순양함 18척 등의 대병력을 동원하여 미드웨이의 미국군 기지를 공격하였다. 그러나 암호를 사전에 해독하고 대기한 미국군 폭격기대의 급습을 받고 주력 항공모함 4척, 항공기 300대, 병력 3,500명을 상실하는 참패를 당하였다. 이후 태평양과 인도양에서 우위를 지켜 온 일본 해군은 전투의 주도권을 미국 해군에 빼앗겼다.

　　미국군의 주요 반격 경로는 남태평양의 솔로몬제도에서 시작하여 마리아나제도와 필리핀을 거쳐 이오지마와 오키나와로 북상하는 것이었다. 미국군은 솔로몬제도 과달카날에서 1942년 7월부터 1943년 2월까지 8개월간의 치열한 공방전 끝에 일본군을 축출하였다. 1944년 7월에는 일본군의 옥쇄 저항을 물리치고 마리아나제도의 사이판을 점령하였다. 뒤이어 1945년 2월 미국군은 필리핀의 마닐라에 상륙하였다. 3월에는 마리아나제도와 일본 본토의 중간에 있는 작은 화산섬 이오지마를 치열한 전투 끝에 점령하였다.

　　이 섬은 일본 본토를 공습할 기지로서 더할 나위 없이 좋았다. 이 섬에서 발진한 B-29폭격기들은 일본의 도시들을 초토화하였다. 미국군은 더욱 북서진하여 6월에는 오키나와를 점령하였다. 이제 태평양전쟁은 일본 본토에서의 결전만 남겼다. 일본의 패망은 목전에 이르렀으며, 아울러 한국의 해방도 가시화하였다.

중국에서 민족주의세력의 독립운동

일제의 식민지 지배체제로부터 해방되기 위한 한국인들의 투쟁은 국내보다는 해외에서 활발하게 전개되었다. 국내에서도 독립운동이 끈질기게 벌어졌지만, 총독부의 탄압이 극심하고 악랄하여 큰 세력으로 발전하지 못하였다. 해외에서의 독립운동은 만주사변 이후, 특히 중일·태평양전쟁 시기에 활성화하였다. 해외에서의 독립운동은 크게 민족주의세력과 공산주의세력의 두 갈래로 나뉘었다. 민족주의세력의 독립운동은 주로 중국 중부지역의 상해, 남경, 무한, 중경과 같은 국민당정부의 근거지와 미국의 교포사회를 무대로 하였다. 이들의 이념적 지향은 우로는 자유민주주의, 좌로는 사회민주주의로 한결 같지 않았다. 반면 공산주의세력의 독립운동은 중국 북부지역의 중국공산당 근거지와 만주에서 활발히 전개되었다.

중국 중부지역에서 전개된 민족주의세력의 독립운동은 이념적 성향에 따라 김구(金九)·이동녕(李東寧)의 대한민국임시정부와 김원봉(金元鳳)·김규식(金奎植)의 조선민족혁명당으로 구분되었다. 임시정부가 우파라면 조선민족혁명당은 좌파였다. 1919년 3·1운동 후 상해에서 발족한 대한민국임시정부는 처음에는 중국, 만주, 연해주, 미국에서 전개된 여러 갈래의 독립운동 세력을 포괄하였다. 그렇지만 독립운동의 노선을 둘러싸고 여러 정파의 입장이 대립함에 따라 임시정부는 심각하게 분열하였다. 그 결과 1925년에 즈음하여 임시정부는 불과 10여 명의 각료와 그들의 식솔로 구성된 독립운동가의 단체로 격하되고 말았다. 본국과 미국으로부터의 지원도 끊어져서 집세도 내지 못할 정도의 초라한 신세가 되고 말았다.

그 와중에서 임시정부의 간판을 끝까지 붙들고 회생시킨 인물은 김

대한민국임시정부 임시의정원 신년 축하 기념사진(1921년). 임시정부의 요인들은 둘째 줄에 앉아 있다. 왼쪽에서 여섯째가 이동휘 국무총리, 일곱째가 이승만 임시대통령이다.

구였다. 김구는 임시정부의 초대 경무국장이었다. 그는 임시정부를 와해시키기 위해 본국에서 침투해 오는 밀정들과 격렬히 투쟁하였다. 임시정부가 무력화하자 그는 내무총장에 이어 최고수반인 국무령에 취임하였다. 그가 임시정부를 살리기 위해 취한 전략은 개인적인 열혈 무력 투쟁이었다. 그는 그에 필요한 자금을 마련하기 위해 미국의 교포사회에 지원을 호소하였다. 그 최초의 성과는 이봉창(李奉昌) 의사의 의거로 나타났다. 1932년 1월 이봉창이 일본 도쿄에서 천황의 행렬에 폭탄을 던졌다. 비록 실패했지만 이 사건으로 인해 김구의 임시정부는 미국의 교포사회와 중국인으로부터 큰 성원을 받게 되었다. 그해 4월에는 김구의 명을 받은 윤봉길(尹奉吉)

의사가 상해 홍구공원에서 열린 일본군의 전승기념식에 침투하여 폭탄을 던졌다. 그로 인해 일본군 사령관과 여러 명의 고위 관리가 폭사하였다. 이 사건으로 김구와 임시정부는 세계적으로 유명해졌다. 중국 국민당정부도 임시정부에 관심을 가지고 지원하기 시작하였다. 임시정부의 재정은 안정되었다. 1933년 11월 국민당정부는 중앙육군군관학교에 한인특별반을 개설하여 임시정부로 하여금 한국인 청년들을 훈련시키도록 하였다. 이 특별반은 교관으로 초빙된 지청천(池靑天) 등이 김원봉 세력으로 옮겨감에 따라 그리 오래 존속하지 못하였다.

다른 한편 중국 본토에서 임시정부의 김구, 이동녕과 경쟁한 김원봉은 국민당정부의 황포군관학교 출신이었다. 그 같은 개인적 연고를 이용하여 김원봉 역시 국민당정부의 지원을 받았다. 1932년 김원봉은 국민당정부의 지원 하에 조선혁명군사정치간부학교를 개설하였다. 여기에는 김규식, 김두봉(金枓奉) 등의 명사들이 참여하였다. 1935년 한국독립당, 조선혁명당, 의열단, 한국혁명당 등의 좌파 민족주의세력은 조선민족혁명당으로 통합하였다. 주석에는 김규식이 추대되었다. 조선민족혁명당에는 임시정부의 간부인 양기탁(梁起鐸), 류동열(柳東説), 최동오(崔東旿), 조소앙(趙素昻), 지청천도 참가하였는데, 이는 임시정부에 적지 않은 타격이었다. 1938년 조선민족혁명당은 중국 국민당정부와 협의하여 김원봉을 총대장으로 하는 조선의용대라는 군사조직을 창설하였다. 조선의용대는 일본군 점령지역에서 정보 수집, 포로 심문, 후방 교란 등의 활동을 벌였다.

김원봉, 김규식의 조선민족혁명당에 맞서 임시정부의 김구와 이동녕은 1935년 조완구(趙琬九), 이시영(李始榮), 엄항섭(嚴恒燮)과 더불어 한국

국민당을 조직하였다. 한국국민당은 조선민족혁명당에 비해 열세였지만 조소앙, 최동오, 지청천 등이 김원봉의 독주에 반발하여 되돌아옴으로써 세력을 회복하였다. 중일전쟁 후 임시정부는 일본군의 공격을 피해 항주, 장사 등을 거쳐 1940년 국민당정부가 있는 중경에 자리를 잡았다. 그해 9월 임시정부는 국민당정부의 도움을 받아 한국광복군을 창설하였는데, 총사령관에는 지청천이 취임하였다. 광복군은 서안에 총사령부를 두고 각지에 3개 지대를 배치하였다. 임시정부는 광복군의 유지에 필요한 재정을 충당하기 어려웠다. 1941년 10월 임시정부는 국민당정부와 협약을 체결하여 국민당정부의 재정 지원을 받는 대신 광복군을 국민당 군대의 통제 하에 두었다(光復軍9個項行動準繩). 그렇지만 국민당정부는 광복군을 육성하여 일본과의 전쟁에 투입할 의지를 갖지 않았다. 협약은 1944년 8월에 폐지되었다.

1941년 11월 임시정부는 조소앙이 중심이 되어 대한민국건국강령을 마련하였다. 건국강령은 정치의 균등, 경제의 균등, 교육의 균등을 축으로 한 삼균주의(三均主義)를 기본 이념으로 하였다. 삼균주의는 그 실질에 있어서 사회민주주의를 지향하였다. 삼균주의는 임시정부가 좌우합작의 노선으로 돌아섰음을 의미하였다. 임시정부의 노선이 그렇게 수정되자 중국 본토에서 활동하던 많은 사회민주주의자들이 임시정부에 참여하였다.

1941년 12월 태평양전쟁이 발발하자 임시정부는 일제에 선전포고를 하였다. 뒤이어 1942년 5월에는 김원봉의 조선의용대 일부가 광복군 제1지대로 편성되었다. 김원봉은 광복군 부사령으로 임명되었으며, 1944년에는 임시정부의 각료인 군무부장에 취임하였다. 김원봉의 조선의용대가 해체된 것은 중국공산당의 공작으로 상당수의 병력이 조선의용대화북지대로 옮겨갔기 때문이다. 뒤이어 조선민족혁명당의 주석 김규식도 임시정부에 참여하여 선전부장에 취임하였다. 조선민족혁명당과 조선의용대는 이념적 정체성이 불투명했으며 그로 인해 중국공산당의 와해 공작을 받았다. 그런 가운데 임시정부가 노선을 수정하여 좌우합작의 길을 열고 국민당정부도 강하게 권유하자 임시정부로 통합되었던 것이다. 김원봉을 필두로 하는 좌파의 참여는 임시정부의 정치적 위상을 크게 고양하였다.

그렇지만 미국과 중국은 임시정부의 거듭된 요청에도 불구하고 임시정부를 승인하지 않았다. 본국 인민과 연결되어 있지 않고 여러 지역의 독립운동단체를 결집시키지 못하고 있다는 것이 그 이유였다. 1943년 6월 임시정부는 인도 주둔 영국군과 협정을 맺고 버마·인도전선에 광복군 소부대를 파견하였다. 이 부대는 일본군을 상대로 한 방송, 일본군 문서 번역, 정보 수집, 포로 심문 등에 종사하였다.

1945년에 들어 미국의 전략정보처는 한국인 청년들을 훈련하여 한국으로 침투시킬 계획을 세웠다. 그에 따라 서안에 주둔한 광복군 45명이 3개월간 특수훈련을 받고 8월 20일 국내로 침투할 태세를 갖추었다. 임시정부가 꿈에 그리던 광복군의 국내 진공작전은 8월 15일 일제가 연합군에 무조건 항복함으로써 무산되고 말았다. 김구 주석은 일제가 항복했다는 소식에 "하늘이 무너지고 땅이 꺼지는 일"이라고 개탄을 금치 못하였다. 이후 임시정부는 개인 자격으로 환국할 수밖에 없었다.

미국에서의 독립운동

미국 본토, 하와이, 멕시코, 쿠바 등지에는 약 1만 명의 교포들이 살고

3·1운동 후 1919년 4월 16일 재미 한인들이 필라델피아에서 독립을 선언하고 시가행진을 하고 있다.

있었다. 미국에서 전개된 독립운동은 이들 교포사회를 토대로 하였다. 미국에서의 독립운동은 대개 자유민주주의의 이념에 입각하였다. 그로 인해 미국의 교포사회는 중국 본토의 임시정부를 지원하였다. 임시정부가 이봉창, 윤봉길의 의거를 일으킨 것은 교포사회의 자금 지원에 의하였다. 미국에서의 독립운동을 주도한 인물은 임시정부의 임시대통령을 지낸 이승만이었다. 그는 조선왕조가 일제에 병합되어 국제사회에서 그 존재가 사라진 상태에서 독립을 회복하는 현실적 방책은 열강에 병합의 부당성을 설득하고 열강이 한국 독립의 필요성을 인정토록 하는 것이라고 생각하였다.

1919년 3·1운동 직전 이승만은 대한인국민회를 이끌고 있는 안창호(安昌浩)의 양해를 얻어 미국정부에 한국의 완전 독립을 전제조건으로 장차 성립할 국제연맹이 한국을 위임통치하도록 해 줄 것을 청원하였다. 그렇지만 미국정부는 그에 대해 아무런 반응을 보이지 않았다. 이승만의 위임통치 청원은 이후 임시정부에서 이승만의 반대세력이 그를 탄핵하는 빌미를 제공하였다. 1921~1922년 워싱턴에서 미국, 영국, 일본의 군축회담이 열리자 이승만은 거기에 나아가 한국의 독립을 호소하였으나 역시 반응을 얻지 못하였다. 미국의 입장에서 한국은 이미 사라져버린 나라였으며, 한국의 독립은 일본과의 갈등을 무릅쓰면서까지 추구할만한 과제가 아니었다. 망국의 업보는 그처럼 냉혹한 것이었다.

이후 좌절에 빠져 하와이에 머물던 이승만은 1931년 만주사변을 계기로 다시 독립운동의 전선에 복귀하였다. 1933년 제네바의 국제연맹 본부에서 일본의 만주침략을 규탄하는 국제회의가 열리자 이승만은 임시정부로부터 한국의 독립을 탄원할 전권대사로 발령을 받고 제네바로 향하였다. 거기서 그는 언론을 상대로 일제의 침략성과 야만성을 규탄하고 한국 독립의 당위성을 역설하였다. 그렇지만 국제사회는 그의 호소에 귀를 기울이지 않았다.

뒤이어 이승만은 미국, 중국, 소련, 한국이 항일연대를 결성해야 한다는 방안을 가지고 각국을 설득하고자 하였다. 1933년 그는 그 목적으로 소련에 입국하였으나 그의 반공주의를 경계한 소련 외무부에 의해 출국을 당하였다. 이승만의 정치이념은 철저한 자유민주주의였다. 그는 개인의 자유와 인권을 근본적 가치로 신봉하였으며, 그 점에서 평생 흔들리지 않았다. 그는 소련과 공산주의자들을 불신하였다.

1937년 중일전쟁이 발발하자 이승만은 미국의 정계 및 언론계와의 접촉을 강화하였다. 그는 태평양 연안의 국가들이 일본과 공동으로 맞서 싸워야 한다고 역설하였다. 그에 호응하여 1941년 미국의 교포사회가 하와이에서 해외한족대회를 개최하였다. 대회에서는 미국에 있는 9개 한인 단체를 연합하여 재미한족연합위원회를 결성하고 워싱턴에 주미외교위원부를 개설하기로 하였다. 이승만은 위원장에 선출되었다. 중국 임시정부의 김구는 이 결의를 존중하여 이승만을 임시정부의 주미외교위원장으로 임명하였다.

1941년 6월 이승만은 『일본내막기(Japan Inside Out)』라는 책을 출간하였다. 책에서 이승만은 일본의 영토 야욕을 고발하면서 머잖아 일본이 미국을 공격할 것이라고 예측하였다. 그 몇 달 뒤 1941년 12월 일본은 미국의 하와이 해군기지를 기습 공격하였다. 이승만의 책은 베스트셀러가 되었으며, 그는 미국의 정계와 언론계에서 더욱 유명해졌다.

태평양전쟁이 발발한 직후 이승만은 임시정부의 주미외교위원장으로서 미 국무부에 임시정부의 승인을 요구했으나 거절당하였다. 1942년 1월 이승만은 미 국무부를 방문하여 소련이 한반도에 진입할 위험성을 경고하

이승만은 1941년 여름 뉴욕의 유명한 출판사인 프레밍 H 레벨사에서 『Japan inside out』이란 책을 출간했는데, 몇 달 지나 일본이 미국을 침략할 것이라는 그의 예언이 맞아떨어져 이 책은 한동안 베스트셀러가 되었다.

고, 이를 방지하기 위해 미국이 임시정부를 승인해야 할 필요성을 역설하였으나 역시 냉담한 반응을 받았다. 당시 미 국무부의 극동국은 장차 일제가 패망한 뒤 한국의 독립운동단체를 하나의 임시정부로 묶고 이를 미국, 영국, 중국, 소련이 공동 관리하는 국제적 신탁통치에 맡긴다는 구상을 가지고 있었다. 그 같은 구상을 하고 있던 미 국무부에 임시정부를 승인하라는 이승만의 요구는 엉뚱한 것이었다. 더구나 미 국무부 관료의 입장에서는 고집불통의 반공주의자가 당시 미국과 전쟁을 공동 수행하고 있는 소련을 비난하는 것은 듣기 거북한 말이었다.

1942년 6월 이승만은 미국의 소리(Voice of America)라는 초단파방송망을 통해 고국 동포에게 일본의 패망과 조국의 광복을 예고하는 육성 방송을 몇 주에 걸쳐 행하였다. 국내의 적지 않은 인사들이 그 방송을 듣고 해방이 임박했음을 짐작하였다. 이 방송을 계기로 이승만에 관한 몇 가지 신화가 국내에서 형성되었다. 이는 해방 후 이승만에게 커다란 정치적 자산이 되었다.

1943년 10월 이승만은 주중 미국대사에게 한반도에 대한 소련의 야심을 경고하면서 미국정부가 임시정부를 승인해야 할 필요성을 역설하였다. 전쟁 말기가 되어 이승만은 미 군부와 개인적 연고를 활용하여 미 육군의 전략정보처가 한국인 청년들에게 특수훈련을 시켜 국내에 침투시키는 계획을 성사시켰다. 그에 따라 1945년 초 20여 명의 한국인 청년들이 특수훈련을 받았으나, 중국 서안에서 훈련 중이던 임시정부 산하의 광복군과 마찬가지로, 그들 역시 국내로 침투할 기회를 누리지 못하였다.

미국에서의 독립운동도 중국에서와 마찬가지로 여러 분파로 갈등하였다. 중일전쟁 이후 이승만의 이념과 독립운동 노선에 반발하는 세력이 등장하였다. 1939년 뉴욕, 시카고, 로스앤젤레스에서는 중국후원회가 발족하여 중국에서 김원봉이 이끄는 조선의용대를 재정적으로 지원하였다. 이들 세 도시의 중국후원회는 1942년 조선민족혁명당 미주총지부로 개편되었다. 또 하나의 반이승만세력은 한길수(韓吉洙)에 의해 1938년에 결성된 중한민중동맹단이었다. 이 단체 역시 중국의 김원봉, 김규식과 연대를 모색하였다. 한길수는 이승만의 반소·반공노선을 비판을 하면서 좌우연립정부를 주장하였다. 한길수의 주장은 소련과의 협력을 모색하고 있던 미 국무부로부터 지지를 받았다. 또한 1944년에는 재미한족연합위원회가 이승만을 불신하고 별도의 사무실을 개설한 다음, 미국정부를 상대로 임시정부의 승인을 요청하는 운동을 벌였다.

　1945년 4월 샌프란시스코에서 국제연합의 창립총회가 열렸다. 미국은 세계대전 이후 세계 정치와 경제를 재편성함에 있어서 소련과의 건전한 협조가 가능할 것이라고 낙관하였다. 국제연합의 발족은 그러한 '샌프란시스코 환상'에 기초하였다. 국제연합의 창립총회를 맞아 미국에서의 한국인 독립운동단체들은 각기 대표단을 파송하여 회의 참석권을 두고 다투었다. 미 국무부는 자신의 구상에 따라 한국인 독립운동단체들이 한국통일위원회를 결성하도록 권유하였다. 그것은 미국에서의 좌우합작을 의미하였다. 당시 나치의 지배에서 벗어난 동유럽에서는 미국과 소련의 권유로 좌우합작의 여립정부가 들어서고 있었다. 미국은 그러한 일이 조만간 한국에서도 가능할 것으로 기대하였다. 이승만을 제외한 한길수 등은 미 국부무의 합작 권고에 적극적으로 호응하였다.

그렇지만 이승만에 있어서 좌우합작과 연립정부의 수립은 한국의 운명을 공산주의에 내맡기는 것과 다를 바 없었다. 이승만은 한국통일위원회의 구성을 완강하게 반대하였다. 이승만은 미 국무부 관리들의 조롱과 한국인 경쟁자들의 혹평을 받으면서 샌프란시스코를 떠났다. 그의 오랜 후원자들도 그가 미국에서의 좌우합작에 참여하기를 권고하였다. 동유럽에서 좌우합작이 파탄을 맞은 것은 이후의 일이었으며, 당시 많은 사람들은 그 길이 세계의 협력과 평화를 위한 올바른 길이라는 환상에 젖어 있었다. 그렇지만 평생을 항일독립운동에 헌신해 온 이승만으로서는 조국이 소련의 지배를 받게 되는 것을 용납할 수 없었다. 이미 충분히 늙은 그는 부인과 함께 아이오와의 조그마한 양계장으로 은퇴할 계획까지 세웠다. 그러한 그에게 꿈결과도 같이 일제 패망과 조국 해방의 소식이 날아들었다.

중국·만주에서 공산주의세력의 독립운동

공산주의자들에게 있어서 독립운동은 공산주의혁명을 의미하였다. 그들은 공산당의 당원으로서 당의 명령을 받아 공산주의혁명과 독립운동에 복무하였다. 공산당은 당원들에게 당의 명령에 충성스럽게 복종해야 하는 규율을 강요하였다. 이 같은 이념적 지향의 동질성과 조직의 체계성으로 인해 공산주의세력의 독립운동은 민족주의세력에 비해 지속적이었으며 또 헌신적이었다. 그러한 이유에서 일부 역사가들은 중국과 만주에서 전개된 한국인의 독립운동에 있어서 공산주의세력의 독립운동을 높이 평가하기도 하였다. 그러나 그것은 공산주의자들의 독립정신이 민족주의자들보다 강해서가 아니라 공산당 조직의 기율이 강했기 때문이다.

중국과 만주에서 활동한 한국인 공산주의자들은 대개 중국공산당의 당원이었다. 그들의 독립운동은 중국공산당의 정책과 통제 하에 있었으며, 나아가 재정적 군사적 지원을 받았다. 1925년 국내에서 조선공산당이 조직되었으나 총독부의 엄한 탄압을 받아 붕괴하였다. 조선공산당은 네 차례에 걸쳐 조직의 재건을 시도하였지만 모두 실패하였다. 그런 가운데 당내의 분파 간에 갈등이 심하였다. 1928년 12월 모스크바의 코민테른은 조선공산당의 해체를 명하였다. 그에 따라 국내의 당 조직은 물론 조선공산당 만주총국도 해체되었다. 이후 한국인 공산주의자들이 갈 곳이라곤 중국공산당뿐이었다. 만주에서 활동하던 한국인 공산주의자들은 대부분 중국공산당 만주성위원회에 가입하였다. 중국 북부지역에는 조선공산당의 지부가 없었다. 거기서 활동한 공산주의자들은 일찍부터 중국공산당에 직접 가입하여 중국의 공산주의혁명에 헌신하였다. 그들은 그 길이 조국의 독립에 이바지하는 길이라고 생각하였다.

　　중국 북부지역에서 활동하던 공산주의자 가운데는 무정(武亭·본명 김병희)의 활동이 가장 두드러졌다. 1925년 중국공산당에 가입한 그는 1934~1935년 중국공산당이 근거지를 섬서성의 연안으로 옮기는 2만 5,000리의 대장정에 참가하였으며, 마침내 중공군 팔로군 포병부대장으로까지 승진하였다. 연안에 도착한 뒤 무정은 중공군에 들어온 한국인 청년들을 결집시켰다. 1938년 중국공산당은 항일통일전선의 일환으로 한국인의 민족해방운동에 대한 지원을 결의하였다. 무정은 중국공산당의 지원을 받아 1941년 1월 산서성 태항산에서 화북조선청년연합회를 결성하였다. 뒤이어 7월에는 조선의용대화북지대라는 군사조직을 창설하였다. 이 소식이 알려지자 중국의 여러 지방에서 활동하던 한국인 청년들이 자진하여 가담하였다. 특히 김원봉 휘하의 조선의용대에 속한 청년들의 상당수가 조선의용대화북지대로 이동하였다. 거기에는 중국공산당의 공작이 작용하였다. 국민당정부는 자기들이 후원하고 육성한 조선의용대가 공산당 정부에 팔려갔다고 비난하였다.

1942년 4월에는 김두봉이 연안에 도착하여 화북조선청년연합회에 가입하였다. 김두봉은 원래 임시정부의 요인이었는데 임시정부의 헤게모니를 김구 등의 우익세력이 장악하고 있음에 반발하여 임시정부를 탈퇴하고 김원봉의 조선민족혁명당에 참여하였다. 이후 조선민족혁명당이 임시정부와 합작을 하자 김두봉은 임시정부 참여를 거부하고 중국공산당의 근거지인 연안으로 가서 공산주의세력에 가담하였다. 1942년 7월 화북조선청년연합회는 화북조선독립동맹으로 개칭하였으며, 김두봉이 그 주석에 취임하였다. 그 무렵 조선의용대화북지대도 조선의용군으로 확대 개편되었으며, 무정이 그 사령을 맡았다.

조선의용군은 산서성 태항산에서 벌어진 일본군과 중공군과의 전투에 참가하여 선전하였다. 그에 힘입어 화북조선독립동맹의 세력은 점점 확장되어 1944년 말까지 중국 북부지역 일대에 10개 분맹을 조직하기에 이르렀다. 전체 맹원의 수는 1945년 8월까지 약 6,000명으로 늘어났다. 조선의용군에 가담하는 한국인 청년들의 숫자도 증가했다. 중국공산당은 조선의용군을 별도의 부대로 편성하여 만주로 진격케 하고 나아가 한국을 해방시키겠다는 계획을 세웠으나, 그 역시 일제가 패망할 때까지 구체적인 실행에 옮겨지지는 못하였다.

다른 한편, 만주에서는 만주사변 이후 일제에 항거하는 중국인과 한국인의 항일유격대가 곳곳에서 생겨났다. 중국공산당 만주성위원회는 중국과 한국의 공산주의자들이 협동하여 항일유격대를 조직하도록 지시하였다. 1931년 10월 김일성은 중국공산당 만주성위원회에 가입하였으며, 1932년 4월 몇몇 한국인 동지와 함께 별동대를 조직하였다. 비슷한 시기에 동만주의 연길, 화룡, 왕청, 혼춘 등 여러 곳에서 항일유격대가 조직되었다. 1932년 11월 왕청에서 중국인을 대장으로 하는 왕청유격대가 결성되었는데, 20세의 김일성은 이 부대의 정치위원으로 임명되었다.

1933년 9월 만주성위원회는 곳곳의 유격대를 통합하여 동북인민혁명군을 발족시켰는데, 이 군사조직은 1936년 동북항일연군으로 발전하였다. 당시 김일성은 동북항일연군의 제1로군 제2군 제3사의 사장(師長)으로 발탁되었다. 김일성의 제3사는 한국과의 국경지대인 장백현으로 진출하였는데, 이는 이후 그의 정치적 장래에 큰 도움이 되었다. 국경지대에서의 활동이 쉽게 국내에 전달될 수 있었기 때문이다. 이때부터 김일성은 김일성부대라 불린 100여 명의 한국인 청년으로 이루어진 독자의 부대를 지휘하였다.

1937년 6월 4일 김일성부대는 압록강을 건너 함경남도 갑산군 혜산진 보천보(普天堡)에 침투하여 경찰주재소, 면사무소, 우체국을 습격하였다. 김일성의 회고에 의하면 살상한 군경은 얼마 되지 않았고, 소총·기관총과 선동연설이 배합된 평범한 습격에 지나지 않았다. 그렇지만 이 사건을 계기로 김일성은 국내에서 독립운동가의 한 사람으로 널리 알려지게 되었다. 보천보 사건 이후 총독부는 동북항일연군과 연대하고 있는 국내의 지하조직인 재만한인조국광복회를 대대적으로 조사하여 총 501명의 인원을 체포하였다.

김일성부대는 이후에도 두 차례 국경지대에서 일본군과 전투를 벌였으며 모두 승전하였다. 그에 힘입어 김일성은 1938년 12월까지 동북항일연군의 제1로군 제2방면군의 군장으로 승진하였다. 만주국은 간도특설대를 발족하여 김일성부대에 대한 토벌을 시작하였다. 김일성은 1938년 12월부터 1939년 3월까지 약 400명의 부하를 이끌고 토벌을 피하는 이른바 '고난의 행군'을 하였다. 1939년 10월에는 일본 관동군의 동북항일연군에 대한 대대적인 토벌이 개시되었다. 이로 인해 동북항일연군에 소속한 대부분의 부대는 궤멸하였다. 김일성과 그의 부대는 1940년 11월 경 국경을 넘어 소련으로 탈주하는 데 성공하였다. 김일성부대는 소련령 하바로프스크에서 소련군에 배속되어 일제가 패망할 때까지 머물렀다.

이상과 같이 1945년 8월 일제가 패망할 당시 해외에서 전개된 한국인의 독립운동은 여러 이념과 분파로 나뉘어 있었다. 크게 말해 중국 중부지역에서는 임시정부가 있었으며, 중국 북부지역에서는 화북조선독립동맹이 있었다. 소련 시베리아 동쪽에서는 소규모 김일성부대가 있었으며, 미국에서는 이승만과 그에 대립하는 독립운동단체들이 있었다. 이들 독립운동세력은 서로 연결되어 있지 않았다. 그러한 이유로 미국을 위시한 연합군은 중국에 있는 임시정부를 승인하지 않았다. 각 지역의 독립운동은 그 지역의 국가로부터 지원을 받았다. 임시정부는 중국 국민당정부로부터, 화북조선독립동맹은 중국공산당으로부터, 김일성부대는 소련군으로부터 지원을 받았다. 대조적으로 미국의 독립운동단체들은 미국정부의 지원을 공식적으로 받지 못하였으나 개인적 연고를 활용하여 정계·군부·언론계·종교계의 지지를 이끌어내고 있었다. 독립운동세력이 여러 이념과 분파로 나뉜 가운데 서로 다른 강대국의 지원을 받았음은 일본의 식민지 지배로부터 해방된 이후 한반도에서 전개되는 정치의 양상을 깊숙하게 규정하였다.

그런 가운데 해방은 대부분의 한국인에게 너무나도 갑작스럽게 찾아왔다. 국내외의 독립운동가들은 일제의 패망을 예견하였다. 그렇지만 그들조차 1945년 8월 15일 그렇게 갑작스럽게 해방될 줄은 몰랐다. 함석헌은 "해방은 도둑같이 뜻밖에 왔다"고 했고, 조선공산당의 박헌영은 "대중적 반전(反戰) 투쟁도 이루지 못한 채로 8월 15일 아닌 밤중에 찰시루떡 받는 격으로 해방을 맞이하였소"라고 하였다.

전쟁 중 미국과 소련의 한국 방침

일본과의 전쟁에 들어간 미국은 일본이 패망한 뒤 동아시아의 국제질서를 어떻게 세울 것인가를 연구하기 시작하였다. 1942년 미 국무부 산하의 여러 위원회와 그에 자문한 민간의 전문기구는 한국을 일본에서 분리하여 독립시킨다는 방침을 정하였다. 다만 한국이 오랫동안 일본의 지배를 받아 당장 독립할 능력이 없기 때문에 일정 기간 한반도에 이해관계를 갖는 강대국들의 신탁통치가 행해질 필요가 있다고 하였다. 미국의 이 같은 방침은 소련이나 중국의 한반도 독점을 막고 한반도를 미·소·중 간의 중립지대로 만들기 위한 것이었다. 1942년 3월 이래 미국의 유력한 잡지들은 이 같은 국무부의 한국 방침을 간헐적으로 보도하였다.

1943년 11월 카이로에서 미국, 영국, 중국의 세 정상이 모여 전쟁의

원활한 수행과 전쟁 이후의 처리에 관해 논의하였다. 거기서 미국의 루스벨트 대통령은 한국의 신탁통치 방침을 내놓아 다른 두 정상의 동의를 얻었다. 그에 따라 회담 이후 발표된 카이로선언에는 "세 강대국은 한국 인민의 노예상태에 유념하여 한국이 적절한 과정을 거쳐서(in due course) 자유롭고 독립적인 국가가 될 것임을 결정하였다"라는 내용이 포함되었다. 여기서 "적절한 과정을 거쳐서"라는 구절은 상당한 기간의 국제적 신탁통치를 의미하였다. 곧이어 루스벨트는 테헤란에서 영국의 처칠과 소련의 스탈린과 회담을 가졌다. 거기서 루스벨트는 스탈린으로부터 한국에서 꽤 긴 기간의 신탁통치를 실시함에 대한 동의를 얻었다.

한국의 신탁통치 방침은 1945년 2월 흑해 연안의 얄타에서 열린 루스벨트, 처칠, 스탈린의 회담에서 재확인되었다. 회담 후의 비공식 대화에서 루스벨트는 한국에 대한 20~30년간의 신탁통치를 제안하였고, 그에 대해 스탈린은 그 기간이 짧을수록 좋다고 대답하였다. 당시까지 소련은 전쟁 이후의 한국에 대해 미국과 중국의 이해관계가 교차하는 지역이기 때문에 그 처리가 쉽지 않을 것으로 전망하고 있었다. 그런 가운데 스탈린이 위와 같이 대답한 것은 장기간의 신탁통치로 인해 미국의 이해관계가 한국에서 고착되는 것을 경계했기 때문이다. 스탈린은 그의 속내를 드러내지 않았지만 한국에서 소련의 이해관계에 충실한 국가를 세울 기회와 그 가능성을 타진하고 있었다.

얄타에 모인 미국, 영국, 소련의 정상들은 소련의 대일 참전에 대해서도 협의하였다. 소련은 독일이 항복한 후 2~3개월 내에 일본과의 전쟁에 참여하며 그 대가로 쿠릴열도와 사할린의 남부를 차지하기로 하였다. 스

이집트 카이로에 모인 루스벨트 미국 대통령, 처칠 영국 수상, 장개석 중국 주석. 1943. 11. 22~26

탈린은 루스벨트에게 소련이 참전할 경우 일본의 점령 통치에도 참여하고 홋카이도를 분할할 수 있느냐고 물었는데, 루스벨트는 그렇다고 대답하였다. 이렇게 미국과 소련이 일본을 공동 관리하기로 한 이상 일본의 지배 하에 있는 한국의 분할 점령은 구체적인 선만 긋지 않았지 사실상 합의된 것이나 다를 바 없었다.

　　미국이 구상한 한국에 대한 공동 신탁통치의 계획은 한국의 분단을 목표로 한 것이 아니지만 그렇게 될 위험성을 내포하였다. 한국을 분할점령하고 신탁통치에 참여할 강대국들이 서로 신뢰하는 가운데 신탁통치를 원만하게 종료시킨다면 아무런 문제가 없을 것이다. 그렇지만 강대국들이 서로 불신하는 가운데 합의 사항을 준수하지 않는다면 분할점령과 신탁통치는 한국을 서로 다른 체제의 두 국가로 분단시킬 가능성을 안고 있었다. 미국과 소련은 자본주의와 공산주의라는 서로 다른 체제의 국가였다. 독일·일본과의 전쟁에서 두 국가는 연합국으로서 협조하였지만 전쟁이 끝나면 어떻게 될지 알 수 없는 일이었다.

　　미국을 중심으로 한 연합국이 전쟁 이후 한국을 국제적 신탁통치에 맡긴다는 구상에 대해 해외의 독립운동가들은 그것이 처음 알려진 때부터 반대하였다. 1943년 2월 미국의 신문이 루스벨트의 신탁통치 구상을 보도하자 임시정부는 그에 대해 비난의 성명을 발표하였다. 미국에서 활동 중인 이승만도 항의하였다. 이러한 상황에서 그해 12월 카이로선언이 발표되자 임시정부의 지도자들은 격분하였다. 그들은 선언 중의 "적절한 과정을 거쳐서"가 무엇을 뜻하는지 미국정부와 중국정부에 해명을 요구하였다. 양국 정부는 임시정부의 요구를 묵살하였다. 임시정부는 일제가 붕괴한 후 한국이 국제적 신탁통치에 맡겨진다면 그에 대해 싸움을 계속할 것이라는 입장을 천명하였다.

미국과 소련의 분할점령

　　1945년 5월 독일이 무조건 항복하였다. 뒤이어 미국 포츠담에서 열린 미국, 영국, 소련의 정상회담에서 미소(美蘇) 양국만이 한반도의 일본군에 대한 공격을 맡기로 하였다. 일본과의 전쟁에서 큰 성과를 거두지 못한 중국은 그에서 배제되었다. 공동의 적에 맞선 미소의 협조 기조는 여전하였다. 그렇지만 일본의 패전이 가까워지자 양국의 협조 기조에 미묘한 변화가 생겼다. 그해 4월 미국의 루스벨트 대통령이 사망하였다. 부통령으로서 평양에 진주하는 소련군.
1945. 8. 26

서울에 진주하는 미국군.
1945. 9. 9

대통령직을 승계한 트루먼은 루스벨트와 달리 소련을 경계하고 견제하였다. 트루먼은 소련의 참전 없이 일본과의 전쟁을 조기에 종결하고 일본 점령을 독점하기를 원했다. 그래서 대량살상이라는 문제를 감수하면서까지 8월 6일과 9일 히로시마와 나가사키에 원자폭탄을 투하하였다. 그렇지만 일본은 즉각 항복하지 않았다. 소련은 8월 8일 대일 선전포고를 하고 9일부터 만주와 한반도로 진격하였다. 일본이 항복의 뜻을 전한 것은 8월 11일이었다.

이런 상황에서 미국은 일본 점령에서 소련을 배제하고 한국에 대한 소련의 단독점령을 막기 위해 노력하였다. 그렇지만 소련군은 8월 9일부터 한국에 진출하기 시작하였다. 그에 비해 미국군은 가장 가까운 부대가 한국에서 약 1,000km나 떨어져 있는 오키나와에 있었다. 소련군이 한국 전체를 점령하는 것을 막으려면 분할점령을 위한 군사분계선을 설정할 필요가 있었다. 이러한 사정 때문에 미국은 8월 15일 급박하게 북위 38선을 한국에 진주하는 두 나라 군대 간의 군사분계선으로 설정할 것을 제안하였다. 소련은 다음 날 미국의 제안을 받아들였다.

당시 소련군의 진격 속도를 볼 때 38선은 미국이 소련에 강요하기 힘든 것이었다. 그럼에도 소련은 미국의 제안을 선선이 받아들였다. 이는 한국의 절반을 양보하는 대신 일본의 점령에 참여하고 홋카이도를 분할하고 만주에서 소련의 권리를 확보하는 등, 더 많은 이득을 챙기기 위해서였다. 결국 38선은 소련의 한국 독점을 막으려는 미국의 견제와 다른 지역에서 더 많은 전리품을 챙기려는 소련의 계산이 맞물린 타협의 산물이었다.

소련군은 8월 9일 함경북도 경흥을 점령한 이래 27일까지 신속히 38

38선 표지판. 왼쪽 남한부분 표시는 영어로, 오른쪽 북한지역 표시는 소련어로 표기되어 있다.

선 이북의 북한 전 지역을 점령했다. 반면 미국은 일본의 항복 의사가 전해진 8월 11일부터 남한 진주를 준비하기 시작하였다. 남한에 진주할 군대는 당시 한반도에 가장 근접한 오키나와에 주둔해 있는 제24군이 지명되었다. 제24군은 9월 8일 인천에 상륙했으며, 그 다음 날 서울에 진입하여 일본군과 총독부로부터 항복을 받았다. 38선 지역을 비롯한 지방 도시들에 대한 미국군의 점령은 매우 느리게 진행되었다. 미국군은 10월 초순에 도청 소재지에 대한 병력 진주를 마치고 그 달 하순에 이르러서야 남한 전역에 대한 군사적 점령을 완료하였다. 이는 소련군의 북한 전역 점령보다 두 달이나 늦은 것이었다.

2 | 소련군 점령 하의 북한

소련군의 공산주의화 정책

　북한 전 지역의 점령에 즈음하여 소련군 사령관 치스챠코프는 한국 인민의 해방을 축하하고 독립을 약속하는 우호적인 성명을 발표하였다. 그것은 북한에 소련과 같은 체제의 국가를 세울 의도에 따라 미리 잘 준비된 정치공작의 일환이었다. 그 같은 소련의 의도는 9월 14일 소련군 사령부가 발표한 '인민정부 수립요강'에 숨김없이 드러났다. 이 요강의 제1조는 "소비에트연방은 끝끝내 노동자 농민 정권의 수립을 소·미·영·중 4국에 제안할 것"이라고 하였다. 그리고 이를 위해 토지개혁을 실시하고, 친일파를 숙청하고, 개인경영을 특별한 감시 하에 둔다고 하였다. 이에서 명확하듯이 북한을 점령한 소련은 한국에 그와 동일한 공산주의체제의 국가를 세우고자 하였다. '끝끝내'라고 했듯이 그 점에서 소련이 양보할 의사는 전혀 없었다. 다만 이를 미·영·중 연합국에 제안하겠다고 했듯이 아직 독자의 행동 계획을 가지고 있지는 않았다.

점령 직후 소련군이 38선 이남과 이북 간의 인적 왕래, 물적 교류, 통신을 통제하거나 차단한 것은 이 같은 정치적 의도에서였다. 소련군은 8월 24일과 25일 남북을 연결하는 경원선과 경의선 철도를 차단했으며, 38선 지역에 경비부대를 배치하여 남북의 도로 통행을 통제하기 시작하였다. 9월 6일에는 38선 이남 지역과의 전화·전보 통신을 차단하고 우편물의 교환을 금지하였다. 당초 단순한 군사분계선으로 설정된 38선은 점차 정치적 분단선으로 변질되어 갔다.

소련군은 북한 주민들로 하여금 지역 행정을 담당할 인민위원회를 조직하도록 유도하였다. 소련군은 인민위원회가 공산주의자와 일제로부터 박해를 받았던 영향력 있는 인사들로 조직되도록 하였다. 인민위원회는 좌우 성향의 인사들을 다 포괄하되 공산주의자들이 주도권을 장악하도록 구성되었다. 소련군은 각 도별로 총독부의 관리들이 인민위원회에 행정권과 치안권을 인계하도록 하였다. 소련군은 남한을 점령한 미국군처럼 직접 군정을 실시하지는 않았다. 소련군은 어디까지나 해방군으로 남아 주민의 환심을 사는 가운데 그들의 의향에 따라 인민위원회를 통제하고 조정하는 고단수의 점령정책을 펼쳤다.

1945년 9월 12일부터 10월 2일까지 런던에서 열린 전승국 미국, 영국, 소련 3국의 외상 회담은 소련이 북한에 독자의 정부를 세울 방침을 굳히는 계기가 되었다. 회담에서 소련은 제2차 세계대전의 승리에 따른 전리품으로서 일본 홋카이도 북부와 북아프리카 리비아의 트리폴리 항구를 할

양 받고자 했으나 미국과 영국은 이를 거절하였다. 그러자 스탈린은 기존의 점령지에서 소련의 기득권을 확고히 하는, 다시 말해 그들 지역을 공산화하는 정책을 추진하였다. 9월 20일 스탈린은 극동 소련군 사령부에 한국에 관한 7개 항의 비밀 지령을 내렸다. 그 가운데 제2항은 "북한에 반일적 민주주의 정당·조직의 광범위한 블록을 기초로 하는 부르주아민주주의 정권을 확립할 것"이었다. 이 말은 후진 지역에서 공산주의자들이 혁명을 추구할 때 흔히 쓰는 상투적 표현이었다. 즉 공산당의 주도 하에 소수의 자본가와 지주를 배제한 광범한 민족·민주통일전선을 형성하고 이를 통해 공산주의를 위한 제1단계 혁명으로서 부르주아민주혁명을 수행하라는 것이었다.

이후 소련은 겉으로는 미국과 미소공동위원회를 통해 한국에 통일정부를 세우는 작업을 진행했지만, 속으로는 북한 지역에 공산주의를 위한 독자의 정부를 세우는 작업을 늦추지 않았다. 그 같은 스탈린의 지시를 이행하기 위해 가장 시급한 것은 북한 지역에서 공산당을 조직하는 일이었다. 이를 위해 소련군은 1941년부터 하바로프스크에서 소련의 보호를 받고 있던 김일성을 북한의 미래 지도자로 내정하였다. 소련군은 김일성과 그의 소부대를 1945년 9월 중순 원산항을 통해 비밀리에 입국시켰다. 그리고 그들이 북한의 공산당을 조직하도록 하였다.

김일성과 그의 동료들은 소련군의 적극적 지원 아래 10월 10~13일 평양에서 북한 지역 5개도의 당 책임자 대회를 개최하고 조선공산당 북조선분국을 창설하였다. 이는 공산주의의 1국1당 원칙에 어긋나는 일이었다. 서울에서 조선공산당을 이끌던 박헌영(朴憲永)은 당초 이에 반대했으나

평양시민 환영대회에 처음 김일성 장군으로 소개되어 나타난 당시 34세의 김일성. 1945. 10. 14

소련군의 설득을 받아 동의하였다. 소련군은 10월 14일 평양에서 김일성을 환영하는 군중대회를 열고 김일성을 탁월한 독립운동의 지도자로 북한 주민에게 부각시켰다. 12월 조선공산당 북조선분국은 이름을 북조선공산당으로 바꾸고 김일성을 책임비서로 선출하였다. 이는 평양의 공산당이 더 이상 서울의 조선공산당 아래에 있지 않음을 뜻하였다.

　또한 소련군은 장차 북한 지역에 들어설 독자적 정부의 모체로서 각급 인민위원회를 개편하고 강화하는 작업을 추진하였다. 소련군은 친일적 요소를 숙청한다는 명분 아래 인민위원회에서 공산주의에 반대하는 인사들, 주로 일제 하 국내에서 실력양성운동에 종사했던 민족주의 인사들을 제거했다. 인민위원회는 소련군과 공산당에 매우 순종적인 행정기구로 되어 갔다. 소련군은 11월 19일 5도인민위원회연합회를 열어 북한 지역 5개도의 행정기구로서 북조선5도행정10국을 설립하였다. 소련군은 행정10국을 조직함에 있어서 공산당의 주도권을 확실히 하되 민족통일전선의 명분을 살려 국장 자리에는 여러 당파의 출신을 안배하였다. 여러 당파를 총괄할 임시민정자치위원회의 위원장에는 민족주의자 조만식(曺晩植)을 선임하려 했다. 그러나 조만식은 남북한을 아우른 통일정부의 필요성을 거론하면서 취임을 거부하였다.

북조선임시인민위원회의 조직

　　1945년 12월 말 모스크바에서는 미국, 영국, 소련 3국의 외상들이 모여 한국의 독립 방안에 관해 논의하였다. 그 결과 한국의 각 계층이 참가하는 민주적 임시정부를 수립하고, 이 정부와 협의하여 미·소·영·중 4국이 최대 5년간의 신탁통치를 시행하며, 이를 추진하기 위해 미소 양국의 공동위원회를 설치한다는 결정이 내려졌다. 그럼에도 불구하고 미소공동위원회가 개최되기 전인 1946년 2월 8일에 북한의 소련군과 북조선공산당의 지도부는 북조선임시인민위원회를 설립했다. 위원장에는 김일성이 선임되었다. 북조선임시인민위원회는 공식적으로는 정부나 정권을 칭하지 않았지만 사실상의 단독정부에 다름 아니었다. 예컨대 3월 6일 임시인민위원회가 채택한 '북조선임시인민위원회 구성에 관한 규정'에서는 임시인민위원회를 "북조선에 있어서의 중앙행정 주권기관으로서 북조선의 인민·사회단체·국가기관이 실행할 임시법령을 제정, 발포할 권한을 갖는다"라고 하였다. 그렇게 법령을 제정하고 발포할 권한을 갖는 중앙행정 주권기관이라면 그것은 정부일 수밖에 없었다. 정부란 법령을 제정·집행하는 기구이고 정부 이외에는 법령을 제정·집행하는 기구가 존재할 수 없기 때문이다. 북조선임시인민위원회는 정부이기는 하되 정식 절차를 거치지 않은 임시정부였다.

모스크바 외상회의의 결정에 따라 곧이어 남북한에 걸치는 민주적 임시정부가 수립될 예정임에도 북한의 공산주의자들이 서둘러 북조선임시인민위원회를 결성한 이유는 무엇일까. 그에 대해 김일성은 곧이어 설립될 임시정부가 혹이라도 민주개혁의 토대를 뒤집지 못하게 하려면 북한에서 우선 중앙집권적 정권기관을 만들어 개혁을 강력히 추진해야 한다고 주장하였다. 그에 대해 곧 통일적 임시정부가 수립될 터인데 북한에 독자의 정권기관을 만들면 남북을 분열시키는 것이라는 국내파의 반대가 있었으나 소련군과 김일성파는 '북조선 민주기지론'을 내세워 반대의견을 제압했다. '북조선 민주기지론'이란 당장에 한국 전체를 '민주화'하기 어려운 조건이므로 '민주화'가 용이한 북한을 먼저 '민주화'하고 이를 기지로 삼아 남한까지 '민주화'하겠다는 혁명 전략을 말하였다. 그들이 말하는 '민주화'란 부르주아민주주의 또는 인민민주주의(人民民主主義)를 거쳐 공산주의로 나아가는 혁명 과정에 다름 아니었다.

실은 북조선임시인민위원회의 설립은 이미 1945년 12월 25일에 북한 주둔 소련군 총정치국장 슈킨이 작성한 보고서에 암시되어 있었다. 슈킨의 보고서는 북한에 부르주아민주주의정권을 수립하라는 9월 20일자 스탈린의 지령과 관련된 현지의 상황을 정리한 문서였다. 슈킨은 보고서에서 최단 시일 내에 북한의 현 정치를 중앙집권으로 편성하고 민족민주주의자들,

곧 공산주의자들이 정권을 장악하게 하며, 지주세력의 저항을 누르기 위해 토지개혁을 실시해야 한다고 주장하였다.

1946년 3월 23일 북조선임시인민위원회는 김일성의 명의로 앞으로 건설될 임시정부의 '20개조 정강'을 발표하였다. 그 중요 내용은 일제 통치의 온갖 잔재를 숙청할 것, 일제가 만든 법률과 재판기관을 철폐할 것, 반동분자와 반민주주의분자와 무자비하게 투쟁할 것, 전체 인민의 자유와 재산을 보장할 것, 주요 산업과 대기업을 국유화할 것, 개인 수공업과 상업의 자유는 허락할 것, 지주들의 토지를 몰수하고 농민에게 무상 배분할 것 등이었다.

이처럼 북한을 장악한 소련군과 공산주의자들은 장차 한국에서 수립될 국가의 성격과 관련하여 그것이 공산주의체제로 나아가는 과도기로서 인민민주주의체제이어야 한다는 입장에서 조금의 흔들림도 없었다. 그것은 한 마디로 개항(1876) 이후 이 땅에 이식되고 발전해 온 근대문명을 송두리째 부정하는 것이었다. 인민의 자유와 재산은 보장된다고 하였지만, 역설적으로 그것을 보장하는 법률로서 민법은 일제가 만들었다는 이유로 철폐되었다. 신체의 자유를 보장하는 사법제도와 재판기구도 폐지되었다. 북한의 소련군과 공산주의자들이 이 같은 입장을 고수하는 한, 민족의 새로운 나라를 건설하는 과정은 근대문명세력과 공산주의세력 간의 적나라한 정치투쟁으로 전개될 수밖에 없었다.

무상몰수와 무상분배의 토지개혁

북조선임시인민위원회는 1946년 3월 5일 토지개혁법령을 발표하였

무상 몰수, 무상 분배의 토지 개혁을 홍보하는 북한의 포스터.

다. 토지개혁법령의 기본 내용은 기존의 토지소유관계를 전면 부정하고 5 정보 이상의 소유지와 모든 소작지를 무상으로 몰수하여 무상으로 분배하는 것이었다. 제2차 세계대전 이후 여러 나라에서 토지개혁이 실시되었다. 예컨대 미군정 하의 일본에서도 토지개혁은 실시되었다. 개인의 재산권을 존중하는 자유민주주의 사회에서 토지개혁은 유상몰수와 유상분배의 방식을 취함이 일반적이었다. 그에 비해 공산주의를 지향하는 인민민주주의 개혁은 북한에서처럼 과격한 무상몰수와 무상분배의 방식을 채택하였다.

농촌 현지의 토지개혁은 3월 10일경부터 시작되었다. 공산당의 지도 아래 동리별로 5~9명의 빈농과 고농(雇農)을 중심으로 하여 북한 전역에서 11,500개의 농촌위원회가 조직되었다. 농촌위원회는 동리의 토지대장을 작성하여 몰수하고 분배할 토지를 선정하였다. 지주들은 원래의 거주지로부터 다른 군으로 추방되었다. 과격하게 추진된 토지개혁은 북한 전역에서 약 20일 만에 완료되었다.

토지를 분배 받은 농민이 토지의 소유권까지 분배 받은 것은 아니었다. 겉으로는 임시인민위원회로부터 토지소유권의 증서를 발급 받았지만 형식에 불과하였다. 농민들은 분배된 토지를 남에게 매도하거나 임대할 수 없었다. 무상으로 분배받은 것은 어디까지나 경작권에 불과했으며 온전한 소유권은 아니었다. 그렇지만 이 같은 사실은 당초 정확히 알려지지 않았다. 농민들은 그들이 토지의 소유권까지 갖게 된 것으로 착각하고 환호하였다. 9만여 명의 농촌위원회 위원들은 북조선공산당에 대거 입당하여 북한 공산주의체제의 확고한 지지 기반이 되었다. 반면 4만여 호의 지주들은 고향에서 쫓겨나 대부분 남한으로 피난하였다. 체제에 대한 반대세력과 불만세력이 남한으로 이주함으로써 북한은 정치적으로 안정되었다.

재산은 한 인간의 경제적 자립과 정치적 자유에 있어서 매우 중요한 물적 토대를 이루는 것이다. 개인의 자유를 이야기하면서 그의 재산을 부정하는 것은 앞뒤가 맞지 않은 형용모순이다. 그렇지만 재산은 한 인간이 다른 인간을 지배하는 수단이기도 하여 경제적 불평등과 정치적 갈등의 소지를 이루기도 한다. 이에 사회적 공익의 관점에서 재산 소유의 과도한 불평등은 시정될 필요가 있다고 하겠다. 그렇다고 근대문명과 자유민주주의의 가장 소중한 가치인 개인의 자유와 재산을 근본적으로 부정해서는 아니 될 일이다. 제2차 세계대전 이후 자유민주주의의 국가에서 토지개혁이 행해질 때 유상몰수와 유상분배의 방식에 의거한 것은 이 같은 이유에서였다. 그에 비해 인민민주주의의 개혁을 통해 공산주의체제로 나아갔던 여러 나라의 토지개혁은 무상몰수와 무상분배의 방식을 채택하였다. 혁명적인 토지개혁은 농민들로부터 큰 환영을 받았지만 머지않아 개인의 자유와 재산을 송두리째 부정하는 공산주의체제가 들어서서 나누어준 토지를 다시 빼앗아 가는 비극으로 이어졌다.

스탈린의 지령에 따라 1946년 2월 북한에서는 북조선임시인민위원회가 설립되었다.

또한 북한의 토지개혁은 민족 분단의 실마리를 제공한 사건이었다. 재산권 제도는 한 사회와 국가의 가장 중요한 토대로서 그것을 개혁하는 것은 사회와 국가의 근간을 바꾸는 작업이라고 할 수 있다. 북한의 소련군과 공산주의자들은 그토록 중요한 개혁을 남한의 미군정 또는 자유민주주의세력과 한 마디 상의도 없이 독자로 추진하였다. 그것은 남한의 동포들이 뭐라 하든 상관없이 우리는 공산주의로 가겠다는 의지의 명확한 표시였다. 그에 따라 재산을 빼앗긴 지주, 부농, 자본가 계층이 정든 고향을 떠나 남한으로 내려왔다. 그렇게 남하한 인구가 1948년까지 대략 100만에 달하였다. 북한 전체 인구의 10분의 1에 해당하는 실로 적지 않은 인구였다. 공산주의에 대한 적개심으로 가득 찬 그들은 남한에서 강력한 반공전선을 구축하는 데 주력으로 역할을 하였다. 한국인들이 대화와 타협을 통해 온건하고 이성적인 방식으로 통일적인 국민국가를 세울 가능성은 1946년 3

월 북한에서 시행된 공산주의 지향의 급진적 토지개혁을 계기로 사실상 사라지고 말았다.

전체주의적 사회개혁

북한의 소련군과 공산주의자들은 토지개혁에 이어 급진적인 사회개혁을 추구하였다. 그들은 공산주의에 반대하는 인사들을 친일파, 반동분자, 반민주분자로 낙인을 찍어 각급 인민위원회에서 숙청하였다. 지주, 친일파, 이기주의, 개인주의, 자유주의 등은 구인간(舊人間)의 상징으로 매도되었다. 이러한 부류의 인간들은 철저히 일반 인민으로부터 배제되고 차별되었다. 그 대신 인민민주주의 혁명이 요구하는 새로운 인간상이 제시되었다. 신인간(新人間)의 상징은 항일 무장투쟁을 이끈 영웅이자 개선장군인 김일성이었다. 1946년 7월 김일성대학이 세워져 그를 우상화하는 작업이 착수되었다. 북한은 점점 개인의 자유가 질식하는 전체주의체제로 변모해 갔다.

북한의 지배자들은 일제가 전쟁 수행을 위해 구축한 통제경제체제를 그대로 유지하였다. 일제가 시행한 식량의 강제수매, 곧 공출제는 이름만 성출제(誠出制)로 바뀐 채 그대로 시행되었다. 농민들은 여전히 생산한 식량의 일부를, 오히려 더 많은 부분을, 성출의 명분으로 강제수매 당하였다. 일제는 쌀만을 공출하였지만, 북한의 지배자들은 보리·콩 등의 밭작물까지 강제수매하였다. 일제가 시행한 마을 단위의 생산책임제 역시 증산돌격대로 이름만 바뀐 채 계속되었다. 공업에서도 유사한 개혁이 실시되었다. 소규모 개인영업은 그대로 인정되었지만 중요한 공업시설은 국유화되었다. 그 결과 1946년 말 북한 공업시설의 90% 이상이 국유화되었다. 각 생산시설마다는 생산책임제와 유사한 목표치가 할당되었다. 북한은 사회주의적 계획경제로 변모해 갔다.

사회의 전체주의적 개혁과 더불어 북한의 지배자들은 독자의 정부를 세우기 위한 정치 과정을 치밀하게 추진하였다. 1946년 7월 북한의 공산화에 동조하는 모든 정당과 사회단체가 북조선민주주의민족통일전선으로 결성되었다. 당시까지 이루어진 철저한 숙청의 결과 북한 지역에는 공산화에 반대하는 정당이나 사회단체는 존재하지 않았다. 8월에는 보다 대중적인 공산주의 정당을 조직할 필요에서 북조선공산당과 중국에서 활동하던 공산주의자들의 정당인 신민당이 북조선노동당으로 통합되었다.

10월에는 기존의 북조선임시인민위원회라는 임시정부를 정식정부로 교체하기 위한 준비로서 도·시·군 인민위원회 위원의 선거가 실시되었다. 북한에서 최초로 주민 대중이 참가한 이 선거는 북조선민주주의민족통일전선이 제시한 후보자 명단에 대해 찬성 아니면 반대 표시만 할 수 있는 선거였으며, 그것도 선거 감시인들이 지켜보는 가운데 찬성표는 백색함에, 반대표는 흑색함에 넣는 공개선거였다. 1947년 2월 그렇게 선출된 인민위원회 위원들이 평양에서 인민위원회대회를 열고 대의원들을 선출하여 국회에 해당하는 북조선인민회의를 구성하였다. 북조선인민회의는 곧이어 북한을 통치할 정식 정부로서 북조선인민위원회를 발족시켰다. 위원장에는 김일성이 선임되었다. 북한의 공산주의자들은 북조선인민위원회를 정부라 부르지 않고 최고집행기관 또는 정권기관으로 불렀다. 명칭을 뭐라고 하건 그것은 공산주의로 가기 위한 인민민주주의 정부에 다름 아니었다.

북조선인민위원회는 출범 이후 화폐개혁을 단행하고 인민계획경제를 실시하고 인민군을 창건하는 등, 독자의 국가체제를 운영하였다.

요컨대 1946년을 거치면서 북한은 남한과 현저히 이질적인 사회로 변모해 갔다. 북한의 지배자들은 공산주의에 동조하지 않은 모든 정치세력과 사회계층을 소거함으로써 1947년 초까지 인민민주주의 정치체제를 구축함에 성공하였다. 그들은 북한을 한국 전체를 인민민주주의화하기 위한 '민주기지'로 규정하였다. 북한의 공산주의세력은 그 '민주기지'를 발판으로 1947년 가을부터 남한을 포섭하기 위한 공세를 본격화하였다.

3 | 미군정 하의 남한

미국군의 진주와 남한의 정국

　남한에 있어서 미국의 군사적 점령과 통치는 소련이 북한에서 했던 것만큼 체계적이지 못하였다. 미국은 전쟁 이후의 한국에 대해 대강의 방침만 정해 두었을 뿐, 점령 이후에 펼칠 정책에 대해 세밀히 준비하지는 않았다. 앞서 말한대로 미 국무부는 한국인의 자치 능력을 불신하여 미국, 소련, 영국, 중국 4대국이 구성하는 국제민간행정기구에 의한 장기간의 신탁통치를 구상하였다. 이 같은 방식으로 한국이 소련이나 중국의 세력권으로 흡수되는 것을 방지하고 미국의 이해관계에 걸 맞는 중립지대가 될 수 있다고 미국은 판단하였다. 미국의 그 같은 한국 방침은 미국이 압도적으로 강한 군사력으로 다른 세 나라를 그의 의지대로 통제할 수 있다는 낙관적 입장에서 수립되었다. 그렇지만 그것은 상당한 정도로 비현실적인 것이었다.

미 국무부는 남한에 진주한 제24군에 일본군의 무장 해제와 치안 유지를 기본 과제로 지시하였다. 그것은 신탁통치를 위한 국제민간행정기구가 들어설 때까지의 과도적 조치였다. 남한 사회에 각인된 일제의 요소를 청산하고 자유민주적 개혁을 행하는 것은 미군정의 주요 과제가 아니었다. 미군정은 짧은 기간만 통치할 생각이었기 때문에 일제 하의 법령과 행정기구를 대부분 그대로 존속시켰다. 그러면서도 남한 주민의 결사·언론·출판 등의 시민적 자유를 인정하고, 정당 결성 등의 정치적 자유도 허용하였다. 다만 정부를 칭하는 정치단체나 남한에 단독정부를 조직하려는 정치 활동은 일체 인정하지 않았다.

남한에 진주한 미군정의 입장은 미 국무부와 완전히 일치하지는 않았다. 미군정의 입장은 일본 도쿄에 설치된 연합군 최고사령부를 중심으로 한 미 군부의 영향을 받았다. 미군정은 한국인의 독립에 대한 열망과 신탁통치에 대한 결사반대의 입장을 잘 알고 있었으며, 이에 미 국무부의 신탁통치 계획에 회의적이었다. 미군정은 남한에 대한 소련의 영향력 행사를 저지하기 위해 미국에 우호적인 남한의 정치세력으로서 이승만, 김구, 한민당 등을 결속시켜 과도정부를 만들고 이를 장차 한국에 들어설 통일정부의 기반으로 삼고자 하였다. 그렇지만 이 같은 미군정의 입장은 미 국무부에 의해 무시되었다.

앞서 말한대로 1945년 8월 15일 이후 미국군의 남한 진주는 늦은 속도로 이루어졌다. 그 사이 남한에는 좌우 진영의 수많은 정치단체가 생겨났다. 가장 신속하게 등장한 정치단체는 여운형(呂運亨)이 주도한 건국준비위원회였다(건준). 건준은 8월 말까지 전국적인 조직으로 확대해 갔다.

건준 산하의 건국치안대는 전국적 범위에서 총독부의 경찰기구를 접수하여 치안을 유지하는 데 공을 세웠다. 건준의 중앙조직에 참여한 정치세력은 여운형으로 대표되는 중도좌파와 조선공산당 출신의 좌익이 중심을 이루었는데, 지방조직에는 우익 성향의 민족주의자들도 적지 않았다.

건준에 이어 9월 3일 박헌영의 주도 하에 조선공산당이 재건되었다. 공산당 세력은 신속히 건준에 침투하여 그 지도부를 장악하였다. 연후에

1945년 10월 16일 환국한 이승만이 20일 연합군 환영회에서 최초의 공개연설을 하고 있다.

건준은 9월 6일 조선인민공화국이라는 정부의 설립을 선포하였다(인공). 그 다음 날에는 인공 부서의 책임자 명단이 발표되었는데, 주석에는 미국의 이승만, 부주석에는 여운형, 내무장관과 외무장관에는 중국에 있는 대한민국임시정부의 김구와 김규식, 재정부장에는 북한의 조만식, 문교장관에는 한민당의 김성수(金性洙)가 추대되었다. 인공은 건준의 중앙과 지방 조직을 접수하였으며, 건준 지방 조직에 참여했던 우익 인사들은 이때 모두 자진 탈퇴하거나 강제 축출되었다. 인공은 미국군의 진주가 늦어진 상당히 많은 농촌지역에서 미국군이 진주할 때까지 인민위원회를 통해 자치행정을 실시하였다. 인공은 정부를 조직함에 있어서 공개적이며 합법적인 절차를 밟지 않았다. 그로 인해 우익 정치세력은 고위직에 추대되었지만 인공에 참가하지 않았다. 인공은 좌익세력의 성급한 헤게모니 의식에서 급조된 정치단체에 불과하였다.

건준과 조선공산당에 대항하여 우익 정치세력은 9월 4일 한국민주당을 결성하였다(한민당). 한민당의 지도부는 식민지기에 일본과 미국에 유학을 다녀오고 교수, 변호사, 의사, 언론인, 작가 등의 전문직에 종사하는 지식인이 중심세력을 이루었다. 유력한 지주와 자본가도 한민당을 지지한 세력이었다. 일제 하에서 한국인들은 정치적으로 경제적으로 차별을 받았다. 그런 가운데서도 장차 도래할 민족의 독립에 대비하여 실업, 교육, 언론, 학술의 방면에서 근대문명을 이식하고 실천하고 전파하는 세력이 성장하였다. 그 결과 일제 말기가 되면 전체 인구의 근 10%가 근대 부문에 종사하게 되었다. 한민당은 이들 근대문명의 신흥세력을 정치적으로 대표하는 단체였다. 한민당은 중국과 미국에서 귀환한 임시정부와 이승만의 자유민주주의세력과 연합하여 이후 대한민국을 건국하는 중심세력으로 역할을 하였다.

해방 후 미국군이 진주하기 전까지 이외에도 수십 개의 정치단체가 생겨났다. 남한 전역에 진주한 미국군은 북한의 소련군과 달리 군정청을 설치하여 직접 군정을 펼쳤다. 미군정은 그 자신 이외의 어떠한 정부조직도 인정하지 않았으며, 이에 이미 활동 중인 인공을 부정하였다. 그럼에도 인공이 정부의 지위를 고집하자 미군정은 인공의 정부적 활동을 불법으로 규정하고 경찰을 동원하여 금지하였다.

미군정은 남한의 여러 정치세력에 대해 중립적 입장을 표방하였지만 군정의 실시에 있어서 우익 정치세력의 협조를 구하였다. 미군정의 지휘부와 우익 인사들 간의 교류에는 남한에서 활동해온 미국인 선교사들의 중개가 중요하였다. 미군정은 1945년 10월 초 미군정장관의 고문단을 임명했다. 고문단에 임명된 11명 중 1명은 북한에 있는 조만식이고, 나머지 10명 중 4명은 김성수, 송진우(宋鎭禹) 등 한민당의 간부들이며, 5명은 한민당과 비슷한 정치적 성향을 가진 인사들이고, 1명만이 중도좌파의 여운형이었다.

고문단의 위원장에는 김성수가 위촉되었다. 미군정장관 고문단의 이 같은 구성은 미국군이 남한의 우익진영과 제휴하여 군정을 실시하려 했음을 말해 준다. 미군정은 남한에서 공산주의세력을 봉쇄함을 자신의 주요 임무로 간주하였다. 미군정은 총독부의 행정기구를 그대로 존치시킨 다음 일본인 상급 관리들을 해고하고 고문단이 추천하는 우익 성향의 한국인을 그 자리에 충원하였다. 그 외에 한국인으로서 총독부의 하급 관리와 경찰은 그대로 직책을 유지하였다.

　1945년 10월 중순 미국에서 오랫동안 독립운동에 종사한 이승만이 귀국하였다. 미 국무부는 전쟁기에 이승만의 임시정부 승인 요구와 소련에 대한 지속적인 비난으로 그와 불편한 관계에 있었다. 미 국무부는 이승만의 귀국에 비협조적이었다. 그러나 남한의 미군정과 도쿄의 연합군 사령부는 공산주의세력의 제어에 이승만과 같은 영향력 있는 독립운동가가 필요하다고 여겨 그의 귀국을 적극 주선하였다. 많은 한국인의 환영 속에 귀국한 이승만은 독립촉성중앙협의회를 조직하였다(독촉).

　독촉은 공산당과 한민당을 포함한 200여개나 되는 좌우 진영의 정당과 사회단체를 망라하여 출범하였다. 그렇지만 독촉은 얼마 못가 좌익의 이탈로 인해 우익만의 조직으로 축소되었다. 조선공산당의 박헌영은 이승만에게 친일파의 처단을 요구하였다. 그에 대해 이승만은 우선 건국의 대열에서 다 함께 협력해야 한다면서 거부하였다. 이처럼 친일파 문제는 해방 당시부터 좌익이 우익을 정치적으로 공격하고 두 세력이 분열하는 구실이 되었다.

　미군정은 중국에 있는 대한민국임시정부(임정)의 귀국에도 우호적이었다. 앞서 말한대로 임정은 해외에서 독립운동에 종사한 세력을 망라하거나 대표하는 단체가 아니었다. 그 이유로 미국 등의 연합국은 임정을 정부로 승인하지 않았다. 일본의 항복 후 임정은 귀국하여 정부로 대우받기를 희망했으나 미국은 끝내 이를 인정하지 않았다. 미군정은 임정의 귀국을 환영하면서도 임정의 요인들이 개인 자격으로 들어올 것을 요구하였다. 1945년 11월 임정이 한국인의 열렬한 환영을 받으며 귀국하였다. 귀국 후

모스크바 미국·영국·소련 외상회담. 1945. 12. 16

임정은 대한민국임시정부라는 명칭을 사용하면서 임정법통론을 고집했는데, 미군정이나 다른 정치세력으로부터 인정을 받지는 못했다.

모스크바협정

앞서 말한대로 1945년 12월 16일 미국, 소련, 영국의 외상들은 전쟁 이후의 문제를 논의하기 위해 모스크바에서 회담을 가졌다. 여기서 3국의 외상들은 미국과 소련이 분할 점령하고 있는 한국의 독립 문제에 관해 다음과 같이 합의하였다. 첫째, 한국에 민주적 임시정부를 세운다. 둘째 이를 지원하기 위해 남한 미국군과 북한 소련군의 대표로 구성되는 공동위원회를 세운다. 이 위원회는 민주적 임시정부의 수립을 위해 한국의 민주적 정당 및 사회단체와 협의한다. 셋째, 공동위원회는 민주적 임시정부와 협의하여 5년간 미·소·영·중 4국의 신탁통치에 관한 안을 만들어 4국의 공동심의에 부친다.

회담에 임하여 미국은 미·소·영·중 4국에 의한 5년 이내 또는 10년 이내의 신탁통치를 행하고 이를 위해 국제연합의 헌장에 따라 신탁통치를 위한 행정기구를 결성할 것을 제안하였다. 미국이 다수를 확보하고 있는 국제연합의 틀에서 신탁통치를 행함은 소련으로서는 불리한 일이었다. 회담에 앞서 소련은 최소한 북한을 소련에 우호적이고 유순한 국가로 만들며, 이를 위해 한국 문제에 관해 자신이 확실한 거부권을 갖는 공동위원회의 조직을 구상하였다. 그리하여 위와 같이 임시정부를 구성하며, 이를 추진하기 위한 공동위원회를 미소 양국만으로 구성하며, 이 위원회가 임시정부와 신탁통치에 관해 협의한다는 대안을 제시하였다. 당시 회담에 임한 미국의 국무장관은 한국 문제에 관해 전혀 준비가 되어 있지 않은 사람이었다. 그는 미국의 신탁통치안이 소련에 의해 받아들여진 것으로 간주하고 쉽사리 소련의 제안에 동의하였다.

이 같은 모스크바협정은 한국의 독립 문제에 관해 실은 아무 것도 결정하지 않은 빈껍데기와 다를 바 없었다. 우선 신탁통치가 무엇인지, 그 내용과 이름조차 합의되지 않았다. 소련은 신탁통치가 아니라 후견제라는 명칭을 주장하였다. 결과적으로 소련은 이 협정을 통해 한국에 그의 이익에 반하는 정부가 들어서는 것에 대한 거부권을 확보하였다. 소련은 자신에 대한 반대 입장을 확실히 하고 있는 이승만 등, 남한의 우익 정치세력을 미소공동위원회가 임시정부의 수립을 위해 협의할 정치단체 가운데서 배제할 수 있게 되었다. 이 같은 우려는 다음 해 5월 서울에서 열린 미소공동위원회에서 곧바로 현실화하였다. 다시 말해 모스크바협정은 한국에서 서로 자신의 이익에 걸 맞는 정부가 들어서기를 소망하는 미소 양국의 분할 점령이 그대로 상이한 체제의 두 국가로 분단되어 가는 데 이바지할 뿐인 외교적 속임수에 불과하였다.

반탁과 찬탁의 소용돌이

그렇지만 모스크바협정은 그 때까지 좌익이 우세했던 남한의 정치지형을 크게 바꾸어 놓았다. 12월 28일 협정이 정식으로 발표되기 이전에 미국의 신문들은 소련의 주장으로 한국에서 5년간의 신탁통치를 행하게되었다는 보도를 내었다. 모스크바 회담에 임한 미 국무부 관리들의 서툴거나 정확하지 않은 언론 홍보가 그 같은 오보를 낳았다고 이해되고 있다. 이 같은 외신이 국내에 알려지자 진작부터 신탁통치의 가능성을 경계하고 있던 남한의 우익세력이 총궐기하였다. 그들에게 신탁통치는 자치 능력이 결여된 미개 민족에게나 실시하는 명예롭지 못한 수치스런 일이었다. 민족의 자존심에서 신탁통치는 도저히 수용할 수 없는 것이었다.

우익세력은 모스크바협정이 발표된 다음 날부터 전국적으로 신탁통치에 대한 반대운동을 벌였다. 반탁(反託)운동을 선도한 것은 김구의 임정이었다. 김구는 12월 31일 신탁통치반대국민총동원위원회를 결성하고 전국적인 반탁 시위, 철시, 파업을 촉구하는 포고를 발표하였다. 김구는 반탁운동의 세찬 기세를 몰아 임정의 정부 지위를 부정하는 미군정에 정면 도전하였다. 김구는 임정의 유일정부론을 천명하고 미군정의 통치권을 부인

신탁통치를 반대하는 '민족통일 자주독립 시민대회'가 1946년 1월 3일 서울운동장에서 수만 명이 운집한 가운데 열렸다. 이날까지만 해도 좌우익 모두가 한 목소리로 신탁통치를 반대했다.

하였다. 그는 전국 행정기관의 관리와 경찰에게 모두 임정의 지휘를 받으라고 지시하였다. 이 같은 임정의 정면 도전에 미군정의 하지 사령관은 강력한 경고를 발하였다. 김구는 그에 굴복하였으며, 그의 권고로 철시와 파업은 중단되었다.

임정의 쿠데타 시도는 실패하였지만 독자의 과도정부를 구성하려는 임정의 노력은 이후에도 이어졌다. 임정은 모든 반탁세력이 참가하는 비상정치회의를 소집하였으며, 회의에서는 각계의 지도자를 선정하여 의회에 해당하는 비상국민회의를 결성하였다. 비상국민회의는 과도정부의 수립을 목적으로 하는 최고정무위원회를 구성하고 그 인선을 임정의 김구와 독촉의 이승만에게 위임하였다. 김구와 이승만은 1946년 2월 비상국민회

반탁을 주장하다가 소련의 지령을 받고 갑자기 찬탁으로 입장을 바꾼 좌익세력의 남산 군중대회.

의 최고정무위원 28명의 명단을 발표하였다. 다른 한편 김구의 신탁통치반대국민총동원위원회와 이승만의 독촉은 대한독립촉성국민회로 통합되었다(독촉국민회).

　　이 같은 우익진영의 결집에 호응하여 미군정은 비상국민회의 최고정무위원을 군정의 자문기구인 남조선대한국민대표민주의원으로 위촉하였다(민주의원). 민주의원의 의장직에는 이승만이 선출되었다. 이로써 우익진영은 과도정부의 수립에는 실패했지만 민주의원을 통해 미군정과의 연대를 제도적으로 확보하게 되었다. 미군정은 모스크바 외상회담 이전부터 미 국무부가 소련과의 협상을 통해 신탁통치를 실시하려는 방침에 회의적이었으며 그에 반대하는 입장을 전달하였다. 미군정은 소련군의 지휘 하에 북한의 정치세력이 중앙집권적으로 통일되고 그에 의해 사실상 단독정부가 들어서는 현실을 목도하면서 남한에서도 우익세력을 통합하여 북한과 유사한 사실상의 단독정부를 수립하고자 하였다. 미군정이 반탁운동을 계기로 우익진영이 비상국민회의 최고정무위원을 선출하자 그들을 민주의원에 위촉한 것은 그 같은 의도에서였다.

우익진영의 반탁 입장과 대조적으로 좌익진영은 찬탁(贊託)의 입장이었다. 남한의 좌익세력 역시 당초는 반탁의 입장이었다. 그러나 그들은 모스크바협정을 지지하라는 소련의 지령을 전달받은 후 찬탁으로 돌아섰다. 1946년 2월 좌익은 우익의 반탁운동을 비난하면서 찬탁을 위한 군중시위를 조직하였다. 좌익은 우익의 비상국민회의에 맞서 민주주의민족전선이라는 통일전선을 조직하였다.

결과적으로 모스크바협정은 남한에 있어서 좌우 대립의 경계를 확실히 하였다. 다수의 남한 주민은 강한 민족주의 정서에서 우익의 반탁 노선에 공감하였다. 좌익의 찬탁 운동은 소련의 지령에 따라 갑자기 입장을 바꾼 것도 그러했지만 논리적으로도 남한 주민의 강한 민족주의 정서를 설득하기 힘들었다. 모스크바협정에 따른 반탁과 찬탁의 대립은 그 때까지 좌익에 비해 열세였던 우익진영의 입장을 크게 강화하여 우세로 돌아서게 하였다.

북한의 정치 지형도 모스크바협정을 계기로 크게 변하였다. 북조선공산당은 모스크바협정 발표 직후 그에 대한 찬반 입장을 분명하게 정하지 못하였다. 그러다가 소련군의 민정책임자가 모스크바로부터 귀환하여 모스크바협정을 지지하도록 지시를 내리자 그를 지지하는 입장으로 돌아섰다. 북조선공산당은 북한의 여러 정당과 사회단체들을 동원하여 민주주의 민족통일전선을 결성하고 그에 기초하여 통일적 임시정부를 수립할 것을 주장하였다. 나아가 김일성은 모스크바협정을 북조선에서만이라도 먼저 실시하자고 주장하였다.

아울러 북한의 공산당은 모스크바협정에 반대하는 정치세력을 탄압하였다. 북한의 우익세력을 대표하는 조선민주당의 조만식은 신탁통치는 우리 민족을 모독하는 것이라며 반대하였다. 소련군은 1946년 1월 찬탁 결의를 거부한 조만식을 연금하였다. 조선민주당의 간부로서 소련군에 체포되지 않은 사람들은 남한으로 피난하여 남한의 반공·반탁 투쟁에 합류하였다.

제1차 미소공동위원회의 결렬

모스크바협정에 따라 한국에서 민주적 임시정부를 구성하기 위한 미소 양국의 공동위원회가 1946년 3월 20일부터 서울에서 열렸다. 그에 앞서 미국, 영국과 소련의 대립이 슬슬 격화하고 있었다. 3월 5일 영국의 전직 총리 처칠이 미국에서 동유럽에 철의 장막이 내려졌다고 하면서 소련을 비난하는 연설을 하였다. 미국의 여론은 처칠의 연설에 동조적이었다. 소련은 처칠을 격렬하게 비난하면서 그를 제국주의자 또는 전쟁광으로 묘사하였다. 뒤이어 소련은 제2차 세계대전의 승리에 기여한 소련이 자신의 국경지대에 소련에 충성스러운 정부를 수립하는 것은 매우 자연스러운 일이라고 주장하였다. 이 주장은 북한에 대해서도 그대로 적용되는 것이었다.

미소공동위원회를 앞두고 소련의 외상 몰로토프는 소련군 대표단에

미소공동위원회를 앞 둔 만찬회에서 담소하는 미국군 대표 하지 중장(왼쪽)과 소련군 대표 스티코프 대장(오른쪽).

게 한반도에 들어설 통일적 임시정부의 형태와 관련하여 그것이 내각책임 제가 되도록 하며, 내각의 구성에 있어서는 남과 북에 균등한 몫을 분배하 며, 남쪽 대표의 절반은 좌익이 차지하도록 하라는 지령을 내렸다. 이 같은 지령에 따라 북한의 소련군은 김일성 등과 상의하여 총리 여운형, 부총리 박헌영과 김규식, 내무장관 김일성과 같은 내각의 명단까지 작성하여 소련 공산당에 보고하였다. 이처럼 소련은 한국에 들어설 정부가 친소적이어야 한다는 방침을 굳히고 그에 상응하는 세밀한 준비와 더불어 미소공동위원 회에 임하였다.

다른 한편 미국을 대표하는 미군정의 하지 사령관은 미소공동위원회 의 개최를 맞아 미국의 입장을 밝히는 성명을 발표하였다. 거기서 그는 언론, 집회, 신앙, 출판 등의 자유는 절대적인 것이며, 그것을 한국에서 확립함이 미국의 목표라고 하였다. 이로써 미국은 한국에 들어설 임시정부는 자유민주주의를 신봉하는 세력에 의해 주도되어야 함을 명확히 하였다. 또한 하지 사령관은 통일적 임시정부를 실질적으로 세우기 위해서는 38선의 국경선 기능을 철폐하고 남북 두 지역의 경제를 통합하고 남북의 정치세력이 자유롭게 상대방 지역을 방문하여 활동할 수 있어야 한다고 주장하였다.

그에 대해 서울에 온 북한 소련군의 스티코프 사령관은 회담 전날의 만찬회에서 한국에서 수립될 민주적 임시정부는 모스크바협정을 지지하는 정당과 단체로 구성될 필요가 있으며, 그러해야 임시정부가 한국에 잠복한 일본의 요소를 숙청하고 국내의 반동분자들과 결정적으로 투쟁하여 진정한 민주제도를 수립할 수 있다는 취지의 연설을 하였다.

양국의 입장 차이는 공동위원회가 열리자마자 숨김없이 드러났다. 소련은 남북을 경제적으로 통합하자는 미국의 제안을 받아들이지 않았다. 그 대신 남북의 경제교류를 물물교환의 방식으로 하며 이를 위해 양국 사령관이 협정을 맺자고 주장하였다. 가장 심각한 대립은 임시정부의 수립을 위해 공동위원회가 협의할 정당과 사회단체의 선정을 두고 벌어졌다. 소련군 대표는 모스크바협정에 반대하는 정당과 사회단체는 그 대상에서 제외되어야 한다고 주장하였다. 그대로라면 신탁통치에 반대하는 남한의 우익 정당과 사회단체는 모두 배제되어 임시정부는 소련의 의도대로 좌익이 주도하는 친소적 정부가 될 것이었다. 그에 대해 미국은 모든 정당과 사회단체는 언론의 자유가 있기 때문에 신탁통치에 대해 찬반의 의견을 자유롭게 표현할 수 있으며, 그에 반대하는 정당과 사회단체를 배제하는 것은 언론의 자유를 부정하는 것이라고 주장하였다.

소련은 타협안으로 남한의 정당과 사회단체들이 비록 과거에는 신탁통치에 반대했다 하더라도 향후로는 모스크바협정을 지지하고 또 공동위원회가 앞으로 내릴 결정에 협력할 것을 서약한다면 협의의 대상에서 배제하지 않는다는 제안을 냈으며, 미국은 그에 동의하였다. 그에 대해 남한의 우익진영은 그것은 결과적으로 신탁통치의 수용을 의미하므로 서약할 수 없다는 입장을 밝혔다.

미군정의 하지 사령관은 반탁·우익진영의 서약을 유도하기 위해 공동위원회의 협의 대상이 되고자 그런 서약을 하더라도 그 서약은 향후 신탁통치에 대한 찬반 의견을 발표할 수 있는 자유를 구속하지 않는다는 내용의 성명을 발표했다. 하지의 성명 이후 남한의 반탁·우익진영은 일제히 서약서에 서명하였다. 그러자 소련은 공동위원회가 주문하는 서약에 관한 하지의 해석은 모스크바협정의 본질을 파괴하는 것이며, 향후에도 신탁통치에 반대하겠다는 입장을 취하면서 공동위원회가 주문하는 서약서에 서명한 남한의 반탁진영은 기만적인 반동분자들이라고 비난하였다. 양국 대표는 더이상 타협할 여지가 없었으며, 제1차 미소공동위원회는 결렬되었다.

이승만의 임시정부론 제기

이승만은 미소공동위원회가 결렬된 후 자신이 총재로 있는 독촉국민회의 활동을 독려하고자 지방 순회에 나섰다. 6월 3일 이승만은 전북 정읍에서 행한 유명한 연설에서 남한의 자유민주주의세력이 선택할 노선을 다음과 같이 천명했다. 이를 두고 이후 이승만에 비판적인 정치세력과 저술가들은 남북 분단의 씨앗이 된 '단독정부론'이라고 매도하였다.

> 이제 우리는 무기 휴회된 공위가 재개될 기색도 보이지 않으며 통일정부를 고대하나 여의케 되지 않으니 우리는 남방만이라도 임시정부 혹은 위원회 같은 것을 조직하여 38이북에서 소련이 철퇴하도록 세계 공론에 호소하여야 될 것이니 여러분도 결심하여야 될 것이다.

이 발언에서 남한만의 '임시정부 혹은 위원회'는 당시의 전후 맥락에서 후일 분단을 전제하고 생겨난 남한의 대한민국과 같은 정부를 직접 칭하는 것은 아니었다. 그것은 미소공동위원회가 수립하고자 했던 통일적 임시정부의 남한만의 조직을 가리켰다. 앞서 말했듯이 북한에서는 이미 그해 2월에 북조선임시인민위원회라는 임시정부가 성립하여 북한지역에서 인민민주주의적 개혁에 박차를 가하고 있었다. 이승만이 남한만의 '임시정부 또는 위원회'를 언급한 것은 이 같이 북한에서 이미 성립하여 활동 중인 임시정부를 남한도 빨리 만들어 그에 대처해야 한다는 뜻이었다. 이승만의 그 같은 발언은 남북한 전체가 공산국가로 되기를 바라지 않은 이상 당시의 정세에서 당연히 나올 수 밖에 없는 것이었다.

당시 이승만은 남한 우익진영의 지도자 가운데 북한을 점령한 소련의 의도와 이후 북한에서 벌어진 정치적 변화의 의미를 종합적으로 파악하고 있는 거의 유일한 사람이었다. 이승만이 보기에 소련이 북한을 친소 공산국가로 만들 것은 불을 보듯이 명확한 현실이었다. 그런 소련과 통일

이승만 '정읍발언' 신문기사.
1946. 6. 3

적 임시정부를 세우기 위해 협상을 하는 것은 한국 전체를 공산국가로 빠뜨릴 위험성이 다분하였다. 미국도 그러한 의도의 소련에 대해 양보할 여지는 거의 없었다. 미군정의 고위 관리들은 남과 북이 상이한 체제의 국가로 분단되어 갈 불가피한 현실을 잘 인지하고 있었다. 그럼에도 미소 양국을 비롯한 남북의 정치세력은 분단의 책임을 회피하기 위해 협상의 카드를 고집하였다.

그러한 위선적 상황이 이어지는 가운데 북한에서는 중앙집권화된 임시정부가 들어서서 북한지역의 공산주의적 개조를 위한 작업에 박차를 가하고 있었다. 반면 남한에서는 미군정이 공식적으로 모스크바협정의 이행을 표방하는 가운데 좌우 진영의 대립이 날로 심각해지고 있었다. 우익진영 내부도 헤게모니를 둘러싸고 심하게 갈등하고 있었다. 이 같은 위험하고 불안정한 상황을 극복하고 소련과 북한의 공세에 효과적으로 대응하기 위해 남한의 우익과 중도 세력은 하루빨리 단합하여 자유민주적 통일전선으로서 남한만의 임시정부를 세울 필요가 있었다. 이승만이 정읍에서 행한 발언의 기본 취지는 이와 같았다.

그렇지만 당시 남한의 여러 정치세력과 언론은 이승만의 발언을 민족의 분단을 초래할 '단정론'(單政論)으로 규정하면서 격렬하게 비판하였다. 좌익세력만 비판한 것이 아니라 중도파, 심지어 김구의 임정까지 이승만 비판에 가세하였다. 미군정도 이승만의 정읍 발언은 모스크바협정의 실행을 추구하는 미국의 정책과 어긋난다고 비판하였다. 그렇지만 그들은 당시 북한에 들어선 임시정부 북조선임시인민위원회와 그에 의한 급진적 인민민주주의 개혁을 민족의 분단을 초래하는 행위로 비판하지는 않았다. 그러한 편향성은 당시 남한의 모든 정치세력이 북한의 정세를 객관적으로 판단할 능력을 결여한 가운데 민족 통일정부의 수립이라는 당위적 명제에 깊이 매몰되어 있었기에 조금도 어색하게 느껴지지 않았다.

좌익의 극좌투쟁

한편, 박헌영을 지도자로 한 조선공산당은 미소공동위원회가 결렬된 이후 미군정에 대한 그 동안의 묵인 또는 협조 노선을 폐기하고 그에 맞서 싸우는 극좌 노선으로 전환하였다. 조선공산당은 모자라는 활동 자금을 조달하기 위해 조선은행권을 위조하여 발행하였다. 1946년 5월 미군정은 이를 적발하고 조선공산당에 대한 대대적인 수사에 나섰다. 그것이 조선공산당으로 하여금 노선 전환을 하게 만든 계기가 되었다. 경찰의 수사망을 피해 지하로 잠적한 박헌영은 7월 "수세에서 공세로, 퇴거에서 진격으로 미군정을 노골적으로 치자"는 비합법 폭력노선을 발표하였다. 미군정은 9월 박헌영 등 공산당 간부에 대한 체포령을 내렸으며 선동적 성명을 게재해온 좌익계 신문들을 폐간시켰다. 박헌영은 비밀리에 월북하였다.

이후 박헌영의 지령으로 남한의 좌익세력은 미군정에 대한 강경한 폭력적 투쟁을 벌였다. 9월 하순과 10월 하순에 걸쳐 전국적으로 노동자 총파업과 농민폭동이 일어났다. 당시 남한의 서민 대중은 실업, 식량난, 물가상승 등으로 심한 생활고를 겪고 있었다. 9월 24일 미군정의 감원과 급료제 변경에 반발하여 철도국 경성공장의 노동자들이 파업에 들어갔다. 노동자들은 쌀 배급, 임금 인상, 해고 반대를 주장하였다. 좌익의 전국적 노동단체인 노동조합전국평의회는(전평) 산하 노조의 동조 파업을 지시하였다. 파업이 확산되자 미군정은 경찰과 우익 청년단체 수천 명을 투입하여 농성 중의 철도노동자를 공격하여 유혈 끝에 강제 해산시켰다. 다른 곳의 파업도 경찰, 우익 노동단체 및 청년단체의 공격으로 해산되었다. 이 사건에서 전평은 간부와 조합원이 피살되거나 검거됨으로써 조직이 크게 약화되었다. 그 대신 우익 노동단체인 대한노총이 조직을 확장하여 주도권을 잡았다.

노동자 파업은 10월에 전국적 농민폭동으로 이어졌다. 그 발화점은 대구였다. 10월 1일 노동자 파업을 지지하는 시위대에 경찰이 발포하여 시위 노동자 1명이 사망하는 사건이 일어났다. 다음 날 시위대의 투석에 놀란 경찰이 또 다시 발포하여 다수의 사상자가 발생하였다. 분노한 시위 군중은 경찰서를 습격하여 경찰관을 살해했으며 관리들의 집도 습격하였다.

이후 인근의 영천, 의성, 군위, 선산 등으로 폭동이 퍼져나가 10월 하순까지 전국의 농촌으로 확산되었다. 그에 대해 경찰과 우익단체는 강하게 반격하였다. 10월폭동의 피해는 엄청났다. 경찰관 200명 이상이 피살되었으며, 관리, 시위자, 민간인 사망자는 그보다 훨씬 더 많았다. 폭동에 가담했다가 체포된 사람은 수만 명에 달하였다.

조선공산당은 대중봉기를 통해 미군정에 타격을 가하고자 했지만 가장 큰 피해자는 그들 자신이었다. 10월폭동을 계기로 경찰과 우익단체는 좌익세력에 궤멸적인 타격을 가하였다. 이후 일반 대중에 대한 좌익세력의 영향력은 현저하게 감소하였다. 조선공산당은 점차 일반 대중으로부터 고립되어 갔다. 그런 가운데 11월 남한의 조선공산당, 인민당, 남조선신민당의 좌익 3당은 북한에서 북조선공산당과 신민당이 북조선노동당(북로당)으로 통합한 것에 맞추어 남조선노동당(남로당)으로 통합하였다.

미군정의 좌우합작 추진

미 국무부는 제1차 미소공동위원회가 결렬된 이후에도 모스크바협정에 따라 한국의 독립 문제를 처리할 기존의 방침을 고집하였다. 미 국무부의 이른바 국제주의자들은 세계대전에서 연합국으로서 함께 싸운 소련을 신뢰하였으며, 그와 한국 문제를 두고 협상할 여지는 남아 있다고 생각하였다. 미 국무부의 관리들은 남한의 이승만과 김구가 중심이 된 우익세력을 불신하였다. 미 국무부는 이전부터 소련을 비판해 온 이승만과 불편한 관계였으며, 이승만과 김구가 중국 국민당정부의 영향 하에 있다고 의심하였다. 그들은 이승만과 김구를 소련과의 협상에서 장애로 간주하였다.

소련은 이승만과 김구를 중심으로 하는 남한의 우익세력을 반동분자 또는 반민주주의세력으로 공격하고 있었다. 이에 미 국무부는 제1차 미소공동위원회의 개최에 앞서 미군정에 압력을 가하여 이승만을 민주의원 의장직에서 사퇴시켰다.

미소공동위원회가 결렬된 후 미 국무부는 반소 입장을 굽히지 않고 있는 이승만과 김구에 대해 "원로 망명객들이 미국의 목표를 돕기는커녕 방해하였다"고 비난하면서 그들을 남한 정계에서 제거하고 미국의 정책에 협조할 새로운 정치세력을 양성하라고 미군정에 지시하였다. 이에 1946년 5월 하순 미군정은 좌우 두 진영 사이에서 중도적인 입장을 취하고 있는 김규식과 여운형을 독려하여 좌우합작을 이루도록 하였다. 미군정은 여운형을 중심으로 하는 중도좌파를 공산당의 영향으로부터 떼어내 김규식을 중심으로 하는 중도우파와 합작케 하면 대중의 지지도 얻고 소련의 경계도 누그러뜨리면서 미국에도 우호적인 국가를 만들 수 있으리라고 구상하였다. 미군정은 좌우합작을 기반으로 북조선임시인민위원회에 대응하는 남한 주민의 대표기구로서 좌우합작위원회와 과도입법의원을 만들고자 하였다. 이 같은 미군정의 구상에 호응하여 중도우파의 김규식, 한민당의 원세훈(元世勳) 등과 중도좌파의 여운형, 조선공산당의 허헌(許憲) 등은 좌우합작위원회를 구성하였다.

조선공산당의 지도자 박헌영은 극좌노선으로 전환하고 있었기에 좌우합작에 반대하였다. 그는 좌우합작위원회에 모스크바협정 지지, 토지개혁, 인공의 지방조직인 인민위원회로의 행정권 이양, 과도입법의원 반대 등의 합작5원칙을 내놓았다. 이는 위원회에 참가한 우파가 받아들일 수 없는 것이었다. 그에 대해 우파는 신탁통치를 제외한 모스크바협정 지지, 민주적 자유의 확립 등의 8개 원칙으로 응수하였다. 그에 대해서는 박헌영이 반대하였다. 북한의 김일성은 경쟁자인 박헌영을 견제하기 위해 좌우합작을 지지하였다. 김일성은 북한에서 여운형과 수차례 회합을 가지면서 여운형이 합작을 주도하도록 지원하였다.

1946년 10월 김규식과 여운형의 노력으로 좌우합작위원회는 좌익5원칙과 우익8원칙을 절충한 좌우합작7원칙을 발표하였다. 모스크바협정에 의거하여 남북을 통한 좌우합작으로 민주주의 임시정부를 설치하며, 이를 위해 미소공동위원회를 속개하며, 유·무상몰수와 무상분배의 토지개혁을 행하며, 좌우합작위원회의 주도로 입법기구를 설치하며, 친일파 및 민족반역자를 처리할 조례를 입법기구가 제정한다는 등의 내용이었다. 모스크바협정에 따라 신탁통치는 당연히 시행될 것으로 전제되었다. 이 같은 좌우합작7원칙을 둘러싸고 한민당과 조선공산당 내부에서 찬반 여부를 둘러싸고 심각한 분열이 발생하였다. 좌우합작7원칙은 좌우 정치세력을 망라한 넓은 범위의 진정한 합작을 이루지는 못하였다.

미군정은 좌우합작7원칙에 호응하여 민선의원 45명과 관선의원 45명으로 이루어지는 남조선과도입법의원을 설치하였다. 1946년 10월 하순 45명의 민선의원을 선출하는 선거가 이루어졌다. 선거는 몇 단계의 간접선거로 치러졌다. 각 동리에서 대표 2명을 뽑고, 동리 대표가 면 대표 2명을 뽑고, 면 대표가 군 대표 2명을 뽑고, 군 대표들이 모여 각 도에 할당된 도 대표를 뽑는 방식이었다. 극좌노선으로 전환한 좌익은 선거 자체를 거부하였다. 선출된 민선의원은 한민당 당원이 12명, 이승만의 독촉국민회

회원이 17명, 김구의 한국독립당 당원이 4명, 무소속 12명 등이었는데, 무소속의 대부분은 한민당 계열이었다. 민선의원의 대부분이 우익 인사로 구성되자 미군정은 관선의원 45명을 좌파와 온건 우파의 인물로 채웠다. 과도입법의원 의장에는 김규식이 임명되었다.

그 동안 미군정의 강력한 견제로 이승만과 김구는 좌우합작에 대해 관망하는 자세를 취하였다. 미군정이 관선의원을 좌파와 온건 우파의 인물로 채우자 이승만과 김구는 그에 강력히 반발하였다. 1946년 12월 이승만은 미국정부와 여론에 자신의 노선을 직접 호소하기 위해 미국으로 갔다. 워싱턴에서 이승만은 미 국무부의 한국 정책을 비판하였다. 이승만은 남북이 통일될 때까지 남한에 우선 임시정부를 세워서 유엔에 가입시키고, 그 임시정부로 하여금 직접 미국과 소련 정부를 상대로 협상하게 하라는 자신의 주장을 널리 홍보하였다. 그에 대해 미국정부의 요인과 유력한 민간 단체는 적지 않게 호응하였다. 그렇지만 미국정부의 책임 있는 고위 관리들은 기존의 방침을 고수하였기 때문에 이승만을 만나주지 않았다.

이승만이 미국에서 활동하는 사이 미국과 소련 사이의 냉전이 공식화하였다. 1947년 3월 미국의 트루먼 대통령은 그리스와 터키로 진출하려는 소련을 봉쇄하기 위한 군사원조를 의회에 요청하였다. 그 연설에서 트루먼은 공산주의체제를 현재의 국경선에서 봉쇄하겠다는 정책을 발표하였다. 이로써 이후 40년간 때때로 열전을 동반하기도 했던 동서냉전(東西冷戰)이 막을 올렸다. 그것은 이승만이 예견해 온 것이기도 하였다. 4월 귀국 길에 오른 이승만은 다시 한 번 남한에서 조속히 선거를 실시하여 임시정부를 수립한 다음, 그 정부가 미국과 소련 정부를 상대로 통일에 대해 협상하도록 하자는 성명을 발표하였다. 변화한 국제정세와 더불어 그의 성명에는 미국정부가 귀를 기울일 수밖에 없는 무게가 실려 있었다.

제2차 미소공동위원회의 결렬

1947년 1월 미 국무장관이 대소 강령론자인 마샬로 교체되었다. 그에 따라 한국 문제에 관한 미 국무부의 방침도 변하기 시작하였다. 모스크바 협정에 따라 소련과의 협상을 통해 한국 문제를 처리하자는 미 국무부의 국제주의자들은 퇴각하였다. 그에 따라 남한에서 단독의 임시정부를 세우자는 방안이 점점 힘을 얻어 갔다. 미 국무부는 내심 그러한 방침에 기울면서도 명분을 지키기 위해 소련과의 협상을 통한 통일적 임시정부의 수립을 포기하지는 않았다.

그에 따라 1947년 5월 제2차 미소공동위원회가 서울에서 열렸다. 회담에 임하여 소련 대표는 제1차 회담 때와 마찬가지로 통일적 임시정부의 구성에 있어서 남과 북이 동등한 비중을 가지며 남측 대표의 구성에 있어서 좌와 우가 동등한 비중을 지녀야 한다는 원칙을 재확인하였다. 한국에 들어설 정부가 친소적이어야 한다는 소련의 입장은 확고부동하다 못해 신성한 것이었다. 평양을 떠나는 소련 대표부에 북한 지도자들은 임시정부 수립에 의해 북한의 사회·경제구조에 어떠한 변화도 생기기를 원치 않는다는 입장을 전달하였다. 그렇지만 이 같은 소련 대표부의 임시정부에 관한 방안은 다른 문제로 공동위원회가 결렬되었기 때문에 협상의 테이블에 오를 겨를도 없었다.

미국 대표는 회담을 성사시키기 위해 제1차 회담에서 고집했던 반탁

세력의 언론 자유에 대한 보장을 철회하는 중대한 양보를 하였다. 양국 대표는 공동위원회에 참여하려는 남북한 정당과 사회단체에게 모스크바협정과 공동위원회의 노력을 지지한다는 서약서와 함께 참가 신청서를 제출할 것을 요구하였다. 이승만과 김구를 중심으로 한 우익진영은 서류의 제출을 거부하고 모스크바협정의 폐기와 한국 문제의 유엔 상정을 주장하였다. 그 밖의 남북한의 모든 좌우익 정당과 사회단체는 공동위원회에 서약서와 참가 신청서를 제출하였다.

7월 중순 미소공동위원회는 향후 위원회가 협의할 정당과 사회단체의 명부를 작성하기 시작하였다. 그 때 소련은 제1차 공동위원회 때와 동일한 문제를 다시 제기하였다. 소련은 서약서를 제출했다 해도 반탁투쟁위원회 및 그와 유사한 단체에 가입한 정당이나 단체는 협의의 대상에서 제외되어야 한다고 주장하였다. 참여를 신청한 남한의 우익 정당과 사회단체는 공동위원회에서 신탁통치의 계획을 무산시킬 속셈이었다. 그래서 그들은 반탁운동의 단체에서 탈퇴하지는 않았다. 소련의 주장대로라면 반탁 단체는 물론, 일부 중도 정당과 단체까지도 협의의 대상에서 배제되어야 할 형편이었다. 미국은 소련의 주장을 받아들일 수 없었다. 결국 제2차 미소공동위원회 역시 이전과 본질적으로 동일한 문제로 인해 교착상태에 들어갔다.

이에 미국은 모스크바협정과 미소공동위원회의 틀을 벗어날 길을 모색했다. 미국은 미·소·영·중 4국의 회담에서 한국 문제를 협의할 것을 제안하였지만, 소련은 모스크바협정에 위배된다고 하면서 반대하였다. 결국 미국은 1947년 9월 한국 문제를 유엔에 이관할 수밖에 없다고 소련에 통고한 후 유엔총회가 한국 문제를 의논해 줄 것을 요청하였다. 유엔총회는 미국의 요청에 따라 한국 문제를 의제로 채택하였다. 이처럼 한국 문제가 유엔으로 이관되자 미군정이 그 때까지 추진해 온 좌우합작도 자연히 유야무야 되었다. 1947년 12월 좌우합작위원회는 해산하였다.

미국의 한국 정책 재평가

돌이켜 보면 미 국무부가 소련과 모스크바협정을 체결하고 그에 준하여 소련과의 협의를 통해 한국에 친미 반공정부를 세우고자 했음은 소련의 진정한 의도를 간과하고 미국의 힘을 과신한 위에서 추진된 관념적인 정책이었다. 두 차례에 걸친 미소공동위원회에서 소련은 한국에 친소정권을 세우기 위해 통일적 임시정부의 세력 구성이 좌익 3에 우익 1의 비율이어야 한다는 기본 방침에서 조금의 흔들림도 없었다. 그리고 소련은 이승만을 비롯한 남한의 우익진영을 대표하는 세력을 반동분자로 공격하면서 협의의 대상에서 제외하고자 하였다. 결과적으로 미소공동위원회는 임시정부의 구성에 관하여 실질적인 토론은 단 한 차례도 하지 못한 채 결렬될 수 밖에 없었다. 그것은 충분히 예상된, 그런 의미에서 위선적인, 가면극에 다름 아니었다. 그러한 위선적 협상을 미국이 2년간이나 고집한 것은 미국의 세계전략이 유동하는 가운데 소련과의 협조 가능성을 신뢰하는 관념적인 것이었기 때문이다.

미 국무부는 남한의 내부 사정에 대한 이해에 있어서도 관념적인 한계를 드러냈다. 미 국무부는 남한의 이승만, 김구, 한민당을 중심으로 한 우익진영이 그들의 역사에서 지니는 진보적 의의를 과소평가하였다. 남한의 우익진영은 개인의 자유와 독립을 역사 발전의 동력으로 소중히 평가하는, 그들의 이전 역사에서 볼 수 없는, 진보적인 신흥 정치세력이었다. 그들은 미 국무부의 관리들이 상투적으로 간주했듯이 남한의 대중을 억압하고 착취하는 반동세력이 아니었다. 남한의 우익진영이 집권을 하면 남한에서 좌익 혁명이 일어날 위험성이 있다는 미 국무부의 이른바 진보주의자들의 판단은 아주 잘못된 도식적인 것에 불과하였다. 이승만을 비롯한 남한의 우익진영은 대중의 지지를 받았으며, 공산주의와의 투쟁에 있어서 대중을 동원할 수 있는 커다란 능력을 보유하였다. 남한의 대중은 자유민주적 정치 지향에 있어서 우익진영을 신뢰하고 지지하였다.

미 국무부의 진보주의자들은 남한의 우익진영이 보유한 정치적 능력을 과소평가하였다. 그로 인해 그들은 미군정으로 하여금 반공의 의지가 의심스러운 가운데 대중을 동원할 정치적 능력을 결여한 중도파와 협력하도록 요구하였다. 미군정이 시도한 좌우합작은 한국 문제가 유엔에 이관되기 이전에 사실상 파산하였다. 과도입법의원의 민선의원 선거에서 우익은 승리하였다. 선출된 민선의원의 대부분은 우익진영의 인사들이었다. 대중의 지지를 받고 대중을 동원할 수 있는 정치세력은 중도파가 아니라 우익진영이었다. 나아가 과도입법의원은 신탁통치를 반대하는 결의안을 압도적 우세로 통과시킴으로써 그를 낳아준 미군정에 타격을 가하였다.

정직하게 평가하여 미군정과 그에 협력한 중도파의 좌우합작 노선은 온건하고 논리적인 지식인사회에서나 호소력을 갖는 것이었다. 유감스럽게도 당시 한국의 실정에서 그러한 지식인사회는 아주 작은 세력에 불과하였다. 현실은 서로 용납할 수 없는 이념이 살벌하게 대립한 전쟁과 같은 것이었다. 그러한 현실에서 중도파의 좌우합작 노선은 그 실패가 처음부터 예견된 것이었다. 차선의, 아니 최선의 현실적 선택은 남한만에서라도 우선 자유민주주의의 정부를 세우고 그 정부로 하여금 어떠한 방식이든 통일을 추구하게 하는 것이었다.

이승만이 유일하게 공개적으로 주창했던, 겉으로는 모두로부터의 비난을 받았던, 그렇지만 속마음에서는 모두가 진작부터 동의하고 있었던 그 같은 선택이 미국정부와 남한의 우익진영에 의해 공식화하는 데에는 2년의 세월이 걸렸다. 남한에서 적지 않은 세력을 형성했던 좌익의 저항이 격렬하였음이 그 첫째 이유이다. 둘째 이유는 한국인이라면 누구도 예외 없이 깊이 몰입하였던 민족주의 정서이다. 통일적 민족정부의 수립은 그 누구도 거역하기 힘든 신성한 것이었다. 셋째 이유는 자신의 힘을 과신하여 소련과의 협상을 통해 한국에 친미 반공정부를 세울 수 있다고 믿은 미국의 관념적인 대외정책이다. 그렇게 방향이 잘못 설정된 정책이 2년간이나 점령군의 권위로 강요될 때 반공의 보루로서 그에 강인하게 맞선 정치세력이 없었다면, 쉽사리 성립한 좌우합작의 통일정부에서 잘 조직된 좌익세력이 조만간 헤게모니를 장악하여 한국 전체를 친소 공산국가로 만들어 버렸을 것임은 쉽게 짐작할 수 있는 일이다. 그런 점에서 한국 문제가 유엔으로 이관되기 이전의 2년간은 한국의 자유민주주의세력이 살아남기 위해 분투했던 위험하고도 시련에 가득 찬 기간이었다.

4 | 대한민국의 건국

유엔의 한국 결의

1947년 11월 14일 유엔총회는 한국에 관한 결의를 채택하였다. 그 핵심 내용은 남북한 전 지역에서 유엔의 감시 하에 인구비례에 의한 자유선거를 실시하여 국회를 구성하며, 그 국회가 남북에 걸친 통일정부를 수립하고, 선거를 준비하고 감시하기 위해 유엔한국임시위원단을 구성하며(유엔위원단), 통일정부가 구성되면 90일 이내에 남북한에서 미국군과 소련군은 완전 철수한다는 것이었다.

남한의 우익진영은 이 같은 유엔총회의 결의를 환영하였다. 이승만과 한민당은 말할 것도 없었다. 임정을 대표하면서 한국독립당이란 정당을(한독당) 이끌었던 김구도 환영했으며, 좌우합작운동을 주도한 김규식도 환영하였다. 김구는 이승만이 선도하는 정부 수립 운동을 지지하는 성명을 발표하였다. 그는 소련의 방해로 북한에서 선거를 실시할 수 없게 될 경우 남한만에서라도 선거를 실시하여 정부를 수립해야 한다고 주장하였다.

1948년 1월 유엔총회의 결의에 따라 유엔위원단이 서울에 왔다. 유엔위원단의 활동은 남한에서는 미군정의 협조를 받아 순조롭게 이루어졌다. 유엔위원단은 정치 지도자들의 의견을 청취하고, 주민들이 선거를 희망하고 있는지 여부 등을 조사하였다. 남한의 우익진영은 유엔위원단의 활동에 적극 협조하면서 남북한 총선거의 조속한 실시를 요청하였다. 유엔위원단은 소련군의 거부로 북한에는 들어가지 못하였다. 유엔위원단은 북한에서의 활동이 불가능한 상황에서 향후 그들이 어떻게 행동해야 하는지에 관해 지시해 줄 것을 유엔에 요청하였다. 2월 말 유엔소총회는 유엔위원단에게 접근 가능한 지역에서, 곧 남한만에서라도 총선거를 실시하라고 결의하였다.

미국이 한국 문제를 유엔에 이관하기로 한 때부터 소련과 남북한의 좌익세력은 그를 저지하려는 공작을 펼쳤다. 북조선인민위원회는 1947년 가을부터 소련이 제시한 미국군과 소련군의 조기철수론을 지지하고 한국 문제의 유엔 상정 및 결의를 반대하는 군중대회를 북한 전 지역에서 개최하였다. 소련안대로 미소 양국군이 조기에 철수하여 한국 문제를 한국인들이 알아서 처리하도록 하자면, 당연히 남북한의 정당과 사회단체의 대표들이 만날 필요가 있었다. 이에 그해 10월 김일성은 남북협상의 필요성을 제기하였다. 통일정부를 세우기 위해서 남북한의 정당·사회단체 대표들이 한 자리에 모여 정세를 토의하고 대책을 세우자고 하였다.

김일성은 남한의 정당·사회단체 인사들을 포섭하는 공작을 벌였다.

서울에 도착한 유엔한국임시위원단. 1948. 1. 7

김일성은 이 일을 서울에 주재하는 북로당의 공작원 성시백(成始伯)에게
맡겼다. 성시백은 남한의 좌익 정당을 비롯해 중도 및 우익 정당의 인물까
지 광범하게 포섭하였다. 성시백은 중도파의 지도자 김규식의 비서와 접촉
하였으며, 나아가 우익의 지도자인 김구와 그의 한독당 동료인 조소앙과
엄항섭의 측근에 자신의 사람을 심는 데 성공하였다.

　　남한의 좌익진영도 한국 문제의 유엔 상정 및 결의를 격렬히 비난하
였다. 남로당은 유엔 결의를 "미국군의 영구적인 남한 주둔을 합리화하는
것" 또는 "남한을 미국의 식민지화, 군사기지화 하려는 음모" 등으로 비난
하였다. 남한의 좌익은 1948년 2월 유엔위원단의 활동을 저지하기 위해 격
렬한 파업과 시위·폭동을 일으켰다. 전기 노동자들은 변전소를 파괴하고
전선을 절단하였으며, 철도 노동자들은 기관차를 부수고 열차 운행을 중지
시켰으며, 통신 노동자들은 전신 설비를 마비시켰다. 농민들은 경찰지서를

습격하였으며, 학생들은 동맹휴학을 하였다. 이런 사태가 2주간이나 계속되어 100여 명이 사망했으며 8,000여 명이 체포되었다.

김구와 김규식의 이탈과 남북협상

북한의 공작과 좌익세력의 저항은 효과가 있었다. 우익진영 지도자의 한 사람인 김구와 중도우파를 이끈 김규식이 그들의 동조자가 된 것이다. 앞서 언급한 것처럼 김구는 유엔총회의 결의를 지지하였다. 반면 중도파는 그에 대한 찬반으로 분열하였다. 김규식을 중심으로 한 중도우파는 유엔총회의 결의를 지지하고 소련의 미소 양국군의 조기철수 주장에 반대하였다. 그에 비해 중도좌파에 속하는 군소 정당과 한독당의 일부 세력은 소련의 제안을 긍정적으로 평가하고 남북요인회담의 개최에 찬성하였다. 당시 남한의 여러 정당에는 남로당과 북로당의 첩자들이 깊숙이 침투하여 당론을 좌우하였다.

1947년 12월 하순 김구와 김규식의 입장에 변화가 생겼다. 12월 20일 중도파의 연합단체는 남북정치단체대표들의 회의를 제안하였다. 김규식은 그에 반대하지 않는데, 종래 유엔총회 결의를 지지한 그로서는 입장의 분명한 변화였다. 22일 김구도 돌연 이승만이 추진하는 남한만의 선거에는 절대 반대한다는 성명을 발표하면서 우익진영에서 이탈하였다. 두 지도자의 노선 변경은 충격적인 일이었다. 대한민국의 건국 노선은 예상치 못한 큰 시련에 봉착하였다.

1948년 1월 말 김구와 김규식은 유엔위원단과의 면담에서 미소 양국군의 조기철수와 남북협상의 필요성에 한 목소리를 내었다. 그들은 유엔위원단에게 소련이 반대하는 총선을 추진하지 말 것을 요청하였다. 김구와 김규식이 갑자기 노선을 변경한 것은 임박한 민족의 분단을 막아 보겠다는 개인적인 충정에서였지만, 거기에는 북로당의 공작원 성시백에 포섭된 측근들의 조언이 중요하게 작용하였다.

김구와 김규식의 동조로 남북협상의 가능성은 높아졌다. 두 지도자는 2월 중순 통일문제를 논의하기 위한 남북정치지도자회담을 제안하는 편지를 북한에 보냈다. 그렇지만 북한정권, 곧 북조선인민위원회는 이 편지에 반응을 보이지 않았다. 북한정권의 김일성은 한 달도 더 지난 3월 25일 평양에서 전조선제정당사회단체대표자연석회의의 개최를 제의하였다. 이 제의는 평양방송을 통해 일방적으로 전달되었다. 며칠 뒤 김일성은 김구와 김규식에게 이 연석회의에 참석해 달라고 요청하는 편지를 전하였다. 김일성은 그 편지에서 두 사람이 자신에게 보낸 편지에 대해 언급하지 않았다. 이는 자신이 먼저 남북협상을 제의하여 추진한다는 것을 보이기 위해서였다. 오히려 그 편지에는 김구와 김규식이 모스크바협정을 반대했기 때문에 단독정부가 수립되어 국토가 분단될 지경에 이르렀다고 책망하고 훈계하는 언사도 있었다. 김구와 김규식은 난처한 입장에 빠졌으나 북행을 결심하였다.

전조선제정당사회단체대표자연석회의는 4월 19일부터 26일까지 평양에서 열렸다. 동 연석회의에는 남북한의 56개 정당과 사회단체의 대표 696명이 참여하였다. 남한에서 151명, 북한에서 545명이었다. 회의는 북한정권이 미리 준비한 각본에 따라 일사분란하게 진행되었다. 회의에 앞서 4월 12일 소련공산당은 동 회의에서 유엔총회의 한국 결의와 유엔위원단의 활동을 불법으로 비난할 것, 유엔위원단의 소환을 주장할 것, 소련이 제의한 미소 양국군의 철수 제의를 환영할 것, 미소 양국군이 철수한 뒤 남북에 걸친 선거의 실시를 주장할 것 등을 북한 소련군에 지시하였다. 북한정권은 회의의 진행 상황을 일일이 북한 소련군에 보고하고 지시를 받았다. 심지어 김구와 김규식과 같은 남측 요인의 접대 수준이나 절차의 세세한 데까지 북한 소련군은 지시를 내렸다.

동 회의에서 남측 대표가 자유롭게 발언할 기회는 주어지지 않았다. 토론은 미리 선정된 사람들이 준비된 원고를 읽은 방식으로 진행되었다. 토론의 내용은 천편일률적으로 미국이 남한을 식민지로 만들기 위해 남한에서 선거를 시행하려 하며, 이승만과 김성수 등의 매국노들이 그에 동조하고 있다는 비난으로 가득 찼다. 회의는 조선정치정세에 관한 결정서를 채택하였다. 그 내용은 미 제국주의자들의 식민지 정책과 그와 야합한 민족반역자 및 친일파가 추진하는 남한 단독선거를 파탄시키고, 한국에서 외국군대가 즉시 철수하고 한국인 손으로 자주 독립국가를 만들게 하자는 소련의 제안을 관철하기 위해 강력히 투쟁하자는 것이었다. 그 같은 결의에 따라 남조선단독선거반대투쟁전국위원회가 결성되었다.

뒤이어 27일과 30일 사이에 북한 대표 8인과 남한 대표 7인이 참여한 남북지도자협의회가 열려 통일정부를 세울 방안에 대해 협의하였다. 그 결과 남북조선제정당사회단체공동성명서가 채택되었다. 그 내용은 첫째 소련의 제의에 따라 남북한에서 외국군대는 즉시 철거해야 하며, 둘째 외국군대가 철거한 뒤 내전이 발생할 수 없음을 확인하며, 셋째 외국군대가 철거한 뒤 남북협상에 참여했던 56개 남북 정당·사회단체들에 의해 전조선

남북협상을 위해 평양을 방문한 김구 일행이 을밀대 앞에 섰다. 1948. 5

정치회의가 소집되어 민주적 임시정부를 구성하며, 동 정부에 의해 직접·보통·비밀선거를 실시하여 입법기관의 의원을 선출하며, 동 기관에 의해 헌법을 제정하고 통일적 민주정부를 수립하며, 넷째 남한 단독선거는 실시되더라도 결코 이를 인정하지 않는다는 것 등이었다.

회의가 끝난 뒤 남한에서 참가한 사람들은 연고지를 찾거나 관광과 시찰을 한 다음 5월 5일까지 남으로 귀환하였다. 북한정권과 입장을 같이하여 회의의 진행에 협조하였던 홍명희(洪命熹) 등 70여 명은 그대로 북한에 잔류하였다. 회의의 결정 사항을 통보 받은 남한 미군정의 하지 사령관은 자신은 북한에서의 회의는 한국의 공산주의자들이 모인 회의로서 한국인들은 그 결정에 찬성하지 않는다고 생각하며, 만약 남한에서 미국군이 철수하면 소련은 조선인민군을 동원하여 남한을 지배하게 될 것이라고 반박하였다. 그에 반해 소련은 자신이 사전에 지시한대로 내려진 회의의 결정을 환영하였다.

남북협상의 평가

흔히들 1948년 4월 말 북한 평양에서 이루어진 전조선제정당사회단체대표자연석회의와 남북지도자협의회를 가리켜 남북협상이라고 한다. 남북협상은 미소 양국군의 철수와 남북에 걸친 총선거의 실시를 통해 통일정부를 수립하자는 소련의 주장을 반복한 것이다. 소련과 북한의 공산주의자들은 유엔총회의 한국 결의를 계기로 모스크바협정에 따라 미소공동위원회로 하여금 임시정부를 세우도록 하자는 주장을 철회하고, 미소 양국군이 즉각 철수한 뒤 남북 총선거를 실시하여 통일정부를 구성하자는 주장을 내세웠다. 그들은 왜 주장을 바꾸었는가. 또한 남한의 우익세력은 왜 그들이 결사반대한 신탁통치안을 철회하고 외국군대가 철수한 뒤 보통선거를 실시하자는 좌익의 새로운 주장을 거부하였는가.

이 같은 의문에 대해 연구자들은 해방 후 북한에 있어서 공산주의세력의 조직화와 공고화에 그 열쇠가 있다고 대답하고 있다 즉 해방 후 3년간 북한의 공산주의자들은 소련군의 비호 하에 잘 조직된 세력으로 발전하였으며, 독자의 세력만으로도 남한의 우익세력과 대결하여 이길 수 있는 힘을 키웠던 것이다. 예컨대 1948년 2월 북한정권은 조선인민군을 창설하였다. 총 병력은 6만이었으며 그 중의 1만 명은 소련의 지원으로 시베리아에서 탱크와 항공기 및 현대식 통신장비에 관해 훈련을 받은 간부 병력이었다. 소련은 탱크와 자주포를 북한에 제공하여 탱크연대를 편성하게 하였다. 그 위에 소련을 중심으로 한 공산진영은 세계대전 이후 동유럽 각국에서 무력을 동원하는 비정상적인 방법으로 정권을 장악하는 경험을 축적하고 있었다. 그에 비해 남한에는 아직 군대다운 군대가 없었다. 뿐만 아니라 북한은 1946년 토지개혁의 실시와 반공인사의 숙청 이후 인민민주주의체제의 단독정부가 안정된 통치를 실현하고 있었다. 그와 대조적으로 남한에서는 제대로 구성된 한국인의 단독정부가 없는 가운데 좌·우·중도 정치세력이 치열하게 대립하여 정치 혼란이 점점 심각해지고 있었다. 소련과 북한정권이 외국군대의 철수와 보통선거의 실시라는 공세적인 입장으로 전환한 것은 남한의 우익세력에 비해 월등하게 강화된 그들의 실력을 배경으로 한 것이었다.

요컨대 1948년 4월 평양에서 있었던 남북협상은 한국을 공산화함에 있어서 최대의 걸림돌인 남한의 미국군을 철수시킨 다음 남한의 우익세력을 고립시키고 실력으로 배제하기 위한 고차의 통일전선전술에 다름 아니었다. 미국을 남한을 식민지로 지배하려는 제국주의 국가로, 남한의 우익세력을 반민족 친일파로 규정한 북한 공산주의자들의 역사의식은 현실성과 과학성을 결여하였다. 그것은 레닌의 제국주의론 이래 공산주의자들이 상투적으로 답습해 온 역사인식에 불과하였다.

그와 정반대로 미국은 남한에서 독자의 정부가 들어서면 명예롭게 철수할 계획을 세우고 있었다. 미국정부는 남한의 군사전략적 가치를 높이 평가하지 않았으며, 남한에 주둔한 육군이 없어도 우세한 공군과 해군만으로도 한반도를 둘러싼 미국의 군사적 이해관계는 확보할 수 있을 것으로 판단하였다. 그 이유로 미국은 5·10선거 이후 대한민국이 세워지는 정치과정에 개입하지 않았다. 한국인들이 어떠한 원리의 헌법을 만들고 있는지에 큰 관심을 보이지 않았다. 그것은 북한의 정치에 일일이 개입하여 지시를 내렸던 소련의 자세와 너무나 대조적이었다. 더구나 남한의 대표적인 정치 지도자 이승만은 미군정과 심하게 갈등하였다. 이승만은 한국인의 자유와 재산을 지키기 위해 공산주의자들과 싸우자는 입장이었음에 반해 미군정은 1945년 8월 이후 2년간이나 공산주의세력과 협상하자는 정책을 취하였다.

결과적으로 남북협상에 참여한 김구와 김규식 등은 소련과 북한이 펼친 고차의 통일전선전술에 충실하게 이용당했을 뿐이었다. 그들도 그러한 위험성을 모르지는 않았다. 그들은 민족의 분단을 막아보겠다는 애족심의 발로에서 북행을 결의하였다. 민족의 통일을 위한 그들의 개인적 충정은 높이 평가될 필요가 있다. 그렇지만 그 남북협상으로 바뀐 것은 아무 것도 없었다. 그들은 남한의 우익세력을 대표하는 위치에 있지도 않았다. 그들은 한국 전체를 공산화하기 위한 북한의 정치공작에 놀아났으며, 그 이유로 이후 남한의 정치에서 고립되어 갔다.

그들의 북행은 이후 건립되는 대한민국의 역사적 정통성에 적지 않은 상처를 남겼다. 통일을 바라는 민족적 염원에도 불구하고 분단의 물결은 어찌할 수 없는 기세로 다가왔다. 북한의 공산주의화가 백지 환원되거나, 남한이 공산주의화 하거나 둘 중의 하나가 아니면 통일은 기대할 수 없었다. 김구와 김규식 일행의 북행을 지켜보면서 이승만은 "남조선에서 북행한 정치가들이 북조선의 김일성 씨와 자기 마음대로 협상할 수 있다고 생각하였다면 너무나 어리석은 일"이라고 딱하게 여겼다.

5·10선거

김구, 김규식과 같은 유력 정치인의 반대에 부딪힌 유엔위원단은 한동안 남한만의 총선거를 실시할지 여부를 두고 망설였다. 이때가 대한민국의 건국 노선이 봉착한 마지막 위기였다. 이승만의 우익진영은 유엔위원단이 선거를 시행해야 할 당위성을 필사적으로 설득하였다. 드디어 유엔위원단은 1948년 5월 10일 이전에 남한에서 총선거를 실시하기로 결정하였다. 그 전에 미군정은 국회의원선거법을 발표하였다. 이 법은 제1조에서 "국민으로서 23세에 달한 자는 성별, 재산, 교육, 종교의 구별이 없이 국회의원의 선거권이 있음"을 선언하였다. 이로써 한국 역사상 처음으로 실효성을 지닌 법률에 의해 자유롭고 평등한 정치적 주체의 집합으로서 '국민'의 범주가 창출되었다. 투표의 방법은 선거인 본인이 직접 무기명으로 행하는 보통·자유·직접·비밀선거로 규정되었다. 그 역시 한국 역사에서 처음 행해지는 일이었다.

총선거의 실시가 공포된 이후 남한은 내란에 가까운 혼란에 빠졌다. 좌익세력이 선거를 저지하기 위해 무장폭동을 포함하여 다양한 방식으로 저항하였기 때문이다. 좌익세력은 유권자가 선거인으로 등록하는 것을 저지하기 위해 유권자를 회유하고 협박하였으며, 등록 업무를 보는 공무원을

5·10선거.

살해하였으며, 등록 업무와 연관된 시설을 파괴하였다. 또한 무장폭동을
위한 선전대와 유격대를 조직하였다. 좌익은 총선거를 5일 앞두고 선거 파
탄을 위한 총동원령을 내렸다. 다른 한편 남북협상에 참여한 김구와 김규
식은 5·10선거 불참을 선언하고, 대중에게 선거에 참여하지 말라고 호소
하였다.

그에 맞서 남한의 우익진영은 미군정과 유엔위원단의 총선거 추진을
지원하였다. 이승만은 거듭 담화를 발표하여 사상 최초로 실시되는 선거가
모범적인 민주선거가 되도록 하자고 호소하였다. 독촉국민회, 한민당, 대
동청년단, 향보단 등 우익진영의 정당과 사회단체들은 주민을 상대로 선거
인 등록과 투표 참여를 독려하였다. 그들은 좌익의 무장폭동을 제압하고

투표소를 보호하고 치안을 유지하는 데 힘을 보탰다.

5·10선거는 성공적으로 진행되었다. 4월 9일에 마감된 유권자의 선거인 등록률은 중앙선거관리위원회의 자료에는 96.4%로, 유엔위원단의 자료에는 79.7%로 기록되었다. 후자라 하더라도 그것은 높은 수준이었다. 5·10선거의 분위기는 안정된 민주국가의 선거만큼 평온하지는 않았다. 5월 7일부터 11일까지 전국에서 좌익세력의 공격을 받아 사망한 경찰, 후보, 선거위원, 우익인사는 40명이나 되었다. 습격을 당한 경찰지서는 25개, 투표소는 36개였다. 저항이 가장 심했던 곳은 제주도였다. 제주도에서는 3개 투표구 가운데 2개 투표구에서 투표가 무산되었다.

그렇지만 전국의 대다수 유권자는 적극적으로 투표에 참여하였다. 유엔위원단의 자료에 따르면 선거인 등록자의 투표율은 89.8%였으며, 총유권자 대비 투표율은 71.6%에 달하였다. 좌익세력의 적극적인 방해와 일부 정치세력의 불참 선동에도 불구하고 국민의 선거 참여의 열기는 매우 높았다. 역사상 처음 치른 선거치고는 훌륭한 성공이었다. 선거의 분위기는 전반적으로 공명하고 자유로웠다. 선거를 감시했던 유엔위원단의 보고서는 "언론, 출판, 결사의 민주적 권리가 보장된 합당한 수준의 자유로운 분위기에서 실시된 이번 선거는 전체 한국 인구의 약 2/3가 거주하며 유엔위원단의 접근이 허용된 지역에서 유권자의 자유의사가 정확히 표현된 것이다"라고 하면서 긍정적으로 평가하였다.

5·10선거에는 다양한 정치 성향의 많은 후보자들이 출마하였다. 전국 200개 선거구에서 후보자의 평균 경쟁률은 4.7 대 1이었다. 선거의 결과 국회의원에 당선된 198명을 정당·단체별로 분류하면 무소속 85명, 독촉국

민회 54명, 한민당 29명, 대동청년단 12명, 기타 정당·단체 18명이었다. 무소속이 거의 절반을 차지한 것은 아직 정당정치가 성립해 있지 않았기 때문이다. 이 점은 2년 뒤에 실시된 제2대 국회의원선거에서도 마찬가지였다. 무소속 중에는 한민당 성향이면서 무소속으로 출마한 사람이 35명이나 되었다. 이들을 더하면 한민당계는 65명으로서 최대 정파를 이루었다. 그리고 독촉국민회를 중심으로 한 이승만계가 55~60명, 중도좌파 성향의 순수 무소속이 50명 정도였다. 제헌국회에서는 이들 세 세력이 각축을 벌였다.

제주4·3사건

5·10선거에서 전국 200개 선거구 가운데 주민의 과반이 투표에 불참하여 선거가 무산된 곳이 있었으니 북제주도의 2개 선거구이다. 그만큼 제주도에 있어서 좌익세력의 주민에 대한 영향력은 강력하였다. 북제주도의 2개 선거구에서 선거가 실시되는 것은 5·10선거의 꼭 1년 뒤인 1949년 5월 10일이었다. 그 사이 제주도에서는 무장한 좌익세력을 토벌하는 과정에서 무고한 양민이 대거 희생되는 비극이 벌어졌다.

태평양전쟁기 일본은 제주도를 본토 사수를 위한 최후의 보루로서 요새화하였다. 제주도에는 5만 8,000여 명의 일본군 대병력이 주둔하였다. 1945년 3월부터 미 공군기가 제주도를 공습하기 시작하였다. 일본군은 제주도의 민간인 노약자와 부녀자를 육지로 소개시키기 시작하였다. 1945년 5월 노약자와 부녀자를 실은 첫 번째 배가 육지로 향하던 중 미 공군기의 공격을 받아 침몰하였다. 이 사건은 해방 후 제주도에서 전개되는 사태에 적지 않은 영향을 미쳤다.

　남한에 진주한 미국군은 일본군 대병력이 주둔하고 있는 제주도를 점령하는 데 신중을 기하였다. 미국군에 항복하고 무장해제를 당한 일본군이 제주도를 떠나는 것은 10월 말과 11월 초였다. 군정을 실시할 미국군 1개 중대가 제주도에 상륙하는 것은 11월 9일의 일이었다. 그 사이 제주도는 인공의 지방 조직인 인민위원회의 통제 하에 있었다. 해방 후 제주도 1읍 11개 면의 거의 모든 곳에서 인민위원회가 신속하게 조직되어 치안을 유지하였다. 제주도의 주민들은 인민위원회의 활동을 지지하였다. 제주도의 미군정도 인민위원회와 원만한 협조관계를 유지하였다. 소수의 병력으로 제주도 주민을 장악할 수 없을 뿐 아니라, 인민위원회의 활동이 온건한 노선에 입각하였기 때문이다.

　제주도의 인민위원회는 공산주의자들의 영향력 하에 있었다. 조선공산당 전라남도당제주도위원회(제주도당)의 당원들은 인민위원회의 간부로서 인민위원회의 활동을 좌우하였다. 제주도에서 우익세력은 매우 미약하였다. 식민지기 이래 섬의 열악한 경제 사정이 우익세력의 성립을 저해하였다. 제주도에서 우익세력의 조직이 결성되는 것은 1946년에 들어와서인데, 그 영향력은 좌익세력의 상대가 되지 않았다. 1946년까지 제주도를 지배한 사실상의 정부는 조선공산당 제주도당과 그의 영향 하에 있는 인민위원회였다. 제주도의 공산주의자들은 육지로부터 상대적으로 자립적인 가운데 온건 노선을 취하였다. 그들은 1946년 10월 조선공산당이 일으킨 농민폭동에 참여하지 않았다. 제주도의 인민위원회는 미군정이 시행한 남조선과도입법의원 선거에도 참여하여 2명의 의원을 당선시켰다.

제주4·3사건 연루자.

　　1946년 8월 미군정은 제주도를 전라남도에서 분리하여 도(道)로 승격시켰다. 그에 따라 제주도에는 조선경비대 제9연대가 창설되어 배치되었다. 경찰기구로서는 제주경찰감찰청이 설치되었으며, 경찰의 수도 증가하였다. 그 과정에서 미군정과 좌익세력 간에 보이지 않은 갈등이 심화되었다. 1946년 11월 조선공산당 제주도당은 남조선노동당 제주도당으로 개편되었으며, 1947년 2월에는 좌익세력의 대중조직인 민주주의민족전선의 제주도지부가 결성되었다.

　　두 세력 간의 긴장이 높아지는 가운데 1947년 3월 1일 3·1절기념대회가 제주읍에서 열렸다. 인민위원회의 적극적인 동원에 의해 약 3만 명의 도민이 동 대회에 참석하였다. 당시 제주도 인구의 근 10분의 1에 달하는 규모였다. 대회에서는 "모스크바협정 즉시 실천", "미소공동위원회 재개"와 같은 당시 육지의 좌익세력이 내건 구호가 외쳐졌다. 대회가 끝난 다음 주민들은 미군정의 불허에도 불구하고 가두시위를 벌였다. 그 때 기마경찰이 우연하게 여섯 살의 어린이를 치는 사건이 벌어졌다. 기마경찰이 그 사실을 모르고 그대로 달려가자 군중들이 돌을 던졌다. 이에 경찰이 군중에 발포하여 6명이 사망하고 8명이 부상하는 예기치 않은 사건이 발생하였다.

이 사건을 기폭제로 하여 그 때까지 큰 소요가 없었던 제주도 사회가 들끓기 시작하였다. 발포한 경찰이 육지에서 파견된 응원경찰이라는 사실이 주민을 크게 자극하였다. 그에 항의하여 남로당 제주도당의 지휘 하에 3월 10일부터 제주도에서 총파업이 벌어졌다. 거기에는 관공서, 은행, 학교, 교통·통신기관 등 총 156개 단체의 4만여 명이 참가하였다. 사태를 조사하기 위해 제주도에 온 미국군의 방첩대는 우발적인 사고를 빌미로 한 좌익세력의 선동이 사태를 악화시켰으며, 제주도 인구의 70%가 좌익단체의 연관자이거나 동조자라고 파악하였다.

미군정은 제주도의 군정장관, 지사, 감찰청장을 강경 인사로 교체하였으며, 제주도에 경찰을 증파하였다. 그와 더불어 서북청년회라는 우익 청년단체도 제주도에 투입되었다. 제주도의 미군정은 총파업을 주도한 좌익세력의 지도자 328명을 군사법정에 회부하였다. 그 과정에서 경찰과 서북청년회의 고문을 비롯한 가혹행위가 자행되어 주민의 감정을 악화시켰다. 양측의 충돌이 잦아지는 가운데 9월 이후 제주도당은 경찰과 서북청년회가 미치지 못하는 중산간지대로 아지트를 옮겼으며, 청년들을 군사 훈련시키기 시작하였다.

이후 경찰과 서북청년회에 의한 좌익세력의 탄압이 더욱 강화되었다. 1948년 2월까지 좌익 청년들이 경찰을 구타하고, 그에 보복하여 경찰이 청년들에게 중상을 입히고, 경찰이 주민 94명을 연행했다가 석방하고, 경찰이 청년 3명을 고문으로 치사케 하는 사건 등이 꼬리를 물면서 이어졌다. 청년들은 한라산으로 올라가거나 부산과 일본으로 떠나거나 남로당에서 탈당하였다. 그런 가운데 1948년 2월 이후 전국에 걸쳐 남로당의 지휘 하에 대한민국의 건국을 저지하기 위한 좌익세력의 투쟁이 단선·단정 반대의 명분으로 치열하게 전개되었다. 남로당 제주도당도 그 물결에 휩쓸려 들었다.

이 같은 내외의 사정을 배경으로 1948년 4월 3일 새벽 약 350명에 달하는 남로당 제주도당의 무장대가 도내 11개 경찰지서와 독촉국민회, 서북청년회 등 우익단체를 습격하여 사상자를 내기 시작하였다(제주4·3사건). 무장대는 주민을 상대로 뿌린 삐라에서 "매국 단선·단정을 반대하고 조국의 통일독립과 완전한 민족해방을 위하여, 당신들의 고난과 불행을 강요하는 미제 식인종과 주구들의 학살 만행을 제거하기 위하여", "당신님의 아들, 딸, 동생이 무기를 들고 일어섰다"고 주장하였다. 미군정은 4월 중순부터 제주도 해안을 봉쇄함과 더불어 제주도에 주둔하는 조선경비대 제9연대로 하여금 반란세력을 진압하도록 명령하였다. 5월 초에는 서울의 군정장관, 민정장관, 경무부장, 조선경비대사령관이 제주도에 내려와서 현지 책임자들과 비밀회의를 가졌다. 여기서 그들은 제주도의 사태가 소수 공산분자들의 무장폭동과 선동에 의해 일어난 것으로 간주하고 강경 진압할 것을 결정하였다. 그 사이 남로당 제주도당은 대회를 개최하여 기존의 무장대를 3개 연대의 인민유격대로 재편하고, 유격대원을 보충하여 약 500

명으로 증강하고, 김달삼을 사령관으로 임명하였다.

5월 10일 총선거가 임박하자 북제주도 2개 선거구의 주민들은 한라산으로 오르기 시작하였다. 인민유격대는 선거인명부를 탈취하거나 제주도 65개 투표소를 습격하였다. 경찰이 직접 통제하는 소수의 지역을 제외하고 북제주도 일원은 사실상 인민유격대의 통제 하에 있었다. 그 결과 북제주도의 2개 선거구는 전국에서 유일하게 선거가 이루어지지 못하였다. 미군정은 선거를 6월 23일로 연기하였으나 그것마저 무산되었다.

미군정은 강경 진압을 결정하였지만 그해 9월까지 조선경비대와 인민유격대 사이의 커다란 충돌은 없었다. 인민유격대는 정면충돌을 피하여 한라산 중산간지대에 은닉하였다. 7월 미군정은 토벌이 일단 완료된 것으로 간주하고 조선경비대를 철수시켰다. 이후 남로당 제주도당은 8월 25일 북한 해주에서 소집될 예정인 남조선인민대표자대회에 파견할 대의원을 선출하는 선거를 실시하였다. 후술하듯이 이 선거는 남한의 5·10선거에 필적하는 것으로서 장차 북한에서 수립될 정권의 법적 정당성을 뒷받침하는 것이었다. 7월 20일부터 제주도 남로도당은 제주도를 3개 선거구로 나누고 인민유격대의 호위 하에 선거위원들이 마을을 돌아다니며 연판장에 손도장이나 서명날인을 받는 식으로 투표를 실시하였다. 그 결과 인민유격대의 사령관 김달삼을 비롯한 6명의 대의원이 선출되어 8월 25일 해주에서 열린 남조선인민대표자대회에 참여하였다. 김달삼은 제주도에서의 투쟁 결과를 보고하고 북한정권의 열렬한 환영을 받았다. 김달삼은 이후 북한의 혁명열사릉에 묻혔다.

제주도의 무장반란세력에 대한 진압은 그해 8월에 성립한 대한민국정부에 의해 이루어졌다. 10월에는 제주도에서의 반란에 호응하여 전남 여수의 국군 제14연대에서 반란이 일어났다. 정부는 이 반란을 진압한 다음 제주도의 무장반란세력에 대한 본격적인 토벌에 착수하였다. 정부는 11월 제주도 일원에 계엄령을 선포하였다. 아울러 반란군의 근거지를 없애기 위해 한라산 중산간지대의 주민을 연안으로 강제 소개시켰다. 연후에 중산간 130여개 마을을 불태우는 초토작전을 펼쳤다. 그 과정에서 소개에 불응하고 있던 부녀와 노약자를 중심으로 한 약 2만 명 이상의 주민이 희생되었다. 주민이 소개에 불응했던 것은 고의적이라기보다 정보와 행정의 결여 때문인 경우가 많았다. 마을 부근에서 유격대의 기습을 받은 군과 경찰이 마을 주민들을 집단 학살한 일도 있었다. 제주도 남로도당의 인민유격대에 대한 토벌은 1949년 5월에 종결되었는데, 완전한 소탕은 6·25전쟁을 거쳐 1954년이 되어서야 가능하였다.

제주4·3사건은 제주도의 공산주의세력이 대한민국의 건국에 저항하여 일으킨 무장반란이었다. 육지로부터 격리된 섬의 후진적인 경제 사정으로 인해 이곳에서 자유민주주의 이념을 추구한 우익세력의 존재는 미약하였다. 해방 후 섬은 좌익세력에 장악되었다. 제주도의 공산주의자들은 남한을 미국의 식민지로 간주하는 도식적인 역사관에 사로잡혔다. 외부로부터 격리된 주민들의 의식에서 미국은 '식인종'으로 간주되었다. 그것은 태평양전쟁 이래 일제가 심어놓은 미국 이미지의 연장이었다. 일제는 미국을 귀축(鬼畜)이라 선전하였다. 이러한 도식적인 역사관과 폐쇄적인 세계인식은 제주도의 공산주의세력으로 하여금 대한민국의 건국이 임박하자 무장반란을 일으키도록 하였다. 1947년 3·1절사건 이래 제주도에 파견된 경

찰과 서북청년회가 벌인 잔혹행위는 제주도의 주민으로 하여금 공산주의
자들의 무장반란에 협조하도록 만든 빌미가 되었다. 신생 대한민국의 입장
에서 제주도에서의 반란은 그의 존립을 묻는 위기로 다가왔다. 그에 따라
초토화를 동반한 국군의 토벌작전은 지나치게 잔혹하였다. 자유와 인권의
이념으로 나라가 세워졌지만 그것이 국민의 내면적 가치로 자리 잡은 상
태는 아니었다. 반란군에 대한 적개심이 지나친 나머지 무고한 양민의 인
권은 철저하게 짓밟혔다.

대한민국은 출발과 동시에 두고두고 치유해야 할 깊은 상처를 안았
다. 국가의 실체는 이념이며, 건국은 적대적인 이념을 배제하는 전쟁과도
같은 살벌한 과정이다. 그 같은 건국 과정의 벌거벗은 진실은 제주4·3사건
에서 더없이 적나라하게 드러났다. 제주4·3사건은 자유 이념의 전통을 결여
한 고립된 지역에 반공 이념의 국가권력이 들어설 때 얼마나 폭력적인 반
인권의 비극이 벌어질 수 있는지를 역설로 보여주고 있다.

건국헌법의 제정

5·10선거에서 당선된 의원들은 5월 31일 제헌국회를 개원하였다. 이
국회는 헌법을 제정하고 정부를 세우는 것을 기본 임무로 하였기 때문에
임기가 2년이었다. 국회의장에는 이승만이 선출되었다. 제헌국회는 6월 3
일부터 헌법 제정의 작업에 착수하여 7월 17일에 완료하였다. 그 과정에서
새롭게 태어날 나라를 둘러싸고 뜨거운 논쟁이 적지 않게 벌어졌다. 가장
먼저 제기된 논쟁은 새 나라의 국호를 둘러싸고서였다. 이를 두고 대한민
국, 고려공화국, 조선공화국, 한국 등의 여러 가지 안이 나왔는데, 대한민국

이 다수결로 채택되었다.

헌법을 제정하는 과정에서 또 하나 크게 논란이 된 것은 정부의 형태였다. 국회의 다수 의석을 차지한 한민당은 내각책임제를 선호하였다. 한민당의 인사가 주도적으로 참여한 헌법기초위원회가 마련한 헌법의 초안에는 정부의 형태가 내각책임제로 되어 있었다. 반면 이승만은 나라만들기의 과제가 산적해 있는 신생국에는 정치적 지도력이 강력하게 발휘될 수 있는 대통령중심제의 정부형태가 적합하다고 생각하였다. 이승만은 헌법기초위원회에 출석하여 내각책임제를 거부하는 자신의 입장을 강경하게 밝혔다. 헌법기초위원회는 이승만의 요구를 받아들여 대통령중심제로 정부형태를 바꾸었다. 그럼에도 국민이 직접 대통령을 선거하는 것이 아니라 국회가 대통령을 선출하는 방식을 취하였다. 정부형태를 대통령중심제로 하면서 국회가 대통령을 간접 선거하는 것은 일종의 모순이었다. 이 때문에 4년 뒤 신생 대한민국은 대통령의 선출 방식을 둘러싸고 커다란 홍역을 치를 수밖에 없었다. 정부형태를 둘러싼 정치세력 간의 어중간한 타협은 대한민국의 건국에 참여한 정치세력들이 공산주의세력과의 투쟁에서는 한편을 이루었지만, 내적으로는 상이한 정치적 이해관계로 갈등하는 가운데 나라만들기를 위한 장기적이며 통합적인 계획을 공유하지 않았음을 이야기하고 있다.

그럼에도 건국헌법은 새로운 나라가 번영을 이어갈 정치적 토대를 확고히 하였다. 건국헌법은 대한민국은 민주공화국이며, 그 주권은 국민에 있고 모든 권력은 국민으로부터 나온다고 선언하였다. 뒤이어 건국헌법은 모든 국민은 법률 앞에서 평등하며 성별, 신앙 또는 사회적 신분에 의하여

제헌국회의 대한민국헌법 공포 기념사진. 1948. 7. 17

정치적 사회적 생활의 모든 영역에서 차별을 받지 않는다고 선언하였다. 이에 모든 국민에게는 신체의 자유, 거주와 이전의 자유, 신앙과 양심의 자유, 언론·출판·집회·결사의 자유, 학문과 예술의 자유가 보장되었다. 이처럼 건국헌법은 자유민주주의 정치체제를 지향하였다.

대조적으로 건국헌법의 경제적 지향은 애매하였다. 건국헌법은 재산권을 보장하였지만, 경제질서는 사회정의의 실현과 국민경제의 발전을 기본으로 하며, 각인(各人)의 경제 상의 자유는 이 한계 내에서 보장된다고 하였다. 또한 건국헌법은 주요 지하자원을 국유로 하고, 대외무역을 국가의 통제 하에 두고, 주요 산업을 국영 또는 공영으로 하고, 공공의 필요에 따라 사영기업을 국유 또는 공유로 이전할 수 있다고 하였다. 나아가 건국헌법은 사기업의 근로자는 기업 이익을 균점할 권리가 있다고 하였다. 건국헌법의 경제체제는 혼합경제 내지 사회민주주의 요소를 많이 내포하였다.

헌법기초위원회에 참여하여 헌법 초안을 작성한 법률가들은 정치는 미국과 프랑스의 헌법을, 경제는 독일의 헌법을 참조하였다고 한다. 다시 말해 건국헌법은 한국 역사에서 자생하여 성숙해 온 이념을 토대로 한 것이 아니라 외국 헌법의 장점을 절충하여 만든 헌법이었다. 이해관계를 달리하는 사회의 계층과 단체들이 서로 다투고 타협한 결과로 도출된 헌법이 아니었다. 예컨대 근로자가 기업의 이익을 골고루 나눌 권리가 있다고 한 조항은 헌법 초안에는 없는 것이었는데, 본회의의 심사과정에서 모 의원이 공산주의와의 대결을 위해 필요한 조항이라고 긴급히 발의하여 진지한 토론도 없이 쉽사리 채택된 것이었다.

그렇게 건국헌법은 한국의 전통사회로부터 서서히 솟아난 것이 아니라 외부 세계로부터 갑자기 도입된 것이었다. 그 이유로 건국헌법에는 좋은 나라를 만들고자 한 정치적 의지가 가득 차 있기는 했지만, 한국의 구체적 현실과 맞지 않은 점이 많았다. 예컨대 주요 산업을 국영 또는 공영으로 한다고 했지만, 일제가 남기고 간 수많은 기업을 정부가 경영할 능력도 없었거니와, 정부재정이 너무 빈약하여 그것들을 민간에 불하하여 재정수입을 보충할 수밖에 없었다. 노동자의 이익균점권은 자유시장경제의 근간을 부정하는 것으로서 실현성이 전혀 없었기 때문에 1962년 제5차 개정헌법에서 폐지되었다. 요컨대 건국헌법의 제정은 나라만들기의 완성이 아니라 시작에 불과하였다. 건국헌법의 불완전함과 어긋남은 건국 이후 대한민국의 나라만들기가 수많은 시행착오를 거치면서 단계적으로 완성되어가는

험난한 과정임을 예고하였다. 대한민국에서 헌법체제가 완성되는 것은 건국 이후 40년이 지난 1987년 제9차 개정헌법에서의 일이었다.

대한민국의 건국과 우방의 승인

건국헌법에 따라 제헌국회는 대통령을 선출하였는데, 이승만이 압도적 지지로 당선되었다. 부통령에는 임정 국무위원 출신의 이시영이 선출되었다. 이승만은 7월 24일 대통령에 취임하였으며, 8월 4일까지 행정부의 구성을 완료하였다. 이승만은 광복군 참모장 출신의 이범석(李範奭)을 국무총리로 하여 초대 내각을 구성하였다. 당초 이승만은 북한에서 내려온 조선민주당의 지도자 이윤영(李允榮)을 국무총리로 지명하였으나 한민당의 반대로 국회의 인준을 얻지 못하였다. 이승만은 지주·자본가와 같은 자산계층을 정치적 기반으로 하는 한민당보다 농민과 노동자 등, 기층을 이루는 다수 국민의 지지를 자신의 정치적 기반으로 삼고자 하였다. 그 이유로 이승만은 내각의 구성에 있어서 한민당을 배제하였다. 크게 실망한 한민당은 이승만이 추천한 이윤영 국무총리의 인준을 거부하였다. 해방 이후 5·10선거에 이르기까지 공산주의세력과의 투쟁에서 보조를 맞추었던 이승만과 한민당은 내각을 구성하는 단계에서 갈라섰다. 이후 한민당은 야당의 역할을 자임하였다.

1948년 8월 15일 서울의 중앙청 광장에서 대한민국정부의 수립을 선포하는 기념식이 성대하게 열렸다. 이승만 대통령은 기념사에서 개인의 근본적인 자유를 보호하는 민주정체(民主政體)를 세워가자고 역설하였다. 대한민국정부는 이날 밤 자정을 기해 미군정으로부터 통치권을 인수하였다. 이로써 대한민국은 국제사회에서 주권을 보유한 독립국가로 건국되었다. 한국인은 1910년 일제의 강압으로 조선왕조가 망한 뒤 38년 만에 대한민국이라는 새로운 주권국가를 건립하였다.

건국헌법은 "대한민국의 영토는 한반도와 그 부속도서로 한다"라고 선언함으로써 통일의 의지를 천명하였다. 새 정부는 대한민국의 국제적 승인을 위해 노력하였다. 12월 12일 제3차 유엔총회는 48 대 6의 압도적 다수로 대한민국을 승인하였다. 유엔총회의 결의문은 다음과 같다.

유엔총회는 유엔한국임시위원단이 선거를 감시하고 자문할 수 있었으며 모든 한국인의 압도적 다수가 살고 있는 한국의 그 부분에 대해 효과적인 통제권과 관할권을 갖는 합법적 정부(대한민국정부)가 수립

되었다는 것, 이 정부는 한국의 그 부분에 거주하는 유권자들의 자유의 사의 유효한 표현인 선거에 기초하고 있다는 것, 그리고 이 정부는 한국에서 유일한 그러한 정부라는 것을 선언한다.

이 결의에서 유엔총회는 회원 각국이 대한민국정부와 관계를 맺을 때 위와 같은 사실을 고려할 것을 권고하였다. 그에 따라 1949년 1월 1일 미국정부가 맨 처음 대한민국을 승인하였다. 뒤이어 1950년 3월까지 자유진영의 26개 국가들이 대한민국정부를 승인하고 국교를 수립하였다.

이후 2008년 8월 15일 이명박(李明博) 대통령의 정부가 대한민국의 건국60주년을 기념하고자 했을 때 그 날에 있었던 사건은 대한민국의 '건국'이 아니라 '정부수립'이었다는 주장이 제기되어 논란을 빚었다. 1948년 8월 15일 중앙청 광장에서 열린 기념식의 공식 명칭은 '대한민국정부수립 국민축하식'이었다. 그런데 당시의 기록을 세밀히 읽으면 정부와 민간의 일상적 언어생활에서 '정부수립'은 '건국' 또는 '독립'과 동어반복으로 쓰였다. 건국과 정부수립은 별개의 뜻이 아니었다. 보다 정확히 말해 건국을 하는 일련의 정치 과정, 곧 총선거, 국회의 구성, 헌법 제정, 대통령 선출을 이은 마지막 단계가 정부의 수립이었던 것이다.

건국을 부정하고자 했던 사람들은 1919년 중국에서 대한민국임시정부가 수립됨으로써 이미 건국은 이루어졌다고 주장하였다. 그렇지만 대한민국임시정부는 독립운동가들의 단체였지 영토, 국민, 주권을 요건으로 하는 국가는 아니었다. 그런 국가를 세우고자 피를 흘린 독립운동의 열사들이 세운 단체가 대한민국임시정부였다. 임시정부의 독립운동은 1948년 8월 15

대한민국정부수립을 경축하는 국민의 행렬. 1948. 8. 15

일 영토, 국민, 주권의 요건을 갖춘 대한민국의 건국으로 열매를 맺었다.

위와 같은 유엔총회의 결의에서 유엔은 한국에서 성립한 합법적 정부에 대해 괄호를 달아 '대한민국정부'(the Government of the Republic of Korea)라고 그 국호를 명기하였다. 유엔이 가리킨 '대한민국'이란 국호는 앞서 말했듯이 제헌국회가 논쟁 끝에 창제한 것이다. 모든 제헌의원은 우리가 새로운 국가를 만들고 있다는 기본 취지에 완전히 공감하고 있었다. 그래서 대한민국, 고려공화국, 조선공화국, 한국 등 여러 국호가 안으로 제시되어 경쟁을 벌였다. 그 과정에서 임시정부 내무장관 출신의 신익희(申翼熙)는 고려공화국에 찬성하였다. 어쨌든 유엔이 승인한 국호 '대한민국'(the Republic of Korea)은 제헌국회가 신생 국가의 국호로서 창제한 것이지 1919년에 만들어진 독립운동단체로서 대한민국임시정부를 계승하는 취지는 아니었다. 그런 주장을 하는 사람은 당시 아무도 없었다. 신익희와 같이 임시정부에서 독립운동을 한 인사조차 그런 주장을 하지 않았다.

또한 2011년 일부의 역사학자들은 유엔총회가 대한민국정부가 한반도에서 수립된 유일한 합법적 정부임을 결의하였다는 종래의 통설을 부정하였다. 그들은 유엔총회의 결의는 대한민국정부가 선거가 실시된 지역 내에서 유일한 합법 정부임을 승인하는 취지였다고 주장하였다. 그렇지만 위에 제시된 유엔총회의 결의에서 대한민국정부가 한국 전체에서 유권자의 절대 다수가 살고 있으며 유권자가 자유롭게 투표한 그 지역에서 수립된 합법적 정부이며, 그러한 정부는 한국에서 대한민국정부가 유일하다는 뜻은 달리 읽을 수 없을 정도로 명확하다. 일부 역사학자들의 잘못된 주장은 위와 같은 유엔총회의 결의를 정독하지 않은 탓으로 보인다.

건국의 역사적 의의

대한민국은 개인의 자유와 재산권을 인간생활의 가장 중요한 가치로 존중하는 자유민주주의와 시장경제의 국가체제로 성립하였다. 건국 이후 대한민국의 발전과정은 결코 순탄하지 않았다. 이 나라가 보유한 정치적 자원은 빈약하였으며, 그에 따라 혁명과 쿠데타를 동반한 정치적 혼란이 40년간이나 이어졌다. 그럼에도 개인의 자유와 재산권을 근본적으로 짓밟는 억압체제는 성립하지 않았다. 정치적 혼란은 정부형태와 대통령의 선출방식을 둘러싸고 벌어졌다. 자유시장경제체제는 1950년대의 전쟁과 재건에 이은 1960년대에 들어와 활짝 꽃을 피웠으며, 고도경제성장의 동력으로 작용하였다. 1987년 이후 대한민국은 정치적으로는 국민의 기본권이 정착된 가운데 보통선거로 정권을 교체하는 민주주의국가의 반열에 들게 되었다. 경제적으로는 당초 세계 최빈국의 수준에서 1995년 20대 경제 선진국의 대열에 참여하게 되었다. 대한민국의 이 같은 발전은 당초 그의 건국 이념과 지향이 세계사적으로 보편타당하였기에 가능한 일이었다.

세계사에서 민주주의와 시장경제는 16세기 이후의 서유럽에서 꽃을 피웠다. 1876년 조선왕조의 개항 이후 1948년 대한민국의 건국에 이르는 역사는 크게 보면 서유럽 기원의 민주주의와 시장경제라는 외래 문명이 전파되어 와 한국인에 의해 수용되고 나름의 형태로 정착하는 '문명사의 대전환' 과정이었다. 19세기말 조선왕조의 지식인 가운데 새로운 문명의 수용과 정착을 위해 노력하는 이른바 개화파라는 정치세력이 대두하였다. 개화파를 잇는 세력은 조선왕조가 근대적 개혁에 실패하여 일제의 강압으로 망하자 해외로 나가 독립운동을 벌였다. 1919년 중국에서 발족한 대한민국임시정부가 그 독립운동의 정통을 이루었다. 임시정부의 초대 임시대통령 이승만, 1930년대에 임시정부를 재건한 김구와 같은 인물이 그러한 자유민주적 독립운동을 대표하였다.

다른 한편 일제의 강압 하에 있었던 국내에서는 장차 도래할 민족의 독립을 위해 근대문명의 실력을 양성하지 않으면 안 된다는 실력양성파가 성장하였다. 3·1운동 이후 나라가 망한 것은 실력이 부족해서였다는 민족적 반성이 고양되면서 실업(實業), 교육, 언론, 문화의 방면에서 활발한 민족운동이 전개되었다. 근대 교육에 대한 수요가 폭발하여 1940년대가 되면 적령기 아동의 40~60%가 학교에 다녔다. 한국인에 의한 공장의 설치도 활발하게 이루어져 1910년에 10개에 불과하던 공장이 1940년대가 되면 1만 개나 되었다. 그와 더불어 기업가, 상인, 엔지니어, 변호사, 의사, 교사, 숙련노동자의 전문 인력이 축적되었다. 해방 후 이들을 대표하는 정치세력이 김성수를 중심으로 한 한민당이었다.

대한민국의 건국은 해방 후 해외에서 귀환한 자유민주적 독립운동세력과 국내에서 성장한 실력양성파의 협동에 의해 이루어졌다. 이승만의 독촉국민회, 김구의 임정과 한독당, 김성수의 한민당이 그 중심을 이룬 정치단체였다. 이들이 구축한 반공산주의의 튼튼한 보루가 없었더라면 한국 전체는 조만간 북한 공산주의세력에 의해 장악되었을 가능성이 크다. 미국의 한국 정책은 그것을 저지하기는 지나치게 관념적이었고 일관성을 결여하였다.

요컨대 대한민국의 건국은 개항 이후 이 땅에서 성장한 근대문명세력에 의해 이루어졌다. 그것은 성리학의 전통사회로부터 자유민주주의의

신생 대한민국의 첫 국무회의가 1948년 8월 5일 오전 10시 중앙청 대통령실에서 열렸다.

근대사회로의 이행을 말하였다. 긴 역사의 관점에서 대한민국의 건국은 인
간들의 삶의 원리에 있어서 일대 전환을 의미하였다. 그 대전환의 과정에
서 대한민국의 건국은 사회의 혁명적인 파괴나 재편을 동반하지는 않았다.
대한민국의 건국은 온건하고 점진적인 사회개량의 방식으로 이루어졌다.
겉으로 보기에는 낡은 사회구조가 그대로 이어지고, 그 속에 성장한 계층
이 그대로 지배적 지위를 누려서 신생 국가에 걸 맞는 혁명적 기풍은 없는
듯이 보였다. 그렇지만 바로 그 속에 장차 한국인의 정치적 자유와 경제적
풍요를 이끌어낼 문명의 잠재력이 듬뿍 담겨 있었다.

조선민주주의인민공화국의 성립

대한민국의 건국과 때를 같이 하여 북한에서도 조선민주주의인민공

화국을 세우는 정치 과정이 진행되었다. 1948년 4월 28~29일 북조선인민회의는 특별위원회를 열어 남북한 전체에 적용할 조선민주주의인민공화국헌법초안을 통과시켰다. 이 헌법초안은 사전에 소련공산당의 면밀한 검토를 받았으며, 4월 24일 스탈린에 의해 최종 승인되었다. 이 헌법초안은 1936년 스탈린이 제정한 소비에트헌법을 기초로 하였다. 4월 29일 북조선인민회의가 헌법초안을 채택할 당시 평양에서는 김구와 김규식 등 남한의 정당·사회단체 대표들이 참여한 남북협상이 진행 중이었다. 그럼에도 북한정권이 독자의 헌법초안을 마련한 것은 남북협상의 결과와 관계없이 한국 전체를 공산화하기 위한 정치적 의지와 실천 계획이 확고하였기 때문이다. 북조선인민회의는 새롭게 세워질 나라의 국호를 조선민주주의인민공화국으로 결정하였다. 그리고 그 때까지 사용해 온 태극기를 폐지하고 새로운 형태의 국기를 제정하였다.

뒤이어 북한의 공산주의자들은 제2차 남북지도자협의회를 남한에 제의하였다. 김구와 김규식은 회의의 참석을 거부하였다. 6월 29일 평양에서 북한 대표 16명과 남한의 주로 좌익세력을 대표하는 17명으로 이루어진 회의가 개최되었다. 회의에서는 남한에서 성립한 국회와 그에 의해 수립될 정부를 반인민적이며 반민주주의적인 미 제국주의의 앞잡이라고 비난하였다. 그들은 남북에 걸친 선거를 실시하여 그 대표로 구성된 조선최고인민회의를 소집하여 통일정부를 구성하는 방안을 결의하였다. 선거는 인구 5만에 1명의 대표를 뽑고 단일후보에 대해 찬반을 묻는 방식으로 정해졌다.

뒤이어 남한에서는 좌익세력에 의한 지하 선거가 실시되었다. 좌익세력은 주로 야간에 은밀하게 좌익계 주민에 접근하여 미리 인민대표로 정해진 인사에 대해 지지하는 도장을 받았다. 비밀리에 자기들끼리 하는 선거이기 때문에 조작이나 대리 날인과 같은 부정행위가 광범하게 자행되었다. 그런 방식의 선거가 남한 주민의 자유의사를 대변한다고 볼 근거는 조금도 없었다. 그렇게 뽑힌 좌익세력의 인민대표 1,080명은 8월 21일까지 북한의 해주로 집결하여 남조선인민대표자대회를 열었다. 동 대회는 조선최고인민회의에 참가할 360명의 대의원을 선출하였다. 북한에서는 8월 25일 떠들썩한 분위기에서 북한지역의 인민대표를 선출하는 선거가 실시되었다. 뒤이어 북조선인민대표자대회가 열려 조선최고인민회의에 보낼 212명의 대의원을 선출하였다.

9월 2일 572명으로 이루어진 조선최고인민회의가 소집되었다. 회의는 앞서 북조선인민회의가 채택하여 시행해온 헌법초안을 조선민주주의인민공화국헌법으로 채택하였으며, 오늘부터 전 조선에 실시한다고 선포하였다. 이 헌법은 인민공화국의 주권은 인민에 있으며 인민의 자유와 권리는 보장된다고 하였다. 그렇지만 그 자유와 권리는 정치적 선언에 지나지 않았다. 예컨대 언론·출판·결사·집회의 자유는 보장된다고 하였다. 그렇지만 이 헌법에는 "조국과 인민을 배반하는 것은 최대의 죄악이며 엄중한 형벌에 의하여 처단된다"는 지극히 자의적으로 해석될 수 있는 조항이 포함되었다. 그로 인해 국가와 정부에 대한 자유로운 비판은 사실상 불가능한 일이었다. 삼권분립의 원리에 따른 사법부의 독립성이 보장되지 않은 것도 문제였다. 재판소는 공산주의자들이 지배하는 도·시·군의 지방정부인 인민위원회에 의해 선출되었으며, 그로 인해 사법부는 사실상 행정부에 종속되었다.

이 헌법은 공화국의 생산수단은 국가, 협동단체, 개인에 의해 소유된다고 하였다. 그 가운데 가장 우세한 것은 국가소유였다. 전술했듯이 1946년 말 북한의 공업시설은 90% 이상 국유화된 상태였다. 동 헌법은 국가소유가 우세한 가운데 개인소유가 그를 보조하는 인민민주주의 경제체제를 지향하였다. 헌법은 개인소유는 법적으로 보호된다고 하였다. 그렇지만 북한정권은 개인의 인격권과 재산권을 보장하는 민법을 이미 폐기한 상태였다. 개인의 소유는 정치적 허울에 불과하였다. 인민민주주의 경제는 공산주의로 나아가기 위한 과도적 체제에 불과하였다. 실제 북한정권은 6·25전쟁이 끝난 뒤 농업의 집단화를 시작하여 1958년에 완료하였다. 이후 북한에서는 개인의 소유와 경영은 사라졌다. 개인의 소유를 부속물로 한 인민민주주의 경제체제는 고작 10년을 존속했을 뿐이다. 이후 1972년 북한정권은 헌법을 개정하여 북한에서 계급 대립과 착취는 사라졌으며, 생산수단은 국가 및 협동단체의 소유라고 규정하였다. 개인소유는 근로자들의 개인적 소비를 위한 소유만 인정되었다.

조선최고인민회의는 헌법 제정에 이어 내각과 최고재판소 등 정부의 구성에 착수하였다. 내각의 수상에는 그 때까지 북조선인민위원회의 위원장을 맡아온 김일성이 만장일치로 추대되었다. 1948년 9월 9일 조선민주주의인민공화국의 수립이 선포되었다. 그들의 논리에 따르면, 조선민주주의인민공화국정부는 북한의 정부가 아니라 남북한 전체의 정부이다. 남북에서 선거가 실시되고 그 대표가 대의원을 선출하여 조선최고인민회의라는 입법기구를 성립시키고, 그에 의해 헌법이 제정되고 정부가 구성되었다

조선민주주의인민공화국의 초대내각.

는 것이 그 명분이었다. 그렇지만 남한에서 실시되었다는 그 선거가 남한
주민의 자유의사를 대변하였다는 근거는 조금도 없었다.

　　북한에서 조선민주주의인민공화국이 조직되는 과정과 절차는 철저
하게 소련공산당의 검토와 재가를 받았다. 북한의 정치 지도자들은 스탈린
에 의해 선택된 존재들이었다. 김일성을 비롯한 북한의 지도자들은 스탈린
을 공개적으로 또 반복적으로 찬양하였다. 북한 지역의 도처에는 스탈린의
초상화가 내걸렸다. 북한은 사실상 스탈린의 나라가 되었다. 북한은 소련
이 건설한 여러 위성국가 중의 하나였다. 어쨌든 남과 북에서 상이한 체제
의 두 국가가 늘어서면서 언제 다시 통일이 이루어질지 알 수 없는 분단의
역사가 막을 올렸다.

분단의 책임

　분단의 책임이 어디에, 누구에게 있느냐의 문제는 해방 후 한국인의 역사를 서술함에 있어서 피해갈 수 없는 문제의 하나이다. 분단은 제2차 세계대전의 결과로 미국과 소련이 한반도를 분할 점령할 때 사실상 결정된 것이나 다를 바 없었다. 대전 후의 세계에서 이 두 강대국이 대립할 때 그것을 극복할 힘은 어디에도 없었다. 미국은 한반도가 소련에 독점되는 것을 경계하고 한반도에 개인의 자유와 권리를 존중하는 친미적 국가가 들어서기를 희망하였다. 반면에 한반도에서 친소적 정부가 들어서는 것은 전승국인 소련으로서도 양보할 수 없는 일이었다. 그러한 두 강대국이 대전 후의 처리를 두고 대립하기 시작한 1945년 9월, 소련의 스탈린은 북한 지역에 독자의 정권을 세우라는 지령을 내렸다. 이로써 분단은 피할 수 없는 운명으로 한국인에게 강요되었다.

　분단의 책임은 두 강대국의 분할 점령에만 있지 않았다. 분할 점령을 허용하였던 한국인의 역사 그 자체에 보다 근원적인 책임이 있었다. 제2차 세계대전이 벌어졌을 때 해외의 독립운동세력은 이념을 떠나 하나의 정치세력으로 단합할 필요가 있었다. 그리하여 미소 연합군과 더불어 또는 독자의 실력으로 그들의 조국으로 진입하였더라면 분단을 훌륭히 피할 수 있었다. 그렇지만 그 시기 해외의 독립운동세력은 통합과 단결의 미덕을 발휘하지 못하였다.

　19세기말 열국쟁패(列國爭覇)의 시대에 망국의 쓰라린 체험을 한 한국인들은 일제의 지배 하에서 서로 다른 문명의 원리로 분열하였다. 한편의 사람들은 미국과 영국을 모델로 하여 개인의 자유와 권리를 존중하는 국가체제의 건립을 지향하였다. 다른 한편의 사람들은 소련 모델의 공산주의체제를 이상으로 여겼다. 19세기까지 한국인들을 하나의 질서로 통합했던 성리학(性理學)은 이 같은 이념적 대립에 어떠한 발언도 할 능력이 없었다. 20세기에 들어와 한국인들이 발견한 민족이라는 공동체의식은 어디까지나 감성의 영역이었다. 이성의 영역에서 자유민주주의와 공산주의가 대립을 벌일 때 민족은 그 대안이 될 수 없었다.

해방 후 그들의 국가를 다시 건립할 기회가 주어졌을 때 한국인들은 이 두 이념으로 치열하게 대립하였다. 미소 양국군의 분할 점령은 대립을 증폭시키는 역할을 하였다. 좌우를 초월한 중도적 통합은 소망스럽기는 했지만 현실적 대안이 못되었다. 현실은 양보할 수 없는 이념의 대립으로서 전쟁과 같은 것이었다. 자유민주주의와 시장경제를 신봉하는 사람들은 미군정에 협조하고 대한민국의 건국에 참여하였다. 계급독재와 공산주의가 옳다고 믿는 사람들은 소련을 지지하고 북한의 건국에 참여하였다. 어느 방향이 옳았는지는 당대의 인간들로서는 알 수 없는 일이었다. 세계가 온통 분열해 있었으며, 역사는 오리무중(五里霧中)을 걷고 있었다.

이후 60년 이상의 역사가 흘렀다. 지난 60년의 세계사는 개인의 자유와 권리를 존중하고 그것을 국가체제의 기본원리로 채택한 자유민주주의와 시장경제가 인간의 물질적 복지와 정신적 행복을 증진시키는 올바른 방향이었음을 보여 주었다. 모두가 골고루 잘 산다는 공산주의의 이상은 인간의 본성에 맞지 않은 체제였다. 거기서는 계급, 당, 국가를 우선하는 전체주의저 지배체제 하에서 개인의 자유로운 정신과 창의성이 억압되었으며, 결과적으로 모두가 억압과 빈곤의 늪에 빠지고 말았다. 공산주의체제는 1980년대 이후 소련·중국과 같은 주요 국가들이 시장경제체제로 전환함에 따라 해체되고 말았다.

이제 우리는 보다 객관적이고 냉정한 시각에서 민족의 분단이라는 비극적 사건의 책임을 따질 수 있게 되었다. 해방 후 남북한의 좌익세력이 공유한 역사인식은 도식적이고 기계론적인 것이었다. 그들은 관념 속에서 추상된 역사발전의 법칙에 현실을 끼워 맞추려고 하였다. 그래서 미국을 새로운 제국주의로, 남한을 그의 식민지로 규정하는 오류를 범하였다. 그들은 일제의 지배 하에서 성장한 근대문명세력을 친일파로 또는 미 제국주의의 앞잡이로 비판하였으며, 나아가 그들의 자유와 권리를 부정하였다.

1946년 2월 북한에서 일방적으로 시행된 무상몰수와 무상분배의 토지개혁은 개항 후 이 땅에 이식된 근대문명을 부정하는 처사로서 분단을 결정지은 최초의 중대 사건이었다. 북한의 토지개혁은 누가 뭐라 해도 해방된 한국은 공산국가로 가야 한다는 공산주의자들의 강력한 메시지였다. 이후 북한에서 자유민주주의세력은 추방되었으며, 좌우의 두 세력이 타협할 수 있는 신뢰의 기반은 사실상 사라지고 말았다. 다시 말해 분단을 향해 먼저 달린 것은 남북한의 좌익세력이었다. 그들의 도식적이며 기계론적인 인간관과 역사관이 분단을 초래한 궁극의 요인이었다.

김구의 죽음, 그가 남긴 상처

대한민국이 세워진 뒤 10개월이 지난 1949년 6월 26일 일요일, 김구는 평소와 다름없이 새벽 5시에 일어나 『중국시선』(中國詩選)을 읽고 휘호(揮毫)를 하였다. 아침식사 후에는 자신이 설립한 창암학원 관계자를 접견하고 학교 운영을 상의하였다. 이때 정복 차림의 육군 소위 안두희(安斗熙)가 찾아와 면담을 신청하였다. 그는 김구가 주석으로 있는 한독당의 당원으로서 김구와 면식이 있는 인물이었다. 오후 12시 40분쯤 면담이 이뤄졌다. 곧이어 네 발의 총성이 울렸다. 총탄은 김구의 얼굴부터 아랫배까지 관통하였고 10분 후 그는 운명하였다. 안두희는 김구가 대한민국정부를 전복하려 하고 미국군 철수를 주장하고 있어 위험 수위에 올랐다고 판단하여 살해했다고 주장하였다. 7월 5일 서울운동장에서 국민장으로 치러진 그의 장례식과 운구 도로에는 수많은 사람들이 운집하여 그의 마지막 가는 길을 애도하였다.

이후 이승만 대통령의 집권기에 김구의 죽음에 관한 논의나 추모는 금기시되었다. 4·19혁명 후 1960년 6월에야 그의 추도식이 처음 열렸다. 그는 서서히 복권이 되어갔다. 박정희 대통령은 김구의 추모에 적극적이었다. 1962년 김구에게 건국공로 훈장이 수여되었다. 1969년에는 동상이 서울의 남산에 세워지고 그 일대를 백범광장(白凡廣場)으로 불렀다. 김구의 복권과 더불어 대한민국의 역사적 근원을 1919년 상해에서 세워진 대한민국임시정부에서 찾는 주장이 제기되기 시작하였다.

1980년대 이후 독립운동사에 관한 연구가 본격적으로 이루어지면서 김구와 임정의 역사적 위상은 상대적으로 낮아졌다. 앞서 소개한대로 중국, 미국, 만주에서 전개된 독립운동은 민족주의세력과 공산주의세력으로 크게 나뉘었다. 민족주의세력도 다시 우파와 좌파로 나뉘었다. 3·1운동 이후 여러 갈래의 세력이 임정에 참여하였으나 이념의 갈등이 심하여 분열하였다. 이후 임정은 각지에서 활동한 여러 독립운동단체의 하나에 지나지 않았다. 임정과 직접 경쟁한 조선민족혁명당은 1941년까지 임정보다 더 큰 세력을 형성하였다. 임정은 해외의 독립운동단체들을 대표할 수 없었으며, 그 이유로 끝내 연합국의 승인을 얻지 못하였다. 김구를 비롯한 임정의 요인들은 해방 후 개인 자격으로 환국할 수밖에 없었다.

이후 3년간 미군정 하에서 새로운 나라를 세우기 위한 김구의 투쟁은 1947년 12월을 전후로 크게 달라지는 비일관성을 보였다. 1945년 12월 말 모스크바로부터 4대국 신탁통치의 방침이 전해지자 가장 격렬하게 반대한 것은 김구와 임정세력이었다. 이후 1947년 9월 미소공동위원회가 최종적으로 실패하고 미국이 한국 문제를 유엔으로 이관하기 전까지 김구는 이승만과 더불어 반탁운동을 통해 남한 정국의 중추를 이루었다. 좌우합작에 의한 신탁통치는 결국 잘 조직된 공산주의세력이 남한을 공산주의체제로 만들기 위한 통일전선에 다름 아니었다. 김구는 반탁운동을 통해 남한의 공산화를 저지함에 큰 공을 세웠다.

그렇지만 그의 반탁운동은 반공산주의 운동만은 아니었다. 김구는 반탁운동을 통해 임정의 집권을 강하게 추구하였다. 해방 당시 그는 "우리가 이번 전쟁에서 한 일이 없기 때문에 장래에 국제간에 발언권이 약하리라는 것"을 명확하게 알고 있었다. 그럼에도 그는 두 차례 미군정에 대한 쿠데타를 계획하였다. 미군정에 대한 그의 비타협적이고 비현실적인 대응은 미군정이 남한의 우익세력을 불신하고 좌우합작을 추진하게 된 한편의 원인을 이루었다. 그런 이유에서 남한의 우익진영 내에서 김구의 정치적 위상은 점차 하락하였다.

1947년 9월 한국 문제가 유엔으로 이관되자 반탁운동의 명분과 대상

1948년 4월 22일 평양에서 열린 연석회의에서 연설하는 김구.

이 사라졌다. 이후 김구의 정치적 행보는 혼란을 거듭하였다. 그해 11월 김구는 소련의 거부로 남한만의 선거가 예상되자 "남한만의 선거는 국토를 양분하는 비극"이라며 절대 반대한다고 하였다. 그러다가 이승만과 회담한 후에는 "소련의 거부로 남한만의 선거가 될지라도 그 정부는 법리상이나 국제관계상으로 보아 통일정부일 것"이라 하면서 찬성하였다. 그렇지만 그해 12월 하순부터 그의 입장은 조금씩 바뀌어 이듬해 1월 하순에는 남한만의 선거와 정부수립에 반대하는 입장을 확고히 하였다. 이후 그는 김규식과 더불어 통일정부의 수립을 위한 남북협상을 주장하였으며, 1948년 4월 북한의 초청을 받아 평양에서 열린 남북협상에 참석하였다. 거기서 그는 북한의 공산주의세력과 함께 유엔의 결의를 비난하고 미소 양국군의 철수와 남북한 총선거를 주장하였다.

앞서 말했듯이 북한 공산주의세력의 남북협상 주장은 월등한 군사력을 배경으로 남북한의 총선거로 통일정부를 수립하더라도 그 정부를 쉽게 장악할 수 있다는 자신감을 반영한 또 하나의 통일전선에 다름 아니었다. 평양에서 김구는 공산주의세력의 선전에 철저하게 이용되었을 뿐이다. 그의 노력으로 인해 북한의 공산주의자들이 북한에 공산주의체제의 국가를 세운다는 방침에 어떠한 수정이나 유보를 가하지는 않았다.

1948년 8월 15일 대한민국의 정부수립이 선포되자 김구는 '비분과 실망'을 담은 성명을 발표하였다. 이후에도 그는 줄곧 1947년 11월의 유엔결의로 돌아가서 유엔 감시 하에 남북한의 총선거를 실시하고 미소 양국군은 철수할 것을 주장하였다. 다시 말해 이미 성립한 대한민국을 해체하고 새로운 통일정부를 세우자는 주장이었다. 그는 미소 양국군이 철수해도 남북 간의 전쟁은 있을 수 없다고 주장하였다. 대한민국을 해체하자는 거듭된 주장은 결국 1949년 6월 그의 비극적인 죽음으로 이어졌다.

김구의 갑작스런 노선 전환에는 여러 가지 이유가 있었다. 1947년 후반에 이르러 반탁 노선이 승리함에 따라 남한의 우익진영은 남한만의 총선거와 단독정부의 수립을 불가피한 대세로 받아들였다. 그에 따라 일찍부터 그러한 노선을 주장해 온 이승만의 정치적 헤게모니가 확고해지는 반면, 김구는 그에 밀리는 처지가 되었다. 그런 중에 그해 12월 초 김구가 지도하는 비상국민회의의 인물이 한민당의 정치부장 장덕수(張德秀)를 암살하는 사건이 벌어졌다. 미군정의 검찰은 김구를 그 배후로 지목하였다. 김구는 이를 극구 부정하였다. 이 사건을 계기로 김구는 우익진영 내에서 더욱 고립되어 갔으며, 그에 대해 그는 크게 섭섭해 하였다. 1948년에 들어 그는 한민당을 '민족의 박테리아'라고 비난하면서 그에 대한 극도의 증오심을 드러내기 시작하였다. 권력을 추구하는 정치가로서 김구의 좌절은 그의 노선 전환을 이끈 직접적인 원인이었다고 보인다.

　김구의 정치이념에 내재한 모순도 노선 전환을 유인한 다른 한편의 요인이었다. 1947년 1월에 발표한 '나의 소원'이란 글에서 김구는 "나의 정치이념은 한 마디로 표시하면 자유다"라고 하였다. 그러한 입장에서 그는 공산주의를 철저하게 비판하였다. 동시에 그는 더없이 강렬한 민족주의자였다. 그에게서 민족은 '영원한 혈통의 바다'와 같은 것이었다. 그리하여 "오늘날 소위 좌우익이란 것도 결국 영원한 혈통의 바다에 일어나는 일시

대한민국임시정부 주석 김구가 자택 경교장에서 육군 소위 안두희의 저격으로 파란만장했던 생애를 마감했다. 1949. 6. 26

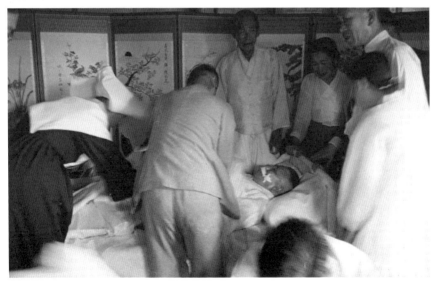

적인 풍파에 불과한 것"이었다. 요컨대 그는 자유민주주의자이기 이전에 민족주의자였다. 정치이념의 구조가 이러하였기에 김구는 민족의 분단이 임박하자 그것을 용납할 수 없었다.

1948년 이후 그는 "통일이 없는 독립은 진정한 독립이 아님"을 주장하면서 민족적 대의에 입각한 남북협상을 거듭 주장하였다. 많은 사람들이 그의 주장을 비현실적이라고 비판하였지만, 그에 대해 그는 "현실적이냐 비현실적이냐"가 아니라 "옳은 길이냐 사악한 길이냐"가 중요하다고 대응하였다. 이 같은 입장에서 그해 4월 그는 남북협상을 위해 평양으로 가면서 "나는 통일된 조국을 건설하려다가 38선을 베고 쓰러질지언정 일신(一身)에 구차한 안일(安逸)을 취하여 단독정부를 세우는 데 협력하지 않겠다"는 성명을 발표하였다.

요컨대 1947년 후반 이후 김구를 소외시킨 남한의 정국과 민족주의를 최고 수준으로 하는 그의 정치이념이 노선 전환을 유인하였다. 거기에다 앞서 지적한대로 김구의 측근에까지 침투한 북한의 공작이 다른 한편의 유인으로 작용하였다. 1948년 이후 김구는 '통일독립'을 주장하는 도덕적 정치가로 변신해 갔다. 그가 과연 미소 양국군이 철수한 뒤 남북 간의 전쟁이 없을 것으로 믿었는지는 회의적이다.

1948년 7월 11일 김구는 유엔위원단의 중국대표인 유어만(劉馭萬)과 대담을 하였다. 전하는 대담록에 의하면 김구는 유어만에게 그의 깊은 속 내를 다음과 같이 토로하였다. "(평양에 가서 보니) 북한 공산주의자들이 앞으로 3년간 지금 이상으로 인민군을 증강하는 노력을 중단하더라도, 그리고 그 기간 중에 남한이 어떤 노력을 하더라도, 남한이 북한이 지금 이미 보유하고 있는 군사력에 필적할 수 있는 군대를 건설하는 것은 불가능하겠더라. 소련은 아무런 책임 추궁을 당함이 없이 언제든지 인민군을 동원하여 기습 남침을 전개할 수 있는 상태였으며, 바로 그 같은 순간을 위하여 별도의 정부를 인민공화국이라는 이름으로 수립할 만반의 준비가 진행되고 있었다." 이처럼 그는 전쟁의 가능성을 높이 예측하고 있었으며, 전쟁이 터지면 대한민국은 소멸할 것이라고 비관적으로 전망하였다.

그렇지만 대한민국은 살아남았으며 번영하였다. 김구는 대한민국의 건국에 끝//지 반대했지만 매우 아이러니컬하게도 오늘날 대한민국의 국민으로부터 가장 존경받는 정치가의 한 사람으로 자리 잡고 있다. 대한민국의 건국세력을 "일신에 구차한 안일을 취하는 자"라 했던 그의 매도는 그를 존경하는 한국인들의 가슴에 긴 유언으로 남았다. 그의 비극적 죽음은 대한민국의 나라만들기 역사에 깊은 상처로 남았다.

| 제3장 |

국민국가의 건설

1 | 나라만들기의 대오

국군의 창설

대한민국 국군의 전신은 1946년 1월 미군정이 치안 유지의 경찰을 보충할 목적으로 창설한 남조선국방경비대였다. 당초 미군정은 정규군의 창설을 계획하였으나 본국 정부의 반대에 부딪혀 경찰 지원부대로서 국방경비대를 만들었다. 미군정은 국방경비대를 이끌 장교를 양성하기 위해 1945년 12월 군사영어학교를 설립하였다. 짧게는 며칠, 길면 몇 주 동안 간단한 군사지식과 군사영어를 교육받고 110명이 임관하였다. 이들은 이후 국군의 수뇌부를 형성하였다. 그 출신을 보면 일제 하에서 학병으로 동원된 사람들이 가장 많고, 그 다음이 만주군과 일본군 출신이었다.

이듬해 1월 국방경비대원의 모집에는 장차 독립국의 군인이 된다는 포부에 이끌려 수많은 청년들이 지망하였다. 국방경비대는 4월까지 8개도

남조선국방경비대의 행진 모습.

에 1개 연대씩 총 5,000명을 모집하고 군사훈련을 시작하였다. 또한 미군
정은 항구적인 장교 양성기관으로서 군사영어학교를 대체하여 남조선국
방경비사관학교를 설립하였는데, 이것은 건국 이후 육군사관학교로 바뀌
었다. 1946년 6월 국방경비대는 조선경비대로 이름을 바꾸었으며, 때를 같
이 하여 바다를 지킬 목적으로 조선해안경비대가 창설되었다.

조선경비대는 1948년 5월까지 5개 여단의 5만여 명으로 확충되었다.
건국 후 조선경비대와 조선해안경비대는 국군에 편입되었으며, 11월 국군
조직법이 제정됨에 따라 각기 육군과 해군으로 개칭되었다. 이로써 대한민
국은 근대 국민국가의 기초적 조건으로서 그의 상비군을 갖추게 되었다.
초창기 국군의 병력과 장비는 초라하였다. 막 태어난 정부의 재정 형편은
열악하였으며, 군비를 강화할 여력이 전혀 없었다. 미국정부는 한국의 군

사전략적 가치를 낮게 평가하였으며 국군에 대한 지원에 소극적이었다. 미군정은 과거 일본군이 남긴 무기를 국방경비대에 제공하였을 뿐이다.

6·25전쟁이 발발하기 직전 국군의 병력은 6만 5,000명에 불과하였다. 탱크와 기갑 차량은 전무하였으며, 포병은 탱크를 격파할 수 없는 바주카포와 화포만으로 무장하였다. 항공기는 6대의 정찰기 이외에는 허용되지 않았다. 그에 비해 북한군은 13만 5,000여 명의 병력을 확보하고 있었다. 게다가 소련제 T-34형 탱크 240여 대, 야크 전투기와 IL 폭격기 200여 대, 각종 중야포와 중박격포로 무장하고 있었다. 이 같은 군사력의 불균형은 6·25전쟁을 유발하는 요인으로 작용하였다.

초창기 국군의 내부에는 더욱 심각한 문제가 있었다. 정치적 혼란기에 철저한 신원조사가 이루어지지 않은 탓에 좌익세력이 군 내부에 깊숙이 침투하였다. 그 결과 전 병력 가운데 적어도 10%가 남로당의 당원들이었다. 이 같은 문제점은 건국 직후에 곧바로 폭발하였다. 군 내부의 좌익세력이 반란을 일으킨 것이다.

여순반란과 숙군

1948년 4월 남로당 제주도당이 일으킨 무장반란은 8월의 정부 수립 이후에도 채 진압되지 않았다. 정부는 유격대의 토벌을 위해 전남 여수에 주둔하고 있는 제14연대에 제주도 출동을 명하였다. 그러자 10월 20일 남로당에 속한 제14연대의 하사관들이 반란을 일으켰다. 그들은 동족상잔(同族相殘)을 위한 제주도로의 출동을 반대한다고 병사들을 선동하였다. 반란군은 순식간에 여수의 경찰서와 파출소, 시청과 군청 등을 점령하

군경이 여순반란에 가담한 주민과 가담하지 않은 주민을 좌우로 나누고 있다.

였다. 반란군은 경찰서장, 한민당 여수지부장, 독촉국민회원을 비롯한 우익 인사와 그들의 가족을 처형하였다. 다음날 반란군 2,000명은 순천을 점령하였으며, 22일에는 보성·고흥·광양·구례·곡성까지 장악하였다(여수반란). 20일 반란군은 여수에서 인민대회를 열고 인민의용군과 인민위원회를 조직하였다. 그들은 이승만 종속정권의 타도, 민족반역자 처벌, 무상몰수·무상분배의 토지개혁 실시 등을 주장하였다.

　　정부는 미국군의 지원을 받아 1주일 만에 반란군을 진압하였다. 그 과정에서 여수는 불바다가 되었으며, 7,000여 명이 사망자와 행방불명자가 발생하였다. 반란군의 포로만도 3,000여 명이 되었는데, 군법회의는 1,000명에 가까운 폭도들에게 사형을 선고하였다. 그 가운데는 억울한 희생도

적지 않았다. 반란의 물결에 휩쓸린 양민이 영문도 모른 채 처형된 경우가 적지 않았다. 반란군의 남은 세력은 6·25전쟁이 벌어질 때까지 유격전을 이어갔다.

여순반란은 공산주의자들의 도식적이며 기계론적인 인간과 역사에 대한 이해가 양민을 볼모로 한 무장투쟁을 불사할 때 어떠한 희생이 따르는지를 잘 보여주었다. 양민의 희생 그 자체는 대한민국이 치유해야 할 도덕적 상처로 남았다. 어쨌든 여순반란은 신생 대한민국에게 엄청난 충격을 미쳤다. 태어난지 고작 두 달에 불과한 신생 국가는 이로 인해 뿌리째 흔들렸다. 그렇지만 사태를 수습하면서 대한민국은 훨씬 더 강해졌다.

정부는 여순반란을 계기로 군 내부에 침투한 남로당 세력을 제거하는 숙군(肅軍) 사업을 대대적으로 벌였다. 그에 대해 군의 좌익세력이 반발하여 1949년 2월 경북 대구의 6연대가 반란을 일으키고, 강원도 춘천의 2개 대대가 집단으로 월북하였다. 공군 조종사 2명이 비행기를 몰고 북한으로 날아갔는가 하면, 해상에서 해군 함정과 미국 상선을 납치해 월북하는 사건도 벌어졌다. 숙군은 그 자체로 조그마한 전쟁이었다.

숙군은 1949년 7월에야 완결되었다. 숙군으로 밝혀진 군내 좌익세력의 침투 실상은 충격적이었다. 군사영어학교 출신으로서 최고지휘부를 이룬 군번 1~100번 가운데 25명이 좌익으로 적발되어 처벌을 받았다. 초급장교와 하사관의 경우 전체의 3분의 1이 좌익이었다. 일반 병사까지 포함하여 총살, 징역, 파면 등으로 숙청된 자가 4,749명으로서 전체 군 병력의 5%나 되었다. 숙군을 피하여 군에서 탈주한 사람도 비슷한 수에 달하였다. 이로써 군 내부의 좌익세력은 대부분 제거되었다. 그 결과 다음해 6·25전쟁이 터졌을 때 북한이 기대했던 군의 반란이나 집단 투항은 일어나지 않았다. 숙군 사업이 적시에 이루어지지 않았더라면 대한민국은 6·25전쟁을 당하여 해체되었을 것이다. 결국 여순반란의 승리자는 대한민국이었다.

여순반란을 계기로 1948년 12월 국가보안법이 제정되었다. 이 법은 정부를 참칭(僭稱)하거나 변란을 일으킬 목적으로 단체를 조직하거나 가담한 자를 처벌하기 위한 것이었다. 법의 위력은 곧바로 나타났다. 1949년에 이 법으로 체포된 사람은 도합 11만 명 이상에 달하였다. 1949년 5월까지 7개 일간지가 폐간되고 1개 통신사가 폐쇄되었다. 정부는 좌익세력에게 기회를 제공하기 위해 국민보도연맹을 조직하였다. 이 단체는 좌익세력에 가담한 사람들을 전향시켜 보호한다는 취지로 결성되었다. 국민보도연맹은 대한민국 지지, 북한정권 반대, 인류의 자유와 민족성을 무시하는 공산주의의 배격을 주요 강령으로 하였다. 1949년 말 국민보도연맹의 가입자는 30만 이상에 달하였다.

대한민국의 기초 이념인 개인의 자유와 권리는 한국의 역사에서 자생한 것이 아니었다. 대한민국이 성립할 당시 그에 속한 모든 주민이 자유 이념을 이해하고 받아들인 것은 아니었다. 주민의 다수는 전통 성리학의 윤리 속에서 생활하였다. 또한 상당수의 주민은 공산주의 이념에 환상을 가졌다. 자유 이념을 신봉한 주민은 소수에 불과하였다. 대한민국은 아직 그에 충실한 국민을 확보하지 못하였다. 공산주의 이념과 그를 추종하는 세력은 여전히 위협적이었다. 대한민국은 살아남기 위해 공산주의세력과의 투쟁을 멈출 수 없었다. 초창기의 대한민국이 국가보안법의 제정을 통해 사상과 언론의 자유를 심하게 억제할 수밖에 없었던 것은 이 같은 역사

반민특위 조사위원들.

적 제약 때문이었다. 사상과 언론의 자유가 완전하게 꽃을 피우기 위해서
는 이후에도 무려 40년의 세월을 기다릴 필요가 있었다.

반민특위의 좌절

신생 대한민국이 봉착하였던 가장 어려운 문제는 일제 하의 반민족
행위자를 처벌하는 일이었다. 건국헌법은 부칙에서 1945년 8월 15일 이전
의 악질적인 반민족행위를 처벌하는 특별법을 제정할 수 있다고 하였다.
그에 의거하여 국회는 1948년 9월 반민족행위처벌법을 제정하였으며, 국
회 내에 임기 2년의 반민족행위특별조사위원회를 설치하였다(반민특위).

반민특위는 국회의원 가운데 각 시·도 출신 국회의원들이 추천한 조사위원 10명을 선출하였다. 반민특위 아래에는 반민족행위자를 체포할 특별경찰대가 설치되었다.

　반민특위는 1949년 1월부터 조사활동을 시작하였다. 반민특위는 맨 처음 화신백화점의 사장 박흥식(朴興植)을 체포하였으며, 뒤이어 일본 헌병의 앞잡이로 250명의 독립투사를 밀고했던 대한일보 사장 이종형(李鍾馨), 33인 중의 한 사람인 최린(崔麟), 친일 변호사 이승우, 친일경찰 노덕술(盧德述), 문인 이광수(李光洙), 역사학자 최남선(崔南善) 등을 검거하였다. 반민특위의 활동에는 처음부터 적지 않은 저항이 있었다. 경찰은 그들이 해방 후 3년간 치안을 유지하고 공산주의세력을 퇴치한 공로가 큰데, 이제 반민특위에 의해 친일파로 처벌을 받게 되었다고 동요하였다. 이승만 대통령도 반민특위의 활동에 불만이었다. 그는 국회가 주도하는 반민특위의 활동은 삼권분립의 원칙에 위반되며, 좌익세력의 발호로 국가의 안보가 위급한 시국에 경찰을 동요시켜서는 안 된다는 담화를 발표하였다. 이승만 대통령은 반민특위가 친일파 문제를 온건하게 처리해 주기를 희망했으며, 특위의 위원장을 설득하기 위해 그의 자택을 방문하기까지 하였다. 그렇지만 반민특위는 강경한 입장을 고수하였다.

　그런 와중에 그해 4월과 8월에 걸쳐 국회프락치사건이 발생하였다. 경찰은 남로당과 내통하여 그의 사주를 받아 국회에서 외국군 철퇴요청안과 남북화평통일안을 통과시킨 혐의로 국회부의장 김약수(金若水)를 비롯하여 모두 13명의 국회의원을 체포하였다. 그 가운데는 반민특위에서 주도적으로 활동하던 소장파 국회의원 세 명이 포함되었다. 이 사건은 발생

초기부터 경찰이 반민특위의 활동을 무산시키기 위해 조작한 사건이라는 의혹이 제기되었다. 경찰이 확보한 프락치의 물증도 보기에 따라 확실하지 않았다. 국회는 4월 국회의원 세 명이 체포되었을 때 그들의 석방을 요구하는 결의안을 두고 격론을 벌였으나 끝내 이를 부결하였다. 서울 시내에는 석방결의안에 찬성한 국회의원을 규탄하는 관제데모가 벌어졌다.

이렇게 분위기가 흉흉한 가운데 6월 4일 반민특위의 특별경찰대는 세 사람의 경찰 간부를 반민족행위 피의자로 체포하였다. 경찰은 그들의 석방을 요구하였지만 반민특위는 이를 거절하였다. 6월 6일 경찰은 서울 중부경찰서장의 지휘 하에 반민특위의 사무실을 습격하였다. 경찰은 반민특위의 특별경찰대를 무장 해제시키고 특위의 서류를 탈취하였다. 경찰의 반민특위 공격은 지방에서도 자행되었다. 경찰의 행위는 입법기관인 국회의 권위를 전면 부정하는 위법적인 것이었다. 그럼에도 이승만 대통령은 경찰의 행동을 묵과하였다. 뒤이어 정부는 반민특위의 기한을 1년으로 단축하는 법을 국회에 상정하였으며, 이미 기세가 현저히 꺾인 국회는 동 법안을 받아들였다. 반민특위는 잔여 업무를 처리하고 1949년 8월 말에 해산하였다.

그 사이 반민특위는 총 688명의 반민족행위자를 수사하고 559명을 특별검찰부에 송치하였다. 특별검찰부는 그 중 293명을 특별재판부에 기소하였으며, 특별재판부가 그에 대해 재판을 종결한 것은 38명이었다. 재판 결과를 보면 체형(體刑)이 12명, 공민권 정지가 18명, 무죄 또는 형 면제가 8명이었다. 체형은 사형 1명, 무기징역 1명이었으며, 나머지는 2년 6개월 이하의 징역이나 집행유예였다. 이들은 모두 6·25전쟁이 터지자 풀려나고 말았다. 반민족행위자에 대한 처벌은 매우 미진하였다.

　반민특위의 발족, 활동, 좌절의 과정은 신생 대한민국이 처한 정치적 현실과 도덕적 당위 사이의 딜레마를 잘 보여 주었다. 모순의 근원은 일제로부터의 해방이 한국인의 힘으로 쟁취된 것이 아니라는 점에 있었다. 해방은 미국이 일제를 해체하고 남한을 군사적으로 점령하는 방식으로 이루어졌다. 미군정은 총독부의 법령, 관료제, 경찰기구를 그대로 인수하였다. 그로 인해 일제 하에서 민족의 독립운동을 탄압한 한국인 경찰이 해방 후에도 그 직위를 유지하였다. 그 점은 대한민국도 마찬가지였다. 건국헌법은 부칙에서 현행 법령은 이 헌법에 저촉되지 아니 하는 한 효력을 가진다고 하였다. 아울러 현재 재직하고 있는 공무원은 헌법에 의해 선거 또는 임명된 자가 그 직무를 계승할 때까지 계속하여 직무를 행한다고 하였다. 이로써 총독부의 법령, 행정기구, 관료, 부속기관의 직원 대부분이 대한민국으로 승계되었다. 앞서 말했듯이 대한민국은 자유민주적 이념에 입각하여 해외에서 독립운동에 종사한 세력과 국내에서 근대문명의 실력양성에 힘써 온 세력의 합작으로 세워진 나라였다. 대한민국의 건국은 사회의 단절적인 혁명이 아니라 연속적인 개량의 방식으로 이루어졌다.

　건국의 주도세력은 이 같은 현실을 잘 이해하고 있었다. 이승만 대통령은 미국에서 귀국할 당초부터 이 같은 역사의 모순을 직시하고 민족의 대동단결을 호소하였다. 뭉치면 살고 흩어지면 죽는다고 하였다. 함께 뭉쳐서 공산주의와 투쟁할 시국에 친일파 문제로 민족이 분열해서는 곤란하였다. 그에 반해 공산주의자들에게 친일파 문제는 그들이 대한민국의 건국노선을 비판할 수 있는 더 없이 좋은 소재였다. 그들은 일제 하에서 총독부권력과 타협하면서 근대문명의 실력양성을 위해 노력해 온 세력을 모조리 친일파로 규정했다. 건국 이후에도 그들은 끊임없이 대한민국을 반민족세력이 세운 미 제국주의의 식민지와 같은 나라라고 매도하였다. 이처럼 친일파 문제는 처음부터 민족적 양심이기를 떠나 건국세력 대 공산주의세력 간의 정치적 투쟁을 그 본질로 하였다.

반민족행위처벌법이 국회를 통과한 직후 여순반란 사건이 터졌다. 반민특위가 활동을 개시한 1949년 1월 정부는 숙군 사업을 한창 진행 중이었다. 그에 맞서 군의 좌익세력은 반란을 일으키거나 집단으로 월북하였다. 좌익세력은 이미 국회에까지 침투해 있었다. 국회프락치사건이 그것이다. 이 사건은 당시에는 증거가 불확실하여 논란이 많았지만, 오랜 세월이 지난 후 결국 남로당의 공작임이 밝혀졌다. 1997년 5월 북한의 노동신문은 성시백이 1948년 가을부터 국회를 대상으로 공작을 벌려 국회 부의장과 십여 명의 국회의원을 포섭하는 데 성공했다고 보도하였다. 성시백은 김일성의 지시를 받아 1948년 4월 김구 일행이 남북협상을 위해 평양에 가도록 공작을 벌인 인물이다. 정부는 국회에 침투한 남로당의 프락치를 검거하는 한편, 국가보안법에 의거하여 전국적으로 수십만의 좌익세력을 검거하고 전향시켰다. 이승만 대통령은 거의 매일 군과 경찰의 수뇌부와 회동하면서 공산주의세력과의 사실상의 전쟁을 지휘하였다. 그 보이지 않는 전쟁의 와중에서 국회가 추진한 반민특위의 활동은 반공의 전선을 무너뜨릴 위험성을 안고 있었다.

반민특위가 좌절한 것은 이상과 같은 배경과 현실에서 거의 불가피하였다. 반민특위의 지향은 순수했지만 이 같은 역사적 모순을 헤쳐 나가기에는 역부족이었다. 그 통에 일제 하에서 독립운동가를 탄압하고 고문한 악질적인 친일파들이 살아남았다. 그 수는 얼마 되지 않지만 그들을 광명 정대(光明正大)하게 처벌하지 못한 것은 이후 오랫동안 대한민국의 도덕적인 상처로 남았다. 제주4·3사건, 여순반란, 김구의 암살, 반민특위의 좌절 등, 대한민국은 상처투성이의 나라로 출발하였다.

농지개혁

해방 당시 남한의 농토 232만 정보 가운데 자작지는 37%에 불과했고 나머지 63%는 소작지였다. 전 농가 206만 호 가운데 순소작농은 49%, 자소작농은 35%로서 소작관계 농민이 84%나 되었다. 대부분의 농민이 자신의 토지를 갖지 못하고 지주에게 고율의 지대를 납부하는 소작농이라면 그런 국가를 두고 근대 국민국가라고 하기 힘들었다. 이에 해방과 더불어 농지를 재분배하는 개혁을 둘러싸고서는 정파의 좌우를 불문하고 모두가 그 필요성에 찬성하였다. 같은 취지에서 건국헌법 제86조는 "농지는 농민에게 분배하며 그 분배의 방법, 소유의 한도, 소유권의 내용과 한계는 법률로써 정한다"라고 하였다.

그에 따라 1949년 6월 유상몰수와 유상분배의 원칙에 따라 농지를 재분배하는 농지개혁법이 국회를 통과하였다. 지주에게 보상할 농지의 가격은 연평균 생산량의 300%로 결정되었다. 분배 방식은 10개년 분할 상환이었다. 국회가 정한 농지가격에 대해서는 정부가 반발하고 소장파 의원도 가세하여 연평균 생산량의 150%로 인하되었다. 농민들은 매년 생산량의 30%를 5년간 상환하면 분배 농지를 자신의 소유로 삼을 수 있었다. 유상

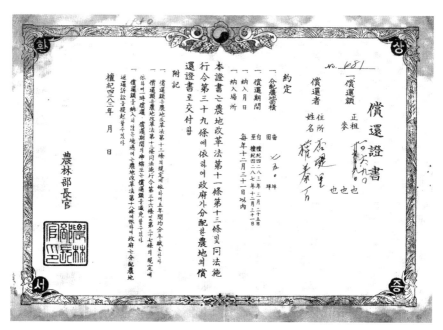

農地상환증서. 분배농지가격, 면적, 상환자, 상환액, 상환기간 등이 적혀있다.

분배라고 하나 농민에게 매우 유리한 조건이었다. 상대적으로 불리해진 지주에게는 희망과 능력에 따라 국가경제 발전을 위한 유익한 사업에 우선 참여할 수 있도록 정부가 알선하는 혜택이 부여되었다. 1950년 3월 이 같은 내용의 농지개혁법이 국회를 최종 통과했으며 곧이어 실시에 들어갔다. 농지개혁은 6·25전쟁의 발발로 잠시 중단되었다가 1957년까지 거의 완료되었다.

구체적인 시행과정을 보면 정부는 1950년 3월 10일까지 분배농지일람표를 작성한 다음 민간에 공시하였으며, 대개 4월 말까지 분배 대상 농가에게 농지분배예정통지서를 발송하였다. 통지서의 발송은 "오늘부터 이 땅은 당신에게 분배되었다"는 것을 의미하였으며, 그에 대해 어느 지방신문은 "오늘이야말로 진정한 우리 대한민국의 전국적인 해방의 날"이라고 감격하였다. 정부가 이처럼 신속하게 농지개혁을 실시할 수 있었던 것은 1949년 이래 농지개혁의 실시를 기정사실화하고 그 준비에 박차를 가해 왔기 때문이다. 농지의 신속한 분배는 곧이어 터진 6·25전쟁에서 대다수의 농민들이 대한민국에 충성을 바치는 국민으로 남게 함으로써 대한민국을 방어함에 크게 공헌하였다.

종래 농지개혁에 대한 평가는 그리 호의적이지 않았다. 북한의 토지개혁이 무상몰수와 무상분배였음에 비해 남한의 농지개혁은 유상몰수와 유상분배로서 농민들에게 큰 도움이 되지 않았다는 것이 그 한 가지 이유였다. 무상몰수와 무상분배는 기존의 사회구조를 해체하고 장차 공산주의로 가기 위한 혁명적인 방식이었다. 그에 따라 농민에게 분배된 것은 경작권이었으며 온전한 소유권 그 자체는 아니었다. 소유권의 부정은 개인의 자유를 억압하고 개인의 인권을 계급과 국가에 종속시키는 결과를 낳았다.

그에 비해 자유민주주의 국가에서 토지개혁을 할 때는 개인의 재산권을 존중하여 유상몰수와 유상분배의 방식을 취함이 일반적이었다. 그 결과 농민에게 분배된 것은 소유권 그 자체였다. 유상분배라고 해서 농민들에게 과중한 부담을 지운 것도 아니었다. 농민들에게 상환이 요구된 토지 가격은 매우 헐하게 결정되었으며, 그것도 다년에 걸친 분할 상환의 방식이었다. 대한민국의 농지개혁은 이같이 개인의 재산권을 존중하는 자유민주주의의 기본 원리에 따라 온건하고 합리적인 방식으로, 결과적으로 정치와 사회의 안정을 고양하는 방식으로, 이루어진 개혁이었다.

농지개혁에 대해서는 해방 후 4년간이나 질질 끄는 통에 분배되어야 할 농지가 크게 감소하고 말았다는 비판도 있다. 실제 농지개혁에 의해 분배된 농지는 47만 정보에 그쳤다. 그것은 해방 당시 147만 정보나 되었던 소작지의 32%에 불과하였다. 그 사이 지주들이 소작지를 매각하였기 때문이다. 그런데 지주들이 농지개혁을 예상하고 토지를 매각한 것은 주로 자신의 소작농을 대상으로 한 것이었으며, 매매 가격도 이후 법으로 정해진 연평균 생산량의 150%를 넘지 않음이 일반적이었다. 지주가 농지의 강제 분배를 피하기 위해 사전에 비싼 가격으로 가난한 농민들에게 소작지를 강매했다는 주장은 근거가 없는 것이었다. 지주들이 소작지를 사전에 매각한 것은 정부에 의한 농지개혁을 기정사실화한 위에 자발적으로 유상분배한 것이나 다를 바 없었다. 어쨌든 농지개혁을 통해 일제 하 농촌사회의 기본 구조를 이루어온 식민지지주제가 해체되고 경자유전(耕者有田)의 자작농체제가 널리 성립하였음은 부정할 수 없는 사실이다. 정부의 직접적인 분배에 의하든, 지주의 사전 매각에 의하든, 결과적으로 전 농지의 96% 이상이 자작지로 되었다.

농지개혁의 효과는 매우 복합적이었다. 농지개혁은 지주와 소작 관계로 대립한 농촌사회의 주민을 동질적인 국민으로 통합해 감에 크게 기여하였다. 국민적 통합이 진전함에 따라 민주주의의 토대도 서서히 마련되어 갔다. 또한 농촌사회의 주민들에게는 교육을 통해 신분 상승을 할 수 있는 기회가 확대 제공되었다. 예컨대 1950~1960년대 소농의 자제들은 그들의 부형이 애써 농사지은 덕분에 비싼 등록금의 대학을 다닐 수 있었다. 그 역시 농지개혁이 가져다 준 사회적 통합의 커다란 효과였다.

광복절의 제정과 혼란

1949년 8월 15일 대한민국은 독립1주년을 맞이하였다. 그 몇 달 전부터 정부는 이 날을 기념하기 위한 일련의 행사를 준비하였다. 6월에는 대한민국의 건국이념을 선양하는 포스터를 공모하였다. 당선된 포스터의 제목은 '독립1주년'이었다. 그해 7월 정부는 독립1주년을 맞이하여 건국공로 훈장령과 포장령을 대통령령으로 공포하여 해당자에게 수여할 채비를 하였다. 이윽고 8월 15일 중앙청 광장에서는 '독립1주년기념식'이 성대하게 열렸다. 거기서 이승만 대통령은 "오늘은 민국 건설 제1회 기념일"이라고 그 날의 의의를 명확히 하였다. 동아일보는 당일의 기념식을 "대한민국

독립 첫돌마지"라는 제목으로 상세하게 보도하였으며, "독립1주년을 맞아
서"라는 사설도 실었다.

그런데 이후 대한민국의 독립기념일은 유감스럽게도 서서히 잊혀 갔
다. 광복절의 제정이 그 중대 원인이었다. 1949년 6월 '국경일 제정에 관한
법률안'이 국회 법제사법위원회에 회부되었다. 당초 회부된 법률 원안에서
4대 국경일은 3·1절, 헌법공포기념일, 독립기념일, 개천절이었다. 동 위원
회는 심사과정에서 수정안을 마련했는데, '헌법공포기념일'을 '제헌절'로,
'독립기념일'을 '광복절'로 명칭 변경하는 내용이었다. 4대 국경일의 이름을
모두 무슨 절(節)로 통일함이 좋다는 취지였다. 이 수정안은 그해 9월 국회
본회의에서 통과되었다. 그에 대한 국회의 의사록을 검토하면 당시 국회의
원들은 독립기념일과 광복절을 동일한 의미로 이해하였음을 알 수 있다.
당시 사람들에게 그것은 조금도 이상하지 않은 자연스러운 일이었다.

'광복(光復)'이란 말은 원래 무엇을 영광스럽게(光) 되찾는다는(復)
뜻이다. 그래서 한문으로 '光復祖國' 또는 '光復獨立'이라고 쓰든가 한글
로 "조국을 광복한다" 또는 "독립을 광복한다"고 했던 것이다. 엄밀히 말해
'광복'이란 두 글자는 부사(副詞)와 동사(動詞)의 결합으로서 그 다음에 목
적어(目的語)가 명시되어야 뜻이 온전해지는 말이었다. 그렇지만 1910년
대부터 독립운동가 사회에서 '광복조국' 또는 '광복독립'이란 말이 오랫동
안 쓰이는 과정에서 자연스럽게 '광복'이란 두 글자만으로도 조국 또는 독
립을 영광스럽게 되찾는다는 뜻을 함축하게 되었다. 그래서 초대 국회는
'독립기념일'이란 원안의 국경일 명칭을 같은 뜻의 '광복절'로 어렵지 않게
바꾸었던 것이다.

그래서 1950년 8월 15일은 제2회 광복절이었다. 당일 전쟁 통에 대구에서 제2회 광복절 기념식이 열렸다. 대통령은 "제2회 광복절을 맞이하여"라는 제목의 기념사를 행하였다. 1951년 8월 15일 임시수도 부산에서 행해진 기념식에서도 마찬가지였다. 대통령은 "제3회 광복절을 맞이하여"라는 기념사에서 "우리가 지금 공산주의와 싸우는 것은 국민의 자유와 세계의 평화를 위해서"라고 역설하였다.

그렇지만 이미 혼란은 시작되고 있었다. 1951년 8월 15일 동아일보는 '광복절6주년'의 기념식이 부산에서 열렸다고 보도하였다. 언론과 민간은 4대 국경일이 제정된 사실도 잘 모르고 있었다. 국회가 법률을 제정하였지만 언론과 민간에 널리 홍보되지 않았다. 초창기 정부 행정의 미숙함이 그러한 혼란을 조장하였다. 언론과 민간은 광복절을 1945년 8월 15일 우리 민족이 일제의 억압에서 해방된 날을 기념하는 줄로 받아들였다. 한문 고유의 애매함, 이중성, 포괄성이 그러한 오해를 부채질 하였다. 광복이란 말을 두고 사람들은 캄캄한 암흑을 뚫고 빛이 되찾아 왔다는 식으로 받아들였다.

임시정부가 조직한 광복군의 명칭도 같은 역할을 하였다. 광복군은 조국을 되찾기 위해 일제에 맞서 싸운 독립투사들로서 1945년 8월 15일 일제의 패망과 함께 개선한 군대처럼 여겨졌다. 당시의 미군정은 임시정부와 광복군의 존재를 인정하지 않았으며, 그로 인해 그들은 개인자격으로 환국할 수밖에 없었다. 그렇지만 이후 독립국가가 생겨나자 사람들은 점차 광복군이 개선한 군대였다는 주관적인 소망을 담은 기억을 만들어내기 시작하였다. 그 밑바닥에는 한국인들이 널리 공유한 반일 민족주의의 집단정서가 강하게 자리 잡고 있었다.

이 같은 전후 사정에서 광복절은 어느덧 1945년 8월 15일의 해방을 기리는 국경일로 정착되어 갔다. 대개 1954년 이후가 되면 정부도 언론도 민간도 광복절을 해방절로 이해하고 경축하였다. 예컨대 1955년 8월 15일의 서울신문을 보면 "오늘은 민족의 성전(聖典)으로서 광복10주년기념일이며 정부수립7주년기념일이다"라고 하였다. 광복절이 당초 1948년 8월 15일 대한민국의 독립을 경축하는 독립기념일로 제정된 사실은 잊혀진 상태였다. 그런 가운데서도 1950년대까지는 광복절을 맞아 이 날에 정부가 수립되었다는 사실을 놓치지는 않았다. 독립을 이끌어낸 이승만 대통령의 시대였기 때문이다. 그렇지만 이승만정부가 무너진 1960년 이후에는 그 기억마저 잊히고 말았다. 광복절은 순전히 해방절의 의미로서만 경축되었다.

돌이켜 보면 당초 독립기념일을 광복절로 명칭 변경한 것은 본의 아니게 후대의 한국인들이 그의 진정한 독립기념일을 잊는 부작용을 빚어냈다. 그 배경에는 자유 이념에 입각한 독립국가의 건설에 대한 기억보다 일제의 억압으로부터 해방된 기쁨에 대한 기억이 보다 강렬하였던 반일 민족주의의 작용이 있었다. 남북의 분단이 이루어진 것도 또 다른 배경을 이루었다. 통일독립이 아니면 진정한 독립이라고 할 수 없다고 했던 김구의 말이 그 좋은 예이다. 그의 비극적인 죽음을 추모하는 한국인의 민족주의는 통일에 대한 염원과 더불어 대한민국의 독립을 폄하하는 집단정서로 작용하였다. 앞서 지적한대로 대한민국은 초창기부터 상처투성이의 나라로 출발하였다.

2 | 6·25전쟁

북한의 남침 의지

1948년 9월 조선민주주의인민공화국이 성립한 후 김일성은 '국토완정'(國土完整)을 주장하기 시작하였다. 이 말은 원래 중국의 내전에서 중국공산당이 사용했던 용어로서 "일국의 영토를 단일의 주권으로 완전하게 통일하는 것"을 말한다. 김일성은 1949년의 신년사에서 국토완정이란 용어를 13회나 사용하면서 무력으로 남한을 통일할 의지를 강하게 드러냈다. 김일성은 1949년 초에 이미 소련의 스탈린에게 남침할 의지를 밝혔다.

3월 김일성과 박헌영은 비밀리에 모스크바를 방문하여 스탈린과 경세협력 능에 관해 회담하였다. 그 자리에서 김일성은 무력 통일에 대한 스탈린의 의견을 물었다. 그에 대해 스탈린은 북한군이 한국군에 대해 우위를 확보하지 못했으며, 미국군이 아직 주둔하고 있다는 점을 들어 남침은 안 된다고 대답하였다. 대신 스탈린은 북한군의 장비를 지원할 것을 약속하였다. 그에 따라 북한은 1949년 소련으로부터 소총 1만 5,000정, 각종 포 139문, T-34 전차 87대, 항공기 94대 등을 지원받았다. 이로써 북한군은 국군에 비해 더욱 월등한 군사력을 보유하게 되었다.

그런데 김일성이 모스크바를 다녀온지 불과 한 달 뒤에 중국에서 중국공산당의 군대가 양자강을 건너 장개석(蔣介石) 국민당정부의 근거지인 남경을 함락시키는 사태가 발생하였다. 미국은 끝내 국민당정부를 구원하려 출병하지 않았다. 이 같은 중국의 사태는 북한의 김일성과 박헌영을 일층 고무시켰다. 4월 말 북한 인민군의 김일(金一)이 중국을 방문하여 모택동(毛澤東)을 만났다. 그는 북한의 남침 방안과 3월 스탈린과 김일성의 회담 내용을 모택동에게 알렸다. 그에 대해 모택동은 국제정세가 아직 북한에 유리하지 않고 중공군(中共軍)이 내전 중이므로 남침을 당분간 보류하라고 권하였다. 그 대신 모택동은 중공군의 한국인 사단 가운데 2개 사단을 북한군에 편입시켜 주겠다고 약속하였다.

1949년 6월 말 미국군은 500명 정도의 군사고문단을 남기고 남한에서 철수하였다. 7~8월에는 모택동의 약속대로 중공군의 한국인 2개 사단이 북한군으로 넘겨져 제5, 6사단으로 편제되었다. 한층 기세가 오른 김일성과 박헌영은 8월 북한 주재 소련대사를 통해 다시 스탈린에게 남침을 허락해 달라고 요청하였다. 그에 대해 스탈린은 여전히 북한의 군사력이 단기간에 전쟁을 끝낼 수 있을 정도는 아니라고 하면서 거부하였다. 그 대신 스탈린은 남한에서의 빨치산 투쟁을 강화함과 동시에 북한군의 전력을 더

1949년 3월 부수상 박헌영, 홍명희와 함께 스탈린을 만나기 위해 크레믈린궁에 들어서는 김일성.

욱 증강하라고 지시하였다.

곧이어 9월 소련은 원자폭탄의 개발에 성공하였다. 10월 1일에는 모택동의 중국공산당이 내전에서 최종 승리하여 중화인민공화국의 건국을 선포하였다. 북한의 지도부는 더 없이 흥분하였다. 1950년 1월 김일성은 다시 스탈린에게 "이승만이 공격해 오길 기다렸는데 그러질 않아서 남한 해방이 지연되고 있으므로 북한의 공격 행동에 대한 지시와 허가를 원한다"는 뜻을 전하였다. 그렇지만 스탈린은 이번에도 북한의 남침에 동의하지 않았다. 그는 김일성에게 자신은 도울 준비가 되어 있으나 남침은 매우 심각한 문제이므로 더욱 철저히 준비해야 한다고 지시하였다. 1950년 4월에는 중공군의 한국인 1개 사단이 추가로 북한군에 편입되었다.

소련의 남침 승인과 작전계획

　김일성은 스탈린의 지시대로 북한군의 전력 증강에 박차를 가하였다. 1950년 4월 김일성과 박헌영은 다시 모스크바를 비밀리에 방문하여 스탈린과 협의하였다. 4월 10일의 회담에서 스탈린은 비로소 "국제환경이 유리하게 변하고 있다"고 하면서 북한의 남침을 허락하였다. 스탈린은 이 문제에 관해 중국의 모택동과 협의하고 그의 동의를 얻으라고 지시하였다. 스탈린이 언급한 국제환경의 유리한 변화는 중국에서 공산당의 승리를 막지 못한 미국이 훨씬 덜 중요한 한국을 위해 싸우지는 않을 것임을 말하였다. 즉 스탈린은 미국이 개입하지 않을 것으로 판단하고 김일성의 남침을 최종 승인하였다.

　5월 김일성과 박헌영은 북경으로 건너가 모택동을 방문하였다. 김일성이 스탈린과의 회담 결과를 설명하자 모택동은 스탈린에게 확인을 요청하였다. 그에 대해 스탈린은 "통일에 착수하자는 조선 사람들의 제창에 동의"하며 "중국과 조선이 공동으로 결정하라"고 권하였다. 모택동과 중국의 지도부는 북한의 남침을 지원하기보다는 국민당정부가 건너가 있는 대만을 공격하기를 원했으나 스탈린의 결정에 반대할 입장이 아니었다.

　이렇게 북한의 발의와 스탈린의 승인과 중국의 참여로 남침을 위한 국제적 동맹이 맺어졌다. 북한의 김일성이 남침을 수차에 걸쳐 발의하였기 때문에 마치 김일성이 전쟁의 기획자요 주연이며 소련은 후원자 정도인 것처럼 보이지만, 사실은 전혀 그렇지 않았다. 스탈린이야말로 실질적인 기획자요 주연이었다. 그가 김일성의 남침 계획을 1950년 1월까지도 부적절하다고 본 것은 미국의 개입 가능성 때문이었다. 스탈린이 김일성의 계획을 승인한 것은 중국의 사태를 보아 미국이 개입하지 않으리라는 판단이 섰기 때문이었다. 스탈린이 구사한 세계전략의 장기판에서 김일성은 하나의 졸(卒)에 지나지 않았다.

북한은 5월 29일까지 남침 공격의 작전계획을 완성하였다. 소련 군사고문이 작전계획을 작성하였으며 북한군 참모부는 그것을 번역하고 손질하는 정도였다. 김일성은 6월 16일 북한 주재 소련대사를 통해 스탈린의 최종 동의를 얻은 후 남침 일자를 6월 25일로 정하였다. 작전계획은 혹 미국이 구원군을 보내더라도 한반도에 상륙하기 전에 전쟁을 종결하여 8월 15일까지 서울에 통일 인민정부를 수립함을 목표로 하였다.

남침 공격은 3단계로 계획되었다. 제1단계는 북한군이 전쟁 개시 2일차에 서울을 점령하고 5일 안에 수원-원주-삼척을 잇는 선까지 진출하는 것이었다. 제2단계는 이후 14일 안에 군산-대구-포항을 잇는 선까지, 제3단계는 이후 10여일 안에 남해안까지 진출하는 것이었다. 이처럼 소련 군사고문단과 북한군 참모부는 매우 단기간에 전쟁을 끝낼 구상이었다. 그들은 서울 점령은 식은 죽 먹기이고, 서울만 점령하면 남한 각지에서 20만 남로당 당원이 봉기하여 상황이 끝난다고 보았다. 제2차 세계대전에서 베를린 함락 작전으로 독일의 항복을 받은 경험이 있는 소련 군사고문단은 서울이 함락되면 대한민국은 더 이상 저항하지 못할 것으로 보았다. 그래서 그들의 작전계획도 서울 점령에만 중점을 두었고, 이후 단계의 작전에 관해서는 구체적인 계획을 수립하지 않았다. 그들은 동계 작전을 구상하지 않았으며, 보급체계에도 그다지 신경 쓰지 않아 병사들에게 경장(輕裝)을 지시하였다.

6·25 남침

1950년 6월 25일 새벽 4시를 기하여 북한군은 남침을 개시하였다. 북한군은 서쪽의 옹진반도로부터 개성, 화천을 거쳐 동쪽의 주문진에 이르는 38선 전역에서 야포와 박격포의 포격을 20~40분간 가한 후 보병을 기세 좋게 돌격시켰다. 동해안의 정동진과 임원진에는 육전대와 유격대가 상륙하였다. 북한정권은 이를 남한의 북침에 대한 반격이라고 선전하였다. 6월 25일 오전 11시경 평양방송은 "인민군은 자위조치로서 반격을 가하여 정의의 전쟁을 시작하였다"라고 보도하였다. 이것은 순전한 날조였다. 6·25 직전 국군의 작전명령서 어디에도 임박한 공격을 위한 준비에 관한 언급이 없다. 반면 이후 노획된 북한군의 문서에는 남침을 위한 준비, 정찰, 이동에 관한 지시가 수도 없이 나온다.

국군은 북한군의 공격을 예상하지 못하였다. 국군의 방어태세는 마치 남침을 유도하기라도 한 듯이 허술하였다. 남침 15일 전인 6월 10일 단행된 인사이동으로 전방의 사단장과 육군본부의 지휘부 대부분이 교체되어 그들은 자기 부대의 실태조차 파악하지 못한 상태였다. 북한군이 38선으로 집결하는 등, 이상(異狀) 동향이 계속 보고되는데도 그간 유지하던 비상경계를 6월 24일에 해제하였다. 병사들의 3분의 1가량은 휴가와 외출을 떠났으며, 차량과 총포 등 장비의 3분의 1이 정비와 수리를 위해 병기창에 보내져 있었다. 또한 24일 저녁 서울 육군회관의 낙성식에는 전후방의 지휘관들이 많이 참석하여 새벽까지 술을 마셨으며, 일부는 부대에 복귀하지 못하였다. 국군 지휘부는 몽롱한 숙취 상태에서 적의 공격을 맞았다.

이승만 대통령은 북한의 남침 소식을 듣고 당일 오전 주한 미국대사

맥아더 원수가 콜린스 미 육참총장으로부터 유엔군 부대
지휘관에게 주는 부대기를 받고 있다. 1950. 7. 15

무초를 만났다. 무기와 탄약의 지원을 요청한 이승만은 놀라운 발언을 한
다. "자신은 한국을 제2의 사라예보로 만드는 것을 피하려고 노력해 왔으
나, 현재의 위기가 한국 문제를 해결하기 위한 최선의 기회를 제공해 준 것
인지도 모른다"는 것이었다. 사라예보란 1914년 6월 28일 오스트리아 황
태자 부부가 세르비아 청년에게 암살당하여 제1차 세계대전의 발화점이
된 곳이다. 그의 말뜻은 북한의 남침을 기화로 하여 세계의 자유진영이 공
산진영과 전면 대결을 벌이고, 그를 통해 한국의 통일을 이룩하고 싶다
는 것이었다. 그는 북한의 기습을 통일의 절대적 호기로 받아들였다. 이는
1949년의 김일성이 무력 통일을 위해 남한의 북진 공격을 기다린 것과 같
았다. 따라서 이승만에게는 전쟁 초기의 전황은 그리 중요하지 않았다. 워
싱턴의 트루먼 대통령과 도쿄의 맥아더 사령관을 움직여 이번 기회에 북
한의 공산주의자들을 쓸어내는 일이 중요하였다. 전쟁이 발발한 후 미국이

6·25남침 4일만에 서울 시내로 행진해 들어오는 북한군.

곧바로 참전하였으니 이승만의 기대는 정확했다.

　남침을 개시한 북한군의 병력과 장비는 소련과 중국의 몇 차례에 걸친 지원으로 국군에 비해 월등하였다. 탱크를 앞세운 북한군의 남침에 국군은 용감하게 저항하였다. 북한군은 전쟁 개시 2일 차에 서울을 점령할 계획이었지만 국군의 조직적인 저항으로 저지되었다. 북한군의 압도적 공세로 서울이 함락되는 것은 전쟁 개시 4일차였다. 이후 미국대사 무초는 "한국군의 조직적인 저항과 전선의 폭우가 한국을 구했다"고 말하였다.

　예상치 못한 서울 함락에 임박하여 정부가 보인 태세는 지리멸렬(支離滅裂) 그 자체였다. 국방부 장관이 서울의 함락을 알리는 것은 27일 새벽

2시의 일이었다. 황급하게 소집된 각료들의 국무회의는 서울의 사수냐 후퇴냐를 논란한 끝에 수원으로 수도를 옮길 것을 결정하고 폐회하였다. 국무회의는 서울 시민의 피난 대책은 논의하지 않았다. 비슷한 시각에 열린 국회에서는 수도의 사수를 결정하였다. 그렇지만 그 시각에 대통령은 이미 서울을 떠나고 없었다. 대통령은 적의 탱크가 이미 서울에 진입했다는 거짓 보고에 놀라 부인과 경호원 5명을 대동하고 새벽 3시 30분 서울역을 떠났다. 뒤늦게 이를 안 정부의 각료와 정치인들은 다투어 서울을 빠져 나갔다. 정부는 이를 숨기고 시민들에게 수도의 사수라는 결전 의지를 거듭 밝혔다. 27일 하루의 대혼란 속에서 시민 144만 가운데 40만이 서울을 빠져 나갔다. 그 가운데 대략 8할이 월남한 동포들이고, 나머지 2할은 고위 각료와 정치인, 관리, 군인, 경찰의 가족들이었다. 나머지 보통의 시민들은 어리둥절 하는 사이에 서울에 갇히고 말았다.

북한군의 탱크가 서울에 진입한 것은 28일 새벽이었다. 전황으로 보아 정부가 서울의 함락을 시민들에게 알리고 체계적으로 피난을 유도할 시간은 충분하였다. 그럼에도 대통령 이하 정부의 각료와 정치인들은 무책임하게 시민을 방기하고 서둘러 서울을 탈출하였다. 게다가 군은 아무 예고도 없이 28일 새벽 한강대교를 폭파하여 피난길에 오른 시민 약 800여 명이 폭사하거나 추락하여 죽는 참극을 빚었다. 전쟁 초기 대통령과 정부가 보여준 무책임한 행동은 국민들의 마음에 상처로 남았다.

한편, 북한군은 서울을 점령한 뒤 주춤하였다. 자축의 분위기에 젖었던 것이 그 한 가지 이유였다. 전쟁의 조속한 승리를 너무 낙관한 나머지 병참 준비를 제대로 하지 않아 북으로부터 보급을 기다려야 했던 것이 또 하나의 이유였다. 한강 이남의 각지에서 남로당 20만 당원이 봉기하기를 기다렸다는 설도 있다. 북한군이 서울에서 머뭇하는 사이 국군은 전열을 재정비할 수 있었다. 국군은 패퇴하였지만 붕괴하지 않았다. 미국대사 무초는 유엔위원단에 출두하여 "대한민국 군대는 방위 불가능한 지역을 포기하고 미리 준비된 방위지점으로 철수하는 중"이라 하였다. 국군은 이미 6·25전쟁 5개월 전에 전쟁이 발발하여 상황이 여의치 않으면 임진강, 한강, 대전, 낙동강까지 순차적으로 후퇴하며 지연작전을 편다는 계획을 갖고 있었다. 국군은 서울을 포기한 후 한강을 경계선으로 전열을 정비하여 북한군의 전진을 완강하게 저지하였다. 중국 내전에서처럼 사단 병력이 통째로 적에 투항하는 일은 없었다. 전국에서 빨치산과 남로당원이 봉기하여 남하하는 정부와 국군을 공격하는 일도 없었다. 1949년에 걸쳐 정부가 행한 숙군사업과 좌익세력의 단속이 전쟁 초기 대한민국이 붕괴하는 사태를 예방할 수 있었다.

미국의 참전

6·25전쟁이 발발하자 미국정부는 즉각적으로 개입하였다. 트루먼 대통령은 38선 전역에서 공산군이 남침하였다는 전화 보고를 받고서 "우리들은 무슨 수를 써서라도 그 □□□들을(the sons of bitches) 막아야 한다"고 소리쳤다. 그는 자유민주주의에 대해 순박한 신념을 가진 인물이었다. 그의 그 한 마디가 풍전등화(風前燈火)의 위기에 처한 대한민국을 구하였다. 6월 29일 도쿄의 연합군사령관 맥아더는 비행기로 한강 남안의 전선을 시찰하고 수원에서 이승만 대통령을 만났다. 당일 일본의 기지를 발진한

미 폭격기 18대가 평양을 공습하여 북한군 비행기 26대를 파괴하였다.

미국정부는 한국 문제를 유엔으로 가져갔다. 6월 25일 유엔의 안전보장이사회는(안보리) 북한군에게 "적대 행위를 즉각 중지할 것과 38선 이북으로 철수할 것"을 요구하였다. 북한이 그의 권고를 무시하자 안보리는 6월 28일 "세계평화와 한반도의 자유를 보장하기 위해 공동 행동"하기로 결의하였다. 유엔이 최초로 국제적 연합군을 조직하여 공동의 적을 격퇴하겠다는 뜻이었다. 미국이 주도한 안보리의 이 같은 대응에는 1948년 12월 대한민국이 한반도에서 주민의 자유의사에 기초해 성립한 합법적 정부로서 유일하다는 유엔총회의 결의가 주효하였다. 그에 따르면 북한의 전면 남침은 유엔의 승인을 받지 못한 비합법적 정부가 유엔이 그 합법성을 승인한 정부에 대한 무력 공격으로서 결과적으로 유엔의 권위에 대한 정면 도전이었다. 유엔은 7월 7일 유엔군사령부의 설치를 결의하였다. 유엔의 결의에 호응하여 자유진영에 속한 미국, 영국, 프랑스, 캐나다 등 16개 국가가 군대를 파견하였다. 덴마크, 노르웨이 등 5개 국가는 의료진을 파견하였다. 미국의 트루먼 대통령은 도쿄의 맥아더를 유엔군사령관에 임명하였다.

유엔 안보리가 이 같이 결의하는 몇 차례 회의에 소련은 거부권을 보유하고 있음에도 불참하였다. 1950년 8월 체코슬로바키아의 대통령 고트발트는 스탈린에게 그 이유를 물었으며, 그에 대해 스탈린은 다음과 같은 취지로 대답하였다. 첫째 안보리에서 미국이 마음대로 결정할 수 있는 기회를 제공함으로써 미국의 호전성을 국제사회에 부각시키며, 둘째 미국이 광대한 군사적 가능성을 지닌 중국과 충돌하면 그 목이 부러져 아시아에서 유리한 혁명정세가 조성될 것이며, 셋째 미국과 중국이 충돌하는 동안

한국에 처음 공수된 지상군 스미스부대 장병들이 대전역에 도착하는 모습. 1950. 7. 1

우리는 동유럽에서 공산주의체제를 굳건히 할 수 있으며, 이로써 장차 불가피한 제3차 세계대전에서 공산진영이 승리할 힘을 배양할 수 있다는 것 등이었다.

이 같이 스탈린은 당초 미국이 개입하지 않으리라고 예측하였지만, 미국이 개입할 태세를 명확히 하자 오히려 그것을 유인하는 전략을 펼쳤다. 스탈린은 미국이 개입해 주면 중국과의 충돌이 불가피하며, 그로 인해 동유럽 등 세계의 다른 지역에서 공산주의체제를 공고히 할 수 있는 시간을 벌게 되어 결과적으로 소련에게 득이 된다고 판단하였다. 이처럼 스탈린은 두 가지 가능성을 다 열어 놓고 김일성의 남침 건의를 최종 승인하였다. 요컨대 6·25전쟁은 처음부터 소련이 미국을 상대로 벌인 국제전이었다. 그가 벌인 세계를 무대로 한 체스게임에서 북한의 김일성은 물론, 중국의 모택동까지 스탈린의 의도대로 놀아났다.

　　미국은 그 같은 소련의 의도를 모르지 않았다. 그럼에도 걸어오는 싸움을 피하지 않은 것은 그것이 소련을 현 국경에서 봉쇄하겠다는 미국의 세계전략에 대한 정면 도전이었기 때문이다. 이 같은 전쟁의 국제적 성격을 간파한 또 한 사람의 정치가는 이승만 대통령이었다. 그가 북한의 남침을 기다렸다고까지 이야기할 수는 없지만, 그는 그것을 민족통일의 절대적 호기로 받아들였다. 전쟁의 초기 대응에 실패한 그였지만, 그 전쟁이 한국인에게 무엇을 의미하는지, 나아가 어떠한 기회인지에 대해 그만큼 명확히 꿰뚫었던 동 시대의 다른 지도자는 없었다. 처음 몇 달간 전쟁은 그의 기대대로 전개되는 듯이 보였다.

전선의 이동

　　국군과 유엔군은 북한군에 밀려 8월 초 낙동강전선으로까지 후퇴하여 최후의 방어선을 구축하였다. 대구로부터 마산까지 서남부에서는 유엔군이, 대구로부터 포항까지 동부에서는 국군이 북한군과 대치하면서 격렬한 공방전을 벌였다. 대구가 중요하였다. 대구가 뚫리면 북한군이 부산까지 곧바로 진격할 수 있었다. 대구 입구의 다부동에서는 매일 혈전이 되풀이 되었다. 북한군의 낙동강 도하 작전은 번번이 실패하였다. 일본 규슈에서 발진한 공군기는 북한군의 보급로를 집중 공격하였으며, 그로 인해 북한군의 보급체계는 완전히 무너졌다. 8월 하순 전세는 이미 국군과 유엔군의 우세로 돌아섰다. 북한군은 진퇴양난에 처하였다.

북한군을 낙동강전선에서 묶은 유엔군은 적의 배후를 치는 작전을 세웠다. 도쿄의 맥아더 사령부는 7월 초에 인천상륙작전을 계획하였다. 맥아더가 구상한 계획은 인천에 미 해병대를 상륙시켜 적의 배후를 차단한 다음, 낙동강전선의 유엔군이 반격을 개시하여 적을 궤멸시킨다는 것이었다. 9월 15일 새벽 인천상륙작전이 개시되었다. 미 항모부대의 함재기와 구축함이 인천 시내와 해안을 맹렬히 포격하는 가운데 미 해병대가 월미도에 상륙하여 북한군의 저항을 분쇄하고 섬을 장악하였으며, 뒤이어 치열한 시가전 끝에 인천을 점령하였다.

낙동강전선의 유엔군도 반격에 나섰다. 상륙작전의 다음날인 9월 16

1950년 9월 15일 인천상륙작전을 지휘하는 맥아더.

서울을 탈환한 국군과 유엔군이 중앙청에 태극기를 게양하고 있다. 1950. 9. 28

일에 이제껏 방어태세를 취해 온 유엔군이 공세에 나섰다. 유엔군은 공세 1주일 만에 낙동강전선의 북한군을 무찌른 다음 김천, 대전, 수원으로 진격하였다. 인천상륙작전으로 퇴로를 차단당한 북한군은 독안에 든 쥐가 되었다. 김일성은 낙동강전선의 북한군에 차례로 철수하여 금강과 소백산맥에서 새 전선을 구축하도록 지령했지만, 북한군은 전의를 상실하고 급속하게 붕괴되었다. 상부의 명령이 하급 부대로 전달되지 않을 뿐 아니라, 병사들이 대오를 이탈하고 도주하였다. 그것은 북한이 남한 점령지에서 강제로 모집한 의용군이 낙동강전선에 다수 투입되었기 때문이다. 북한군 가운데 유엔군의 포위망을 탈출하여 38선 이북으로 도주한 병력은 낙동강전선의 10만 명 가운데 3만 명에 불과하였다. 10월 하순 북한군의 가용 병력은 4개 사단에 지나지 않았다. 북한정권은 더 이상 자력으로는 전쟁을 수행할 능력을 상실하였다.

9월 28일 국군과 유엔군이 서울을 탈환하였다. 9월 29일에는 서울 수복을 기념하는 식이 중앙청 광장에서 열렸다. 90일간 적의 치하에서 고통을 겪은 시민들이 몰려나와 환호하였다. 10월 1일 국군은 38선을 넘어 북진을 개시하였다. 이후 이 날은 '국군의 날'이 되었다. 같은 날 도쿄의 맥아더 사령관은 김일성에게 무조건 항복을 권하는 방송을 하였다. 10월 7일 유엔에서는 유엔 관리 하에 전 한반도의 통일정부를 수립하도록 유엔군이 38선을 넘어 북진하는 것을 허용하는 결의안이 통과되었다. 이튿날부터 유엔군도 북진하였다.

중국의 참전

남침 후 조속한 승리를 자신하던 북한정권은 거꾸로 패망의 위기에 몰렸다. 김일성과 박헌영은 스탈린과 모택동에게 구원을 요청하였다. 10월 초 모택동은 참전을 결정하였다. 그는 주저하는 중국공산당의 지도부를 설득하면서 "입술이 없어지면 이가 시리다"(脣亡齒寒)는 논리를 내세웠다. 중국의 지배자들이 한반도를 그들의 입술 또는 팔뚝에 비유하는 것은 그 유래가 오랜 일이었다. 그 속에는 한국을 중국의 일부로 간주하는 중화사상(中華思想)이 깃들어 있었다. 소련은 미국과의 정면 대결을 두려워하여 지상 병력을 파견하지는 않았지만, 2개 항공사단을 중국 동북 지방으로 파

얼어붙은 압록강을 건너 북한으로 진입하는 중국군.

견하였다. 소련 전투기는 미국 전투기와 치열한 공중전을 벌였다. 소련군의 참전은 미소 양국에 의해 오랫동안 비밀에 붙여졌다.

　　중국군은 총사령관 팽덕회(彭德懷)의 지휘 하에 10월 19일 압록강을 건너기 시작했다. 총 18개 사단 26만여 명의 병력이었다. 이 날은 국군이 평양에 입성한 날이었다. 중국군은 북한으로 은밀히 들어왔다. 그들은 밤에만 이동하고 낮에는 산속에 숨었다. 그런 줄도 모르고 국군은 진격을 계속하여 6사단 선두 부대가 압록강의 초산까지 도달하였고, 서부의 미국군은 신의주 남쪽까지 진출하였다. 국군과 미국군이 북한 깊숙이 들어오기를 기다린 중국군은 10월 25일 일제히 공격을 개시하였다. 이틀간의 치열한 전투 끝에 미 제1기병사단은 패퇴하였다.

도쿄의 맥아더 사령관은 중국군의 군세와 작전계획을 오판하였다. 맥아더는 중국군의 병력을 8만 명 아래로 잘못 추정하였다. 중국군은 1차 공세에서 승리한 후에도 일부러 후퇴하여 긴 자루형태의 편제를 이룬 채 그 속으로 유엔군이 들어오기를 기다렸다. 맥아더는 더 많은 중국군이 오기 전에 전쟁을 끝내기 위해 유엔군에 계속적인 공격을 명하였다. 유엔군은 중국군의 2차 공세에 부딪혀 큰 손실을 입었다. 비로소 중국군이 대대적으로 개입한 사실을 알게 된 유엔군의 모든 부대는 11월 말 무질서하게 후퇴하기 시작하였다. 서부 전선의 미국군은 12월 4일 평양에서 철수하여 12월 말 38선 부근까지 밀려 내려왔다. 동부 전선의 미국군과 국군은 중국군에 퇴로가 차단되어 흥남에서 해상으로 철수하였다.

　북한군과 중국군의 연합군은 12월 31일 3차 공세를 개시하여 38선 이남으로 밀고 내려왔다. 유엔군은 1951년 1월 4일 서울을 포기하고 남으로 후퇴하였다. 유엔군은 경기도 안성까지 밀린 후 중국군의 병참선이 길게 늘어지자 1월 25일 반격에 나섰다. 중국군은 1월 말 4차 공세에 나섰으나 유엔군의 강력한 공세에 밀렸다. 유엔군은 3월 15일 서울을 탈환하고 여세를 몰아 38선을 회복하였다.

　4월 22일부터 개시된 중국군의 5차 공세는 중국군의 참전 이래 최대 병력과 장비를 투입한 마지막 공세였다. 중국군은 서울을 다시 빼앗기 위해 서·중부 전선에서 대대적 공세를 벌였지만, 유엔군의 압도적 화력에 부딪혀 많은 희생만 낸 채 저지되었다. 그러자 중국군은 상대적으로 취약한 국군의 방어지역을 집중 공격하여 춘천 서북의 방어선을 돌파하였다. 중국군은 5월 중·동부 전선의 춘천-양구-인제 방면에서 총공세를 펼쳤다. 그렇지만 국군과 유엔군은 6월 15일 문산-철원-김화-화천-간성을 잇는 전선까지 진출하였다. 특히 국군 6사단은 양평 용문산에서 화천까지 밀고 올라가 중국군 6만 2,000명을 사살하거나 포로로 잡았다. 이승만 대통령은 이를 기념해 화천저수지를 파로호(破虜湖)라 이름 붙였다.

정전 회담과 협정

1951년 4~5월 중국군의 이른바 춘계공세 이후 양측 모두에게 무력으로 상대를 굴복시킬 수 없다는 것이 분명해졌다. 전선은 교착되었으며, 휴전이 모색되었다. 미국과 소련은 막후 접촉에서 휴전에 동의하였다. 7월 10일부터 시작된 유엔군과 공산군의 휴전회담은 전쟁사상 가장 긴 협상기간을 기록하였다. 휴전회담이 개시된 후에도 전투는 소강상태에 들어가지 않았다. 양측은 휴전회담에서 주도권을 장악하기 위해 상대의 후방 도시를 폭격하거나 취약한 진지를 공격하였다. 휴전회담도 중지와 재개를 거듭하였다.

양측은 군사분계선, 정전 후의 평화회의, 정전 실현을 위한 구체적 방안 등에 관해 1952년 3월까지 순차로 합의하였다. 군사분계선은 전쟁 전의 38선이 아니라 정전 시의 접촉선으로 결정되었다. 그렇지만 포로 교환의 문제만큼은 쉽게 합의되지 않았다. 제네바협정에 의하면 포로는 신속히 송환되어야 했지만, 미국의 트루먼 대통령은 자유를 찾아 송환을 거부하는 포로들을 돌려보내려 하지 않았다. 이에 유엔군이 희망자만의 송환이라는 안을 내자 중국과 북한은 거부하였다. 유엔군은 압박수단으로 북한에 대한 폭격을 강화하였다. 양측의 팽팽한 대립으로 9월 말 이후 휴전회담은 중지되었다.

1953년 초 회담이 재개될 분위기가 조성되었다. 그 해 1월 미국에서 조속한 휴전을 선거공약으로 내건 아이젠하워가 대통령에 취임하였다. 1952년 말 스탈린 역시 평화공존을 이야기하면서 전쟁을 빨리 끝내고 싶어 했다. 중국도 전쟁을 계속할 능력을 거의 소진하였다. 2월 하순 유엔군이 부상 포로의 즉시 교환을 제의하였다. 그에 호응하여 3월 말 중국은 소련과 협의하여 송환을 바라지 않은 포로를 중립국에 인도하자는 양보안을 제시하였다. 이에 회담이 재개되었다.

이때부터 정전 반대를 위한 이승만 대통령의 움직임이 본격화하였다. 그는 정전회담에서 한국 대표를 철수시켰다. 그는 미국이 정전협정을 체결하면 유엔군사령관으로부터 국군의 지휘권을 되찾아 국군만으로도 전쟁을 계속하겠다고 위협하였다. 정전 반대를 외치는 시위대가 부산의 미 대사관에 난입한 일도 있었다. 이에 주한 미8군은 미 국무부의 승인 하에 이승만을 제거하기 위한 쿠데타를 계획하기까지 하였다.

이승만의 저항에도 불구하고 6월 8일 유엔군과 공산군은 송환을 원하지 않은 포로를 중립국송환위원회로 넘긴다는 안에 서명하였다. 이에 이승만은 6월 18일 거제도를 비롯하여 각지의 포로수용소에 있는 반공포로 2만 7,000여 명을 전격적으로 석방시켰다. 전 세계가 이승만의 조치에 경악하였다. 미국은 이로 인해 정전회담이 깨질까 우려했으나 공산군은 국군에 대한 마지막 공격으로 보복하였다. 중국군은 7월 13일 중부전선의 금성에 대규모 공격을 가하였다. 1주일 만에 전투가 끝났지만 178㎢의 영토를 놓고 벌인 전투에서 쌍방은 각기 3만 명의 사상자를 냈다. 최후까지 한 치

반공포로 석방. 1953. 6. 18

의 땅도 거저 얻은 것이 없었다. 양측은 이 전투 후의 경계선에서 정전하기로 합의하였다.

이윽고 1953년 7월 27일 오전 10시 판문점에서 유엔군 대표와 북한군·중국군 대표가 정전협정에 서명하였다. 정전에 반대한 한국정부는 협정에 서명하지 않았다. 그와 동시에 전 전선에서 포성이 멎었다. 북한이 남침한지 37개월, 정전회담이 개시된지 25개월 만이었다. 쌍방은 협정에 따라 군사분계선과 비무장지대를 설치하였다. 포로 교환도 진행되었다. 유엔군 포로는 총 1만 3,457명이 남으로 귀환하였으며, 북한군·중국군 포로는 총 8만 2,493명이 북으로 인도되었다. 송환을 원하지 않아 유엔군이 중립국송환위원회에 넘긴 북한군·중국군 포로는 2만 2,604명이었으며, 공산군이 넘긴 유엔군 포로는 359명이었다. 이들은 90일간의 조사와 설득을 거쳐 귀환하거나 전향하거나 중립국 인도로 이송되었다.

한미군사동맹의 체결

이승만 대통령은 정전협정을 막기 위해 투쟁하였다. 그에게 6·25전쟁은 세계의 자유진영과 공산진영이 대결한 국제전으로서 자유진영이 공산진영을 무찔러 한국의 통일을 이룰 수 있는 기회였다. 그에게서 정전협정은 언제 다시 찾아올지 모를 통일의 기회가 사라짐을 의미하였다. 그는 미국에게 전쟁을 계속할 것을 요구하였고, 아니면 한국만이라도 끝까지 싸우겠다고 위협하였다. 물론 그는 몽상가는 아니었다. 그에게 있어서 최악의 사태는 미국이 한국의 안보와 재건에 대해 어떠한 보장도 없이 전쟁을 끝내고 철수하는 것이었다. 그의 투쟁은 전쟁 후 한국의 안보와 재건에 대한 미국의 약속을 겨냥한 것이었다.

미국에게는 그러한 의향이 없거나 약하였다. 미 국방부의 태평양방위선은 여전히 일본-오키나와-필리핀으로 그어져 있었으며, 한국의 군사전략적 가치는 낮게 평가되었다. 이승만의 끈질긴 투쟁은 미국의 한국 정책을 조금씩 바꾸어 갔다. 그는 미국을 쥐고 흔들었다. 그는 시위대가 미 대사관에 난입하는 사태를 방조하였고, 국군의 지휘권을 회수하겠다고 협박도 하였다. 그는 그로 인해 자신이 제거될 위험도 감수하였다.

이윽고 미국은 입에 칼을 물고 뜀뛰기를 하는 것과 같은 이승만의 반발을 누르기 위해 한국의 안보를 보장하는 쪽으로 방향을 틀었다. 1953년 6월 8일 유엔군과 공산측이 포로 문제에 관해 합의한 뒤 아이젠하워 대통

덜레스 미 국무장관과 변영태 외무장관이 워싱턴에서 한미상호방위조약에 서명하고 있다. 1953. 10. 1

령은 정전 후 한국과 상호방위조약의 체결을 위해 노력하겠다고 약속하였다. 이승만은 더 확실한 약속을 원하였다. 그리하여 반공포로의 석방이라는 최강수를 두었다. 경악한 미국이 한국에서의 철수를 들고 나오자 이번에는 이승만이 유화적인 태도를 취하였다. 이승만은 정전협정에 일체 서명하지 않겠지만, 유엔군의 정전 결정을 따르겠다고 하였다. 단, 정전에 앞서 상호방위조약을 체결하며, 정전 후의 평화를 위한 정치회담이 결렬될 경우 즉각 전투를 재개한다는 조건부였다.

결국 이승만의 끈질긴 투쟁은 미국으로 하여금 한국의 전략적 가치를 재평가하게 만들었다. 미 군부는 입장을 바꾸었다. 미 군부는 6월 말 강력한 지원으로 한국을 부흥시켜 자유진영의 모델로 만들자는 의견서를 채택하였다. 이승만을 설득하러 온 미 대통령의 특사는 이승만에게 압도되었다. 그는 이승만이 "나라 전체를 공산주의와 싸울 결의와 의지에 눈뜨게 하였고", 그의 군대는 "아시아에서 가장 강력한 반공군대"로서 잃어서는 안 된다고 보고하였다. 7월 초 미국은 상호방위조약에 대한 의회의 비준을 확신할 수 있다고 이승만을 안심시켰으며, 이승만도 한 발 물러서서 정치회담이 결렬하면 전투를 재개한다는 요구 조건을 철회하였다.

1953년 10월 1일 한미상호방위조약이 미국 워싱턴에서 양국 대표에 의해 조인되었다. 동 조약은 한국과 미국 어느 한 나라는 다른 나라가 무력 공격을 받을 경우 공통의 위험에 대처하기 위해 상호 협의하고 원조한다고 선언하였다. 또한 상호 합의에 기초하여 미국의 육·해·공군을 한국의 영토와 그 주변에 배치한다고 하였다. 동 조약은 한국이 침략을 받을 경우 미국이 자동으로 개입함을 보장하지는 않았다. 그에 대해 미국정부는 한국에 주둔하는 미국군 2개 사단을 서울과 휴전선 사이에 배치함으로써 그에 대한 한국의 우려를 불식시켰다.

이승만 대통령은 조약의 체결에 앞서 다음과 같은 성명을 발표하였다. "한미상호방위조약이 성립됨으로써 우리는 앞으로 여러 세대에 걸쳐 많은 혜택을 받게 될 것이다. 이 조약이 있기 때문에 우리는 앞으로 번영을 누릴 것이다. 한국과 미국의 이번 공동조치는 외부 침략으로부터 우리를 보호함으로써 우리의 안보를 확보해 줄 것이다." 이후의 역사는 그의 예언이 틀리지 않았음을 보여주었다.

전쟁의 피해

6·25전쟁은 한국 국민이 미국을 비롯한 자유진영의 도움을 받아 한국

을 공산진영으로 편입시키려는 소련을 중심으로 하는 국제 공산주의세력으로부터 그들의 자유와 재산을 지켜낸 전쟁이었다. 전쟁은 한국·미국과 북한·중국·소련이 극한적으로 대결한 국제전으로 전개되었다. 좁은 국토에서 세 차례나 전선이 크게 이동하였으며, 그 과정에서 수많은 인적, 물적 피해가 발생하였다. 한국정부의 발표에 따르면 국군의 사망·부상·행방불명자는 모두 98만 7,000명이나 되었다. 미국군이 중심이 된 유엔군의 피해도 15만 1,000명에 달하였다. 민간인의 피해는 사망·부상·행방불명을 포함하여 총 80만 4,600명이었다. 북한군·중국군의 피해도 이에 못지않았다.

물적 피해도 엄청났다. 주요 제조업의 시설은 40% 이상의 피해를 입었다. 특히 섬유공업의 피해가 커서 시설의 60% 이상이 파괴되었다. 피해내역을 보면 건물이 45%, 시설이 20%이며, 지역별로는 서울과 경기가 전체 피해의 53%를 차지하였다. 종업원 5인 이상의 제조업체는 1949년 3월 총 5,147개였으나 휴전 직후인 1953년 9월에는 2,474개로 감소해 있었다. 전쟁 이후 한국정부의 종합적 조사에 의하면 전쟁의 물적 피해는 총 4,106억 환(圜)으로서 대략 30억 달러에 달했다. 이는 1953년 한 해의 국민소득과 거의 맞먹는 크기였다. 산업시설의 파괴로 실업자가 급증하였다. 1952년 말까지 북한에서 내려온 피난민은 총 69만 명에 달하였으며, 이로 인해 실업난은 가중되었다. 1952년 말 실업자는 126만 명으로서 노동력 인구의 15%나 되었다. 거리에는 부모를 잃은 고아, 남편을 잃은 과부, 돌아온 상이용사, 직장을 구하는 실업자로 넘쳐 났다.

양측이 극한으로 대립한 전쟁은 사람들의 마음에 보이지 않는 깊은 상처를 남겼다. 전쟁은 인간의 내면에 잠재해 있는 야만적 폭력성을 여지

없이 드러냈다. 전쟁 초기 북한군의 기습 남침을 받아 퇴각하던 일부 지역의 경찰은 남로당을 비롯한 좌익단체에 가입하였다가 전향한 뒤 국민보도연맹에 가입한 사람들을 학살하였다. 1952년 2월에는 빨치산을 토벌 중이던 국군이 경남 거창군 신원면에서 빨치산과 내통했다는 이유로 719명을 학살하는 사건이 발생하였다. 북한군은 점령지에서 인민재판을 통해 지주, 공무원, 군인, 종교인과 그의 가족을 인민의 적으로 몰아 살해하였다. 인천 상륙작전 이후 후퇴하던 북한군은 대전교도소에서 6,000명, 전주교도소에서 1,000명의 민간인을 학살하였다. 패퇴 중인 북한군은 북한의 함흥에서도 적대적으로 간주된 민간인을 수천 명 살해하였다.

1952년 『대한민국통계연감』은 전쟁 중에 살해된 민간인이 12만 2,799명이라고 하였다. 그와 별도로 공보처 통계국은 북한군과 빨치산에 의해 살해된 공무원과 민간인을 조사하여 『6·25사변피살자명부』를 작성하였다. 여기에 실린 피살자는 도합 5만 9,964명이었다. 전남이 그 73%의 다수를 차지하였는데, 그 가운데서도 영광·나주·장성·함평·고창에서의 피해가 컸다. 이 지역에서 대량의 민간인 피해가 생긴 것은 인천상륙작전으로 퇴로가 막힌 북한군이 이 지역의 산간으로 숨어들어 빨치산 활동을 하였기 때문이다. 그로 인해 이들 지역은 낮에는 대한민국의 군경이, 밤이면 북한군이 지배하는 세상이 되었다. 양측 어느 편 할 것 없이 그들은 중간에 끼인 민간인의 협력을 강요했으며, 울며 겨자 먹기로 협력을 제공한 민간인은 다른 편의 군인에 의해 학살되었다.

전쟁 중에 총을 잡은 사람들이 자기를 방어할 능력이 없는 민간인을, 그것도 여인과 어린아이까지를 학살한 것은, 당시 피아를 막론하고 한국인들이 인간의 생명을 얼마나 경시하였는지를 잘 이야기해 주고 있다. 게다가 전쟁 중에 북한은 8만 2,959명의 대한민국 국민을 북으로 납치하였다. 이들의 귀환 문제는 정전 회담의 과정에서 제기조차 되지 않았다. 국가는 어떠한 경우에도 그의 국민을 보호해야 하며 납치된 자를 데려오지 않으면 안 된다는 당위적 명제는 아직 성립해 있지 않았다. 불과 40년 전까지만 해도 조선왕조의 신민(臣民)이었던 한국인들에게 국가의 근본적 가치로서 자유와 인권이 성숙한 정치의식으로 자리 잡기 위해서는 이후에도 많은 세월이 소요되었다.

국민 형성의 촉진

전쟁의 비극은 한국인들로 하여금 그가 대한민국의 국민임을 자각하고 국가에 대한 애국심을 갖게 하는 계기로 작용하였다. 전쟁 과정에서 수많은 북한 동포가 공산주의체제의 억압을 피하여 남으로 내려왔다. 월남 동포의 긴 행렬은 그 자체로 인간 자유의 소중함을 말해 주었다. 3개월간 북한의 점령 하에서 생활해 본 남한의 주민은 북한체제의 모순과 억압성을 생생하게 경험하였다. 우선, 북한정부가 실시한 선거를 겪으면서 그들의 민주주의가 허울뿐임을 깨달았다. 1950년 7월 중순부터 남한 점령지에서 인민위원의 선거가 실시되었다. 선거는 찬성과 반대의 흑백 투표함에 투표지를 넣거나 대중집회에서 손을 들어 찬반을 표시하는 완전한 공개투표였다. 선거에 의해 선출된 인민위원의 96% 이상은 공산주의자들에 의해 미리 내정된 사람들이었다. 이미 두 차례의 비밀투표를 경험한 대한민국 국민에게 그것은 그야말로 엉터리 선거였다.

또한 북한정부는 남한 각지를 점령한 후 토지개혁을 실시하였다. 그렇지만 이미 대한민국의 농지개혁이 실시된 뒤라 실속이 없이 성가시기만 한 것이었다. 충북 보은군의 사례를 보면 2,600정보에 불과한 소규모의 토지가 분배되었는데, 그것도 대부분 자작농으로부터 몰수한 토지였다. 자작농이 무언가의 사유로 직접 농사를 짓지 못하고 남에게 소규모 소작을 준 것을 빼앗아 빈농에게 분배한 것이 남한 점령지에서 실시된 토지개혁의 실상이었다.

게다가 현물세 징수의 가혹함은 몸서리 칠 정도였다. 북한정부는 벼는 수확량의 27%를, 밭작물은 23%를 현물세로 징수하였다. 그들은 경작지마다 토지 1평당 작물 포기 수, 포기 당 이삭 수, 이삭 당 곡식알의 수를 일일이 헤아려 수확량을 판정하였다. 미국군에 의해 노획된 북한 문서 중에는 당시 경기도 부천군의 한 마을에서 수확량을 판정한 기록이 있다. 그에 의하면 지번이 다른 31개 경지에서 평당 작물의 포기 수, 포기당 이삭 수 등의 값이 각기 달랐다. 이는 매 지번마다 직접 곡식알을 헤아려 수확량을 판정했음을 말해준다. 일제 하에서도 겪어보지 못한 지독한 수탈이었다.

북한정부는 무단으로 점령지 주민의 인신과 재산을 전쟁에 동원하였다. 북한은 1950년 7월 1일 전체 인민에 대한 전시동원을 선포하였다. 이후 전국적으로 18~36세의 남자를 인민의용군으로 강제 동원하였다. 남한 점령지에서도 마찬가지였다. 예컨대 경기도 시흥군에서는 남자인구 총 6,591명 중 3,050명이 의용군으로 강제 동원되었다. 이는 18~36세 남자의 거의 전원이었다. 이렇게 강제 동원된 남한의 청년은 대략 20만에 달하였다. 이

북한군은 남한의 많은 정치인, 종교인, 학자, 공무원들을 죽이거나 강제 납치했다.

들의 다수는 낙동강전선에 투입되었다. 낙동강전선의 북한군 병력 중 약 3분의 1이 의용군이었다. 낙동강 도하 작전에 내몰린 이들은 유엔군의 포격에 속절없이 죽어갔다.

　북한정부가 남한 주민에게 행한 사상교육과 인민재판도 사람들을 질리게 만들었다. 점령지에서는 각종 보고회, 토론회, 열성자 궐기대회, 증산경쟁운동 등 이루 열거하기 힘들만큼 많은 집회가 열렸다. 점령지의 주민들은 거의 매일 열리다시피 하는 집회에 참여해야 하였다. 교육 내용은 북한체제의 우월성을 강조하고 대한민국정부와 미국군의 죄악상을 비난하는 상투적인 것으로 가득 찼다. 또한 그들은 지주와 공무원 등을 친일파나 민족반역자로 몰아 인민재판에 부쳐 살해하였다. 인민재판에서는 법적 절차와 근거도 없이 마구잡이 판결이 내려져 사람을 즉결 처분하였다. 이런 재판을 몇 차례 목도한 남한 주민들은 그 강요된 공포심만큼이나 대한민국 치하에서 그들이 누렸던 자유를 그리워하였다.

대한민국의 건국과 함께 제도적으로 그의 국적을 갖는 국민이 생겨났다. 그렇지만 자발적인 애국심으로 잘 통합된 국민은 아직 미형성이었다. 궁벽한 농촌에 사는 사람들은 새로 생겨난 국가의 이름조차 알지 못하였다. 농촌 유생(儒生)들이 남긴 일기에서 대한민국은 남조선, 북한은 북조선으로 불렸다. 나라의 기초 이념인 자유민주주의에 대한 대중적 이해는 매우 낮은 수준이었다. 전통 성리학의 사회윤리에 충실한 농촌 주민들은 남녀가 동등하게 투표하는 것을 이해하지 못하거나 못마땅하게 생각하였다.

도시의 지식인이나 중산층도 아직 충실한 국민이 아니었다. 그들은 공산주의를 혐오하고 자유민주주의를 선호하였지만 국가가 성립하는 과정에서 행해진 이념의 폭력적 대립과 그 결과로 빚어진 민족분단의 현실을 납득하지 못하였다. 서울에서 북한군 점령의 3개월을 겪었던 서울대학교 사학과 김성칠 교수의 일기를 보면, 자신은 원래 자유주의자이지만 대한민국에 그리 충성스런 백성이 아니었다고 고백하고 있다. 그는 대한민국의 하는 일이 올바르지 못하고 미덥지 못하여 언젠가 인민공화국의 백성이 될 것으로 예견하기도 했다. 그런데 그 3개월간 그는 이전보다 훨씬 애국적인 대한민국의 국민으로 변해갔다. 3개월간 그를 짓누른 것은 언제 어떻게 처분될지 모른다는 공포심이었다. 어느 날 대한민국정부의 '자유의 소리' 방송을 듣고 그는 부인과 함께 울컥하고 목이 메었다. 그러면서 내가 언제부터 대한민국에 이처럼 마음을 붙였던가라고 자문하였다.

그렇게 전쟁을 거치면서 국민들의 국가에 대한 귀속의식과 애국심이 강화되었다. 피점령 체험은 자유민주주의를 위한 둘도 없는 교육기간이었다. 대다수의 남한 주민에게 대한민국은 만족스럽지는 않지만 북한의 공산체제보다는 훨씬 나은 국가였다. 부패하고 무질서한 구석이 있었지만 자유가 있었기 때문이다. 통합적 국민의식의 형성은 반드시 자발적이지 않았다. 피점령 기간에 체험한 공산체제로부터의 공포감이 자유민주주의에 대한 소속감을 강화했다면, 대한민국이 공산주의자와 그의 협력자에 대해 가한 폭력과 차별은 공산주의자로 몰림에 대한 공포감을 자아내었다. 전쟁은 남한 주민들에게 국민의식을 주입하는 폭력적 계기이기도 했다.

3 | 민주주의의 학습

신생 후진국의 정치체제

정치는 정치가들이 권력을 잡기 위해 벌이는 게임이다. 민주주의는 유권자 국민의 선택에 따라 권력을 잡은 정당이 평화롭게 교체되는 정치제도를 말한다. 제2차 세계대전 이후 1960년대까지 동북아시아에서 사하라사막 이남의 아프리카에 이르는 광대한 지역에서 100여개 이상의 국가들이 생겨났다. 대한민국도 그 가운데 하나이다. 이들 신생국은 한결같이 독립과 더불어 민주주의 정치제도를 지향하였다. 그렇지만 대부분의 후진국에서 민주주의 정치제도는 실패하였다. 필리핀과 실론의 두 나라가 선거에 의해 정권을 교체한 적이 있다. 그렇지만 그것은 진정한 민주주의가 아니었다. 이 두 나라의 정치는 과두적(寡頭的) 지주세력에 의해 주도되었으며, 정권 교체는 두 정당으로 나뉜 지주세력 간에 이루어진 것에 불과하였다. 그것마저 얼마 있지 않아 독재자가 등장하거나 공산주의세력이 야기한 내전으로 중단되었다.

　민주주의 정치제도가 원활하게 작동하기 위해서는 시민적 교양의 중산층, 법치주의, 보통선거, 의회권력, 삼권분립, 복수정당과 같은 조건들이 두루 갖추어져야 한다. 선진국에서 이러한 조건은 수백 년에 걸쳐 서서히 성숙하였다. 신생 후진국은 그러한 조건을 구비하지 못하였다. 대부분의 후진국에서 민주주의가 실패한 것은 권력을 잡은 정치가의 인격이나 능력의 문제라기보다 이 같은 여러 조건이 갖추어져 있지 않은 데 따른 구조적 모순의 결과였다. 대부분의 후진국에서 민주주의는 완제품으로 주어지지 않았으며, 스스로의 능력으로 추구해 가야 하는 미래의 과제였다.

　신생국의 현실 정치제도는 한 마디로 이야기할 수 없을 정도로 다양하였다. 식민지 시대의 정치·경제구조 또는 식민지로부터 해방되는 과정의 특질이 신생국의 정치제도를 규정하였다. 식민지 시대에 구래의 왕족·귀족세력이 제국주의와 타협하여 자치의 형태로 권력을 보존한 나라들이 있다. 이들 나라는 독립 이후 이전의 왕정체제로 복귀하였다. 중동의 여러 산유국이 그 좋은 예이다. 그 가운데는 이란처럼 왕정의 정통성을 확보하지 못해 혁명에 의해 전복된 국가도 있다. 식민지로부터의 해방이 특정 이념의 혁명세력에 의해 폭력적으로 이루어진 나라도 있다. 이 경우는 해방이 이루어지는 과정에서 반혁명세력이 폭력적으로 제거되거나 추방되기 때문에 독립 후 혁명세력에 의한 일당독재의 정치체제가 성립하였다. 중국, 북한, 월맹 등을 그 예로 들 수 있다. 이들 왕정체제나 혁명체제로 성립한 신생국은 애초부터 민주주의 정치제도와 거리가 멀었다.

식민지 시대에 제국주의가 민주주의 정치제도를 이식하고 또 자본주의 경제가 발전하여 시민적 중산층이 어느 정도 성숙한 나라들이 있다. 인도와 같은 나라가 그 대표적인 예이다. 이들 나라는 식민지로부터의 해방도 온건하게 타협적으로 이루어졌다. 독립 후 인도의 독립운동가와 자본가 계층은 민주주의 정치제도를 유지하였다. 그렇지만 다른 후진국에서는 시민적 중산층의 성립이 취약하여 민주주의 정치제도로 출발하긴 했지만 얼마 가지 않아 그로부터 이탈하여 일당독재로 넘어간 경우가 많다. 인도네시아가 그 좋은 예이다. 인도네시아에서는 건국의 아버지로 추앙을 받은 수카르노 대통령이 자신의 권력을 강화하기 위해 건국 후 10년 만에 의회를 해산하고 말았다.

대부분의 후진국에서 민주주의 정치제도는 권위주의체제로 귀결되었다. 권위주의체제는 민주주의 정치제도의 유지 내지 폐기와 무관하게 특정 정치가나 그를 중심으로 한 정치세력이 권력을 독점하여 정권 교체의 가능성이 거의 없는 정치체제를 말한다. 그 점에서는 민주주의 정치제도를 유지한 인도조차 예외가 아니었다. 거기서는 소수 명문가의 후예들이 권력을 과점적으로 계승하였다. 권위주의체제는 권력을 잡은 정치가가 대중에 대해 커다란 카리스마를 발휘할 때 성립하기 쉬웠다. 독립운동에 큰 공적을 남긴 정치가가 권력을 잡을 때 그러한 일이 자주 벌어졌다. 권위주의체제는 정부당체제(政府黨體制)를 통해서도 성립하였다. 정부당체제는 권력자를 매개로 하여 집권 여당이 행정부와 한통속이 된 정치체제를 가리킨다. 정부당체제 하에서 집권 여당은 대중을 동원할 수 있는 커다란 능력을 지녔다. 그 같은 조건 하에서는 보통선거제, 복수정당제와 같은 민주주의 정치제도가 형식적으로는 유지되더라도 정권이 교체될 가능성은 거의 없었다.

한국이 식민지로부터 해방되고 독립을 이루는 과정은 다른 나라에서 찾기 힘든 독특한 유형을 이루었다. 식민지기 한국에서는 민주주의 정치제도가 발달하지 못하였다. 그러나 자본주의 경제가 확산되었고, 그에 따라 시민적 중산층이 어느 정도 성립하였다. 한국에서 민주주의 정치제도는 일제를 해체시킨 미국과 해외에서 활동한 자유민주주의 독립운동세력에 의해 도입되었다. 결과적으로 대한민국의 해방과 독립은 정치제도의 단절과 사회·경제·문화제도의 연속이라는 복합적 경로로 이루어졌다.

대한민국도 독립 후 얼마 되지 않아 다른 신생국들의 경우와 마찬가지로 권위주의체제로 이행하였다. 한국에서 권위주의체제가 성립하는 것은 1952년의 일이었다. 이승만 초대 대통령의 개인적인 카리스마와 자유당의 결성에 의한 정부당체제의 성립이 그 계기였다. 그렇게 성립한 한국의 권위주의체제는 이후 1987년까지 35년간이나 지속되었다. 그 바탕이 된 정부당체제는 1950년대의 자유당체제, 1960~1970년대의 공화당체제, 1980년대의 민정당체제로 이어졌다. 35년간이나 버틴 권위주의체제가 결국 해체된 것은 그 사이 시민적 교양의 중산층이 널리 성립하였기 때문이다. 대통령 개인의 카리스마가 조금씩 약화되는 가운데 정부당체제의 효율성과 동원력이 현저하게 쇠퇴한 것도 다른 한편의 원인이었다. 요컨대 건국 이후 근 40년간의 한국정치는 민주주의를 모색하고 형성해 가는 하습의 기간이었다.

한국에서 권위주의체제의 초기 행태는 다른 신생국의 그것과 많이 달랐다. 권위주의체제 하에서 보통선거를 유지한 나라는 그리 많지 않았다. 예컨대 건국 이후 3회 이상 여당과 야당이 정권의 교체 가능성을 전제한 위에 보통선거를 실시한 신생국은 한국, 인도, 싱가포르, 말레이시아, 대만, 실론, 필리핀의 7개국에 불과하였다. 이처럼 한국의 권위주의체제는 신생 후진국 가운데서는 상대적으로 양호한 것이었다. 그런 가운데 이승만 대통령에 의한 초기의 권위주의체제는 보통선거의 확장을 통해 그 정통성을 확인하고 강화하는 특질을 보였다. 이러한 권위주의체제는 다른 나라에서 예가 드문 것으로 판단된다. 정치의 단절과 사회·경제의 연속이라는 해방과 독립의 독특한 유형이 그러한 정치체제의 특질을 낳았다. 1950년대의 한국정치에 대해서는 민주냐 독재냐의 이분법적 시각을 떠나 이 같은 비교정치의 시각에서 공정하게 접근하고 재평가할 필요가 있다.

대통령과 국회의 대립

일제로부터의 해방이 도둑같이 찾아왔던 것처럼 대한민국의 건국도 충분한 준비 없이 허둥지둥 이루어졌다. 김구와 김규식과 같은 유력 정치인이 건국의 대오에서 이탈하여 유엔의 한국 결의를 비난하고 남북협상을 위해 북한으로 간 1948년 4월까지만 해도 대한민국의 건국은 확실치 않았다. 건국의 토대라고 할 수 있는 헌법은 5·10선거 이후 소집된 국회에서 고작 한 달 반의 짧은 기간에 급조되었다. 앞서 말한대로 그것은 여러 선진국의 헌법에서 좋은 점을 골라 짜깁기한 헌법이었다.

초대 국회에서 가장 큰 세력을 점한 정파는 한민당이었다. 5·10선거에서 한민당 소속의 당선자는 전체 198석 가운데 29석에 불과하였다. 다수

의석을 점한 것은 무소속 의원이었는데, 85명으로서 42%의 큰 비중이었다. 무소속이 다수를 차지한 것은 아직 정당정치가 발족하지 않았기 때문이다. 한민당은 식민지기에 성장한 지주, 자본가, 전문적 직업인을 기반으로 하는 정당이었다. 그들은 풍부한 자금력과 인맥을 동원하여 무소속 의원을 포섭하였다. 그 결과 한민당은 국회가 개원할 즈음에 80석 이상을 확보한 가장 큰 세력의 정파를 이루었다. 건국헌법의 제정은 한민당에 의해 주도되었다. 한민당과 헌법 초안의 작성을 주도한 법률가들이 민주적 정부형태의 상징으로 선호한 것은 독일 바이마르공화국의 내각책임제였다. 그에 따라 건국헌법의 초안에서 정부형태는 내각책임제로 설정되었다.

반면 해방 후 공산주의세력과 투쟁하면서 자유민주적 건국의 대오를 이끌어온 이승만의 생각은 달랐다. 해방 당시부터 그는 대중에게 가장 널리 알려진 가장 큰 영향력의 정치인이었다. 그와 대중적 명성을 다툰 유력한 정치인으로서 5·10선거 후까지 살아남은 정치인은 하나도 없었다. 중도좌파의 여운형은 비극적으로 암살을 당했으며, 공산당의 박헌영은 북한으로 탈주하였다. 임시정부를 대표한 우익의 김구와 중도우파의 김규식은 1948년에 들어 남북협상 노선으로 돌아서서 대한민국의 건국에 반대하였다. 이 두 정치적 거물은 5·10선거에 참여하지 않았으며, 그 결과 현실 정치에 대한 영향력을 거의 상실하였다. 이후 김구는 그의 당원에게 피살되었으며, 김규식은 6·25전쟁 중에 북한으로 납치되었다가 병사하였다.

건국에 즈음하여 홀로 건국의 원훈(元勳)으로 우뚝 서게 된 이승만은 미국과 같은 대통령중심제의 정부형태를 선호하였다. 그 같은 그의 입장은 29세의 나이에 한성감옥에서 저술한 『독립정신』이란 책에 이미 잘 드러나 있었다. 이후 40년간의 미국 생활에서 미국의 정치를 관찰하면서 대통령 중심제를 선호하는 그의 입장은 더욱 굳어졌다. 그는 한국과 같은 신생 후진국의 정부형태는 다른 무엇보다 대통령중심제이어야 한다고 확신하였다. 그는 건국의 초창기에 강력한 정치적 지도력으로써만 헤쳐갈 수 있는 내외의 과제가 산적해 있다고 생각하였다. 내각책임제는 후진국의 민주정치가 고질적인 붕당정치(朋黨政治)로 흐르거나 그 틈을 타서 공산주의세력이 내각에 침투할 위험성도 안고 있었다. 1946년 소련이 미소공동위원회를 맞이하여 내각책임제의 정부형태를 구상했던 것이 그 좋은 예이다.

　이승만은 헌법을 만들고 있는 국회에 정부형태를 대통령중심제로 바꿀 것을 요구하였다. 한민당은 초대 국가원수에 이승만 이외의 다른 대안이 없었기에 그의 요구를 들어줄 수밖에 없었다. 그렇지만 실제 만들어진 헌법은 여전히 내각책임제의 요소가 강한 것이었다. 예컨대 대통령과 부통령은 국회에서 선출되었다. 그래서는 온전한 대통령중심제라고 할 수 없었다. 건국헌법의 정부형태는 대통령중심제도 내각책임제도 아닌 어중간한 것이 되어 버렸다. 그 위에 대통령과 부통령은 한 묶음으로 선출된 것이 아니라 따로따로 선출되었다. 아무 실권이 없는 부통령을 국회가 직접 선출한 이유도 분명치 않았다. 게다가 국회의 선택에 따라 대통령과 부통령은 서로 다른 정파에 속할 수 있었다. 그렇게 되면 정치가 안정되기 어려웠다. 실제 그런 일이 이후 이승만 대통령의 집권기에 계속하여 벌어졌다. 또한 건국헌법은 대통령이 국무총리를 임명함에 있어서 국회의 승인을 받도록 하였다. 국회는 대통령을 선출했을 뿐 아니라 그 대통령이 임명하는 국무총리까지 승인할 권리를 가짐으로써 대통령 권력을 국회에 종속시켰다. 대통령이 국회의 다수 정파에서 배출되면 별 문제가 없지만 그렇지 못할 경우 국무총리의 승인 문제는 정쟁의 대상이 될 수 있었다.

한 마디로 건국헌법은 대단히 불완전한 헌법이었다. 헌법이 제정되는 과정에서 유력한 정치가와 정파 사이에 바람직한 정부형태는 무엇인지, 입법부의 행정부에 대한 견제와 감시는 어떠한 형태와 수준이어야 하는지에 대한 진지한 토론은 없었다. 헌법은 그 자신의 권위로 존중되기보다 특정 정파가 권력을 장악하기 위한 수단으로 고안되었다. 예컨대 내각책임제는 이승만에 맞설 유력한 정치가를 갖지 못한 한민당으로서는 권력을 차지하거나 분점할 수 있는 방안이기도 하였다. 그로 인해 헌법이 제정된 후 대통령과 국회 간에는 심각한 정쟁이 불가피하였다. 1950년대의 한국정치가 헌법 개정이나 권력 승계의 문제를 둘러싸고 심한 몸살을 앓을 수밖에 없었던 것은 이 같은 건국헌법의 구조적 모순 때문이었다.

건국헌법의 문제점은 곧바로 현실화하였다. 이승만을 초대 대통령으로 선출한 한민당 세력은 자당의 영수인 김성수가 국무총리로 지명될 것으로 기대하였다. 그렇지만 이승만은 식민지기의 유력한 지주와 자본가들이 모인 한민당을 불신하였다. 그는 한민당의 조종에 따라 움직이면 국회로부터는 환영을 받을지 모르나 대다수 국민의 실망을 살 것이라 하였다. 그는 정파들의 이해로부터 초연한 위치에서 전체 국민의 직접적인 지지를 받고자 하였다. 이승만의 그 같은 자세에는 권력을 독점하고자 한 그의 욕심도 작용하였다. 이승만은 북한에서 내려온 조선민주당의 지도자 이윤영을 초대 국무총리에 임명하였다. 내각의 구성에서는 한민당에 고작 한 자리 밖에 배정하지 않았다. 한민당은 내각의 절반인 일곱 자리의 각료를 요구하였다. 한민당은 크게 실망하였다. 이에 한민당의 주도로 국회는 27대 120의 압도적 다수로 국무총리의 승인을 거부하였다. 그에 맞서 이승만은 국회의 어느 정파에도 속하지 않은 광복군 참모장 출신의 이범석을 국무총리에 임명하였다. 국회는 초대 행정부를 더 이상 공전시킬 수 없다는 명분에 밀려 110대 84라는 흔쾌하지 않은 다수로 국무총리를 승인하였다. 이처럼 대한민국은 그 출범과 동시에 대통령과 국회 사이의 심각한 권력투쟁에 휘말렸다.

뒤이은 1949년에도 대통령과 국회의 알력은 끊이지 않았다. 그해 2월 대통령에 반대하는 한민당을 비롯한 국회의 여러 정파가 민주국민당으로 통합되었다(민국당). 민국당은 대통령에 협조하지 않았다. 행정부가 제출한 법령은 국회에서 수정되거나 처리가 지연되었다. 대통령세력은 여러 수단으로 야당을 압박하였다. 그에 대항하여 야당은 1950년 1월 정부형태를 내각책임제로 바꾸는 개헌안을 국회에 제출하였다. 사실상 대통령에 대한 노골적인 불신임안이었다.

야당의 개헌안 제출에 맞서 이승만은 자신의 통제 하에 있는 비공식적 폭력 조직을 동원하였다. 미군정기부터 이승만은 공산주의세력의 조직적인 활동에 맞설 수 있는 여러 단체를 조직하고 자신의 통제 하에 두었다. 이념의 대립이 폭력의 충돌로 이어진 살벌한 정치 현실에서 이승만은 자신의 신변을 보호하고 자신의 노선을 관철하기 위해 이들 반공노선에 투철한 단체를 적절하게 활용하였다. 이 같은 이승만의 정치 방식은 건국 후에도 이어졌다. 1949년 12월 이승만은 기존의 청년단체들을 통합하여 대한청년단으로 조직하고 총재에 취임하였다.

국회에 내각책임제를 위한 개헌안이 제출되자 전국에서 대한청년단을 비롯한 단체들이 개헌 반대시위를 벌였다. 그들은 개헌을 추진하는 자들을 정권욕에 사로잡힌 매국노라고 공격하였다. 국회에서 표결에 붙여진 결과 개헌안은 부결되었다. 찬성 77표, 반대 33표에 기권이 66명이나 되었다. 기권이 그렇게나 많았던 것은 청년단체를 동원한 이승만의 공세에 다수의 국회의원이 압도되었기 때문이다. 이 같은 정치행태는 1년 뒤 대통령직선제를 둘러싼 개헌에서 보다 큰 규모로 되풀이되었다.

1950년 5월에 실시된 제2대 국회의원선거의 결과는 초창기 한국의 정치가 얼마나 불안정하였는지를 잘 보여주었다. 그 선거에서 대통령을 지지한 대한국민당과 대통령에 반대한 민국당의 주요 간부들이 대거 낙선하였다. 대한국민당과 민국당의 당선자는 각각 24명에 불과하였다. 그 대신 무소속의 당선자들이 126명으로서 60%를 차지하였다. 정당정치는 아직 뿌리도 내리지 못한 상태였다. 국회는 2년 전 처음 문을 열었을 때와 마찬가지로 혼돈에 빠졌다. 점차 다수 정파로 부각된 것은 역시 민국당이었다. 민국당은 무소속을 포섭할 수 있는 풍부한 자금력과 인맥을 갖추고 있었다. 1950년 6월 1일 제2대 국회의 개원에서 국회의장으로 선출된 인물은 민국당의 위원장인 신익희였다. 국회는 계속해서 야당의 지배 하에 있었다.

대통령직선제로의 전환

곧이어 터진 6·25전쟁으로 대한민국은 존망의 위기에 몰렸다. 대통령과 민국당 사이의 정쟁은 일시 중단되었다. 대통령은 거국일치 내각을 구성하여 민국당의 유력 인사들을 내각의 주요 자리에 앉혔다. 그해 11월 대통령은 민국당의 장면(張勉)을 국무총리에 임명하였다. 전쟁이 안겨준 정파 간의 짧은 평화는 1951년 1월 국회에서 국민방위군사건이 폭로되고 뒤이어 2월 거창 양민학살사건이 발생함으로써 끝이 났다. 1950년 11월 국회는 군경, 공무원, 학생이 아닌 17~40세의 남자를 국민방위군으로 편성하는 법을 통과시켰다. 그에 따라 그해 12월 약 50만에 달하는 국민방위군이 서울로 소집된 다음 도보로 남쪽 지방으로 이동하였다. 국민방위군에 지급될 보급품의 상당 부분은 국민방위군의 지휘부에 의해 착복되었다. 그로 인해 대략 9만 명에 달하는 국민방위군이 행군 도중에 아사하거나 동사하였다. 이 천인공노할 부정 사건은 이승만의 신임을 받는 대한청년단의 간부들이 국민방위군의 지휘부를 구성함으로써 벌어졌다. 대통령의 심복인 국방부 장관은 사건의 원인과 책임의 소재를 호도하려 하였다. 여론의 매서운 질책에 몰린 대통령은 국민방위군의 지휘부 5명을 공개 처형하였다.

1951년 2월 앞서 말한대로 빨치산을 토벌 중이던 국군이 경남 거창군 신원면에서 무고한 양민 719명을 학살하는 사건이 발생하였다. 이 사건은 외국 언론에도 보도되어 나라의 체면에 큰 손상을 가져왔다. 대통령의 신임을 받는 국방부 장관은 이에 대해서도 나라의 위신과 군의 사기에 영향을 미친다는 구실로 축소 은폐하고자 했다. 국민도 국회도 분노하였다. 그해 5월 부통령 이시영이 자신의 무능함과 자괴감을 담은 성명서를 발표하고 자진 사퇴하였다. 대통령과는 사전에 한 마디 상의도 없었다. 다수의 국회의원이 사직서를 반려했지만 이시영은 뜻을 굽히지 않았다. 뒤이어 국회는 제2대 부통령으로서 민국당의 최고위원인 김성수를 선출하였다. 그 국회에서 임기를 1년여 남긴, 측근의 무능과 부패로 실정을 거듭하는 대통령

대통령직선제를 골자로 한 발췌개헌안을 통과시키고 있는 임시 수도 부산의 국회 본회의. 1952. 7. 4

이 재선될 가능성은 거의 전무하였다.

그렇지만 이승만은 그의 재선을 포기하지 않았다. 그는 절대 다수의 국민이 자신을 지지하고 있다고 확신하고, 국민이 직접 대통령을 선출하는 방식으로 헌법을 개정하고자 하였다. 거기에는 국민에 의한 직선제가 국회에 의한 간선제보다 민주주의를 발전시킴에 도움이 된다는 그의 개인적 소신도 작용하였다. 이승만은 간선제를 계속 유지하면 국회에 진출한 정치세력이 국민 위에 군림하는 과두적 귀족세력으로 변질될 위험이 있다고 생각하였다. 그에 반해 국회의 지배정파인 한민당은 국민의 정치의식이 아직 낮은 수준이어서 대통령을 직접 선출하는 것은 시기상조라는 입장을 취하였다.

이승만은 대통령직선제를 관철시키기 위해 자유당이란 정당을 만들기 시작하였다. 그 때까지 이승만은 신생 후진국에서 정당정치는 무리라는 판단에서 여러 정파의 이해로부터 초연한 가운데 전 국민을 자신이 직접 지도하고 통합하려는 자세를 견지하였다. 이제 그는 스스로 일당의 영수가 되어 대통령의 재선을 추구하는 노선으로 전환하였다. 이승만의 제창에 따라 그의 통제 하에 있던 대한국민회, 대한청년단, 대한노동조합총연맹, 농민조합연맹, 대한부인회 등의 여러 단체가 자유당을 결성하였다. 이를 국회 밖에서 결성되었다 하여 원외자유당이라 하였다. 국회 내에서도 이승만의 제창에 호응하여 그를 지지하는 의원들이 자유당을 결성하였는데, 이를 원내자유당이라 하였다. 이승만은 원외자유당을 지지하였으며, 이에 원내자유당은 분열하였다.

1951년 11월 국회의 대통령 지지세력은 대통령을 국민이 직선하고 국회를 민의원와 참의원의 양원제로 개혁하는 내용의 개헌안을 제출하였다. 양원 중에서 법률안과 예산안을 먼저 심사하는 것은 민의원이었다. 민의원의 임기는 4년, 참의원의 임기는 6년으로서 2년마다 의원의 3분의 1씩을 개선하였다. 부통령은 참의원의 의장이 되었다. 여기서 알 수 있듯이 이승만은 개헌을 통해 대통령직선제를 추구할 뿐 아니라 행정부와 입법부를 미국과 동일한 형태로 재편하고자 하였다.

1952년 1월 국회는 대통령세력이 제출한 개헌안을 19대 143의 압도적 차이로 부결하였다. 원내자유당이 분열하여 그 일부가 민국당으로 돌아선 결과였다. 국회는 완전히 야당 일색으로 변하였다. 그러자 원외자유당에 속한 단체들이 전국적으로 직선제 개헌안의 부결을 규탄하는 시위를 열고 국회의원 소환운동을 벌였다. 북한·중국의 공산군과 전쟁이 한참 진행 중인 때였다. 그 군사전쟁의 와중에 임시수도 부산에서는 차기 대통령을 둘러싸고 실전 못지않게 살벌한 정치전쟁이 벌어졌다.

1952년 4월 이번에는 국회의원 123명이 내각책임제 개헌안을 제출하였다. 개헌선 122명을 1명 초과하는 다수 세력이었다. 위기에 몰린 이승만은 국회에서 21명의 세력을 거느리고 있는 장택상(張澤相)을 국무총리에 기용함으로써 개헌안의 표결을 막았다. 장택상과 그의 정파는 대통령직선제로 입장을 바꾸었다. 그 사이 4월 25일 대통령은 그 동안 시행이 유보되고 있던 지방의회의 선거를 실시하였다. 지방선거는 압도적으로 원외자유당을 중심으로 하는 대통령세력의 승리였다. 당선된 지방의원들은 직선제 개헌을 거부하고 내각책임제를 추구하는 야당 국회의원을 규탄하였다. 거듭된 실정과 그에 따른 야당의 공격에도 불구하고 이승만은 대다수 국민에게 건국의 원훈으로서 절대적 카리스마를 보유하였다. 중앙정치에서 위기에 처한 그는 보통선거제의 확장을 통해 그 카리스마를 현실 정치의 힘으로 동원하였다. 그러한 이승만의 정치적 능력에 야당은 저항할 힘이 없었다.

뒤이은 5월 14일 정부는 대통령직선제와 양원제를 내용으로 하는 개헌안을 다시 국회에 상정하였다. 그와 동시에 자유당이 정당으로 공식 발족하였다. 대통령 임기의 만료를 불과 석 달 앞둔 시점이었다. 대통령은 초대 국무총리이자 자유당의 부총재인 이범석을 내무장관으로 기용하여 경찰력을 장악하였다. 5월 25일 대통령은 친위 헌병부대를 동원하여 부산과 경남, 전남, 전북 일원에 계엄을 선포하였다. 야당의 항의 집회는 계엄 위반으로 탄압되었다. 국회 주변에서 대통령에 충실한 단체들이 집결하여 개헌에 반대하는 야당과 그의 지지세력을 감금하였다. 5월 29일 부통령 김성수가 대통령의 폭거를 비난하면서 사임하였다. 그는 사임서에서 내각책임제의 당위성을 재삼 강조하였다.

이 무렵 한국의 정치를 관찰하던 미국정부는 이승만 대통령을 제거할 계획을 세웠다. 당시 전쟁 중의 한국군은 미국군의 통제 하에 있었다. 미국이 보기에 이승만은 독재자로 변해가고 있을 뿐 아니라 고집스럽게 휴전에 반대함으로써 미국의 전쟁 수행에 큰 장애가 되고 있었다. 그렇지만 미국은 이승만을 대신할 인물을 찾지 못하였다. 미국은 타협을 종용하였으며, 국무총리 장택상이 그 역할을 맡았다. 장택상은 정부와 야당이 제출한 두 개 개헌안을 발췌하여 대통령직선제와 양원제에다 내각책임제의 요소를 가미한 개헌안을 제출하였다(拔萃改憲案). 새로운 개헌안이 국회에 상정되자 야당의원들은 등원을 거부하였다. 경찰과 계엄군은 야당의원을 강제 연행하여 표결을 위한 정족수를 채웠다. 경찰이 국회를 포위한 가운데 7월 4일 발췌개헌안이 표결에 부쳐져 166명의 찬성으로 가결되었다(부산정치파동).

권위주의체제의 성립

뒤이어 8월 5일에 실시된 대통령선거에서 이승만은 압도적인 지지로 당선되었다. 이승만의 득표는 523만 명에 달하였다. 민국당 후보 이시영의 득표는 76만에 불과하였으며, 무소속의 조봉암(曺奉岩)에도 미치지 못하였다. 부통령 선거에서는 자유당의 함태영(咸台永)이 민국당의 조병옥(趙炳玉)을 역시 압도적으로 누르고 당선되었다. 부산정치파동에서 보듯이 헌법의 테두리를 넘어 무리를 범한 것은 대통령세력이었다. 헌법적 민주주를 수호하고자 한 것은 야당세력이었다. 그럼에도 국민들은 그들에게 주어진 최초의 대통령과 부통령 선거에서 대통령세력을 압도적으로 지지하였다. 그것은 1950년대 한국 정치의 엄연한 현실이자 제약이었다.

앞서 말한대로 한국의 민주주의 정치제도는 해방 이후 미군정과 해외 독립운동세력에 의해 도입되었다. 해방 후 3년간 대한민국의 건국세력은 자유민주주의를 수호하기 위해 공산주의세력과 치열하게 투쟁하였다. 이 건국 과정은 이승만에 의해 주도되었다. 다시 말해 대다수 국민에게 이승만 대통령은 그들에게 민주주의 정치제도를 안겨다 준 상징적인 인물이었다. 그 같은 사실을 새삼스레 일깨워 준 것은 6·25전쟁이었다. 북한 점령기에 그들이 체험한 선거는 흑백 투표함의 공개투표로서 진정한 민주주의가 아니었다. 북한의 무력 침략에 맞서 전쟁을 수행하고 있는 이승만 대통령은 그로 인해 더욱 자유민주주의의 수호자로 부각되었다.

그에 비해 한민당과 민국당으로 이어진 야당세력은 원래 식민지기에 성장한 지주, 자본가, 전문적 직업인으로서 소극적이나마 일제에 협력한 흠을 안고 있었다. 국민들은 야당세력의 정치적 권위를 인정하지 않았다. 신생국은 그에 걸 맞는 정통성을 갈구하였으며, 불운하게도 야당세력은 그에 적합하지 않았다. 국민의 대다수는 대통령을 국회가 간선하는 것보다 국민이 직선하는 것을 환영하였다. 부산정치파동과 같은 헌정질서로부터의 이탈에도 불구하고 대다수 국민이 최초의 직선제 선거에서 이승만 대통령과 그의 자유당을 압도적으로 지지한 것은 이 같은 전후 맥락에서였다. 요컨대 정치의 단절성과 사회·경제의 연속성이라는 해방과 건국 과정의 한국적 특질이 건국 후의 정치 현실에 있어서 정치적 권위와 제도적 권력 사이의 심한 괴리를 초래하였다. 부산정치파동을 통한 대통령직선제로의 전환은 그러한 역사적 배경에서 이루어졌다.

뒤이은 1953년은 정전협정과 상호방위조약의 체결을 둘러싸고 한국정부와 미국정부가 격돌한 시기였다. 국내 정치는 상대적으로 평온하였다. 그렇다고 한국의 헌법체제가 안정된 것은 아니었다. 발췌개헌안은 초대 대통령의 임기 만료를 한 달 앞두고 성급하게 타협된 것이었다. 내각책임제의 요소를 가미한 그 헌법에서 민의원은 국무총리 이하 정부 각료로 구성된 국무원에 대해 불신임결의를 할 수 있었다. 국무원은 민의원의 불신임결의를 받을 경우 총사직해야 했다. 그에 근거하여 야당은 1952년 12월 국무원 불신임결의를 국회에 제출하였다. 이는 부결되었다. 또한 발췌개헌안은 대통령이 각료를 임명함에 있어서 국무총리의 제청을 받도록 규정하였다. 대통령의 권력은 발췌개헌에 의해 오히려 약해진 면이 있었다.

이승만 대통령은 1954년 5월 제3대 국회의원(민의원) 선거를 맞아 다시 개헌 문제를 제기하였다. 양원제로 헌법이 고쳐졌음에도 참의원 선거는 연기되었다. 참의원이 구성되는 것은 1960년 4·19혁명 이후의 제2공화국에서였다. 신생 대한민국의 헌정체제는 절름발이 신세를 면치 못하였다. 개헌의 새로운 이슈는 주권의 제약 또는 영토의 변경과 관련된 중대 사항을 대상으로 한 국민투표제의 도입과 대통령의 권력을 제약하는 국무총리제의 폐지였다. 민의원의 불신임결의에 의한 국무원의 총사퇴도 철회될 사항으로 거론되었다. 실제로 가장 중요한 이슈는 초대 대통령에 한하여, 재선에 의하여 1차 중임할 수 있다는 임기제한 규정의 적용을 면제하는 것이었다. 그것은 이승만 대통령의 종신집권을 사실상 허용하는 취지였다.

자유당은 3대 민의원 선거의 후보자를 공천함에 있어서 이 같은 개헌안에 대한 찬성을 조건으로 내걸었다. 선거의 결과 자유당이 압도적으로 승리하였다. 전국 203개 선거구에서 자유당은 114석의 56%를 차지하였다. 민국당은 15석에 불과하였다. 무소속은 여전히 다수로서 67석을 점하였다. 자유당의 압도적인 승리에는 경찰과 관료들의 노골적인 선거 개입이 큰 역할을 하였다. 선거는 전반적으로 부정선거였다. 그렇지만 지방의회를 장악한 자유당의 전국적인 조직은 그 동원력에서 야당을 압도하였다. 새로운 국회의장에는 자유당의 이기붕이 선출되었다. 최초의 여당 출신의 국회의장이었다.

　그해 9월 자유당은 개헌안을 국회에 제출하였다. 이승만 대통령의 종신집권을 허용하는 개헌안에 대한 여론은 극히 좋지 않았다. 국회는 표결에 주저하였다. 그러자 다시 지방의원들이 들고 일어나 국회를 압박하였다. 표결의 결과, 개헌에 찬성한 국회의원은 개헌 정족수 136명에 1명 모자라는 135명이었다. 그렇지만 국회의장은 개헌에 필요한 정원 203명의 3분의 2인 135.33명은 존재할 수 없으므로 사사오입(四捨五入)의 논리에 따라 135명이 개헌 정족수라는 해괴한 논리를 내세워 개헌안의 가결을 선포하였다(사사오입개헌). 부산정치파동에 이어 또 한 차례 벌어진 헌정질서의 일탈이었다.

　이렇게 1952년의 부산정치파동과 1954년의 사사오입개헌을 거치면서 한국의 권위주의 정치체제가 성립하였다. 그것은 대통령 개인의 카리스마와 집권 여당과 행정부의 밀착에 의한 정부당체제를 양대 축으로 하였다. 권위주의체제 하에서 민주주의 정치제도의 형식은 유지되었다. 그렇지만 민주주의의 실질로서 정권이 교체될 가능성은 매우 적었다. 그렇게 성립한 한국의 권위주의체제는 이후 1987년까지 이어졌다. 그런 점에서 1952~1954년의 정치적 격동은 단순히 이승만 대통령의 권력욕과 독재체제의 성립만을 의미하지 않았다. 거기에는 신생국들이 겪기 마련인 정치체제의 혼란과 어려운 국가상황 간의 타협이라는 역사적 의의도 내포되어 있었다.

이승만 권위주의체제의 역사적 의의

다른 모든 신생국의 경우와 마찬가지로 대한민국에게 민주주의 정치제도는 완제품으로 주어지지 않았다. 누구도 범할 수 없는 헌법적 질서의 권위가 건국 초창기부터 확립해 있었다는 것만큼 비역사적인 상상은 없을 것이다. 건국에 참여한 정치세력 간에는 어떠한 정부형태가 바람직한 것인지를 둘러싸고 입장의 큰 차이가 있었다. 크게 말해 대통령중심제와 내각책임제의 대립이 있었다. 1950년대 한국정치는 대통령중심제를 선호하는 이승만 대통령과 내각책임제를 선호하는 야당세력과의 정쟁으로 전개되었다. 정쟁의 결과는 대통령중심제의 승리였다. 그렇지만 야당세력은 내각책임제를 결코 포기하지 않았다. 결국 1960년 4·19혁명에 의해 집권의 기회가 찾아오자 그들은 주저하지 않고 제3차 헌법개정을 통해 오랜 소신의 내각책임제를 실현하였다. 그렇지만 그것은 큰 실패였다. 내각책임제가 국민에게 보여준 것은 붕당정치 이상이 아니었다. 내각책임제는 1961년 5·16군사정변에 의해 부정되었다. 1962년 제5차 헌법개정은 대통령중심제를 복구하였다. 이후 지금까지 어느 정치세력도 그 같은 정부형태에 이의를 제기하지 않았다. 이 같은 이승만 이후의 역사까지를 시야에 넣으면 대통령중심제를 위한 이승만의 투쟁과 그 부산물인 권위주의체제는 신생국가가 그의 정부형태를 육성해가는 과정이었다고 할 수 있다.

야당과의 치열한 정쟁에서 이승만이 승리할 수 있었던 것은 그가 동원할 수 있는 정치적 자산이 많았기 때문이다. 독립운동의 원로로서 또 건국의 원훈으로서 이승만은 국민 일반이 자발적으로 수용한 거대한 카리스마였다. 당대에 그에 필적할 다른 정치적 권위는 없었다. 1954년까지 국회에서 소수세력으로 위기에 몰릴 때마다 이승만은 이 같은 그의 정치적 자산을 충분히 활용하였다. 그것은 보통선거의 기회를 국민 일반에게 확장하는 방식이었다. 경기의 규칙을 바꾸는 과정에서 적지 않은 무리가 있었다. 그렇게 성립한 대통령직선제이지만 그것은 그의 시대가 막을 내린 이후 한국인들이 그들의 민주주의를 이야기할 때 가장 소중하게 평가하는 제도로 정착되었다. 대통령직선제는 1960~1961년 민주당정부에 의해 부정되었다가 1963년 박정희정부에 의해 복구되었다. 대통령직선제는 1971년 유신체제의 성립과 더불어 중단되었다. 이후 한국의 민주주의세력은 대통령직선제의 쟁취를 최고의 목표로 삼았으며 결국 1987년에 쟁취하였다.

이승만 권위주의체제의 성립은 대통령중심제와 대통령직선제를 둘러싼 기능적인 것만은 아니었다. 이승만 권위주의체제는 그가 평생 추구한 정치적 이념의 현실적 대응이기도 하였다. 이승만은 자유를 근원적 가치로 하는 독립국가의 성취와 번영을 추구하였다. 이 같은 그의 정치적 목적은 우선 확고부동한 반공주의로 표출되었다. 그에게서 공산주의와의 협상은 집에 불을 지르는 사람과 타협하는 것과 같은 어리석은 일이었다. 그에게서 좌우합작은 처음부터 될 일이 아니었다. 해방 후 공산주의세력과의 투쟁에서 그는 이 같은 그의 정치적 입장에서 흔들려 본 적이 없었다.

건국 이후 그의 반공주의는 북진통일론으로 이어졌다. 통일은 민족주의를 가장 소중한 공동체정서로 여기는 한국인으로서는 포기할 수 없는 지상과제였다. 그 통일은 어떻게 이루어져야 하는가. 그에 대해 이승만은 몸의 반쪽이 병이 들었으면 나머지 반쪽만이라도 건강을 지킨 다음 병든 반쪽을 치료해야 한다는 논리로 대응하였다. 곧 북진통일론이었다. 6·25전쟁이 발발하자 그는 그것을 북진통일의 기회로 삼고자 하였다. 통일을 이루기까지 결코 멈춰서는 안 될 전쟁이었다. 그는 그러한 논리로 국민을 설득하였고 그 전쟁을 치러냈다. 국민은 그가 무엇을 이야기하고 있는지 명확하게 인식하였다. 그것은 매우 쉽고도 강렬한 논리였다. 그의 반공주의와 북진통일론은 1950년대 한국인들을 하나의 정치적 질서로 통합하는 힘을 발휘하였다. 요컨대 그것은 자유민주주의에 입각한 민족주의였다.

그의 시대가 막을 내린 이후에도 이 같은 국민통합의 이념적 토대는 그대로 강건하게 존속하였다. 4·19혁명 이후 좌우합작세력이 다시 등장하여 북한과의 협상을 추구하였다. 그러자 그 반동으로 5·16군사정변이 일어났다. 대다수 국민이 5·16을 수용한 것은 좌우합작세력에 의해 국가의 정체성이 흔들림을 경계하였기 때문이다. 이후 40년간 대한민국은 그의 국가정체성에서 큰 혼란이나 도전을 경험하지 않았다. 후대의 정치가들이 전혀 의식하지 못했지만, 그로 인해 한 번도 적절한 경의를 표한 적도 없지만, 그 굳건한 토대로서 자유민주적 민족주의의 확립은 이승만 권위주의체제로부터 힘입은 바가 컸다.

또한 이승만의 자유민주적 민족주의는 대외적으로는 강렬한 자주외교로 실천되었다. 그에게서 대한민국은 자유진영과 공산진영이 대립하는 세계 속에서 반공의 최전선 보루였다. 미국은 그 반공의 보루를 지키고 지원할 의무가 있다. 6·25전쟁은 자유진영의 미국이 포기해서는 안 될 종교전쟁과 같은 것이다. 그래야 한국도 숙원인 민족통일을 이루고 세계의 자유진영도 승리할 것이다. 그가 미국에 일관되게 던진 메시지의 핵심은 그 것이었다. 미국은 그의 메시지를 가볍게, 때로는 불쾌하게 들었지만 점차 설득되어 갔다. 한미상호방위조약이 그 열매였다. 그의 예언대로 이후 대한민국은 그 조약의 그늘 아래에서 번영하였다. 미국은 한국에서 성공하였기에 1980년대에 이르러 소련과의 냉전을 승리로 마무리할 수 있었다.

이승만의 자주외교는 일본에 대해서는 강렬한 대립적 자세로 나타났다. 1950년대까지 미국의 동아시아정책은 일본을 중심으로 하였다. 미국은 한국이 일본과 협조하여 경제발전을 이루고 지역안보를 확고히 하기를 희망하였다. 이승만에게 그것은 한국이 다시 일본에 종속됨을 의미하였다. 그에 대한 반발로 이승만은 일본에 대해 강경한 외교를 펼쳤다. 그는 일방적으로 해양 주권을 선포하였으며, 그 속으로 들어온 일본 어선을 나포하였다. 그리고선 독도가 한국 영토임을 명확히 했다. 이후 독도는 한국인에게 있어서 반일 민족주의의 상징이 되었다.

이 같은 이승만의 정치이념과 외교노선에 대해 그와 경쟁한 야당세력이 대안을 내세운 적은 없었다. 그에 관한 한 야당세력은 이승만의 뒤를 충실하게 좇았다. 그 점에서 이승만은 건국, 민주주의, 6·25전쟁, 재건, 민족통일의 정치 현실과 과제를 대외관계와의 관련에서 수미일관하게 강력하게 추구할 수 있는 당대의 유일한 정치적 지도력이었다. 1952년 부산정치파동의 배후에는 결국 이 신생국을 어디로 이끌고 갈 것인가라는 국가 정체성의 근본적인 위기가 도사리고 있었다. 미국은 이승만을 제거할 군사 쿠데타를 계획하였다. 이승만이 보기에 야당의 지도자들은 미국에 너무나 양순한 어린아이와 같은 자들이었다. 그 전력으로 보아 그들은 일본에게도 너무 쉽게 양보할 수 있는 정치세력이었다.

결국 부산정치파동은 이승만의 집권욕으로 충동된 야당과의 정쟁을 넘어서는 역사적 사건이었다. 그것은 이 나라의 정체성과 진로를 놓고 이승만이 미국과 야당세력을 상대로 벌인 한 판 승부였다. 결국 이승만이 승리하였고, 국민은 그의 노선을 수용하였다. 이제 요약한다. 이승만의 권위주의체제는 반공주의, 북진통일, 미국과의 동맹, 일본과의 대립을 통해 대한민국의 국가정체성을 결정하였다. 그 밑바닥에는 자유민주적 민족주의가 있었다. 이후 대한민국은 신생 후진국에서 흔히 보는 정치이념의 혼란, 붕당정치, 대외관계의 불안정을 피할 수 있었다.

모순과 위기

이승만의 권위주의체제는 쉽게 안정될 수 없는 모순을 안고 있었다. 야당세력은 대통령중심제의 정부형태를 끝내 수긍하지 않았다. 1955년 민국당, 이승만의 독재에 저항하여 자유당에서 이탈한 세력, 기타 무소속 세력이 민주당으로 통합하였다. 이 무렵 김성수를 중심으로 한 원래의 한민당 세력은 정계에서 거의 영향력을 상실하였다. 새로운 민주당은 신익희, 조병옥과 같이 건국과정에서 이승만과 같은 노선을 걷다가 건국 이후 정권에서 배제된 인사들과(구파), 장면과 같이 1952~1954년에 반이승만 노선으로 돌아선 각료 및 의원 출신의 인사들로(신파) 구성되었다. 민주당의 구파와 신파는 출신배경과 정치성향을 달리했지만 헌법적 질서를 수호하자는 대의명분 하에서 공동의 반이승만 전선을 구축하였다. 민주당은 공정한 자유선거를 통한 대의정치와 내각책임제를 공약으로 내걸었다.

1956년 제3대 대통령과 부통령 선거를 맞은 자유당은 이승만과 이기붕(李起鵬)을 후보로 내세웠다. 이승만은 이미 80세를 넘긴 노인이었다. 그의 3선 시도는 아무래도 무리였다. 선거를 거듭할수록 그의 카리스마는 조금씩 소모되었다. 그의 카리스마를 인정할 수 없는, 해방 후 민주주의 교육을 받은 세대가 이미 유권자의 일정 부분을 점하였다. 그들에게 이승만은 늙고 고집 센 독재자일 뿐이었다.

그렇지만 이승만은 벌써부터 스스로의 의지로는 내려올 수 없는 호랑이 등을 타고 있었다. 자유당 내에서 그의 역할을 대신할 사람은 아무도 없었다. 1952년과 1954년의 정변을 겪으면서 당내의 유능한 인사들이 이승만을 떠나 야당에 합류하였다. 그들은 내각책임제를 공약으로 내걸었다. 선거의 패배는 정부형태가 내각책임제로 바뀜을 의미하였다. 그것은 과거 8년간 이승만이 추구해 온 모든 것을 허무는 노릇이었다.

부통령 후보 이기붕은 이승만의 비서 출신이었다. 행정 능력이 있어 이승만의 신임을 받아 서울시장, 국방장관을 거쳐 국회의장과 자유당 부총재로 발탁된 인물이다. 그렇지만 그는 혼자 힘으로는 국회의원에도 당선되기 힘들 정도로 대중정치에 취약한 인물이었다. 1956년 대통령선거에서 이승만은 여전한 국민적 인기에다 경쟁자인 민주당 후보 신익희가 갑자기 병사하는 통에 무난하게 당선되었다. 그렇지만 이기붕은 민주당 후보인 장면에 패배하였다. 대통령과 부통령이 당적을 달리함으로써 정치적 불안이 조성된 것은 이전에도 두 차례나 있은 일이었다. 그런 일이 다시 벌어질 수 있는 상황이 조성되었다. 80세를 넘긴 대통령이 사망할 경우 정권은 민주당의 부통령에게 자동으로 승계될 형편이었다.

헌법이 규정한 부통령의 권한은 대통령의 유고 시에 그를 계승하는 것, 그리고 아직 구성도 되지 않은 참의원의 의장을 맡는 것 이외에 아무 것도 없었다. 그 정도 권한의 부통령이라면 미국에서처럼 대통령선거에서 러닝메이트로 지명되어도 충분하였다. 그럼에도 불구하고 1952년 이래 1956, 1960년에 걸쳐 대통령과 마찬가지로 부통령은 국민 직선제에 의해 선출되었다. 그것은 정부 조직을 불안정하게 만들고, 정당 간의 경쟁을 필요 이상으로 과열시키는, 다른 나라에서 비슷한 예를 찾기 힘든 모순의 정치제도였다. 이승만정부를 붕괴시킨 4·19혁명은 이 모순의 부통령제에서 비롯되었다. 4·19혁명으로 부통령제는 폐기되었다. 이후 대통령중심제 정부형태가 복구될 때 부통령제는 함께 복구되지 않았다. 이후 어느 정치세력도 부통령제를 복구하자고 주장하지 않았다. 1950년대의 한국정치는 정부형태를 둘러싸고 대통령과 국회가 대립하였을 뿐 아니라 부통령직선제에 따른 모순을 함께 안고 있었다.

자유당은 1958년 제4대 국회의원선거를 맞아 정부당체제를 강화하였다. 자유당의 지구당은 정당 조직이기를 넘어 지역사회의 유력한 기관장과 인사들이 고문으로 참여하는 위원회 조직으로 변질되어 갔다. 거기에는 국회의원과 지구당 간부 이외에 지방의회의장, 지방재판소장, 지방검찰청장, 경찰서장, 세무서장, 신문사사장, 방송사사장, 대학교총장, 중·고등학교

교장 등이 광범하게 참여하였다.

나아가 자유당은 농촌사회의 말단에까지 깊숙이 침투하여 주민의 상당수를 당원으로 포섭하였다. 예컨대 1958년 경기도 광주군과 용인군의 6개 동리를 대상으로 한 농촌조사에 따르면, 주민 336호 가운데 66호가 자유당의 당원으로 가입해 있었다. 뿐만 아니라 농촌사회의 여론을 주도하는 동장, 면장 등이 자유당에 우호적인 외곽세력을 형성하였다. 자유당은 그의 행정력과 자금력과 인맥을 활용하여 경로당과 같은 공공시설을 짓고, 농가의 관혼상제를 보살피고, 심지어 농촌 청년의 도시 취업까지 알선하였다.

그럼에도 불구하고 1958년 5월 제4대 국회의원선거는 이승만의 권위주의체제가 현저히 그 영향력을 상실한 상태임을 폭로하였다. 자유당과 행정조직이 광범하게 부정선거를 자행했음에도 불구하고 자유당 의석은 줄어든 대신 민주당 의석은 33석이나 늘어났다. 자유당 의석의 90%는 농촌 출신이었고, 민주당 의석의 60%는 도시 출신이었다. 민주당은 도시의 선거에서 승리하였다. 서울을 포함한 전국 62개의 도시 선거구에서 민주당은 42석이나 차지하였다. 의석수에 있어서 자유당은 129석으로 민주당의 79석보다 많기는 했지만, 내용면에서는 자유당이 패배했다. 뒤이어 행해진 지방의원 및 단체장 선거에서도 자유당은 도시에서 철저하게 패하였다.

진보당 사건

1958년에 발생한 진보당 사건은 이승만정부에 대내적이라기보다 대외적인 위기를 안겨다 주었다. 1956년 5월의 대통령선거에서 이승만의 504만 표에 이어 차점의 득표자는 216만 표의 조봉암이었다. 유세 도중에 민주당 후보인 신익희가 사망하자 실망한 표의 얼마가 조봉암에게 던져진 결과였다. 전국 181개 선거구 가운데 조봉암의 득표수가 이승만을 능가한 곳이 25개나 되었다. 그 조봉암이 1956년 11월 진보당을 창당하였다. 진보당의 3대 강령은 책임 있는 혁신정치, 수탈 없는 계획경제, 민주적 평화통일이었다. 진보당은 자본주의와 사회주의의 중간 형태인 사회민주주의를 지향하였다.

문제는 진보당이 강령으로 내세운 평화통일이었다. 1956년 그 해에 북한이 평화통일을 주장하였기 때문이다. 1958년 1월 이승만정부는 진보당의 주요 간부 10여 명을 국가보안법 위반 혐의로 체포하였다. 뒤이어 조봉암과 친분이 있는 양명산(梁明山)이란 사람이 간첩으로 체포되었다. 조봉암은 양명산을 통해 북한의 자금을 받았다는 혐의를 받았다. 1958년 7월 초심의 재판은 조봉암과 진보당의 간부에게 무죄를 선고하였다. 그러자 대통령과 관변 단체들이 고등법원에 압력을 가하였다. 그해 10월 고등법원은 조봉암에 사형을 판결하였으며, 1959년 2월 대법원도 같은 판결을 내렸다. 조봉암의 사형은 그해 7월에 집행되었다.

조봉암이 정치적 재판으로 희생된 것은 부정하기 힘든 사실이다. 그가 제기한 평화통일론은 이승만의 북진통일론에 대한 정면 도전이었다. 북진통일론은 이승만이 추구한 대내외 정책의 핵심 고리에 해당하였다. 전쟁이 끝난 지 겨우 3년에 북한의 주장에 동조하는 듯이 들리는 조봉암의 평화통일론에 이승만은 관용을 베풀 수 없었다. 이승만은 조봉암이 북한의 사주와 지원을 받았다는 사실을 의심하지 않았다. 미국은 조봉암의 처형에 강력히 반대했지만 이승만의 고집을 꺾을 수는 없었다.

공판정에 나와 재판을 기다리는 진보당 당수
조봉암. 1958. 10. 25

　　이승만정부는 1958년 12월 야당과 언론의 반발을 무릅쓰고 국가보
안법을 개정하였다. 개정의 핵심은 언론이 허위의 사실을 고의로 유포하
거나 사실을 왜곡하여 인심을 혼란시킬 경우 이를 처벌한다는 내용이었
다. 언론의 자유를 위축시킬 우려가 있는 이 조항은 곧바로 위력을 발휘하
였다. 정부는 1959년 초 평소 민주당을 지지하면서 정부를 매섭게 비판해
온 경향신문을 폐간하였다. 이승만에 대한 개인숭배도 강화되었다. 초등
학교의 학생들은 조회 시에 대통령 찬가를 불렀다. 그의 생일을 맞아서는
전국적인 범위에서 축하행사가 열려 그의 만수무강을 빌었다. 이승만의
권위주의체제는 뚜렷이 경직되고 있었다. 1956년부터 조짐을 보이기 시작
한 정치체제의 위기는 1960년 제4대 대통령과 부통령 선거를 맞이하여 폭
발하였다.

4 | 자립경제의 모색

미국의 경제원조

6·25전쟁에 깊이 개입한 미국은 한국경제의 재건과 발전을 위해 적지 않은 경제원조를 제공하였다. 한국이 자유진영에서 성공한 모델로 일어서는 것은 미국의 세계전략에서 대단히 중요한 일이었다. 1950~1961년 미국이 한국에 제공한 경제원조는 총 27억 달러에 달하였다. 이 외에 적지 않은 군사원조가 주어졌다. 6·25전쟁으로 황폐해진 한국경제는 미국 원조의 도움으로 재건되었다. 경제 재건에 필요한 원자재, 부품, 기계 등은 미국이 제공한 원조로 확보되었다.

예컨대 1957년 한국의 수출은 총 2,220만 달러에 불과하였다. 수출의 주종품은 쌀, 텅스텐, 김 등의 농수산물과 광산물이었다. 1950년대 한국은 그가 보유한 1차 자원을 팔아 약간의 달러를 벌 뿐이었다. 그에 비해 그해 한국의 총수입은 4억 4,220만 달러나 되었다. 그 가운데 한국정부가 자력으로 결제할 수 있는 수입은 6,820만 달러에 불과했으며, 나머지 3억 7,400만 달러는 미국이 제공한 원조 달러로 결제되었다. 이처럼 원조가 총수입에서 차지하는 비중은 85%나 되었다.

6·25전쟁 중인 1952년에 양국 정부는 한국경제의 재건과 원조의 효율적인 집행을 위한 협정을 체결하였다. 그에 따라 양측의 대표 1명씩으로 구성되는 합동경제위원회가 설치되었다. 원조 달러를 어떠한 내역으로 지출할 것인가는 이 위원회의 협의를 거쳐 미국정부의 승인을 얻어야 했다. 이 위원회는 원조를 지렛대로 하여 한국정부의 경제정책에 큰 영향력을 행사하였다.

한국정부는 원조 달러가 될 수 있는 대로 자립경제의 건설을 위한 기간산업과 생산재공업의 건설에 투여되기를 희망하였다. 그에 비해 미국정부는 한국경제가 높은 물가상승률을 억제하고 안정을 달성하는 것이 무엇보다 긴요한 과제라고 생각하였다. 그에 따라 미국은 원조에 의해 소비재가 풍부히 공급되고 또 생산재공업보다 소비재공업이 우선적으로 건설되어야 한다고 주장하였다. 원조의 내역과 관련해서는 아무래도 원조를 제공하는 미국정부의 입김이 셀 수밖에 없었다. 1950~1961년 원조의 전체적 내역을 보면 연료 및 비료가 26%로 가장 많고, 그 다음이 시설재 22%, 최종소비재 19%, 공업원료용 농산물 17%, 기타 원자재 10%의 순서였다.

종래 미국이 자국의 잉여농산물을 처분하기 위해 한국정부가 원조 달러로 미국의 잉여농산물을 구입하도록 강요했으며, 그 결과 한국의 농업이 큰 타격을 입었다는 주장이 널리 유포되었다. 이는 잘못된 주장으로서 재검토될 필요가 있다. 미국이 제공한 원조는 그 법적 근거에 따라 여러 기관을 통해 주어졌다. 그 중에 미국의 잉여농산물을 구매한 원조는 공법(公法)480원조였다. 1956년부터 주어진 공법480원조는 1961년까지 도합 2억 260만 달러로서 전체 원조의 일부에 지나지 않았다. 이 원조만으로 미국이 제공한 총 27억 달러에 달하는 전체 원조의 성격을 판단해서는 곤란하다.

위에서 소개한대로 원조의 내역은 석유 등의 연료, 농업 발전에 긴요한 비료, 그리고 공장 건설을 위한 시설재의 순서로 구성되었다. 총괄적으로 이야기하여 미국의 경제원조는 한국경제의 재건에 크게 이바지하였다. 농업 가운데 타격을 받은 부문이 있었다. 밀, 면화와 같은 밭작물이 그러하였다. 그렇지만 그러한 밭농사는 미국을 중심부로 하는 새로운 국제시장에서 어차피 경쟁력을 가질 수 없는, 장기적으로는 쇠퇴가 불가피한, 부문이었다.

원조의 효과는 이에 그치지 않았다. 한국정부는 미국정부로부터 무상으로 받은 총 27억 달러의 원조로 수입한 물자를 민간에 판매하였다. 그에 따라 27억 달러에 상당하는 한국화폐의 수입이 추가로 생겼다. 원조 달러나 그로써 수입한 물자를 민간에 판매한 대금은 한국은행에 예치되었다. 이를 가리켜 대충자금(對充資金)이라 하였다. 대충자금은 한국정부의 재정수입으로 편입되어 집행되었다. 총 재정수입에서 대충자금이 차지하는 비중은 1954~1959년 평균 43%나 되었으며, 50%를 넘는 해도 있었다. 이처럼 미국의 원조는 1950년대 한국정부의 재정 운용에 있어서도 절대적인 중요성을 지녔다.

해마다 대충자금의 30~40%는 정부재정의 일반회계로 편입되어 주로 부족한 국방비로 지출되었다. 나머지 40~50%는 경제부흥특별회계로 편입되어 도로·항만·수도·전기 등의 사회간접자본을 건설하기 위한 정부의 직접 투자에 쓰였다. 나머지 10~30%는 산업은행과 농업은행이 행한 민간기업에 대한 투융자로 쓰였다. 대충자금에 의한 투융자는 1950년대 한국경제의 부흥에 있어서 매우 중요한 역할을 수행하였다. 예컨대 1953~1959년 한국경제의 총고정자본형성에 있어서 정부의 재정 투융자가 차지하는 기여도는 평균 54%나 되었는데, 그 가운데 64%가 대충자금에 의한 것이었다.

귀속재산의 불하

귀속재산이란 1945년 8월 15일 일제가 패망할 당시 일본과 일본인이 남기고 간 각종 재산으로서 그해 12월 미군정의 소유로 귀속된 것을 말한다. 귀속재산은 기업체·은행·회사의 설비, 주식·토지·주택·임야 등 다양한 종목으로 이루어졌다. 미군정기의 정치적 혼란으로 인해 귀속재산의 적지 않은 부분이, 특히 공장의 생산설비가 파괴되거나 망실되거나 부정하게 처분되었다. 그럼에도 1948년 10월 미군정이 한국정부에 귀속재산을 이관할 때 그것은 3,053억 원의 규모에 달하였다. 그것은 당시 한국정부의 5년 어치 예산에 달하는 크기였다.

정부는 귀속재산을 조속히 민간에 불하할 방침을 세웠다. 그것은 정부가 직접 방대한 규모의 귀속재산을 효율적으로 운영하기 어려울 뿐 아니라 정부재정의 적자를 불하에 따른 수입으로 메울 필요가 있었기 때문이다. 귀속재산의 불하는 1949년 말부터 개시되어 1963년 5월에 종결되었다. 그 사이의 불하 실적은 총 31만 5,642건에 달하였다. 그 결과 국·공유로 남은 대한석탄공사·대한조선공사 등의 일부 대기업을 제외하고 대부분의 귀속업체가 민영화하였다.

앞서 말한대로 건국헌법은 경제에 대한 국가의 강한 개입을 특징으로 하였다. 1949년 말에 제정된 귀속재산처리법도 국민경제 상 중요한 산업으로서 운수, 통신, 전기, 금융, 보험, 수도, 가스, 광산, 철강, 기계 등의 기업체는 국영 또는 공영으로 남긴다고 규정하였다. 그렇지만 실제의 불하 과정에서는 그 범주에 속하는 기업마저 과감하게 민영으로 불하되었다. 거기에는 재정적자를 매워야 하는 필요성도 컸지만, 민간기업이 주도하는 자유시장경제체제의 육성을 한국정부에 종용하였던 미국의 입장이 크게 작용하였다.

귀속재산의 취득은 상당한 특혜를 의미하였다. 정부가 사정한 귀속재산의 가격은 실제 시가보다 훨씬 낮은 것이었다. 나아가 최고 15년까지의 연부상환이 허용되었다. 당시의 높은 물가상승률을 고려하면 장기간의 연부상환은 커다란 혜택이었다. 이로 인해 귀속재산의 불하는 정경유착과 부정부패의 상징으로서 많은 비판의 대상이 되었다. 그러한 문제점을 부정할 수 없지만 정부에 의한 귀속업체의 불하는 자본 축적의 기초가 빈약한 한국의 기업들이 성장할 수 있는 터전을 마련해 주었다.

1950년대에 활동한 주요 대기업의 상당 부분은 귀속업체의 불하를 성장의 주요 계기로 하였다. 예컨대 1950년대의 주요 대기업 89개 가운데 귀속업체의 불하로 성립한 것은 40개나 되었다. 그 결과 오늘날에도 이름 있는 기업집단의 상당 부분은 1950년대의 귀속업체 불하와 밀접한 연관을 지니고 있다. 예컨대 귀속업체의 불하가 기업집단 형성의 직접적 계기로 작용한 경우로서는 두산, 한화, SK, 쌍용, 애경, 태창 등을 들 수 있으며, 불하된 귀속업체를 간접적으로 인수하여 성장한 기업집단으로서는 동양, 삼호, 벽산, 하이트맥주 등이 있다.

민간공업의 발흥

미국의 경제원조와 한국정부의 재정 투융자에 힘입어 1954~1960년 한국경제는 연간 4.9%의 성장률을 보였다. 인구증가율을 공제한 1인당 실질소득의 성장은 연평균 2.5%이었다. 종래 1950년대는 경제적으로 아무것도 이루지 못한 암울한 시대라고 인식되어 왔지만, 이는 잘못이다. 전쟁 이후라는 최악의 조건에서 한국경제는 그런대로 건실한, 동시대 다른 후진국에 비해 손색이 없는, 경제성장을 이룩하였다.

성장을 주도한 것은 제조업, 건설업, 광업 등의 2차 산업이었다. 1954~1960년 2차 산업은 막대한 규모의 원조와 재정 투융자에 힘입어 연평균 12.5%의 높은 성장률을 보였다. 전체 산업에서 2차 산업이 차지하는 비중은 1953년의 12%에서 1960년의 19%로 증가하였다. 제조업에 종사한 공장의 수는 1953년 2,474개에 불과했으나, 1960년까지 1만 5,204개로 크게 증가하였다.

민간공업의 성장을 주도한 것은 소비재공업이었다. 면방직업, 제분업, 제당업이 그 대표적인 예이다. 원조에 의해 육성된 이들 소비재공업은 제품이 모두 흰색이어서 삼백공업(三白工業)으로 불리기도 하였다. 면방직업은 6·25전쟁으로 직기와 방추 등 시설의 70%가 파괴되는 큰 피해를 입었다. 1952년 1월 한국정부는 면방직업의 부흥계획을 수립하였는데, 1956년까지 방추 40만 추와 직기 8,500대의 설치를 목적으로 하였다. 이를 위해 정부는 원조 자금 가운데 약 1,000만 달러를 설비 자금으로 면방직 업체에 지원하였다. 원료 원면도 95% 이상 원조 자금에 의해 공급되었다. 이 같은 정부의 적극적인 육성 정책에 힘입어 면방직업은 1957년에 이르러 당초 목표를 초과하는 44만 추의 방추와 1만 대 이상의 직기를 갖추게 되었다.

소비재공업에 이어 1950년대 후반부터 비료, 유리, 시멘트, 철강, 제지, 전기기계 등의 중간재 및 생산재 공업이 건설되기 시작하였다. 한국정부는 경제안정을 바라는 미국정부의 의지를 거슬리면서 자립경제를 위한 기간산업의 건설에 열정을 보였다. 해방 후 남한에는 조그만 비료공장이 셋 있었는데, 1956년의 연간 생산량은 7,500톤에 불과하였다. 그로 인해 1950년대에 걸쳐 연평균 70만 톤 이상의 화학비료가 수입되었다. 정부는 1954년 비료공장의 건설을 위한 2,300만 달러의 자금을 확보하였으며, 이듬해부터 충주비료공장의 건설에 착수하였다. 이 공장은 1961년에야 완공이 되었는데 연산 8만 5,000톤의 생산능력을 지녔다. 그로 인해 1960년대 초 국내 질소비료 수요량의 20%를 자급하게 되었으며, 연간 800만 달러 이상의 외화를 절약할 수 있었다.

해방 후 시멘트공업은 삼척에 있는 공장 하나가 고작이었는데, 그나마 정치적 혼란과 전력의 부족으로 1955년까지 정상 가동되지 못하였다. 정부는 이 공장을 동양시멘트라는 민간기업에 불하하여 시설 확충을 지원하였다. 그 외에 대한양회의 문경공장 건설을 지원하였다. 그 결과 1950년

문경시멘트에서 생산된 국내 첫 시멘트를 놓고 대화하는 이승만. 오른쪽부터 이동준 대한시멘트회장, 이승만, 한 사람 건너 김일환 상공장관, 이정림 문경시멘트 사장. 1951. 7. 11

대 말 연산 60만 톤의 시멘트를 생산할 수 있게 되어 국내 수요의 대부분을 충당하게 되었다. 해방 후 철강업의 사정도 비슷하였다. 해방과 더불어 일본인 자본과 기술이 철수하자 남한의 철강업은 사실상 해체되고 말았다. 그나마 있던 삼척의 제철소와 인천의 제강공장은 6·25전쟁으로 심하게 파괴되었다. 이승만정부는 1952~1953년에 삼척 제철소의 용광로를 복구하기 시작했으며, 그 결과 1961년까지 연산 2만 1,000톤의 제선 능력을 갖추었다. 인천의 제강공장에 대해서는 1956년부터 새로운 압연시설을 설치하여 1959년까지 연산 10만 톤의 제련 능력을 확보하였다.

이승만정부가 건설한 소비재공업과 생산재공업은 1958년 이후 부문

별로 이미 시설과잉에 들어가 해외시장을 개척하기 시작하였다. 면방직업이 그 좋은 예이다. 1958년 44만 추의 방추를 갖춘 면방직업은 시설과잉에 따른 불황에 직면하였다. 이를 타개하기 위한 업계의 노력으로 방직업계는 1957년부터 동남아 시장을 개척하였으며, 1962년 이후 미국, 영국, 서독, 네덜란드 등 선진국의 시장으로 진출하였다. 철강업도 마찬가지였다. 이미 1960년에 국내시장이 포화상태에 이른 국내의 제강업은 해외시장의 개척에서 탈출구를 찾기 시작하였으며, 그 결과 1962년 최초로 일신제강이라는 회사가 2,594톤의 아연도철판(亞鉛鍍鐵板)을 월남에 수출하였다.

1963년 이후 한국경제의 고도성장은 갑작스런 출발이 결코 아니었다. 그것은 1950년대에 이승만정부가 애써 일으킨 공업화의 성과가 준비되어 있었기에 가능한 일이었다. 1950년대에 건설된 공업은 1960년대에 들어 스스로의 힘으로 해외시장을 개척하여 수출기업으로 변신하였다. 역사에는 결코 비약이 없다. 앞선 시대가 깔아 놓은 초석을 딛고서야 뒤 세대가 다음 단계로 올라설 수 있는 법이다.

교육혁명과 엘리트집단의 형성

1950년대가 남긴 것은 물적 자산에 그치지 않았다. 그보다 훨씬 더 중요한 것으로 1950년대는 풍부한 인적자본을 축적하였다. 1950년대에는 '교육혁명'이라고 할 만한 국민교육에 있어서 획기적인 진전이 있었다. 어려운 경제적 여건 하에서 정부는 청소년들에게 풍부한 교육의 기회를 제공하였으며, 국민들은 교육만이 삶의 질을 바꿀 수 있다는 생각에서 자제들의 교육에 놀라운 열정을 보여 주었다.

건국헌법은 "모든 국민은 평등하게 교육을 받을 권리가 있다. 적어도 초등교육은 의무적이며 무상으로 한다"라고 규정하였다(제16조). 그에 상응하여 1949년 교육법이 제정되어 초등교육을 의무교육으로 정하였다. 모든 국민은 그의 자녀가 만 6세가 된 이후의 최초의 학년부터 초등학교에 취학시킬 의무를 부여받았다. 초등학교의 수는 1948년 3,443개에서 1960년 4,653개로 늘었으며, 학생 수는 242만에서 366만으로 증가하였다. 초등학교 취학률은 일제 하 1943년에는 47%에 불과하였는데, 건국 이후 의무교육제의 시행에 따라 1960년에는 99.8%라는 완전 취학상태에 도달하였다.

초등교육의 일반적 보급은 국민의 문맹률을 크게 개선하였다. 건국 당시의 문맹률이 어느 정도였는지는 정확하게 알려져 있지 않지만 대개 40% 전후였다고 보인다. 1955년에 보고된 최초의 공식 통계에 의하면 국민의 문맹률은 평균 35.1%였다. 이후 문맹률은 1959년까지 10.3%로 크게 개선되었다. 이에는 초등교육이 널리 확산됨과 더불어 문맹을 해소하기 위한 정부의 계몽활동이 주효하였다. 정부는 1954~1959년 해마다 1~2개월씩 각 부락에 한글강습소를 설치하여 문맹퇴치운동을 벌였다. 의무교육의 확산과 문맹인구의 해소는 1960년대 이후 공장노동에 적응할 수 있는 대량의 노동력을 공급함으로써 고도경제성장을 크게 뒷받침하였다.

초등학교에 이어 중학교 이상의 고등교육도 널리 보급되었다. 전국의 중학교는 1948~1960년에 380개 교에서 1,053개 교로, 고등학교는 1950~1960년에 262개 교에서 640개 교로 증가하였다. 전문학교와 대학교는 해방 직후에 19개 교에 불과하였는데 1952년에 41개 교, 1960년에 63개 교로 늘었으며, 학생 수도 3만 명에서 10만 명으로 증가하였다. 선진 학

전쟁 중에도 학교 문을 닫지 않고 교육을 실시하였다. 전시 초등학교의 야외수업 모습.

문을 배우기 위해 해외유학을 떠나는 학생들의 대오도 이어졌다. 1951~
1959년에 도합 5,021명의 학생들이 여러 선진국으로 유학을 떠났는데, 그
가운데 4,468명의 다수가 미국행을 택하였다. 1960년대 이후 이들은 학계
와 관계에서 지배적인 엘리트집단을 형성하였다.

　　각급 학교와 학생 수의 증가는 정부재정의 투자에 힘입은 바가 컸다.
정부가 교육 투자에 열의를 올리는 것은 1955년부터였다. 1954년까지만
해도 정부재정이 빈약하여 중앙정부의 일반회계에서 문교부 세출의 비중
은 2%가 못되었다. 이후 미국의 원조로 재정의 여유가 생기자 문교부 세출
은 1959년까지 18.4%로 급속하게 증가하였다. 동기간 문교부 세출은 국방
부에 이어 제2의 지위를 점하였다. 신생국의 정부가 교육을 통한 인적자본

의 양성에 얼마나 큰 열의를 보였는지를 이를 통해 알 수 있다.

인적자본은 학교 교육 이외의 여러 분야에서 축적되었다. 6·25전쟁 이후의 재건 과정에서 정부의 여러 부처에서는 제반 정책을 입안하고 집행할 수 있는 능력을 갖춘 엘리트집단이 성장하였다. 그들은 대개 식민지기에 고등교육을 받고 은행 등의 경제기구에서 실무경험을 축적한 다음, 건국 이후 한국경제에 자문을 행한 미국의 전문가들로부터 훈련받은 관료들이었다. 군부에서도 새로운 엘리트집단이 성장하였다. 6·25전쟁을 치르면서 조직으로서의 국군은 비약적으로 성장하였다. 전쟁이 끝난 이후 국군은 철수한 미국군의 공백을 메우면서 67만 명의 거대 규모로 팽창하였다. 육군·해군·공군의 사관학교, 공병학교, 통신학교, 국방연구원이 설립되어 우수한 장교들을 배출하였다. 1960년대 초까지 9,000명 이상의 장교가 해외에서 군사기술과 조직관리의 연수를 받았다. 1950년대 한국군의 행정체계는 정부의 일반 부처에 비해 훨씬 선진적이고 효율적이었다.

1950년대의 한계

1953년 전쟁이 끝나고 불과 7년의 짧은 기간이었지만 이승만정부가 경제, 사회, 문화의 방면에서 이룩한 업적은 결코 작지 않았다. 정치적으로 혼란이 심하였지만 다른 부문에서는 1960년대 이후의 발전을 가능케 한 전제조건들이 착실하게 성숙한 기간이었다. 그럼에도 1950년대 나름의 시대적 한계는 명백하였다. 해방과 분단으로 주어진 경제적 타격은 너무나도 컸다. 일제 하에서 성립한 일본-한국-만주를 잇는 시장과 물자의 거대한 흐름은 해체되었다. 거기에다 분단은 남북의 시장과 산업의 연관을 해체하였다. 남한에 남은 공업이라고는 방직업 등의 몇 가지 소비재공업에 불과하였다. 그것마저 전쟁 통에 심하게 파괴되었다. 해방 이후 일본과 중국에서 많은 동포들이 남한으로 귀환하였다. 전쟁 통에는 적지 않은 북한 동포들이 남으로 내려왔다. 이들 귀환 및 월남 동포로 인해 도시에는 실업자가 넘쳐흘렀다.

이 같은 역사적 배경에서 1955년 한국의 1인당 소득은 65달러에 불과하였다. 이는 그해 아시아 16개국 가운데 중국, 인도, 방글라데시, 버마, 네팔, 파키스탄보다는 높지만 일본, 인도네시아, 필리핀, 태국, 대만, 홍콩, 말레이시아, 싱가포르, 스리랑카보다는 낮은 수준이었다. 아프리카 57개국의 평균 1인당 소득보다도 낮은 수준이었다. 부끄럽게도 한국은 세계적으로 가장 가난한 나라의 대열에 속하였다. 1950년대에 걸쳐 농촌 인구는 전체 인구의 60%을 차지하였다. 그럼에도 농업이 국민총생산에서 차지하는 비중은 35%에 지나지 않았다. 농촌 인구의 상당 부분은 생산성이 매우 낮거나 제로인 과잉노동력이었다. 무엇보다 그 과잉인구를 빨아들일 수 있는 큰 시장이 국내외에 존재하지 않았다. 그 점이야말로 1950년대의 한국경제를 짓누른 가장 큰 제약조건이었다. 그 같은 제약은 1960년대에 들어와 한국경제에 커다란 수출시장이 열리면서 해소되었다.

1950년대의 한국경제가 그러한 국제시장을 개척해 가기 위해서는 무엇보다 일본과의 국교를 정상화할 필요가 있었다. 그래야 일본시장을 이용할 수도 있고, 한국에 부족한 자본과 기술을 일본으로부터 도입할 수도 있었다. 그렇지만 일본과의 국교정상화는 얼마 전까지 그의 식민지였던 한국으로서는 쉬운 일이 아니었다. 미국의 강력한 권고로 1951년 10월 국교를 정상화하기 위한 일본과의 회담이 개시되었다. 양국 간에는 해결해야 할 수많은 난제가 가로 놓여 있었다. 회담이 개시되자 1952년 1월 이승만 대통령은 '인접해양의 주권에 관한 대통령 선언'을 발표하여 한국의 주권이 미치는 해역을 설정하였다(이승만라인). 뒤이어 2월에는 독도에 관한 영유권을 선포하였다. 그해 8월부터 한국정부는 이승만라인 안에 들어온 일본어선을 나포하기 시작하였다. 일본정부는 이승만라인을 인정하지 않았으며 자국 어선의 나포에 대해 항의하였다. 그 외에 양국 간의 큰 어려움은 이른바 청구권 문제였다. 한국정부는 일본정부에 대해 식민지 지배에 따른 피해를 보상받을 권리가 있다고 주장했으나, 일본정부는 이를 인정하지 않았다. 양국 정부의 현저한 입장 차이로 회담은 몇 차례 중단되는 가운데 조금의 진전도 보지 못하였다.

그러한 가운데 미국의 세계정책이 변화하기 시작하였다. 1950년대 전반까지 미국은 세계경제를 부흥시키고 공산진영으로부터 자유진영을 방어하기 위해 막대한 규모의 원조를 전 세계에 살포하였다. 미국의 지원에 힘입어 일본과 서유럽의 주요 국가들이 제2차 세계대전의 피해를 복구하는 것은 대체로 1956~1958년의 일이었다. 이후 이들 선진 공업국은 미국과 자유무역을 하기 시작하였다. 그와 더불어 미국의 후진국 정책도 바뀌어갔다. 미국은 후진국이 일방적으로 원조를 받기보다는 자기 책임과 계획으로 경제개발을 추진할 필요가 있으며, 이에 무상원조보다는 유상차관의 제공이 훨씬 효율적이라고 생각하였다.

그에 따라 한국에 대한 미국의 원조가 줄어들기 시작하였다. 미국 원조는 1957년에 3억 8,289만 달러의 최고 수준을 보인 다음, 1959년까지 2억 2,220만 달러로 줄어들었다. 그에 따라 주요 투자자금을 원조에 의존하던 한국경제에 적지 않은 충격이 가해졌다. 1957년 8.8%나 되었던 경제성장률은 1959년 4.4%, 1960년 2.3%로 하락하였다. 새로운 상황을 맞이하여 한국정부는 차관 도입을 전제로 한 장기개발계획을 수립하였다. 그 결과 1959년 12월 경제개발3개년계획이 발표되었다. 그렇지만 이 개발계획에는 정권 차원의 무게가 실리지 않았으며, 곧이어 이승만정부가 4·19혁명으로 붕괴하였기 때문에 죽은 문서가 되고 말았다.

한국의 정치는 1958년 제4대 국회의원선거를 치른 후 깊은 혼란으로 빠져 들었다. 그 와중에서 이승만정부는 미국의 대외정책의 변화에 따른 위기적 상황을 헤쳐 갈 여유와 능력을 발휘하지 못하였다. 새로운 국제정치와 국제경제의 환경에 적응하면서 한국경제를 힘찬 도약의 고도성장으로 밀어 올리기 위해서는 새로운 정치적 지도력이 요구되었다. 이승만의 시대는 공산주의세력과의 투쟁을 통해 자유민주주의와 시장경제에 바탕을 둔 새로운 나라를 세우고, 공산주의세력의 무력 침략으로부터 나라를 방위하고, 미국과의 동맹관계를 굳건히 하고, 다음 세대의 한국경제가 고도성장을 이룩할 수 있는 토대로서 교육혁명을 이룩하고 민간공업을 육성하는 등의 업적을 남겼다. 1950년대가 끝나면서 그 이승만의 시대도 슬슬 막을 내리고 있었다.

| 제4장 |

나라만들기 세력의 교체

1 | 4·19민주혁명

부정선거

　　1960년 3월 제4대 대통령과 부통령 선거를 앞두고 자유당의 집권세력은 위기에 봉착하였다. 대통령선거에서 이승만은 비록 국민에 대한 그의 카리스마가 현저히 쇠퇴하긴 했지만 무난하게 당선될 것으로 예상되었다. 공교롭게도 경쟁자인 민주당 대통령 후보인 조병옥은 미국에서 병을 치료하던 중에 선거를 한 달 앞두고 사망하였다. 문제는 부통령 선거였다. 앞서 말한대로 자유당의 후보 이기붕은 대중정치에 매우 취약한 인물이었다. 그가 1954년 이래 국회의원에 당선된 것은 유력한 야당 정치인이 후보로 등록하지 못하도록 공작을 벌이거나 유력한 자유당 후보를 밀어내고 그 자리를 차지해서였다. 그러한 그가 대통령의 신임을 받아 1956년의 부통령 선거에 나섰지만 민주당의 장면에게 패배하였다. 이후에도 그는 국회의장과 자유당

3·15 부정선거에 항의해 경무대로 향하던 시위대가 광화문에서 경찰과 대치하고 있다. 1960. 4. 19

부총재로서 이승만정부의 핵심적 지위에 있었다. 그는 이미 85세에 도달한 이승만 대통령이 사망할 시에 그를 승계할 유일한 후계자였다. 부통령 선거를 맞아 자유당에서 그 이외의 다른 후보는 생각할 수 없었다. 그럼에도 불구하고 그가 민주당 후보인 장면에 승리할 가능성은 거의 없었다.

당시 이승만 권위주의체제는 이기붕을 정점으로 하는 비공식적인 지배구조에 의해 운영되었다. 노쇠한 대통령은 일주일에 한 두 차례 국무회의를 주관하였을 뿐, 국정의 현장에서 멀어져 있었다. 내각은 이기붕의 지휘 하에 내무, 외무, 국방 등 주요 장관 6~7명이 일종의 내집단을 형성하여 주요 국정을 협의하고 결정하였다. 그들의 결정은 이기붕을 통해 대통령에 보고되고 재가를 받았다. 지방에서는 앞서 말한대로 지방정부의 단체장과 지역의 유력 기관장들이 결집한 일종의 위원회 같은 조직이 운영되어 지방행정을 좌우하였다. 중앙의 내무장관을 중심으로 한 내각의 내집단은 이 지방조직을 통제함으로써 공무원, 경찰, 유권자를 선거에 동원할 수 있었다. 다른 한편 이기붕은 국회의장으로서 자유당이 다수 의석을 점한 국회를 통제하였다. 이기붕은 자유당 부총재로서 자유당의 지방조직도 통제하였다. 자유당의 지방조직은 단체장과 유력 기관장이 집결한 지방의 위원회 조직에 참여하였다.

1960년 3월의 부통령 선거를 맞이하여 이기붕 세력은 위와 같은 정부 당체제를 동원하여 부정선거를 획책하였다. 부정선거를 기획하고 실행한 것은 내무장관 최인규(崔仁圭)였다. 부정선거의 음모는 선거가 시행되기 전부터 여러 가지 부작용을 낳았다. 그들은 야당의 유세에 학생들이 참여하지 못하도록 일요일에도 등교를 강요하였다. 2월 28일 대구의 경북고등학교 학생들이 이에 항의하여 최초의 시위를 벌였다. 뒤이어 전국 각지에서 부정선거를 규탄하는 고등학생들의 시위가 벌어졌다.

3월 15일의 선거 당일에는 부정선거가 공연하게 노골적으로 자행되었다. 농촌 주민에게는 3인조 공개투표가 강요되었다. 군대에서는 유권자의 120%가 이승만에 투표하였다. 각 후보의 득표율은 인위적으로 조작되었다. 경찰은 전국의 개표소에 이승만과 이기붕의 득표율이 80%와 70%를 넘지 않게 하라는 지령을 내렸다. 그럼에도 발표된 득표율은 이승만 89%, 이기붕 79%였다. 이기붕의 득표수는 883만여 표로서 장면의 184만여 표를 압도하였다. 어느 누구도 납득할 수 없는 투표 결과가 발표되자 국민의 분노가 드디어 폭발하였다.

이승만의 하야

3월 15일 부정선거 당일에 마산에서 항의 시위가 벌어졌다. 시위 도중에 고등학생 김주열(金朱烈)이 경찰이 쏜 최루탄에 맞아 사망하였는데, 경찰은 시신을 바다에 유기하였다. 4월 11일 김주열의 시신이 발견되었다. 이를 계기로 부정선거에 항의하는 시위가 전국적으로 확산되었다. 서울에서는 4월 18일 고려대학교 학생들의 시위가 기폭제가 되었다. 약 1,000여 명의 학생들은 국회의사당 앞에 집결하여 연좌데모를 벌이며 대통령·부통령 선거의 재실시를 요구하였다.

이에 자극을 받아 다음날 19일에 대학생은 물론, 중·고등학생까지 일제히 들고 일어났다. 오후에 이르러 국회의사당 앞의 시위대 약 2,000명이 대통령 관저인 경무대로 향하였다. 시위대가 경무대 입구에 이르자 경찰이 발포하였다. 거기서 21명이 사망하고 172명이 부상하는 참사가 벌어졌다. 그러자 흥분한 시민이 시위대에 합세하여 서울시 전역에서 그 수가 20만을 넘었다. 시위대는 자유당의 기관지나 다를 바 없는 서울신문사를 비롯하여 주요 건물을 공격하였다. 당일 오후 서울을 비롯한 주요 도시에 계엄령이 선포되고 계엄군이 진입하였다. 계엄사령부의 발표에 의하면 19일 하루 동안 발생한 사망자는 민간인 111명에 경찰 4명이었으며, 부상자는 민간인 558명에 경찰 169명이었다.

4월 20일 계엄령으로 서울에서는 시위가 중단되었지만 대구, 인천, 전주 등지에서는 학생 데모가 계속되었다. 25일 민주당은 이승만의 하야 권고안을 국회에 제출하였다. 그 날 오후 27개 대학 285명의 교수들이 3·15부정선거와 4·19사태의 책임을 지고 대통령이 하야할 것을 요구하는 성명을 발표하고 가두시위를 벌였다. 다음날 26일 시위 군중이 다시 서울 거리를 메우기 시작하였다. 이들이 경무대로 육박해 갈 때 그 수는 10만을 넘었다. 궁지에 몰린 이승만은 "국민이 원한다면 대통령직에서 물러나겠다"는 하야 성명을 발표하고 사임서를 국회에 제출하였다. 27일 이승만은 경무대를 떠나 사저 이화장으로 돌아왔다. 이후 5월 29일 그는 그의 오랜 독립운동의 근거지인 미국 하와이로 떠났다. 그는 오래 머물 생각이 아니었으나 이후 한국의 정치 상황은 그의 귀국을 허락하지 않았다. 그는 1965년 하와이에서 쓸쓸이 사망하였다.

이승만이 구축한 권위주의적 정부당체제는 그의 하야와 더불어 급속하게 해체되었다. 이기붕과 그의 가족은 경무대의 한 구석에서 동반 자살하였다. 부정선거를 획책한 내무장관 최인규는 체포된 후 사형에 처해졌다. 정부는 외무장관 허정(許政)을 수반으로 하는 과도정부로 개편되었다. 이승만의 하야에는 미국정부의 압력이 큰 영향을 미쳤다. 이전부터 적절한 기회가 오면 이승만을 축출하려고 했던 미국은 대규모 군중시위가 발생하자 민첩하게 개입하였다. 미국은 한국의 군부에 정치에 개입하지 말도록 압력을 가하였다. 그에 따라 계엄군은 시위대를 진압하지 않았으며, 계엄사령관은 "희생자는 나라의 보배"라고 하면서 시위대를 격려하기까지 하였다. 교수들의 시위도 미 대사관의 신분보장을 받고 이루어졌다. 26일 당일 미국대사 매카나기는 경무대에 최후통첩을 발하여 대통령의 하야를 촉구하였다. 이승만의 정치·외교 고문인 올리버는 이승만의 하야를 미국이 1952년부터 몇 차례 구상했던 그의 제거작전이 실행에 옮겨진 것으로 간주하였다.

4·19의 역사적 의의

　이승만의 하야와 더불어 4·19는 주도세력인 학생들에 의해 혁명으로 불리기 시작하였다. 지식인들도 그에 동조하였다. 어느 역사학자는 4·19를 절대왕정의 구체제를 무너뜨린 프랑스혁명에 비유하였다. 어느 경제학자는 4·19를 국가독점자본주의를 해체한 민주적 혁명으로 평가하였다. 이러한 풍조 속에서 4·19가 혁명이었음은 자연스럽게 국민의 상식으로 정착되어 갔다. 그렇지만 그 혁명의 뜻이 무엇인지는 심각하게 논의되거나 합의된 바가 없었다.

　4·19는 한국의 역사에서 일반 대중이 봉기하여 정권을 쓰러뜨린 최초의 사건이었다. 조선왕조 시대까지 일반 백성은 정치적 권리를 누리지 못하였다. 소수의 양반신분만이 조정(朝廷)의 정치에 참여할 권리를 인정받았을 뿐이다. 일제 하에서도 마찬가지였다. 한국인들은 세금을 냈지만 정치적 권리는 탄압되었다. 한국인들이 정치적 주권자로 성립하는 것은 1948년 대한민국의 성립에 의해서였다. 그 국민이 봉기하여 정부를 타도한 것이 4·19인데, 그런 일은 한국사에서 전례가 없었다. 이후 4·19는 보통의 한국인들에게 국가의 주권은 국민에 있다는 민주주의의 기본 원리를 상징하는 역사적 사건으로 승화되어 갔다.

　4·19는 민주주의의 기본 가치와 원리를 국민의 정치의식에 혁명적으로 각인했다는 의미에서 민주혁명이라고 할 수 있다. 비슷한 용례로서 산업혁명, 교통혁명, 정보혁명 등을 들 수 있다. 어떤 사건이 인간의 물질생활과 정신생활에 큰 충격을 미쳐 큰 변화를 초래했을 때, 그것을 두고 흔히들 혁명이라 한다. 4·19는 그런 수준에서 한국 민주주의의 발전을 획기적으

로 촉구했다는 점에서 민주혁명이었다.

　　반면 혁명에는 1789년의 프랑스혁명, 1917년의 러시아혁명, 1949년 의 중국혁명처럼 특정 이념의 정치세력이 기존의 국가체제를 부수고 새 로운 국가체제를 건설하는 정치적 변화를 가리키는 뜻도 포함되어 있다. 4·19는 그러한 수준의 혁명은 아니었다. 4·19는 대한민국의 국가체제를 해체하지 않았다. 4·19는 1948년에 제정된 건국헌법을 부정하지 않았다. 4·19 이후 1960년 6월 15일 제3차 헌법 개정이 이루어졌다. 개정의 중요 내용은 정부형태를 대통령중심제에서 내각책임제로 개편하는 것이었다. 그 과정에서 정부와 국회의 대립을 유발해 온 부통령제는 폐지되었다. 그 외에 선거의 공정성을 확보하기 위해 중앙선거위원회를 설치하거나 사법 부의 기능을 강화하기 위해 헌법재판소를 설치한 것이 헌법 개정의 주요 내용이었다. 제3차 헌법 개정은 그런 정도의 정부형태 상의 개편을 주요 내용으로 하였다. 제3차 헌법 개정이 건국헌법의 기초 이념을 중대하게 수정한 것은 없었다. 다시 말해 4·19를 혁명이라 할 때 기존의 국가체제를 부수고 새로 세우는 수준의 혁명은 아니었음에 유의할 필요가 있다.

　　그럼에도 1980년대 이후 새롭게 등장한 좌익세력은 4·19를 미완의 민중·민족혁명으로 규정하였다. 그들은 4·19를 두고 미 제국주의와 그에 결탁한 국내의 반(半)봉건적 지배계급을 타도하기 위한 민중에 의한 민족 주의혁명이라고 주장하였다. 그리고 그 혁명은 5·16쿠데타에 의해 부정됨 으로써 오늘날까지 미완의 혁명으로 남았다고 하였다. 즉 대한민국의 국 가체제를 해체하고 새로 세우고자 했는데 5·16에 의해 좌절되었다는 것이 다. 1990년대 이후 4·19에 대한 이 같은 취지의 서술이 중·고등학교 역사교과서에까지 실림으로써 4·19의 올바른 이해에 큰 혼란이 생겼다. 4·19에 대한 이 같은 좌익적 해석은 이전의 제1공화국과 이후의 제3공화국 모두를 악의 체제로 모는 양날의 칼과도 같아서 대한민국의 역사적 정통성을 훼손하는 역할을 하였다. 4·19는 미완의 민중·민족혁명이 아니라 한국인의 정신생활과 정치의식에 민주주의의 기본 가치를 혁신적으로 각인했던 민주혁명이었다.

이승만의 일생, 그의 꿈과 투쟁

이승만은 조선왕조 1875년에 왕실과 먼 계보로 이어진 전주 이씨의 가문에서 출생하였다. 그는 19세까지 과거시험을 보기 위해 유교 경전을 열심히 공부하였다. 1894년 갑오경장으로 과거제가 폐지되자 배재학당에 들어가 영어를 비롯한 신학문을 배웠다. 거기서 그는 서구의 자유민권사상에 접하였다. 배재학당을 졸업한 뒤 독립협회가 주관한 만민공동회와 관민공동회에 참가하여 두각을 나타내었다. 그는 독립협회가 강제로 해산되자 고종황제의 폐위 음모에 가담하였다. 그 이유로 1899년 1월에 체포되어 무기징역을 선고 받고 1904년 8월까지 5년 7개월이나 한성감옥에서 옥살이를 하였다.

감옥생활에서 그는 커다란 정신적 변혁을 경험하였다. 감옥생활 초기에 그는 기독교로 개종하였다. 이후 평생 충실한 기독교인으로 살았다. 감옥에서 그는 미국인 선교사들의 도움을 받아 서구의 역사, 외교, 법률, 문학을 두루 섭렵하였다. 그는 서구의 사회진화론을 받아들였지만, 서양이 동양보다 우수하다는 제국주의 질서는 부정하였다. 그는 인간의 자기희생적

인격 형성과 그에 기초한 협동사회의 건설을 이상으로 추구한 미국의 개혁적 사회진화론으로부터 큰 영향을 받았다. 그는 한국인도 기독교적 계몽을 통해 근대적 인격의 형성이 가능하며, 그것이야말로 한국 독립의 가장 중요한 조건이라고 간주하였다. 그는 국가의 기본 역할은 생명, 자유, 재산의 보전에 있다는 로크와 제퍼슨의 정치철학을 신봉하였다. 또한 만국공법을 문명사회의 이성적 질서로 평가하고, 그에 의해 약소국의 독립이 보장될 수 있다고 낙관하였다. 이 같은 이승만의 정치적 이념은 그가 감옥에서 저술한 『독립정신』이란 책에서 체계적으로 제시되었다. 정신적 변혁에도 불구하고 이승만의 내면에서 어릴 적에 습득한 유교의 세계는 완전히 부정되지 않았다. 그는 유교의 도덕정치를 높이 평가했으며, 그것을 서구의 자유민권사상과 결합하고자 했다.

1904년 8월 감옥에서 나온 그는 정계의 실력자 민영환(閔泳煥)과 한규설(韓圭卨)의 주선으로 미국으로 건너가 루스벨트 대통령에게 한국의 독립을 호소하였다. 그렇지만 미국은 이미 한국에 대한 일본의 종주권을 인정한 뒤였다. 이후 그는 워싱턴대학 학부를 거쳐 하버드대학과 프린스턴대학에서 국제정치학을 전공하였다. 그는 1910년 6월 프린스턴대학에서 박사학위를 취득하였다. 1910년 10월 귀국한 그는 서울YMCA를 중심으로 선교와 계몽 활동을 펼쳤으나 그리 오래 가지 못했다. 1911년 총독부는 총독을 암살하려 했다는 사건을 조작하여 한국인 지도자 105인을 체포하였다(105인 사건). 신변에 위협을 느낀 이승만은 1912년 3월 선교사들의 주선으로 미국으로 떠났다. 이후 33년간 미국에 머물면서 미주에서의 독립운동을 이끌었다.

한성 감옥 수감 시절의 이승만(맨 왼쪽). 앞줄 오른쪽에서 두번째가 이상재(李商在).

　　미국 하와이의 교포사회에 근거를 둔 이승만의 독립운동은 외교를 중시하는 노선이었다. 조선왕조의 멸망은 일제의 침략 때문만은 아니었다. 일제의 조선 병합은 한반도와 만주에 이해관계를 갖는 미국과 러시아의 동의 하에서 이루어진 일이었다. 조선의 망국은 그 자체로 국제적 사건이었다. 그에 동의한 열강의 공조체제가 유지되는 한 냉정하게 말해 한국의 독립은 불가능한 일이었다. 이 같은 국제정치의 현실에서 이승만은 한국 독립의 현실적인 방책은 강대국들에게 일제의 한국 지배의 부당성을 설득하고 그들로부터 한국 독립의 약속을 얻어내는 길이라고 생각하였다. 그는 영토 팽창의 야욕을 품은 일본이 언젠가 미국과 전쟁을 벌일 터이고, 그 때 한국 독립의 호기가 도래할 것이라고 믿었다. 이 같은 생각에서 그는 하와이에서 대조선국민군단을 창설하여 일제에 무장투쟁으로 맞서고자 했던 박용만(朴容萬)과 충돌하였다.

또한 그는 제퍼슨류의 자유민주주의를 깊숙이 신봉하였다. 그 때문에 공산주의와의 타협을 완강하게 거부하였다. 그 점에서 이념을 떠나 대동단결하자는 안창호의 대공주의(大公主義)와도 갈등을 빚었다. 그의 독립운동 노선과 이념을 둘러싼 갈등은 일제로부터의 해방이 이루어질 때까지 그의 주변에서 끊이지 않았다. 그렇지만 그는 한 번도 노선을 수정하거나 타협하지 않았다.

1919년 3·1운동 이후 성립한 여러 곳의 임시정부는 공통으로 이승만을 정부의 수반으로 추대하였다. 1919년 9월 상해에서 성립한 통합임시정부는 이승만을 임시대통령으로 추대하였다. 이는 이승만의 평생에 걸친 가장 소중한 정치적 자산으로 작용하였다. 1920년 12월 이승만은 상해로 밀항하여 임시대통령의 직무에 착수하였으나 불과 5개월의 짧은 기간에 불과하였다. 임시정부 내의 공산주의세력과 민족주의세력은 이승만의 외교독립노선을 격렬하게 비판하였다. 임시정부는 분열하였으며, 이승만은 하와이로 돌아왔다. 이승만은 1921~1922년 미국 워싱턴에서 열린 미국, 영국, 일본의 군축회담(워싱턴군축회담)을 맞이하여 한국의 독립을 호소하였으나, 아무런 반응을 얻지 못하였다. 1925년 임시정부는 오랜 공석을 빌미로 이승만을 탄핵하여 임시대통령의 직을 박탈하였다. 이후 이승만은 긴 좌절의 시간을 보냈다. 그는 하와이에서 조용히 교육 사업에 충실하였다.

1931년 일제는 만주를 강제로 점거하고 만주국이란 괴뢰국가를 세웠다. 이러한 국제정세의 변화를 계기로 이승만은 독립운동의 전선에 복귀하였다. 1933년 제네바의 국제연맹 본부에서 일제의 만주침략을 비난하는 국제회의가 열렸다. 이승만은 임시정부의 전권대사로 발령을 받고 동 회의에 나가 한국 독립의 필요성을 호소하였으나, 별다른 반응을 얻지 못하였다. 1941년 12월 그가 오랫동안 기다려 온 미국과 일본과의 전쟁이 드디어 터졌다. 그 6개월 전 그는 『일본내막기』라는 책을 출간하여 일본의 임박한 미국 공격을 예언하였다. 실제 전쟁이 터지자 그의 책은 미국에서 베스트셀러가 되었다. 이승만은 미국의 정계·군부·언론계에서 적지 않은 지지자를 확보했으며, 이는 나중에 그의 요긴한 정치적 자산으로 활용되었다.

그는 미 국무부에게 전쟁의 결과로 소련이 한반도를 점령할 위험성을 끊임없이 경고하고 이를 막기 위해 미국이 중국에 있는 임시정부를 승인해야 할 당위성을 역설하였다. 당시 미 국무부는 소련과 건전한 협조가 가능하리라는 전제에서 전후의 한국 문제를 처리할 방침이었다. 미 국무부는 이승만의 거듭된 요청을 무시하였다. 미국에 있는 독립운동단체들도 미 국무부의 입장을 좇아 공산주의와의 타협을 전제로 한 좌우합작 노선을 추구하였다. 1945년의 종전에 임하여 이승만은 가장 오래된 충실한 지지자로부터도 소외되는 어려움에 처하였지만, 그의 완강한 반공주의는 꺾이지 않았다.

일제의 패망과 한국의 해방은 그에게 자유민주주의의 독립국가를 세울 기회를 제공하였다. 그렇지만 그의 꿈은 쉽게 실현될 수 없었다 식민지기를 거치면서 공산주의세력은 국내에서 가장 강하고 잘 조직된 정치세력으로 성장하였다. 그에 비해 지주와 자본가를 중심으로 한 자유민주주의세력은 정치적으로 지리멸렬하였으며, 더구나 전쟁 중에 일제에 협력했다는 비판을 면하기 어려웠다. 그 위에 이승만이 줄곧 우려한대로 소련은 북한을 점령한 다음, 자유민주주의세력을 추방하고 공산주의체제를 건설하기 시작하였다. 남한을 점령한 미국은 소련과 협조하여 좌우합작의 임시정부를 세우고 5년간 신탁통치를 한다는 방침이었다.

이 같은 내외의 난관을 이승만은 개인적 명성과 정치적 소신으로 돌파하였다. 그는 김구와 더불어 공산주의에 반대하는 정치세력을 결집하여 신탁통치와 좌우합작에 반대하는 진지를 확고하게 구축하였다. 그는 소련군 점령 하의 북한이 공산주의체제로 들어서는 돌이킬 수 없는 현실에서 남한 만에서라도 자유민주주의 국가를 세운 다음, 장차 북한을 공산주의체제로부터 해방시켜야 한다고 생각하였다. 그의 완강한 반공주의와 탁월한 지도력으로 구축된 자유민주주의세력의 튼튼한 진지가 없었더라면 미국은 소련과 쉽게 합의하여 좌우합작의 임시정부를 구성하였을 터이다. 그 길은 같은 길을 걸었던 동유럽 여러 국가의 경험을 두고 볼 때 한반도 전체가 조만간 공산주의체제로 떨어지는 길이나 다름 아니었다.

이승만의 노선은 1947년 9월 미국이 소련과의 대화를 포기하고 한국문제를 유엔으로 이관함으로써 남한의 범위에서 승리를 거두었다. 오랜 독립운동에서 그의 변함없는 지지자였던 김구는 대한민국의 건국에 임박하여 남북협상 노선으로 이탈하였다. 이승만이 신생 대한민국의 대통령으로 선출되었을 때 그의 카리스마와 경쟁할 수 있는 다른 정치가는 없었다. 그는 대한민국이 인간의 자유를 근원적인 가치로 받드는 자유민주주의 국가로 발전해 가기를 추구하였지만, 나라만들기의 초기 단계에서 그가 수행해야 할 계몽적인 역할이 있다고 믿었다.

정부 수립 초기부터 그는 국회를 장악한 지주·자본가 중심의 비판세력과 심하게 대립하였다. 정부형태와 권력 분점을 둘러싼 갈등이 그 출발이었다. 이승만은 미국식의 대통령중심제 정부를 선택하였다. 그는 국민이 직접 대통령을 선출하는 것이 한국의 민주주의를 발전시킴에 도움이 된다고 생각하였다. 거기에는 국민으로부터 절대적 지지를 받고 있는 자신의 정치적 이해관계도 작용하였다. 반면 국회세력은 당시 국민의 수준에서 대통령직선제는 무리이며, 국회에 의한 정부 구성, 곧 내각책임제가 한국의 현실에 적합하다는 입장을 취하였다. 거기에는 일제에 협력한 이력으로 인해 국민의 지지를 받기 힘들었던 그들의 정치적 처지도 작용하였다.

정부형태를 둘러싼 건국세력 내부의 갈등은 어느 쪽도 아닌 어중간한 형태의 정부를 출범시켰으며, 그에 따른 정치적 갈등은 이승만의 집권기 내내 끊이지 않았다. 1952년 7월, 집권 1기의 임기 만료에 즈음하여 이승만은 그를 추종하는 군부와 정치단체를 동원하여 국회를 억압하고 대통령직선제로 헌법을 개정하였다. 이후 실시된 대통령선거에서 이승만은 압도적인 지지로 당선되었다. 이승만의 비판세력은 그가 국민에 대해 보유하고 있는 카리스마에 효과적으로 대항할 다른 수단을 갖지 못하였다.

이승만은 6·25전쟁을 북진통일의 호기로 받아들였다. 그의 전쟁 정책은 한반도의 원상회복을 추구한 미국의 그것과 심하게 충돌하였다. 이승만은 미국과의 긴장관계를 그의 권력을 강화하고 자국의 이익으로 귀결되게 함에 특별한 능력을 발휘하였다. 그러한 경륜을 갖춘 당대 정치인은 이승만이 거의 유일하였다. 그의 강인한 북진통일 정책은 1953년 미국정부로 하여금 그의 요구에 부응하여 한미상호방위조약을 체결하게 만들었다. 그는 독립국가에 걸맞는 자립경제를 추구하였으며, 그를 위해 원조의 크기와 내역을 둘러싸고 미국정부와 끊임없이 갈등하였다. 그가 집요하게 추구한 기반공업의 건설과 국민교육의 확충은 이후 한국경제가 고도성장을 이루는 토대가 되었다.

그의 강인한 권위주의 정치는 정부 수립의 초창기에 그에 협조했던 유력 정치인들을 비판자로 돌아서게 만들었다. 1954년 이후 집권 자유당에서 유일한 권위와 권력으로 남은 그는 그의 계몽적 역할에 대한 지나친 확신에서 무리하게도 종신집권을 추구한 과오를 범하였다. 적절한 후계자를 찾을 수 없었던 그의 권위주의 정치는 1960년 3월 그의 정부로 하여금 부통령선거에서 유례가 없는 부정선거를 자행하게 만들었다. 그에 대한 국민적 저항으로서 4·19민주혁명을 맞아 그의 파란만장한 정치 역정은 막이 내렸다.

퇴진이 명예스럽지 못하였지만 그가 남긴 역사적 유산은 거대하였다. 그가 없었더라면 대한민국이 세워지고 존속할 수 있었을까 의심할 수 있을 정도로 나라만들기의 초기 과정에 있어서 그의 역할은 절대적이었다. 1965년 그가 타계하였을 때 박정희 대통령은 조사에서 그를 가리켜 '건국의 원훈'이라 하였다. 그의 완강한 반공주의는 이후의 역대 정부에서도 흔들리지 않고 계승되었다. 대한민국은 여타 신생국과 달리 국가정체성에서 커다란 혼란을 겪지 않았다. 반공주의에 기초한 이 나라의 국가정체성은 이 나라가 조만간 자유민주주의 정치제도를 정착시키고 시장경제체제에 의한 경제적 번영을 추구함에 있어서 굳건한 토대가 되었다. 그가 무리하게 추구한 대통령직선제와 대통령중심제 정부형태는 그의 하야 이후 민주당정부의 내각책임제 실험이 실패로 끝난 뒤 박정희정부에 의해 복구되었다. 아이러니컬하게도 그와 비판세력 사이의 정부형태를 둘러싼 경쟁은 그의 죽음 이후에야 그의 승리로 판명이 났다. 오늘날 한국인들은 대통령직선제를 그들이 향유하고 있는 민주정치의 소중한 제도적 기초로 받들고 있다.

그럼에도 이승만은 오늘날 대다수 한국인들에게 국민의 신판을 받은 독재자로만 인식되고 있다. 그에 대한 평가가 그토록 낮은 것은 대다수 한국인들이 대한민국 만들기의 초기 과정에서 그가 담당했던 커다란 역할과 그 공로에 대해 잘 알지 못하는 가운데 여전히 적지 않은 한국인들이 공산주의세력과 타협을 해서라도 통일국가를 세웠어야 했다는 좌우합작의 노선을 부지불식간에 지지하고 있기 때문이다. 한국인들은 건국 초기부터 민주주의 정치제도를 운영하기에 충분한 능력을 보유하였다는 근거를 의심해도 좋을 민족주의 정서가 일반 국민의 역사의식으로 확산되어 온 것도 다른 한편의 원인이었다.

내각책임제 실험

1960년 6월 국회는 내각책임제로 정부형태를 바꾸는 헌법 개정안을 통과시켰다. 내각책임제는 이승만정부에 저항해 온 야당 민주당이 처음부터 고수해 온 당론이었다. 야당은 내각책임제론에 입각하여 이승만의 권위주의체제를 비판해 왔다. 4·19민주혁명은 민주당에게 그들이 오랫동안 신봉해 온 내각책임제를 실험할 기회를 제공하였다. 또한 새로운 헌법은 국회를 민의원과 참의원의 양원제로 하였다. 양원제는 1952년의 발췌개헌에 의해 제도적으로 성립했으나 그 동안 참의원의 구성은 연기되어 왔다. 민의원은 정원이 233명으로서 예산 심의, 법률 제정, 국무원 불신임의 권한을 가졌다. 참의원은 서울특별시와 각 도를 선거구로 하여 선출된 58명으로 구성되었는데, 민의원에서 올라온 법안을 심의하고, 대법관·검찰총장·

대사 등 법률로 지정된 공무원의 임명에 대한 인준권을 가졌다.

새로운 헌법에서 대통령은 양원 합동회의에서 선출되었다. 대통령은 국가의 원수로서 국가를 대표하는 상징적인 지위였다. 행정의 실권은 국무총리와 국무위원으로 구성된 국무원에 주어졌다. 국무총리는 대통령이 지명하고 민의원의 동의로 선출되었다. 국무총리는 국무위원을 임면하고 국무회의의 의장으로서 모든 행정권을 장악하였다. 국무원은 민의원에 책임을 져야 했으며, 이에 민의원이 불신임을 결의하면 10일 이내에 민의원 해산을 결의하든가 아니면 총사직해야 했다.

새로운 헌법에 따라 7월 민의원과 참의원 선거가 이루어졌다. 선거는 민주당의 대승이었다. 민주당은 민의원 233석 중에서 175석을, 참의원 58석 중 31석을 차지하였다. 무소속이 민의원과 참의원에서 각각 49석과 20석으로서 민주당 다음의 비중을 차지하였는데, 이들은 원래 민주당 공천에서 탈락한 사람들이어서 곧바로 민주당에 흡수되고 말았다. 자유당은 2석에 불과하여 사실상 당이 해체되고 말았다. 그 밖에 사회대중당, 한국사회당, 통일당 등 이른바 혁신 정당이 있었는데, 모두 합해도 민의원 5석과 참의원 2석에 불과하였다. 혁신 정당들은 적어도 30~40석은 차지할 수 있을 것으로 기대했으나 일반 국민은 급진 이념의 정당을 전혀 지지하지 않았다.

새로운 국회에서 지배 정당이 된 민주당 내부에는 오래 전부터 구파와 신파의 대립이 있었다. 그들은 무소속 당선자를 자파에 영입하기 위한 경쟁을 벌였다. 그해 8월 양원 합동회의는 민주당 구파의 윤보선(尹潽善)을 대통령으로 선출하였다. 윤보선은 자파의 김도연(金度演)을 국무총리에 임명하였으나 민의원에서 1표 차이로 인준을 받지 못했다. 윤보선은 부득이하게 신파의 장면을 국무총리에 임명하였는데, 민의원은 아주 근소한 차이로 그를 인준하였다. 이처럼 최초의 내각책임제 정부는 여당 내 당파 간의 치열한 권력투쟁으로 출범하였다. 장면은 국무위원을 거의 신파 일색으로 구성하였는데, 이는 구파의 큰 반발을 초래하였다. 이후 두 당파는 서로를 근본적으로 불신하였다. 구파는 끝내 신민당이란 별도의 정당을 만들어 민주당에서 떨어져 나왔다.

장면정부는 첫 조각 이후 10개월의 짧은 기간에 세 차례나 개각을 거듭하였다. 국무위원들의 평균 재임기간은 2개월에 불과하였다. 그들은 소관 부처의 업무를 파악하기도 전에 다른 사람으로 교체되었다. 장면정부가 쉽게 안정될 수 없던 데에는 대통령과의 갈등이 주요 원인을 이루었다. 윤보선 대통령은 국가원수로서 상징적인 지위에만 머물려 하지 않았다. 헌법은 대통령이 정당에 속할 수 없다고 했지만, 그는 그가 원래 속했던 민주당 구파와 신민당의 이해를 사사건건 대변하였다. 새로운 헌법은 대통령이 국군의 통수권을 갖는다고 규정하였다. 헌법을 개정하는 과정에서 즉흥적으로 발의된 이 애매한 규정은 대통령과 국무총리의 갈등을 증폭시키는 역할을 하였다.

장면정부를 끊임없이 괴롭힌 것은 정파 간의 지칠 줄 모르는 정쟁이었다. 각료 자리를 둘러싼 민주당 신파와 구파의 대립은 민주당과 신민당의 대립으로 이어졌다. 신민당으로 분리된 구파도 단일의 세력이 아니었다. 신민당은 세 명의 유력 정치인을 영수로 하는 새로운 파벌로 나뉘었다. 구파가 떨어져 나간 후의 민주당에는 노장파와 소장파라는 새로운 파벌이

장면 총리가 새 정부를 구성한 후 각료들과 함께 윤보선 대통령을 예방하여 기념촬영을 하고 있다.

생겨 각료 자리를 두고 갈등하였다. 그로 인해 장면정부는 10개월의 짧은 집권기에 세 차례나 개각을 거듭할 수밖에 없었다.

장면정부는 경제제일주의를 내세우며 경제개발을 가장 시급한 국정의 과제로 내세웠다. 장면정부는 경제개발계획을 수립하였으며, 이를 추진하기 위한 정부기구의 개편안을 마련하였다. 실업자 구제와 사회기반시설 확충을 위한 국토개발사업도 의욕적으로 착수되었다. 1951년 이래 오랜 숙제로 남아온 일본과의 국교정상화도 조만간 이룩할 방침이었다. 그렇지만 장면정부는 너무나 심한 정쟁으로 그의 모든 생산적인 에너지를 낭비하고 말았다.

이승만의 권위주의체제가 물러가자 그 자리에 붕당정치가 자리를 잡앉다. 그것은 이승만이 내각책임제를 끝내 거부하면서 가장 경계하던 바였다. 이후 군사정변으로 집권한 박정희가 1962년 12월 제5차 헌법 개정을 통해 대통령중심제를 복구하였을 때 어느 정치세력도 더 이상 내각책임제에 대한 미련을 보이지 않았다. 결국 민주당정부의 내각책임제는 실패작이었다. 동시에 신생 대한민국의 정부형태는 대통령중심제로 확정되었다. 그 점에서 민주당의 실험은 실패 이상의 값진 교훈을 남겼다.

사회의 방종

4·19혁명 이후 한국사회는 민주주의의 깃발 아래 끝도 없는 시위의 물결에 휩쓸렸다. 민주당정부의 10개월간 가두데모는 총 2,000건, 데모에 참가한 연인원은 100만 명에 달하였다. 매일 평균 7~8건의 데모가 서울 거리를 누비고 다녔다. 데모로 해가 뜨고 데모로 해가 진다는 말까지 나올 지경이었다. 국민학교 학생들은 교사의 전근을 반대하면서 데모를 벌였다. 심지어 어른들은 데모를 그만하라는 국민학교 학생들의 데모도 있었다. 경찰관은 국회의원이 경찰의 따귀를 때렸다고 데모를 하였으며, 논산훈련소의 훈련병들은 장교가 그들을 하대한다고 데모를 벌였다.

1960년 10월 법원은 4·19 시위대에 발포한 사건의 책임자들에 대한 판결을 내렸다. 판결의 가벼움에 불만을 품은 4월혁명유족회 회원을 비롯한 시민·학생 수천 명이 민의원 회의장에 난입하였다. 그들의 강압적 요구에 밀려 민의원은 부정선거 관련자와 부정축재자들을 처벌하는 4개의 특별법을 제정하였다. 시위대가 의사당에 난입하고 그들의 요구에 떠밀려 국회가 소급입법을 행한 것은 4·19 이후의 혼란과 무질서의 상징으로 오랫동안 기억되었다.

4·19는 노동운동을 활성화하였다. 노동쟁의는 1959년의 109건에서 1960년의 218건으로 급증하였다. 노동조합도 활발하게 조직되었다. 우선 교사들이 노동조합을 결성하였다. 노동조합의 전국 조직으로서 한국노동조합연맹이 결성되어 기존의 어용적인 대한노총에 맞섰다. 가장 활발하게 조합 활동을 보인 것은 교원노조였다. 교원노조운동은 3·15부정선거에 교원들이 협조한 데 대한 속죄와 책임의식을 표방하였다. 대구에서 시작된 교원노조운동은 전국적으로 확산되었으며 한국교원노동조합총연합회의 결성으로 발전하였다. 전국 10만 명의 교사 가운데 4만 명이 여기에 가입하였다. 교원노조의 세력이 커지고 좌경화하자 장면정부는 노동조합법 개정을 통해 교원노조를 불법화하려 하였다. 그에 저항하여 대구 교원노조의 교사들이 단식투쟁을 벌였다. 단식 중의 교사들이 탈진하여 쓰러지자 대구의 1만 4,000여 학생들이 총궐기하여 동조 시위를 벌였다. 장면정부는 노동조합법 개정을 포기하였다.

4·19 이후 사회의 방종을 부채질한 것은 무책임한 언론이었다. 국회는 자유당정부 말기에 개정된 국가보안법을 다시 개정하여 언론의 무조건적 자유를 보장하였다. 수많은 언론 매체들이 창간되어 일간지의 경우 기존의 41개 신문사가 12월 말까지 389개로 증가하였다. 주간지, 월간지, 통신사도 마찬가지였다. 과도하게 그 수가 늘어난 언론 매체는 언론의 주요 책무를 정부에 대한 비판으로 생각하였다. 언론의 사명은 권력을 무조건 두들겨 패는 데 있는 것처럼 보였다. 그에 동조하여 유권자들은 누가 더 잘 비판하는가를 언론을 평가하는 기준으로 삼았다. 장면정부는 이러한 언론

을 규제하기는커녕 끝없는 내분으로 풍부한 먹이를 제공하였다. 언론사들은 사이비 기자들에게 기자증을 판매하였다. 사이비 기자들은 비리가 있는 지방정부의 기관장들을 협박하여 먹을 것을 뜯어냈다. 기자들이 가장 심하게 괴롭힌 것은 물자를 쌓아 두고 있는 군대였다. 신문망국론이 서서히 대두하였다.

급진 좌익세력의 대두

4·19혁명 이후 사회는 조금씩 좌경화하기 시작하였다. 자유가 무제한으로 허용된 가운데 이승만정부 하에서 깊숙이 눌려 있던 좌익 이념과 그 추종세력이 고개를 들기 시작한 것이다. 그 중요 계기는 1961년 2월에 체결된 한미경제협정이었다. 이 협정에서 미국은 이승만 대통령의 완강한 고집으로 제대로 확보할 수 없었던 한국경제에 대한 감독권을 강화하였다. 특히 문제가 된 것은 한국정부가 미국의 재정 및 기술 원조를 어떻게 사용하는지에 대해 미국이 계속해서 감시, 감독할 권한을 지닌다는 것과, 한국정부가 원조와 관련된 모든 정보를 미국정부의 요구에 따라 제공해야 한다는 조항이었다. 그러자 서울 시내 7개 대학의 민족통일연맹이 반대투쟁위원회를 결성하였다. 그들은 민족해방을 실현하고 식민주의를 청산할 때라 하면서 이 협정의 폐기를 주장하였다. 뒤이어 16개 정당과 사회단체로 이루어진 한미경제협정반대공동투쟁위원회가 결성되었다. 그들은 장면정부를 제2의 조선총독부로 공격하였다.

이를 본 장면정부는 집회와 시위에 관한 법을 개정하여 무제한으로 허락된 시위의 자유를 규제하려고 하였다. 1960년 12월 여수와 순천 지역에서 교사와 학생들이 여객선을 납치하여 월북을 기도한 사건이 벌어졌다. 이에 장면정부는 반공을 위한 특별법을 제정하여 반국가단체와 그 구성원을 찬양, 고무하거나 동조하는 행위에 대한 규제를 강화하고자 하였다. 그러자 전국적으로 치열한 찬반 시위가 벌어졌다. 상이용사들의 반공애국동지회와 대한군인유족회는 동법의 제정에 찬성인 반면, 신민당의 소장파와 학생들은 반대의 입장이었다. 급진 이념의 단체들은 반민주악법공동투쟁위원회를 결성한 다음 전국적으로 반대투쟁을 벌였다. 3월 22일 서울시청 광장에서는 3만 명이 참가한 2대 악법 반대를 위한 시위가 열렸다. 밤까지 이어진 시위에서는 "인민공화국 만세", "김일성 만세"와 같이 대한민국을 노골적으로 부정하는 불온한 구호까지 등장하였다.

다른 한편 북한은 4·19 이후 남한에서의 정치적 변동에 크게 고무되었다. 1960년 8월 북한의 김일성은 남한과 북한이 각각의 국가체제를 당분간 그대로 보존하면서 두 정부의 대표들로 최고민족회의를 조직하여 민족의 경제와 문화를 통일적으로 조정해 가자는 남북연방제를 제안하였다. 11월 북한은 이 같은 남북연방제 방안을 유엔에 제출하였다. 북한의 중공업위원회는 남한에 전기를 보내주겠다고 제안하였다.

이 같은 북한의 평화공세에 호응하여 7월 총선거에서 참패한 후 의기소침해 있던 좌익 계열의 정치세력이 통일문제를 이슈로 하여 결집하였다. 1961년 1월 사회대중당, 혁신당, 사회당, 통일사회당 등 4개 혁신 정당을 비롯한 16개 정당·사회단체들이 민족자주통일중앙협의회를 결성하였다(민자통). 그들은 반외세 민족주의, 즉각적인 남북협상, 중립화 통일을 주장하였다. 민자통의 활동은 대한민국의 건국에 저항하였던 공산주의세력과 그의 동조세력이 4·19 이후 민주주의가 한껏 만발한 정치 공간에 재등장하였음을 의미하였다.

1961년 4월 19일 서울대학교 총학생회는 4월혁명 제2선언문을 발표하였다. 거기서 그들은 지금 이 땅의 역사를 전진적으로 변혁시키기 위해서는 반(反)봉건, 반외압, 반매판자본 위에 세워지는 민족혁명을 이룩하는 길 뿐이라고 주장하였다. 이는 민주주의 혁명을 주장하였던 1년 전의 서울대4·19선언문과 크게 다른 것이었다. 그것은 학생운동의 이념이 그렇게 바뀌었다기보다 좌익계열의 정치세력이 서울대 총학생회에 침투하여 벌인 공작의 결과였다.

뒤이어 5월 5일 민족통일전국학생연맹(민통련) 준비회의는 남북학생회담을 제의하는 결의문을 채택하였다. 북한은 즉시 민통련의 제의에 환영을 표하면서 회담을 서울과 평양에서 개최하자는 공식성명을 발표하였다. 장면정부는 남북교류와 학생회담은 위험하여 허가할 수 없다는 입장을 발표하였다. 민자통은 5월 13일 서울운동장에서 남북학생회담 환영 통일촉진궐기대회를 개최하였다. 거기서는 "가자 북으로, 오라 남으로"라는 구호가 내걸렸다.

4·19민주혁명이 남북교류와 통일운동으로 변질됨에 따라 한국의 정치와 사회에는 깊은 분열과 위기감이 조성되었다. 민족통일을 위한 남북협상은 민족주의 정서에 충실한 한국인들에게 호소력이 강한 정치적 선동이었다. 해방 후 대한민국의 건국 노선에서 가장 힘들었던 난관은 중도파들이 제창한 남북협상이었다. 그것은 잘 조직된 공산주의세력이 좌우합작의 대중정치를 통하여 소수의 자본가 계층과 자유주의세력을 배제하고 정치

적 헤게모니를 장악하기 위한 고등의 통일전선이었다. 이승만을 중심으로 한 건국세력은 그 점을 잘 알고 있었으며, 이에 남북협상의 유혹에 말려들지 않고 장차 자유민주주의로 민족을 통일할 보루로서 대한민국을 건립하였다. 그 이승만정부가 권위주의체제의 모순을 이기지 못하고 붕괴하자 그 자리에 건국 이전의 남북협상론이 부활하여 국민 대중의 마음을 어지럽히기 시작하였다.

1960년대 초반 동아시아 국제정세에서 남북협상의 주장은 실현 가능성이 전무한 낭만적인 관념론에 불과하였다. 베트남전쟁이 전면적으로 확대되자 소련은 전 세계의 공산진영이 미국에 맞서 월맹을 지원하자고 호소하였다. 중국의 모택동은 북한의 지도부에 대해 북한도 베트남에서처럼 남한에서 게릴라전을 본격화하라는 압력을 넣었다. 북한의 지도부는 이를 거절하면서 남조선혁명론을 내세웠다. 이는 미국군이 남한에 주둔하고 있는 한 북한이 무력으로 남한을 해방시킬 수는 없으며, 이에 남한 내의 혁명세력이 자력으로 민중·민족혁명을 수행하도록 지원한 다음, 그들과 공산주의 북한이 합작하여 통일국가를 만들어간다는 내용이었다. 1960년 8월 김일성의 남북연방제론은 그 일환으로 나온 것이었다. 뒤이어 북한노동당은 남조선혁명론을 대남 정책의 기본 노선으로 채택하였다. 그와 동시에 북한은 4대 군사노선을 채택하여 군사주의국가로 변질해 가기 시작하였다.

그림에도 불구히고 장면정부는 좌이세력이 통일운동에 대처할 능력을 결여하였다. 앞서 말한대로 그것은 북한이 벌인 고등의 통일전선이었다. 민주주의의 명분에 사로 잡혀 그것을 무한정 방치할 수는 없었다. 국가체제를 어디로 이끌고 갈 것인가는 민주주의 이전의 문제이다. 장면정부가 불과 13년 전에 태어난 신생국의 국가체제에 대한 근본적인 도전을 돌파할 의지를 보이지 않자 대다수 국민은 전도를 알 수 없는 깊은 위기감에 휩싸였다. 그 위기에 대응한 세력은 한국의 군부였다. 1961년 5월 16일 새벽, 군부의 일부가 쿠데타를 일으켰다. 민주당의 장면정부는 속절없이 붕괴하였다.

3 | 5·16군사정변

군부의 성장

건국 직후 국군은 6만 5,000 병력의 소규모 집단에 불과했지만, 6·25 전쟁을 겪는 과정에서 급격히 팽창하여 1953년 정전 당시에는 55만 병력의 대규모 집단으로 성장하였다. 이후 미국의 군사원조로 국군의 병력은 72만으로까지 늘어났다. 국군은 양적으로만 팽창한 것이 아니었다. 1950년대에 걸쳐 군의 전투력과 행정력을 증강하기 위해 장교와 하사관의 미국 연수 프로그램이 가동되었다. 매년 1,000명 이상의 장교와 하사관이 미국에 파견되어 군사기술과 조직관리의 선진 기법을 익혔다. 군부는 미국식의 효율적인 행정체계를 도입하였다. 그에 비해 당시 한국정부의 행정은 고루하기 짝이 없었다. 1960년대 초 군부는 한국의 다른 어느 집단보다 유능하고 잘 조직되어 있었다.

국가체제가 위기에 처했을 때 군부가 대응을 하게 된 다른 한편의 배경에는 국군을 통제해 온 이중의 지배구조가 있었다. 6·25전쟁이 발발하자 이승만 대통령은 전쟁의 원활한 수행을 위해 국군 통수권을 유엔군사령관에게 넘겼다. 정전 이후에도 유엔군사령관이 대한민국의 방위를 책임지면서 국군을 그의 작전통제권 하에 두는 상황이 계속되었다. 이에 국군은 대한민국 대통령의 통수권 아래에 있으면서 동시에 유엔군사령관의 작전통제도 받는 위치에 있었다. 이 같은 이중의 지배구조는 두 지배력 사이에 갈등이 생겨 양쪽에서 서로 다른 명령이 내려 올 경우 심각한 문제를 야기하기 마련이다. 군부는 선택의 문제에 직면하게 되며, 어떠한 결정이든 그것은 고도의 정치성을 띨 수밖에 없었다.

이승만정부 하에서 군부는 이미 두 차례나 그 같은 정치적 선택에 직면하였다. 한 번은 1952년의 부산정치파동에서였다. 미국정부는 정전에 집요하게 반대하면서 국회를 억압하는 이승만 대통령을 제거할 계획을 세웠으며, 군부의 수뇌부는 그에 동조하여 야당의 유력 정치인을 대안으로 물색하였다. 다른 한 번은 1960년의 4·19에서였다. 그 전부터 이승만을 제거할 기회를 기다리고 있던 미국은 대통령이 시위대에 맞서 계엄령을 선포하고 군부를 동원하자 군부에 이승만에 따르지 말도록 압력을 가하였다.

이처럼 다른 사회집단에 비해 돌출적으로 팽창해 있는 가운데 정치적 상황에 매우 예민한 지도부를 둔 군부가 조만간 정치에 개입할 것은 어느 정도 예측할 수 있는 일이었다. 6·25전쟁에서 몇 차례나 사선을 넘고 수많은 전우를 먼저 보내야 했던 군부의 지도부가 급진 좌익세력의 대두로 위기에 처한 그들의 국가체제를 방치할 리가 없었다. 미국의 정치학자와 정보기관은 군부가 가까운 장래에 봉기하리라고 예측하였다. 군부에서도 쿠데타의 모의는 공연한 비밀이었다.

군사정변의 모색

이승만정부 하에서 군부에 잠재한 정치성은 대통령에 의해 잘 통제되었다. 이승만 대통령은 군부의 특정 세력이 지나치게 비대해져 자신에 도전하는 것을 막기 위해 몇 개의 파벌을 용인하고 서로 견제하게 하는 수법을 사용하였다. 그는 군부의 직업적 이해를 가능한대로 들어주면서 정보기관을 통해 군부를 철저히 감시하였다. 그 결과 군부에 잠재한 정치성은 수뇌부가 집권세력과 결탁하여 부패하는 것으로 나타났다. 군부의 수뇌부는 원조로 주어진 군수물자의 일부를 착복하거나 자유당의 정치자금으로 헌금하여 진급을 보장받는 권력연합을 형성하였다. 부패하고 무능한 군의 수뇌부는 자유당 집권세력이 부정선거를 획책할 때 그에 협조하였다.

4·19혁명은 군부에도 큰 영향을 미쳤다. 4·19 직후 김종필(金鍾泌)을 중심으로 한 영관급 장교 8명이 4·19정신으로 군을 숙정(肅正)해야 한다고 주장하면서 부정선거를 방조하고 부정축재를 행한 수뇌부의 사퇴를 촉구하는 연판장을 돌리는 사건이 일어났다. 사건의 주모자들은 체포되었지만 군부 내의 동정적 여론으로 심한 처벌을 받지는 않았다. 이들은 8월 장면정부가 출범하자 신임 국방부 장관을 찾아가 같은 내용의 건의를 제출하려 했으나 실패하였다. 이후 이들은 서울의 충무장이란 음식점에서 "정군(整軍)에서 혁명으로 투쟁 방법을 바꿀 것을 결의"하였다.

이들 정군파 장교들이 혁명을 모색한 데에는 군 수뇌부의 부패만이 아니라 근대화가 지체되고 있는 국가의 현실에 대한 총체적 분노가 크게 작용하였다. 앞서 말한대로 국민소득은 세계에서도 가장 낮은 그룹에서 정체하고 있었다. 가난은 국민 모두를 부패하게 만들었으며, 그것은 도덕과 기강의 문란으로 이어졌다. 정군파 장교들은 제1차 세계대전 후 터키에서 젊은 군인들이 혁명을 일으켜 조국을 근대화시켰던 역사를 연구하고 그로부터 자극을 받았다. 그들이 혁명을 모색한 데에는 그들의 늦은 진급에 대한 개인적 불만도 작용하였다. 그들의 상관은 그들과 비슷한 연배임에도 오래 전부터 장군으로 진급해 있었다. 초창기 국군의 급속한 조직적 팽창이 그러한 비정상적 인사구조를 만들어냈다.

정군파 장교들은 군부에서 강직하고 청렴하다는 평판을 얻고 있던 박정희 육군 소장을 지도자로 추대하였다. 박정희 역시 오래전부터 국가의 부패하고 후진적인 현실에 근본적인 불만을 품으면서 혁명의 기회를 모색해 왔다. 그의 주변에는 혁명을 꿈꾸어온 군부의 엘리트들이 자연스럽게 결집해 있었다. 그들을 군영 밖으로 끌어낸 다른 한편의 요인은 앞서 말한대로 4·19 이후에 격심하게 벌어진 정치의 혼란과 사회의 방종이었다. 특히 1961년에 들어 급진 좌익세력에 의한 민족통일 운동은 대다수 국민에게 이 나라가 어디로 향하고 있는지에 대한 근본적인 위기감을 안겨주었다.

군부의 거사는 몇 차례 연기되었으며, 그 과정에서 계획이 노출되었다. 장면 총리는 군부가 쿠데타를 일으킨다는 첩보를 네 차례나 보고받았다. 그럼에도 그는 그것들을 대수롭지 않게 넘겼다. 그는 유엔군사령관이 작전통제권을 쥐고 있기 때문에 군부의 쿠데타는 원천적으로 불가능하다고 생각하였다. 오래전부터 그는 미국에 매우 의존적인 정치적 성향을 보여 왔다. 군부의 수장인 장도영(張都暎) 육군 참모총장은 박정희로부터 거사 계획을 직접 보고받았다. 그럼에도 그는 쿠데타의 가능성을 의심하였으며, 박정희가 그의 통제 하에 있다고 착각하였다. 박정희의 쿠데타는 언필칭 대놓고 한 쿠데타였다. 성공할 수 없는 쿠데타가 성공한 것은 당시 한국의 정치와 사회가 극도로 혼란스러운 가운데 장면정부가 당파와 정쟁으로 내부에서 이미 붕괴한 상태였기 때문이다.

군사정변의 과정

1961년 5월 16일 새벽 김포에 주둔한 해병대 1개 여단을 주력으로 한 불과 3,600여 명의 병력이 박정희 소장의 지휘 하에 한강을 건너 육군본부를 점령하고 곧이어 정부의 주요 시설을 장악하였다. 참모총장 장도영은 5월 15일 밤 군부의 거사를 확실하게 인지하였으나 쿠데타군의 진압을 위한 결정적인 조치를 취하지 않았다. 그는 한강대교를 수비하는 육군본부 헌병대가 중화기로 무장하는 것을 불허하였다. 게다가 한강대교를 막되 한 대의 차가 통과할 수 있도록 여유를 남겨두라는 이해할 수 없는 명령을 내렸다. 그는 군부의 봉기가 그에게는 정치적 기회일지 모른다는 기회주의적 태도를 취하였다.

쿠데타군이 서울에 진입했다는 소식을 접한 장면 총리는 미 대사관으로 피신하였지만 대사관 측이 문을 열어주지 않아 혜화동에 있는 수녀원으로 은신하였다. 이후 이틀긴 그는 아무에게도 그의 소재를 알려주지 않았다. 그 이틀간 그는 꼭꼭 숨어 있지만은 않았다. 그는 두 차례나 주한 미국 대리대사에게 전화를 걸어 유엔군사령관이 쿠데타군을 진압해 줄 것을 요

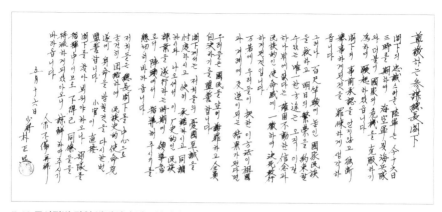

5·16 군사정변 당일 박정희가 장도영에게 보낸 서한.

청하였다. 그러면서 자신의 은신처만큼은 쿠데타군에 체포당할 위험이 있다는 이유로 알려 주지 않았다. 미국은 한국정부의 최고 책임자가 은신 중에 한 부탁을 근거로 한국의 내정에 개입할 수는 없었다. 장면 총리는 위기를 맞이하여 그의 정부를 지키기 위한 최소한의 용기도 발휘하지 않았다. 5월 18일 낮 12시에 55시간이나 잠적하였던 장면 총리가 드디어 모습을 드러냈다. 그가 마지막으로 수행한 공무는 국무회의를 주재하여 내각 총사퇴를 결의한 것이었다.

쿠데타의 지휘부는 거사 당일 참모총장 장도영을 앞세우고 윤보선 대통령을 방문하였다. 대통령은 "올 것이 왔구나"라고 하면서 사실상 군부의 거사를 용인하는 발언을 하였다. 그는 그의 정치적 경쟁자인 장면 총리가 군부에 의해 제거되는 것을 내심 환영하였다. 군부의 거사에 당황하고 분노한 것은 주한 미국 대리대사 그린과 유엔군사령관 매그루더였다. 그린과 매그루더는 군부의 거사에 반대하며 장면 총리의 합법적인 정부를 지지한

박정희 육군소장(가운데) 왼쪽에 박종규 소령, 오른쪽에 차지철 대위, 뒤에 이낙선 소령 등이 서울시청 앞에서 육군사관생도들의 혁명 지지 데모를 지켜보고 있다. 1961. 5. 18

다는 성명을 발표하였다. 매그루더는 그의 작전통제권 하에 있는 한국군이 반란을 일으킨 것을 자신의 권한이 침해당한 것으로 간주하였다. 그린과 매그루더는 윤보선 대통령을 방문하여 헌법 상 국군의 통수권자인 그가 야전사령관에게 쿠데타군을 진압하도록 명령하기를 요구하였다. 그에 대해 대통령은 유혈 내전은 피해야 한다는 이유에서 거절하였다. 제1군사령관 이한림(李翰林)도 대통령으로부터 진압 명령이 내려오기를 기다렸지만 사실상 군부의 거사를 용인하는 진길을 받았을 뿐이었다.

한국의 정변에 대한 미국정부의 입장은 매우 신중한 것이었다. 미 국무부의 대변인은 당일의 정례 브리핑에서 미국정부는 한국에서 벌어지고

장면 국무총리가 중앙청 국무회의실에서 제2공화국의 마지막 각의를 주재, 내각 총사퇴를 결의한 뒤 기자들과 만나고 있다. 1961. 5. 18

있는 유동적인 상황을 주시하고 있다고만 밝히면서 서울의 대리대사 그린과 유엔군사령관 매그루더의 반대 성명은 그들의 직무 범위 안에서 이루어진 것이라고 해명하였다. 미국정부의 신중한 대응은 한국정부가 보인 이해할 수 없는 행태에 규정된 바가 컸다. 정부의 최고 권력자인 국무총리는 은신하여 나타나지 않은 가운데 대통령은 군부의 거사에 동조하는 언행을 하였다. 그런 가운데 서울의 정보원들이 전해 오는 소식은 서울 시민의 다수가 군부의 거사에 찬성하는 입장인 가운데 조용히 사태를 관망하고 있다는 것이었다. 이런 상황에서 미국정부는 점차 군부의 거사를 용인하는 방향으로 돌아서기 시작하였다.

　미국정부의 이 같은 입장은 5월 18일부터 분명하게 감지되었다. 그

동안 잠적했던 장면 총리가 나타나 쿠데타군에게 내각 총사퇴라는 선물을 안겨주었다. 당일 육군사관학교 생도들이 군부의 거사를 지지하는 가두시위를 벌였으며, 쿠데타군에게 가장 큰 위협이었던 제1군사령관 이한림이 체포되었다. 쿠데타의 지휘부는 유엔군사령관 매그루더와 담판하여 서울을 점령한 군대의 일부를 원상 복구시킴에 합의하였다. 이로써 군부의 쿠데타는 성공하였다.

혁명군은 5월 16일 새벽 KBS방송국을 점령한 뒤 미리 준비한 혁명공약을 군사혁명위원회 육군 중장 장도영의 이름으로 발표하였다. 이후 장도영은 혁명군의 추대를 받아 군사혁명위원회 위원장의 자리에 취임하였다. 군사혁명 세력은 제2공화국의 헌법과 정부를 해체하고 국가재건최고회의라는 최고 주권기구를 설치하였다. 국가재건최고회의의 의장은 장도영, 부의장은 박정희가 맡았다. 장도영은 두 달도 되지 않아 군사혁명 주도세력에 의해 제거되었다. 국가재건최고회의를 정점으로 하는 군사정부는 기존의 정당과 사회단체를 모두 해산하고 민간인의 정치활동을 금하였다. 군사정부의 통치는 1963년 12월까지 2년 6개월이나 계속되었다.

군사정부의 개혁

5월 16일 새벽 KBS방송을 통해 전국에 공포된 혁명공약은 다음과 같았다. 첫째 반공을 제1의 국시로 하여 반공체제를 강화하며, 둘째 미국을 위시한 사유우방과의 유대를 공고히 하며, 셋째 나라의 부패와 구악을 일소하고 퇴폐한 국민도의와 민족정기를 바로 잡으며, 넷째 기아선상의 민생고를 해결하기 위해 자주적 국가경제 재건에 전력을 집중하며, 다섯째 국

국가재건최고회의에 의해 임명된 신임장관들이 임명장 수여식을 마치고 최고위원들과 함께 기념 촬영을 하고 있다. 1961. 5. 21

토통일을 위해 공산주의와 대결할 수 있는 실력을 배양하며, 여섯째 이 같은 우리의 과업이 성취되면 참신하고 양심적인 정치인에게 정권을 이양하고 군인 본연의 임무에 복귀한다는 것이었다.

반공체제를 강화한다는 제1의 공약에 따라 군사정부가 가장 먼저 착수한 것은 급진 좌익세력의 검거였다. 여기에는 군사정부의 지도부가 미국으로부터 그들의 거사를 승인받기 위한 의도도 작용하였다. 군사혁명의 지도자인 박정희 소장은 한 때 남로당에 가입한 적이 있으며, 그로 인해 1949년 군에 침투한 좌익세력을 척결하는 숙군사업이 행해질 때 체포되어 무기징역에 처해진 적이 있었다. 미국정부가 박정희의 이 같은 전력을 근거로 군사혁명의 진정한 의도에 의심의 눈길을 보내자 혁명의 지도부는 급진 좌익세력의 대대적인 검거로 그에 대응하였다. 그에 따라 보도연맹 가입자, 혁신정당 관련자, 교원노조 운동가 등 약 4,000여 명이 체포되었다. 그들은 군사혁명재판에 회부되어 길게는 7년까지 교도소에 수감되었다. 그 과정에서 혁신계 언론을 대표한 민족일보의 사장 조용수(趙鏞壽)는 일본을 통해 북한의 자금을 받았다는 혐의로 사형에 처해졌다.

군사정부는 부패와 구악을 일소한다는 공약에 따라 4,200명의 폭력배를 포함한 2만 7,000여 명의 범법자를 단속하였다. 자유당의 집권세력과 결탁했던 정치깡패 이정재(李丁載)는 체포된 뒤 처형되었다. 군사정부는 약 4만여 명의 부패한 공무원을 공직에서 추방하였는데, 이는 전 공무원의 무려 18%에 달하는 방대한 규모였다. 1950년대까지 정부는 재정 형편이 워낙 어려워서 공무원들에게 먹고살기에 충분한 월급을 주지 못하였다. 공무원들은 직위를 이용하여 월급 외의 소득을 부정하게 추구할 수밖에 없었다. 공무원의 상당수는 촉탁 신분의 임시직이었는데, 기관에 따라서는 촉탁의 수가 정식 공무원보다 다섯 배나 되었다. 촉탁 공무원의 월급은 사기업에 할당되어 사기업이 지급하였다. 촉탁 공무원은 사기업의 부탁을 들어 줄 수밖에 없는 처지였다. 그것도 공무원사회의 부정부패를 조장하였다. 1950년대까지 나라만들기의 초창기에 근대적인 관료제는 아직 미성립 상태였다. 군사정부가 약 4만 명의 부패 공무원을 추방한 데에는 이같은 불가피한 역사적 배경이 있었다.

추방된 공무원 가운데는 축첩자도 포함되었다. 내무부 산하에서만 510명이 축첩 공무원으로 저발되어 축출되었다. 어느 사회학자의 조사에 의하면 1950년대까지 사회적으로 성공한 계층을 중심으로 기혼 남성의 5% 정도는 첩을 거느렸다. 축첩은 가정윤리를 어지럽히고 사회갈등을 심

화시키고 공직자의 부정부패를 유발하였지만, 사실상 공연하게 인정되어
왔다. 군사정부가 축첩자를 공직에서 추방한 이래 사회의 공적 영역에서
축첩 현상은 더 이상 용인되지 않았다. 민법이 규정하는 일부일처(一夫一
妻) 혼인제는 사실상 1961년 군사정부의 개혁에 의해 확립되었다. 그 외에
군사정부는 밀수를 강력히 단속하고 외제품의 사용을 금지하고 풍기문란
을 이유로 무도장과 사창가를 폐쇄하였다. 군사정부의 이 같은 개혁은 정
치·사회의 부패와 혼란에 염증을 느껴 온 국민들의 지지를 받았다.

　　1950년대의 기업가들은 기업을 확장하기 위해 정부로부터 원조 달러와 물자를 배정받았다. 그 대가로 기업가들은 집권 자유당에 정치자금을 제공하였다. 군사정부는 부정부패의 척결을 내걸고 주요 기업가 15명을 구속하였다. 뒤이어 부정축재처리법을 제정하여 부정으로 축재한 기업가 27명에게 475억 환에 달하는 거액의 벌과금을 부과하였다. 군사정부는 기업가들이 소유하고 있는 일반은행의 주식을 몰수하였다. 그에 따라 1950년대 후반 민간은행으로 불하되었던 은행들이 다시 국유화하였다. 기업가의 구속과 처벌로 경제 사정은 오히려 악화되었다. 군사정부는 경제의 안정과 발전에 기업가의 도움이 필요함을 인식하고 부정축재자의 처벌을 완화하였다. 기업가들은 한국경제인협회를 결성하고 울산공업센터의 건설에 필요한 외자 도입에 나서는 등, 군사정부의 개발계획에 참여하기 시작하였다. 한국경제인협회는 이후 전국경제인연합회로 발전하였다(전경련).

군사정부는 1962년 6월 10일 신구 화폐를 10 대 1로 교환하는 통화개혁을 단행하였다. 그에 따라 화폐단위가 '환'에서 '원'으로 바뀌었다. 군사정부는 통화개혁을 통해 민간 예금의 실태를 파악하고 그 일부를 동결하여 산업자금으로 돌리려고 하였다. 그렇지만 예상치 못한 충격으로 기업 활동이 정지되는 등, 경제는 오히려 위기에 빠져들었다. 미국정부도 원조를 받는 한국정부가 아무런 상의 없이 일방적으로 행한 통화개혁을 크게 비난하였다. 안팎의 비판에 몰려 군사정부는 동결한 5만여 구좌의 예금을 조기에 해제할 수밖에 없었다. 군사정부의 통화개혁은 졸속하게 행해진 실패작이었다.

1950년대 이래 농어촌에는 고리채가 만연하였다. 고리채는 농어민의 생계를 심각하게 위협하였다. 군사정부는 1961년 6월 농어촌고리채법을 제정하여 농어촌의 고리채를 정리하기 시작하였다. 그에 따라 농어민이 고리채를 신고하면 농업협동조합이 채권자에게 연리 20%의 농업협동조합 채권을 지급하여 채무를 청산해 주었다. 그 대신은 농어민은 농업협동조합에 연리 12%와 5년 연부의 조건으로 채무를 상환해야 했다. 그 결과 1961년 12월 말까지 모두 480억 환의 고리채가 신고되었으며, 그 가운데 293억 환이 고리채로 판명되어 조합의 융자 대상이 되었다. 그렇지만 이 고리채정리사업은 적지 않은 부작용을 낳았다. 농어민은 당장 채무의 중압에서 벗어났지만, 농어촌의 사금융이 마비되어 더 이상 급한 돈을 꾸어 쓰기가 불가능해졌다. 정부가 민간의 금융시장에 무리하게 개입한 조치는 소기의 성과를 거두지 못하였다. 이처럼 군사정부의 초기 경제정책은 즉흥적이며 비체계적이었다. 실패를 거듭하는 과정에서 그들은 냉엄한 경제 현실을 직시하고 그에 정확하게 실용적으로 접근하는 능력을 키웠다.

제3공화국의 출범

군사정부는 그 정당성의 헌법적 근거가 없기 때문에 그 존속이 한시적일 수밖에 없었다. 미국은 원조의 제공을 지렛대로 삼아 군사정부에 조속히 민간정부로 이행하도록 압력을 가하였다. 군사정부는 민간정부로의 이행 시기를 1963년으로 약속하였다. 1962년 12월 새로운 민간정부를 수립하기 위한 새로운 헌법이 국민투표를 통해 제정되었다(제5차 개정헌법). 4·19 이후의 두 차례 제3, 4차 개헌까지는 1948년에 만들어진 건국헌법의 틀을 그대로 두고 그것의 조항을 수정하는 방식으로 헌법이 개정되었다. 그에 비해 1962년의 제5차 개헌은 건국헌법의 틀을 사실상 허물고 헌법을 거의 새롭게 만드는 수준의 단절적인 변화를 보였다.

새로운 헌법이 채택한 정부형태는 대통령중심제였다. 대통령은 국민직선제로 선출되며, 임기는 4년으로서 1차에 한하여 중임이 허용되었다. 이로써 1948년 건국 이후 12년간이나 여야 정쟁의 최대 쟁점이 되어온 정부형태가 대통령중심제로 결착을 보게 되었다. 민주당이 오랫동안 당론으로 고수해온 내각책임제는 4·19 이후 드디어 실천에 옮겨졌으나 크게 실패하였다. 민주당은 더 이상 내각책임제를 고집하지 않았다. 대통령중심제가 복구되는 과정에서 부통령제와 부통령직선제는 복구되지 않았다. 돌이켜 보면 그것은 모순에 가득 찬 제도였다. 그 대신 1954년 제3차 개헌에 의해 폐지된 국무총리제가 복구되었다. 국무총리는 대통령이 궐위하거나 유고 시에 그 직무를 수행하는 자로 지정되었으며, 대통령에게 국무위원의 임면을 제청할 권리를 부여받았다. 그 점에서 새로운 헌법에도 내각책임제의 요소가 아주 없지는 않았지만, 그렇다고 대통령이 국무총리를 임명함에 있어서 국회의 동의를 구할 필요는 없었다.

새로운 헌법에서 대통령의 권한은 일층 강화되었다. 건국헌법 이래 대통령은 내우·외환·천재지변을 당하여 공공의 안정 질서를 유지하고 국가의 안위를 지키기 위해 긴급명령을 발할 권한을 보유하였다. 그에 더하여 제5차 개정헌법은 전시·사변 또는 그에 준하는 국가비상사태를 맞아 대통령이 공공의 질서를 유지하기 위해 계엄을 선포하고 군 병력을 동원할 수 있는 권리를 인정하였다. 계엄이 선포되면 법률이 정하는 바에 따라 국민의 기본권과 정부·법원의 권한에 일정한 제약이 가해질 수 있었다.

제5차 개정헌법은 대한민국의 경제체제에도 중대한 수정을 가하였다. 앞서 지적한대로 1948년의 건국헌법은 혼합경제 내지 사회민주주의의 경제체제를 지향하였다. 그에 반해 새로운 헌법은 "대한민국의 경제질서는 개인의 경제상의 자유와 창의를 존중함을 기본으로 한다"고 함으로써 대한민국이 자유시장경제체제임을 명확히 하였다. 다만 "모든 국민에게 생활의 기본적 수요를 충족시키는 사회정의의 실현과 균형 있는 국민경제의 발전을 위해 국가는 필요한 범위 안에서 경제에 관한 규제와 조정을 할 수 있다"고 하였다. 이 같은 취지에서 새로운 헌법은 노동자가 기업의 이익을 균점할 수 있도록 하거나 운수·통신·금융 등 중요 산업을 국영 또는 공영으로 한다는 건국헌법의 규정들을 폐지하였다. 그 외에 건국헌법이 규정한 혼합경제의 요소들, 예컨대 국가는 대외무역을 통제한다든가 필요에 따라 사영기업을 공영 또는 국영으로 이전할 수 있다는 규정들도 폐지되거나 크게 수정되었다. 앞서 지적한대로 대한민국의 건국헌법은 사회로부터 도출된 것이 아니라 외국의 우수한 헌법을 짜깁기하는 형태로 만들어졌다. 헌법은 나라만들기의 역사가 진행되면서 현실에 부합하는 형태로 조금씩 개량되고 있었다.

헌법 개정에 이어 1963년부터는 그 동안 군사정부에 의해 금지되었던 민간의 정치활동이 자유화하였다. 박정희 국가재건최고회의 의장은 군인으로 복귀하겠다는 당초의 약속을 어기고 민간정부에 참여할 준비를 하였다. 박정희는 중앙정보부를 조직하고, 그 정보망을 이용하여 신구 정치세력을 광범하게 규합한 다음, 민주공화당을 창건하여 대통령선거에 출마하였다. 그에 대항하여 민간 정치인들은 단일 정당으로 뭉쳐야 했으나 그러하질 못하였다. 그들은 윤보선 전 대통령과 허정 전 국무총리를 중심으

제5대 대통령 취임선서를 하고 있는 박정희. 1963. 12. 7

로 하는 두 세력으로 분열하였다.

1963년 10월의 대통령선거에는 민주공화당의 박정희, 민정당의 윤보선, 국민의 당의 허정 등 7명이 출마하였다. 선거는 종반에 접어들어 허정이 사퇴함에 따라 박정희와 윤보선 두 사람의 대결로 압축되었다. 선거유세 과정에서 이후 15년간 한국의 정치와 경제에 큰 영향을 미칠 박정희의 정치적 이념이 윤곽을 드러냈다. 박정희는 구정치인들이 자유민주주의와 정치적 방종을 혼동하고, 미국에 지나치게 굴종적인 자세를 취한다고 비난하였다. 유세가 거듭됨에 따라 박정희는 '자립', '자주', '민족'과 같은 민족주의적 용어를 자주 구사하였다. 박정희는 윤보선에게 15만 6,000 표라는 근소한 차이로 승리하였다. 이어서 치러진 국회의원선거에서는 여당인

민주공화당이 거의 3분의 2에 해당하는 110개 의석을 차지하여 예상 밖의 대승을 거두었다. 박정희정부는 경제개발을 강력하게 추진할 수 있는 정치적 기반을 확보하였다. 1963년 12월 박정희는 제5대 대통령에 취임하였다. 이로써 대한민국 제3공화국이 출범하였다.

5·16의 역사적 의의

5·16이 일어나자 대다수의 국민은 "올 것이 왔다"면서 그것을 암묵적으로 지지하였다. 윤보선 대통령도 박정희 소장을 접견하면서 첫마디로 "올 것이 왔구나"라고 하였다. 장면정부의 대변지나 다를 바 없는 경향신문도 사설에서 "이와 같은 사태를 초래하게 된 것은 궁극적으로 말해서 기성 정치인의 구태의연한 사고방식과 부패, 무능과 파쟁의 소치라 하여도 과언이 아니며, 드디어 올 것이 왔다는 감을 짙게 한다"고 하였다. 요컨대 기성 정치인의 무능, 부패, 당쟁에 따른 정치와 사회의 방종, 그에 따른 국가정체성의 혼란은 대다수 국민으로 하여금 그런 것들을 과감하게 청산할 수 있는 일대 변혁을 기대하게 만들었다. 불과 3,600명의 소수 병력에 의한 쿠데타가 성공할 수 있었던 것은 그러한 국민적 기대에 부응하였기 때문이다.

나아가 국민들은 5·16에 의해 4·19정신이 올바로 구현되기를 기대하였다. 서울대학교 총학생회는 "4·19와 5·16은 동일한 목표를 갖는다"고 하면서 5·16을 '민족주의적 군사혁명'으로 환영하였다. 재야의 영향력 있는 지식인들도 그러하였다. 잡지 사상계의 편집인 장준하(張俊河)는 "한국의 군사혁명은 압정과 부패와 빈곤에 시달리는 많은 후진국의 길잡이요, 모범으로 될 것"이라고 기대하였다. 이 같은 시대정신의 배경에서 5·16이 일어나자 많은 지식인들이 그에 동조하고 참여하였다. 예컨대 건국헌법의 초안을 잡았던 공법학자로서 고려대학교 총장으로 있던 유진오(俞鎭午)는 혁명세력의 추대를 받아 재건국민운동본부의 본부장에 취임하였다.

지식인들이 5·16에 기대감을 표명하거나 적극 참여한 데에는 5월 16일 군사혁명위원회가 발표한 혁명공약이 큰 영향을 미쳤다. 앞서 소개한 여섯 가지의 혁명공약은 실은 4·19 이후 사상계를 비롯한 유력 언론을 통해 지식인들이 계속 주장해 온 것들과 거의 일치하였다. 특히 "나라의 부패와 구악을 일소하고 퇴폐한 국민도의와 민족정기를 바로 잡겠다"는 공약이 커다란 설득력을 발휘하였다. 그것은 당시의 정치적 혼란과 사회적 방종이 정치만이 아니라 퇴폐한 국민도덕의 책임이기도 함을 숨김없이 지적하는 것이었다. 조선왕조 이래 민족의 역사가 정체하고, 이민족의 식민지 지배를 받고, 해방 후 민족의 분단이 초래된 것도 크게 보면 그 때문이었다. 그로 인해 진정 필요한 것은 다름 아닌 '민족개조' 또는 '인간개조' 그것이었다. 5·16이 일어나자 많은 영향력 있는 지식인들은 그 같은 기대감을 숨기지 않고 토로하였다.

지식인들이 군사정부에 참여한 데에는 여섯째 공약의 영향도 컸다. 혁명을 일으킨 군인들이 혁명의 과업을 완수한 뒤 참신하고 양심적인 정치인에게 정권을 넘기고 병영으로 돌아가겠다고 약속한 것이다. 이 약속은 위선적이었다. 열거된 혁명의 과업은 역사적인 것이며, 그것을 완수하는 데에는 적어도 한 세대는 소요될 터였다. 그리고 참신하고 양심적인 정치인은 어디에도 없었다. 모든 혁명은 대중을 혁명으로 끌어들이기 위한 위선의 구호를 내걸기 마련이다. 5·16도 마찬가지였다. 그렇지만 지식인들은 그들이 혹 참신하고 양심적인 정치인으로 추대될 수 있지 않을까 기대하였다. 그들이 군사정부에 참여한 기실의 이유는 그와 같았다. 그렇지만 그 기대가 틀렸음이 드러났을 때 그들은 등을 돌렸다. 그 점에서 당대의 지식인들 역시 위선적이기는 마찬가지였다. 그렇지만 이후 5·16세력은 합법적인 정부를 무력으로 전복했으며, 민간 정치인에게 정권을 이양하겠다는 공약을 지키지 않았다는 비판을 면치 못하였다. 그 점은 지금까지도 그들에게 씌어 있는 역사의 멍에이다.

　50년의 세월이 흐른 오늘날의 관점에서 5·16을 되돌아 봤을 때 다음의 두 가지 사실이 새삼스럽게 주목된다. 첫째, 5·16은 이후 한국인들이 경험하게 되는 혁명적인 근대화의 출발점이었다는 사실이다. 1963년 이후 한국경제는 1997년까지 연평균 7~10%의 고도성장을 지속하였다. 그 결과 1961년에 82달러에 불과하던 1인당 국민소득이 1995년에 1만 달러를 초과하였다. 세계자본주의의 역사에서 전례가 드문 고도성장이었다. 급격한 경제성장은 한국인의 물질생활과 정신생활에 실로 커다란 변화를 초래하였다. 대부분의 한국인들은 그들 생전에 상전벽해(桑田碧海)의 변혁을 목도하였다. 그것은 점진적이고 자연스러운 개량의 귀결이 아니었다. 그것은 젊고 유능한 군인 출신의 정치가들이 권력을 독점한 위에 '조국근대화'에 대한 강력한 의지로써 올바른 방향의 개발정책을 일관되게 효율적으로 추진했기 때문에 가능하였다. 그러자 역사적으로 축적되어 온 한국인의 성장 잠재력이 극대로 동원되어 세계가 놀라는 기적과도 같은 경제성장을 이루었다. 요컨대 5·16은 19세기 이래 수 세대에 걸쳐 한국 민족이 역사적 과제로 안고 내려 온 근대화혁명의 기폭제였다.

둘째, 5·16은 이승만 권위주의체제의 계승이었다는 사실이다. 박정희 대통령은 집권 18년간에 걸쳐 이승만 건국대통령에 대해 한마디의 존경도 표하지 않았다. 그는 이승만과 대립한 민주당의 지지자였으며, 혁명 이후 신익희나 조병옥과 같은 야당 지도자의 추모행사에 참석하여 그들의 공적을 기렸다. 박정희는 김구를 재평가하여 그에게 건국훈장을 수여하고 그의 동상을 서울의 남산공원에 건립하였다. 박정희는 그 자신이 새로운 역사를 만들고 있다는 확신에서 1948년에 이루어진 대한민국의 건국을 긍정적으로 평가하지 않았다. 그 점에서 그는 근대화혁명의 커다란 업적에도 불구하고 대한민국의 정통적 역사에 부담을 남겼다. 그렇지만 매우 역설적이게도 그는 이승만 대통령의 더없이 충실한 계승자에 다름 아니었다.

앞서 말한대로 이승만은 대한민국의 국가정체성을 반공주의, 북진통일, 미국과의 동맹, 일본과의 대립, 대통령중심제의 정부형태로 결정하였다. 그 이승만이 역사의 모순을 이기지 못하고 쓰러졌을 때 그의 빈자리는 너무나 컸다. 대다수 국민에게 이승만은 건국의 원훈으로서 여전히 커다란 존경의 대상이었다. 민주주의의 이름으로 자행되는 당쟁과 전도가 보이지 않은 남북협상은 이 나라가 갈 길이 아니었다. 국가정체성을 둘러싼 최고 수준의 혼란만도 아니었다. 이승만이 사라지자 사소한 수준의 모든 것이 불확실해졌다. 크고 작은 국정 과제에 대한 여론조사에서 "모르겠다"는 대답이 항상 우위를 차지하였다. 예컨대 일제 하에서 만들어진 어촌계(漁村契)를 복구하느냐 여부를 둘러싼 여론조사의 결과는 70% 이상이 "모르겠다"는 것이었다.

박정희가 내건 혁명공약은 국가정체성의 혼란에서부터 사소한 여론의 표류에 이르기까지 그 모든 것을 확실하게 대체하였다. 반공을 제1의 국시로 삼겠다고 했는데, 그것은 이승만의 반공주의의 계승이었다. 우방 미국과의 유대를 공고히 하겠다고 했는데, 그것은 이승만이 성사시킨 한미동맹의 충실한 계승이었다. 민족통일을 위해 공산주의를 물리칠 실력을 배양하겠다고 했는데, 그것은 표현만 달라졌을 뿐이지 이승만의 북진통일론과 다를 바 없었다. 이후 박정희는 언젠가 민족통일을 위해 북한과의 대결은 불가피하다고 하였다.

그 위에 박정희는 이승만의 대통령중심제 정부형태를 계승하였다. 신생 대한민국이 그의 정부형태를 확정하는 것은 1962년 12월의 제5차 헌법개정과 그에 기초한 1963년 12월의 제3공화국 출범에 의해서였다. 앞서 말한대로 건국 이후 민주당은 내각책임제 정부형태를 일관되게 추구하였다. 4·19가 집권의 기회를 허락하자 민주당은 그들의 오랜 당론을 실천에 옮겼지만 결과는 참담한 실패였다. 그들은 군사정부에 의한 대통령중심제의 복구에 저항하지 않았다. 이후 어느 정치세력도 내각책임제의 부활을 추구하지 않았다.

군대를 이끌고 권력을 빼앗은 박정희에게 집권의 정당성을 부여한 것은 대통령직선제의 선거였다. 그 선거에서 그가 패배하였더라면 그는 승리한 민간 대통령에 의해 군사반란의 책임을 추궁당하여 처형되었을지도 모른다. 군사반란은 그만큼 헌정질서로부터의 심각한 일탈로서 그 책임을 면키 힘든 것이었다. 그럼에도 다수의 국민이 그를 지지하여 대통령에 당선시켰다. 그로 인해 한국의 민주주의 정치제도는 불완전하나마 법적 도덕적 정통성을 회복하면서 성장해 갈 수 있었다. 대통령직선제의 현실성과 역동성이 그러한 정치적 변혁을 가능케 하였다. 그 대통령직선제는 이승만이 국회의 기득권 세력을 누르면서 무리하게 이룩한 것이었다. 그 점에서 박정희는 이승만의 둘도 없는 적자(嫡子)였다. 이후 그가 10월유신이라는 또 한 차례의 정변을 감행하여 대통령직선제를 부정하였을 때 대통령직선제는 이 나라의 국민이 다시 회복할 민주주의 정치제도의 상징으로 부상하였다.

요컨대 5·16에서 출발한 박정희의 근대화혁명은 이승만의 커다란 건국 유업(遺業)에 두 발을 딛고 있었다. 4·19와 5·16은 겉으로는 대립적이었으나 속에서는 연속적인 사건이었다. 자유민주주의의 국가체제가 이승만 건국대통령에 의해 세워졌다면, 4·19와 5·16은 그 토대 위에서 국가경제의 곳간을 채우는 역사적 과제를 추구하였다. 다시 말해 4·19와 5·16은 나라만들기의 제2단계 과제를 수행하기 위한 새로운 정치세력이 등장하는 연속하는 두 혁명에 다름 아니었다.

| 제5장 |

고도경제성장

1 | 수출주도형 개발전략으로의 전환

세계자본주의의 전개

한국경제는 1963년부터 고도성장을 개시하였다. 1962년의 경제성장률은 2.1%에 불과했는데, 1963년에 갑자기 9.1%로 튀어 올랐다. 이후 해마다 다소간의 진폭을 보이면서 고도성장의 질주는 계속되었다. 1979년까지 박정희정부가 이룩한 경제성장률은 연평균 9.2%에 달하였다. 이 책이 대상으로 하는 1987년까지의 연평균 성장률은 8.7%이다. 그에 따라 1인당 국민소득이 1962년의 82달러에서 1987년의 3,218달러로 증가했는데, 환율의 변동을 고려한 실질소득의 증가는 6배나 되었다. 이 같은 경제성장률은 동기간 세계에서도 가장 급속한 것이었다. 1950년대까지 미국과 유엔의 경제학자들은 한국경제의 미래에 관해 비관적 전망을 내놓기 일쑤였다. 자연자원도 빈약하고 자본축적도 결여한 가운데 부정부패와 정치·사회의 분열이 풍토병처럼 만연한 한국이 경제성장을 이룩하기는 불가능하다고 하였다. 그렇지만 실제 그러한 일이 기적처럼 벌어지고 말았다.

어떻게 해서 그런 일이 가능하였을까. 그것은 정말 기적과도 같은 것이었던가. 이와 관련하여 우리는 먼저 동시대 세계경제의 동향에 세밀하게 주의를 기울이지 않으면 안 된다. 한국경제의 고도성장은 한국인들의 능력과 노력이 특별하기도 했지만, 무엇보다 동시대의 세계경제가 그에 대해 매우 우호적인 환경을 제공했기 때문에 가능하였다. 한마디로 세계경제 그 자체도 같은 기간에 급속한 성장을 이룩하였다. 개략적인 추계에 의하면, 세계경제의 실질 총소득은 1962년의 9조 1,397억 달러에서 1987년의 24조 6,865달러로 2.7배 증가하였다(1990년 가격). 좀 더 길게 1950~2000년을 보면 세계경제는 동기간 6.8배나 성장하였다. 이러한 일은 세계경제의 역사에서 전례가 없었다. 예컨대 1900~1950년 세계경제의 실질 성장은 1950~2000년의 절반도 안 되는 2.7배에 불과하였다.

제2차 세계대전 이후 자본주의 세계경제가 많은 사람들의 비관적 전망을 깨고 '영원의 번영'을 구가할 수 있었던 것은 이른바 '제3의 물결'로 불리는 급속한 기술혁신의 덕분이었다. 그에 따라 새로운 소재가, 새로운 산업이, 새로운 생산방법이 창출되었다. 컴퓨터를 중심으로 한 정보·통신 혁명이 그 기초를 이루었다. 급속한 기술혁신으로 기업의 이윤이 커지자 노동자들의 임금 수준이 높아졌다. 산업민주주의가 성숙하여 노동자의 권리가 크게 신장되었다. 그에 따라 자본주의 경제체제를 위협하던 계급투쟁이 종식되었다. 세계경제의 번영을 이끈 또 하나의 중요 요인은 자유무역이었다. 예컨대 앞서 세계경제는 1950~2000년에 6.8배의 실질 성장을 이루었다고 했는데, 동기간 세계무역은 무려 20배나 팽창하였다. 다시 말해 세계무역의 증가가 세계경제의 성장을 견인하였던 것이다.

세계무역의 급성장에는 제2차 세계대전 이후 미국이 중심이 되어 구축한 자유무역체제가 중요한 역할을 하였다. 20세기 전반에 세계경제가 두 차례의 대전과 한 차례의 대공황을 겪게 된 것은 크게 말해 세계경제의 안정적 시스템이 결여되었기 때문이다. 이 같은 반성에서 세계대전 이후 미국은 국제통화기금(IMF)을 창설하였다. 이 국제기구는 각국의 출자로 조성된 공동기금으로 성립했는데, 국제수지의 만성적 적자로 위기를 겪는 나라에게 달러 등 국제통화를 융자해 주기 위한 것이었다. 세계은행(IBRD)도 창설되었는데, 이는 후진국에게 경제개발 자금을 제공하기 위한 것이었다. 뒤이어 미국은 관세 및 무역에 관한 일반협정(GATT)이라는 국제적 협약을 성립시켰다. 1947년 제네바에서 23개국이 모여 성립시킨 이 협약은 회원국들이 상호간에 관세율을 인하하고, 어느 나라나 차별하지 않고, 수출입 제한을 하지 않는 등, 자유무역의 일반적 원칙을 수립하였다.

그렇지만 이 이른바 IMF-GATT 세계체제는 1950년대까지 순조롭게 작동할 수 없었다. 영국, 프랑스, 서독, 일본 등 주요 국가들의 경제가 세계대전으로 엄청난 피해를 보았기 때문이다. 세계대전이 끝난 뒤 미국은 세계 공업의 절반 이상을 생산하였다. 미국 연방은행이 보유한 금은 세계의 각국 정부가 보유한 금 총량의 70% 이상이나 되었다. 이런 미국을 상대로 자유무역을 행할 수 있는 나라는 없었다. 각국은 미국에 대한 자국의 국제수지를 방어하기 위해 수입허가제를 실시하고 달러 사용을 제한하는 등의 무역제한정책을 취하였다. 미국도 각국의 그러한 정책을 용인하였다. 나아가 미국은 1950년대까지 총액 640억 달러의 원조를 세계 각국에 제공하여 각국이 미국의 공산품을 수입하여 경제를 건설하도록 지원하였다.

이러한 미국의 대외정책은 1958년까지 이어졌다. 대체로 그 무렵에 이르러 세계의 주요 국가는 전쟁의 피해를 복구하여 미국과 자유무역에 종사할 능력을 갖추게 되었다. 각국의 무역제한정책을 미국이 잠정적으로 용인한다는 IMF협약의 한 조항도 1958년에 폐지되었다. 미국의 대외원조도 이를 전후하여 크게 줄어들었다. 1958년 그 해에 서유럽 6개 국가들이 유럽경제공동체(EEC)를 결성하였다. 그에 자극을 받아 미국은 세계경제에 대한 자국의 헤게모니를 강화할 목적에서 자유무역체제에 더욱 박차를 가하였다. 1964년 미국 케네디 대통령의 제창으로 GATT 제7차 라운드, 곧 다자간협상이 개시되었다. 그 결과 주요 국가들의 관세율은 평균 50% 이상이나 인하되었다. 그에 따라 세계무역은 더욱 급속하게 성장하였다. 예컨대 1952~1963년 세계무역의 연평균 성장률은 7.4%였는데, GATT 제7차 라운드 이후인 1964~1972년에는 11.6%로 높아졌다.

세계무역에서 더욱 중요한 변화는 수출입의 내역과 교역 구조가 바뀌기 시작했다는 사실이다. 종전까지만 해도 세계의 수출입에서 농산물, 광산물, 연료의 비중이 컸다. 그에 따라 선진국과 후진국과의 무역이 커다란 중요성을 지녔다. 1940년대까지 존속한 제국주의 세계체제는 이 같은 구조의 세계무역에서 선진국이 후진국을 지배하기 위한 것이었다. 그렇지만 1960년대 이후 농산물이나 광산물과 같은 전통적 교역품의 비중이 현저하게 줄어들었다. 그 대신 선진국 간의 공산품 교역이 세계무역에서 점점 큰 비중을 차지하게 되었다. 선진국에서 전개된 급속한 기술혁신이 이러한 변화를 초래하였다. 그에 따라 천연자원을 풍부하게 보유한 후진국이 세계무역에서 점차 소외되기 시작하였다. 후진국은 예전처럼 지배되기보다는 소외를 당하는 처지가 되었다. 그에 따라 선진국과 후진국의 경제적 격차는 더욱 벌어져 갔다.

그런 가운데 이전에 보기 힘들었던 새로운 현상이 대두하였다. 선진국이 후진국의 공산품을 수입하기 시작한 것이다. 그것은 선진국의 산업구조가 고도화하여 노동집약적인 공산품을 더 이상 자국에서 생산하기가 곤란해졌기 때문이다. 예컨대 1964~1973년 미국의 수입에서 공산품이 차지하는 비중은 40.5%에서 60.5%로 급증하였다. 증가한 공산품 수입의 대부분은 후진국이 생산한 의류, 신발, 가구 등과 같은 경공업 제품이었다. 실은 미국시장을 상대로 노동집약적 공산품을 수출하여 고도성장을 가장 먼저 개시한 나라는 1950년대의 일본이었다. 그런데 미국시장에서 노동집약적 공산품에 대한 수요가 더욱 증가하고, 1960년대 이후 일본조차 산업구조가 고도화하자 그 기회가 여러 후진국에 널리 개방되었다.

다시 말해 후진국이 의지와 능력만 있다면 자국의 풍부한 노동력을 이용하여 선진국에 공산품을 수출할 수 있는 세계경제의 새로운 시대가 열리고 있었다. 그러한 의지와 능력을 발휘한 최초의 몇 안 되는 나라 가운데 하나가 한국이었다. 이른바 '한강의 기적'은 이 같은 세계경제의 새로운 시대를 배경으로 하였다. 그렇지만 1961년 5월에 출범한 박정희정부가 이를 인지하기까지는 근 3년의 시행착오가 필요하였다.

경제기획원의 설립과 경제개발계획의 추진

　1961년 7월 군사정부에 의해 경제기획원이 설립되었다. 유사한 조직의 설립은 민주당정부에 의해서도 경제개발부의 이름으로 구상되었지만 실천에 옮겨지지 못하였다. 박정희의 군사정부가 집권 두 달 만에 강력한 기능의 경제기획원을 설치한 것은 그만큼 경제개발에 대한 의지가 강했기 때문이다. 경제개발은 "기아선상에서 허덕이는 민생고를 시급히 해결하고 국가자주경제 재건에 총력을 경주한다"는 혁명공약이 이야기하듯이 박정희가 혁명을 일으킨 목적 그 자체였다. 일부 역사가들은 박정희가 그의 쿠데타를 정당화하기 위해 경제개발을 추진했다고 하지만, 본말전도(本末顚倒)의 주장이라 하겠다. 군사정부 하의 정부조직인 내각에서 경제기획원 원장은 내각수반에 이어 제2의 서열이었다. 그에 비해 이전 정부에 있어서 부흥부 장관의 서열은 제7위였다. 이후 제3공화국에서도 경제기획원 장관은 국무총리 다음의 서열이었다. 경제기획원 장관은 부총리로서 정부의 모든 경제 관련 부처를 통괄하였다. 정부조직 내에서 경제기획원의 높은 위상은 박정희정부가 경제개발을 제반 정부정책의 최우선 과제로 추진하였음을 이야기하고 있다.

　경제기획원은 개발계획의 수립, 정부예산의 편성, 외자와 기술의 도입을 핵심 기능으로 하였다. 군사정부는 재무부의 반발을 누르면서 예산편성권을 경제기획원으로 옮겼다. 경제기획원은 예산편성권을 지렛대로 하여 정부 각 부처의 업무를 개발계획에 따라 조정하고 통제할 수 있었다. 외자와 기술의 도입을 심사하고 허가할 수 있는 권한도 경제기획원이 제반 경제정책을 개발계획에 따라 통합적으로 추진할 수 있는 유력한 수단이었다. 이외에 경제기획원은 내무부로부터 통계국을 분리하여 산하에 두었다. 정확한 통계의 작성은 효율적인 개발계획의 수립에 있어서 없어서는 안 될 기초 조건이었다. 경제기획원은 계획, 예산, 외자, 통계 행정 이외에 정책의 집행이나 인허가와 같은 현업으로부터는 일체 분리되었다. 경제기획원의 관료들은 기업, 은행, 협회 등의 이해관계로부터 자유로운 가운데 국가경제의 건설이란 목적을 장기적이고 종합적인 관점에서 추구하였다.

경제기획원은 1962년 1월 제1차경제개발5개년계획을 발표하였다(제1차개발계획). 종합적인 개발계획은 1958년 이승만정부에 의해서도, 1961년 민주당정부에 의해서도 작성된 적이 있다. 경제기획원은 그것들을 참조하여 제1차개발계획을 작성하였다. 그렇지만 제1차개발계획은 이전의 계획에 비해 훨씬 의욕적이었다. 예컨대 1958년의 개발계획은 1962년까지 연평균 5.2%의 성장률을 계획하였음에 비해, 제1차개발계획이 상정한 1966년까지의 연평균 성장률은 7.1%였다. 이 같은 성장을 달성하기 위해서는 총 3,205억 원의 투자자금이 필요한 것으로 추산되었다. 당시의 공정환율로는 25억 달러가 넘는 거액이었다. 군사정부는 그 투자자금을 전력, 석탄, 농업뿐 아니라 정유, 시멘트, 비료, 화학섬유, 종합제철, 종합기계, 조선 등에 투자하여 자립경제의 달성을 위한 기반을 구축하겠다는 청사진을 의욕적으로 제시하였다.

그렇지만 제1차개발계획은 종이계획에 불과하였다. 당시 개발계획의 작성에 참여한 어느 관료의 회고에 의하면, 연평균 성장률 7.1%는 10년간 1인당 국민소득을 두 배로 증가시킬 목표를 먼저 설정한 다음에 지수(指

數)방정식을 통해 계산해 낸 수치에 불과하였다. 당시 일본에서 10년 내에 1인당 국민소득을 두 배로 늘린다는 계획이 추진 중이었는데, 그로부터 힌트를 얻었다는 것이다. 총 3,205억 원에 달하는 투자자금도 연간 7.1%의 성장을 달성하기 위해 필요한 돈이 얼마인지를 간단한 회계를 통해 계산해 낸 것에 불과하였다. 그 돈이 어디에 있는지, 누가 꾸어줄 것인지에 대해서는 하등의 계획이 없었다. 당시 미국의 전문가들은 한국의 군사정부가 작성한 제1차개발계획을 두고 가난한 사람의 쇼핑 희망 리스트에 불과하다고 비꼬았다.

　군사정부는 투자자금을 마련하기 위해 동분서주하였다. 앞서 서술한 대로 1962년 6월 군사정부는 전격적으로 통화개혁을 실시하였다. 민간에 숨어있는 여유 자금을 찾아내 산업자금으로 돌리겠다는 취지였지만 그런 것이 있을 리 없었다. 통화개혁은 시장의 혼란만 야기한 채 실패하고 말았다. 그해 7월에는 외국차관의 도입을 촉진할 목적에서 차관에 대한 지불보증에 관한 법률이 제정되었다. 그 핵심은 민간기업이 외국차관을 도입할 때 정부가 지불보증을 서 주는 것이었다. 민간기업에 대한 그 같은 특혜는 다른 나라에서 유례를 찾기 힘들었다. 그럼에도 차관 도입의 실적은 초라하기 짝이 없었다. 1962년 군사정부는 5,000만 달러의 차관 도입을 계획하였으나 실제 들어온 것은 600만 달러에 불과하였다. 그 전 해인 1961년 한국경제의 수출은 4,100만 달러였다. 그에 비해 수입은 3억 1,600만 달러나 되었다. 무역수지의 적자는 대부분 미국의 원조로 메꾸어졌다. 한국은 여전히 원조로 나라살림을 겨우 꾸리는 형편없는 수준의 후진국이었다. 그런 나라에게 공장을 지으라고 돈을 빌려줄 외국의 금융기관은 없었다.

투자자금을 조성할 나머지 한 가지 방책은 제 힘으로 수출을 늘려 달러를 벌어들이는 것이었다. 제1차개발계획도 수출 증대에 큰 역점을 두었다. 군사정부는 1962년의 수출 계획치를 6,090만 달러로 잡았다. 그렇지만 그해의 수출 실적은 5,480만 달러에 그쳤다. 그런데다 1962년 그 해는 지독한 가뭄이 든 최악의 흉년이었다. 군사정부가 과연 성공할 수 있을지 앞길이 잘 보이지 않았다. 정권을 잡은 군인들의 구두자국 소리가 중앙청의 복도를 요란하게 울렸지만, 그들은 무엇을 해야 할지, 어디로 가야할지 잘 알지 못하였다. 그런데 전혀 예상하지 않았던 곳에서 도움의 손길이 뻗어 왔다.

도움은 어디에서

앞서 말한대로 1963년의 성장률은 당초 계획치를 훌쩍 넘는 9.1%의 높은 수준이었다. 한국경제에 갑자기 큰 활력을 불어넣은 것은 수출의 증대였다. 제1차개발계획은 1963년의 수출 계획을 7,170만 달러로 잡았는데, 실적치는 그것을 훨씬 능가하는 8,680만 달러였다. 전 해의 수출 실적 5,480만 달러에 비해 1.6배의 크기였다. 그렇게 수출이 갑자기 늘어난 것은 공산품 수출이 예상 밖으로 크게 증가한 덕분이었다.

한국경제의 전통적인 수출품은 농산물 쌀, 수산물 김, 광산물 텅스텐과 석탄 등이었다. 다시 말해 한국이 보유하고 있는 1차산업과 자연자원을 열심히 개발해 일본과 미국에 수출하여 달러를 벌고자 했음이 수출촉진 정책의 기본 내용이었다. 1950년대 이승만정부의 수출정책이 그러하였으며, 1961년 군사정부가 세운 개발계획도 마찬가지였다. 군사정부의 개발계획은 이전 정부의 그것과 발상이나 전략에서 다르지 않았다. 예컨대 1963년의 수출 계획 7,170만 달러 가운데 농수산물이 2,320만 달러를, 광산물이 2,940만 달러를 차지하였다. 이 둘이 73%로서 대부분을 차지하였다. 공산품의 수출 계획은 고작 640만 달러에 불과하였다(나머지는 잡제품). 한국과 같은 후진경제가 공산품을 수출의 주력품으로 삼을 수 있다고는 아무도 생각하지 않았다.

그런데 1963년 그 해의 공산품 수출은 당초 계획치보다 4.4배나 많은 2,810만 달러나 되었다. 대조적으로 농수산물과 광산물의 수출 실적은 1,810만 달러와 2,620만 달러로서 계획치를 밑돌았다. 공산품이 일거에 한국경제의 수출 주력품으로 솟아오른 것이다. 박정희정부로서는 기대하지 않았던 엉뚱한 곳에서 그토록 목말라 했던 달러 박스가 튀어나온 셈이었다. 그에 대해 당시 한국무역협회는 "해방 후 일찍이 없었던 일"로서 "우리나라 수출 전망에 서광을 던져 준" 사건이라고 감격해 마지않았다.

공산품 수출의 '삼총사'는 철강재, 합판, 면포였다. 앞서 소개한대로 1950년대 후반 이승만정부 하에서 철강업이 발달하였다. 철강이라 하지만 주로 가재도구·통·지붕·담장의 재료로 쓰이는 아연도철판, 곧 양철(洋鐵)을 말하였다. 1950년대 말부터 시설과잉에 빠진 국내 철강업자들은 해외 수출을 시도하였는데, 1962년에 일신제강이란 회사가 47만 달러의 '처녀수출'에 성공하였다. 뒤이어 1963년 일신제강은 베트남으로 1,211만 달러의 양철을 수출하는 대박을 터뜨렸다. 합판업은 대성목재라는 회사가 서독에서 우수한 기계를 도입하여 유엔군납에 성공한 실적을 바탕으로 1960년 미국으로 1만 5,000달러를 수출함에 성공했는데, 1963년에 675만 달러라는 또 하나의 대박을 터뜨렸다. 면방직업의 경우도 마찬가지이다. 1957년 경 전후복구를 완료한 면방직업은 시설과잉의 문제를 해소하기 위해 동남아 수출시장을 개척하기 시작하였다. 1960년부터는 미국, 영국, 서독, 네덜란드 등으로 조금씩 진출하였으며, 1963년에 이르러 414만 달러라는 셋째로 큰 대박을 터뜨렸다.

이들 공산품 수출의 '총아'들은 어디서 갑자기 튀어나온 것이 아니었다. 그것들은 1950년대 이승만정부 하에서 정부의 적극적인 재정 투융자로 뿌리를 내린 다음, 안간힘을 다하여 수출시장을 개척해 온 공업들이었다. 그 점에서 1963년부터 개시된 한국경제의 고도성장은 결코 박정희정부의 공로만은 아니었다. 이승만정부의 애써 뿌린 씨앗이 그 때부터 열매를 맺기 시작한 것이다. 어떤 정부도, 어떤 정책도 무슨 업적을 갑자기 거둘 수는 없는 법이다. 앞서도 강조했지만 역사에는 비약이 없다. 박정희정부의 성공은 이승만정부가 닦은 기초 위에서 가능하였다. 그 모두가 연속적으로 또 단계적으로 진행되는 나라만들기의 역사였다.

1963년에 갑자기 공산품이 제1의 수출품으로 떠오른 것은 앞서 자세히 설명하였듯이 후진국이 선진국에 노동집약적 공산품을 수출할 수 있는 세계경제의 새로운 시대가 이때에 이르러 성큼 큰 걸음으로 다가왔기 때문이다. 보다 전문적인 경제학 용어를 빌리면, 세계시장 속에서 한국경제가 보유한 잠재적 비교우위가 이때에 이르러 아주 뚜렷하게 현실화한 것이다. 그를 위한 촉매제 역할을 한 것이 동시대 일본경제의 동향이었다. 1956년 일본경제는 전후복구를 완료한 다음 중화학공업화를 추진하였다. 이후 일본경제는 고도성장에 진입하여 1964년 도쿄올림픽을 앞둔

1962~1964년에는 세계자본주의의 역사에서 전례가 없는 연간 10% 이상의 고도성장을 구가하였다. 그에 따라 일본경제는 노동력이 부족해지고 임금 수준이 높아지는 문제를 안게 되었다. 일본의 수출품 구성에서도 그 중심이 기존의 노동집약적 경공업 제품에서 자본·기술집약적 중화학공업 제품으로 바뀌는 변화가 생겼다. 1960~1970년 일본의 수출에서 경공업 제품의 비중은 41%에서 21%로 줄었다. 그러한 변화는 한국의 경공업 제품이 미국 등의 국제시장에서 일본 제품을 추격하고 몰아내는 과정이기도 하였다. 예컨대 1960~1970년 한국의 대외수출에서 경공업 제품이 차지하는 비중은 32%에서 70%로 급증하였다.

다른 한편, 일본의 경공업은 새로운 생산입지를 찾아 해외로 이동하기 시작하였다. 바로 옆의 한국이 그 최적지였다. 한국의 값싸고 풍부한 양질의 노동력이 일본의 자본을 유인하였다. 식민지기에 일본에 건너가 성공한 재일교포 기업가들이 징검다리 역할을 하였다. 교포 기업가들은 조국이 경제개발을 활발하게 추진하자 자진하여 공장을 한국으로 옮기기도 하였다. 국교도 수립되기 전인 1963년에 한국경제인협회는 산업조사단을 일본에 파견하여 한국으로 넘어올 공업을 물색하였다. 그 결과 신문 보도에 따르면 그해 5월에 이미 1,400만 달러의 확정 투자 계약이 체결되었는가 하면, 교섭 중인 계약도 1,500만 달러나 되었다. 당시 한국경제인협회의 사무국장 김입삼(金立三)은 이 같이 일본에서 한국으로 공업이 이동하는 국면을 꿀벌의 분봉(分蜂) 현상에 비유하였다. 그것을 놓쳐서는 안 된다. 바가지만 들면 될 일이다. "바가지를 들어라." 그가 남긴, 당시 사람들의 입에 널리 오르내린, 명언이었다.

이 같은 당시의 경제적 동향은 박정희정부에게 그가 무엇을 해야 하는지, 어디로 가야하는지를 뚜렷하게 밝혀 주었다. 박정희정부는 주저하지 않고 제1차개발계획을 공산품 수출을 증강하는 방향으로 수정하였다. 예컨대 당초 계획에서 1964년 공산품 수출의 계획치는 830만 달러에 불과했으나 수정계획에서는 1,920만 달러로 올려 잡혔다. 그럼에도 1964년의 공산품 수출 실적은 무려 4,230만 달러나 되었다. 그 결과 1964년이면 "수출만이 살길이다"라는 이른바 '수출제일주의'가 정부에서도 민간에서도 넓은 공감대로 확산되었다. 그렇지만 그런 식으로 개발전략을 수정하기는 결코 쉽지 않았다. 김입삼이 주장한 "바가지를 들어라"도 말처럼 그리 간단한 일이 아니었다. 일본과의 국교정상화라는 커다란 난관이 앞을 가로막고 있었다.

기업가의 등장

박정희 군사정부가 경제개발계획을 세우고 추진하는 과정에서 자연스럽게 기업가들이 국정의 파트너로 등장하였다. 1950년대의 이승만정부는 경제정책을 수행함에 있어서 독립국가로서 나라의 위신을 매우 소중하게 여겼다. 예컨대 이승만 대통령은 환율과 관련하여 미국의 간섭을 받지 않기 위해 1957~1959년 초긴축정책을 취하였다. 그에 따른 불황보다도 국격(國格)을 고수하는 것이 그에게는 훨씬 중요하였다. 이 같은 정치제일주의가 지배한 이승만정부에서 시장의 논리에 충실한 기업가들이 경제정책의 수립에 참여할 여지는 별로 없었다.

4·19 이후 장면정부는 경제제일주의를 내세웠다. 경제개발을 국정의

최우선 목표로 정하고 시장의 논리에 따라 경제정책을 집행하겠다는 뜻이었다. 1961년 3월 장면 총리의 집무실에서 총리, 주요 각료, 주요 기업가 사이의 비공식 회동이 밤늦은 시간까지 있었다. 이런 일은 이승만정부의 12년간 있어 본 적이 없었다. 이를 두고 경제인들은 "일제 강점기간과 광복, 6·25동란 등 온갖 풍상 속에서 정보력과 경영능력을 키워 온 재계가 국가경영의 한 주체로 떠오르기 시작한 것이다"라고 감격해 하였다.

5·16 이후 정치가와 기업인의 협력관계는 일층 강화되었다. 군사혁명에 의해 부정축재자로 처벌을 받은 주요 기업인들은 한국경제인협회를 결성하여 군사정부의 개발계획에 적극 참여하였다. 박정희는 주요 경제정책을 그들과 상의하였다. 앞서 소개한 정부가 외국차관의 도입에 보증을 서 주는 법의 제정은 이들의 요청에 따른 것이었다. 박정희에게 이론과 이념에 치우친 대학의 경제학자들은 별로 도움이 되지 않았다. 반면에 어려운 내외 환경에서 무역에 종사하고 공장을 가동해 온 기업가들은 국가경제를 발전시킬 구체적인 정보와 실질적인 행동계획을 가지고 있었다.

기업가들은 무역의 중요성을 군인 출신의 정치가들에게 가르쳤다. 예컨대 합판 수출을 통해 1960년대 내내 제1의 수출업자로 활약한 대성목재의 전택보(全澤珤) 사장은 박정희를 만날 때마다 수출의 중요성을 강조하였다. 그는 해방 후 홍콩에 들러 그곳에서 중국 피난민들이 왕성하게 전개한 보세가공(保稅加工)을 인상 깊게 관찰한 뒤, 이미 1950년대 말부터 일본 기업가와의 개인적인 연고를 이용하여 부산 일대에서 보세가공을 일으켰다. 5·16 이후 그는 박정희를 만날 때마다 보세가공이 무슨 말인지도 모르는 그에게 그것의 중요성을 가르쳤다. 오늘날의 코오롱그룹을 창설한 이 원만(李源萬)은 식민지기 일본에서 기업가 활동을 한 경력의 소유자였다. 그는 자원이 없는 한국경제가 살 길은 무역밖에 없음을 누구보다 앞장서서 강조하였다. 1960년대 수출 주력품의 하나인 가발은 그의 아이디어에서 나온 것이었다. 1967년 박정희는 그의 요구에 따라 서울 구로동에 재일교포 기업가 전용의 수출공단을 설립하였다.

오늘날 삼성그룹을 창건한 이병철(李秉喆)은 당시 한국 제1의 기업가로서 한국경제인협회의 초대회장을 맡았다. 그는 1963년 한국일보에 5회에 걸쳐 연재한 "우리가 잘 사는 길"이란 글에서 한국경제가 나아갈 기본방향을 제시하였다. 그는 자연자원과 자본축적이 빈곤한 한국경제가 200년 전 영국이 수행한 산업혁명의 코스를 그대로 뒤쫓아 갈 여유는 전혀 없다고 단언하였다. 그는 우리는 너무나 뒤떨어져 있기 때문에 무슨 비약적인 수단이나 방법을 강구하지 않으면 우리의 빈곤과 낙후성을 극복할 수 없다고 하였다. 이에 그는 경제발전의 고전적 코스 대신에 외국차관을 도입하여 먼저 대기업을 육성하고, 그 성과를 토대로 중소기업과 농업을 뒤따라 발전시키는 하향식 코스를 제창하였다.

그의 대략적 계산에 따르면 향후 10년간 미국, 일본, 서유럽에 21~23억 달러의 외자를 도입하여 1,000개의 공장을 세우면, 50만 명의 종업원을 고용하여 250만 명의 가족을 부양할 수 있고, 하청공장과 유통단계의 고용까지 합하면 500만의 인구를 부양할 수 있고, 그에 따라 1,500만 농촌인구의 1/3을 도시로 흡수하여 농업생산성을 올릴 수 있고, 나아가 10년 안에 1인당 국민소득을 두 배로 늘릴 수 있었다. 이병철의 이 같은 개발구상은 당시 국내외의 어느 경제학자도 제시한 적이 없는 창의적인 것이었다. 마치

동화에 나오는 소녀의 백일몽과 같은 그의 구상은 이후 한국경제의 고도성장과정에서 그대로 현실화하였다.

이 같은 개발계획의 제시와 더불어 이병철은 정신문화의 변혁을 강조하였다. 오늘날 우리가 이렇게 빈곤한 것은 인재의 부족, 정치적 지도력의 빈곤 때문인데, 그 근원은 조선왕조 이래의 사대주의, 쇄국주의, 사색당쟁, 정신의 퇴영(退嬰)에 있다. 가난을 청렴으로 혼동하고, 명분만 중시하는 가운데, 부정부패가 만연하고, 시기와 모략이 만연하는 기풍이 생겼다. 그러면서 그는 군사혁명 세력이 성공한 기업가를 부정축재자로 처벌한 것의 문제점을 날카롭게 지적하였다. 귀속재산, 은행융자, 원조자금을 배정받고서도 쓸 만한 공장이나 유익한 사업 하나 일으키지 못하여 국가에 막대한 손해를 끼친 실패한 기업가는 불문에 붙이고, 허다한 애로를 극복하고 기업을 창립하여 생산 증가와 고용 증대에 공헌한 실업인들을 어찌하여 부정축재자로서 처벌할 수 있는가. 그 동기가 심히 감정적이고 불합리한 바가 있다. 정치가, 기업인, 일반 국민 모두의 반성을 촉구한다고 그는 소리를 높였다.

한일국교정상화

기업가들은 박정희 대통령에게 일본과의 국교를 조속히 정상화할 것을 주문하였다. 그래야 한국의 풍부한 노동력과 일본의 우수한 기술력을 결합하여 외국시장에 경쟁력 있는 공산품을 수출할 수 있었다. 한국경제가 보유한 잠재적인 국제경쟁력은 일본과의 교역을 통하여 극대로 실현될 수 있었다. 외국의 많은 경제전문가도 한국정부의 개발계획에 대해 그러한 자문을 행하였다. 서독의 뤼프케 대통령은 박정희 대통령에게 멀리 서독까지 와서 원조를 요청할 것이 아니라 가까이 있는 일본과 협력하라고 충고하였다.

4·19 이후의 장면정부도 일본과의 국교정상화를 추진할 의지를 가지고 있었다. 그렇지만 그 길에는 타넘기가 쉽지 않은 많은 장애물이 있었다. 앞서 말한대로 1951년 10월 미국의 강력한 권고로 국교를 정상화하기 위한 일본과의 회담이 개시되었다. 이후 1965년 6월 양국 간의 협정이 타결될 때까지 근 14년간 무려 1,200여 회에 달하는 본회담과 부속회담이 열렸다. 세계의 외교사에서 유례를 찾기 힘든 마라톤회담이었다.

회담의 주요 쟁점은 재일교포의 법적 지위, 대일 청구권, 동해상의 어업권 등이었다. 한국은 일본의 식민지 지배와 전후 처리에서 발생한 약 22억 달러의 피해를 일본에 청구하였지만, 일본은 그 근거를 인정하지 않았다. 일본은 오히려 그들이 한국에 남긴 재산에 대한 청구권을 갖는다고 주장하였다. 이를 둘러싼 양국의 대립은 1953년 10월의 제3차 회담에서 최악의 상태로 치달았다. 한국 측의 청구권 주장에 맞서 일본 측 대표 구보다(久保田貫一郎)는 일본의 한국 지배는 유익한 것이었으며, 한국은 일본이 아니더라도 중국이나 러시아의 지배를 받을 수밖에 없었다고 주장하였다(구보다 발언). 한국인의 자존심을 크게 훼손한 이 발언으로 인해 회담은 오랫동안 중단되었다. 1957년 말 일본은 구보다 발언을 취소하고 한국에 대한 청구권을 포기하였다. 이를 계기로 제4차 회담이 열렸지만 1959년 일본정부가 재일교포를 북한으로 송환하자 일시 중단되는 파란을 면할 수 없었다.

한일협정 조인식이 14년간의 협상을 매듭짓고 일본 총리 관저에서 거행됐다. 1965. 6. 22

　　1962년 11월 일본과의 국교정상화에 대한 의지를 굳힌 박정희는 김종필 중앙정보부 부장을 일본에 파견하였다. 김종필은 일본의 외상 오히라 (大平正芳)와의 비밀협상에서 양국의 국교정상화에 관한 일괄타협에 성공하였다. 청구권 문제는 일본이 차후 10년에 걸쳐 한국에 무상원조 3억 달러와 공공차관 2억 달러를 제공하는 선에서 타결을 보았다. 이외에 일본은 3억 달러의 상업차관을 주선해 줄 것을 약속하였다. 어업권 문제와 관련해서는 전관어업수역 12해리 밖에 공동규제수역을 설정하기로 합의하였다. 이로써 1952년에 그어진 이승만라인은 철폐되었다. 후술하듯이 1964년 이같은 내용이 알려지자 야당과 대학가는 굴욕외교라고 하면서 크게 반발하였다. 서울에서는 4·19 이후 최대의 군중시위가 벌어졌다. 박정희는 계엄령을 선포하여 이를 진압하였다. 1965년 6월 일본과의 국교정상화를 위한 한일협정이 마침내 조인되었으며, 그해 8월 커다란 진통 끝에 국회의 비준을 얻었다.

한일협정의 타결은 일본과의 국교를 정상화하는 이상의 의미를 지녔다. 한국경제는 한일협정을 계기로 세계의 자유무역체제에 참여하게 되었다. 이를 위해서는 환율정책과 무역정책이 국제기준에 맞게 자유화할 필요가 있었다. 박정희정부는 이승만정부 이래의 저환율정책을 포기하였다. 그에 따라 1960년 1달러에 65원이던 환율이 1965년까지 270원으로 올랐다. 환율이 낮으면 기업가들이 외국에서 기계와 부품·원료를 수입하여 공장을 짓고 가동하는 비용이 낮아져서 국내공업의 건설이 촉진된다. 그 대신 달러로 표시된 수출품의 가격이 높아져 수출에는 불리하다. 박정희정부는 이같은 환율정책을 버리고 환율을 현실화함으로써 수출을 촉진하는 방향으로 돌아섰다. 또한 박정희정부는 한일협정을 전후하여 수입허가제나 수출입링크제와 같은 갖가지 무역제한정책을 폐기하였다. 그에 따라 무역자유화율(수입자동승인품목수/수입총품목수)이 1965년의 37%에서 1967년의 60%로 급증하였다. 관세율도 인하되었다. 일본과의 무역은 종전까지 일종의 외상거래로서 정부가 6개월에 한 번씩 누적 적자를 청산해주는 제도였으나, 한일협정 이후 매 거래마다 상업적 베이스에서 결제되었다. 한국경제는 이 같은 무역자유화와 환율현실화를 인정받아 1967년 세계무역기구인 GATT에 가입하였다.

발전국가체제의 가동

한일협정의 타결과 때를 같이 하여 박정희정부는 미국정부의 동의와 독려 하에 베트남 파병을 결행하였다. 1964년 9월 의무반 등 140명을 시작으로 1965년 3월에는 공병·수송 등 비전투요원 2,000명을, 그해 10월에는

부산항에서 거행된 맹호부대 환송식. 1965. 10. 27

해병대와 육군 2만 명을 베트남으로 파견하였다. 이후 1973년 철수할 때까지 한국정부는 약 5만 명의 전투병을 베트남에 상주시켰다. 박정희 대통령의 베트남 파병에는 두 가지 목적이 있었다. 무엇보다도 중요한 것은 한국의 군사안보에 대한 고려였다. 1963년 미국은 베트남전쟁에 적극 개입하면서 그에 필요한 병력의 일부를 주한 미국군으로 충당할 계획이었다. 한국군의 베트남 파병은 미국군의 일부가 한국에서 철수할 명분을 사전에 차단하기 위한 취지였다. 다른 한 가지 목적은 경제적이었다. 미국은 한국군의 파병에 따른 모든 비용을 부담하였다. 그 외에 미국은 베트남에서 시

행하는 건설 및 구호 사업에 소요되는 물자와 용역도 한국에서 구매한다
는 약속을 하였다. 그에 따라 한국은 1965~1973년 베트남과의 무역에서
약 2억 8,300만 달러를 벌어들였다. 베트남에 파견된 군인·노무자의 봉급
과 기업이 올린 수익은 그보다 훨씬 많은 7억 5,000만 달러나 되었다.

　1965년을 전후한 한일협정의 타결과 베트남 파병으로 박정희정부는
수출주도형 개발전략에 상응하는 국제정치와 국제경제의 환경을 조성하
였다. 한국은 그의 주요 우방국과 정치적 군사적 유대를 확고히 하였을 뿐
아니라, 경제개발에 필요한 제반 시장조건을 확보하였다. 한국경제는 일본
에서 수입한 원료와 중간재를 국내에서 완제품으로 가공하였으며, 그것을
미국으로 수출하였다. 이 같은 국제적 시장연관은 1972년까지 한국경제의
고도성장을 이끈 가장 중요한 동력으로 작용하였다. 어느 경제학자는 태
평양을 사이에 두고 성립한 이 같은 한국, 일본, 미국의 정치경제적 관계를
태평양삼각동맹으로 비유하기도 하였다.

　이후 한국경제는 한 세대에 걸친 대질주(Big Spurt)의 고도성장에 진
입하였다. 제1차개발계획이 의욕만으로 설정한 연평균 7.1%의 성장률은
7.8%의 실적으로 초과 달성되었다. 이에 힘입어 박정희 대통령은 1967년
의 대통령 선거에서 무난하게 재선되었다. 제2차개발계획기(1967~1971)
의 성장률은 일층 높은 9.6%의 실적이었다. 그 같은 고도성장에는 태평양
삼각동맹으로 비유되는 유리한 국제환경만이 아니라 정부가 중심이 되어
구축한, 대단히 효율적으로 작동한, 제도와 정책의 체계가 있었다. 그것을
가리켜 정치학자들은 발전국가체제(發展國家體制)라고 부르고 있다. 박정
희 대통령을 정점으로 하는 한국의 발전국가체제는 다음과 같은 특징을

한국과학기술연구소 기공식 광경. 1966. 1. 6

보였다.

첫째, 경제성장에 필요한 투자자금을 정부가 조성하고 전략적으로 배분하였다. 국내의 자본축적이 빈약하였기 때문에 투자자금의 주요 원천은 외국차관이었다. 예컨대 제2차개발계획기에 있어서 국민총소득 가운데 투자가 차지하는 비중은 평균 24.7%의 높은 수준이었다. 그에 비해 국내의 총저축이 차지하는 비중은 17.7%였다. 모자라는 7%의 자금은 외국차관으로 매워졌다. 차관의 도입은 높은 수준의 투자를 뒷받침하였다. 1962~1966년 2억 9,000만 달러에 불과하던 차관 도입은 한국경제에 대한 국제적 신뢰가 쌓이면서 1967~1971년에는 21억 6,000만 달러로 증가하였다. 정부는 1966년 외자도입법을 제정하여 정부가 상업차관에 지불보증을 하는 이외에 차관업체에 여러 가지 혜택을 부여하였다. 차관의 주요 공여국은 미국과 일본이었다. 차관의 도입은 경제기획원의 심사와 허가를 거쳤다. 경제기획원은 차관을 경제개발을 위해 긴요한 부문에 전략적으로 배분하였다.

둘째, 정부가 자금 배분에 있어서 사후실적을 기준으로 삼음으로써 낭비와 비효율을 억제할 수 있었다. 보통 정부가 재량으로 자금을 배분할 경우 혈연, 지연, 학연 등의 연고를 배제하기 힘들어 실패하기가 십상이다. 많은 후진국에서 정부가 주도한 경제개발은 부정부패의 폐단을 빚어냈다. 한국의 발전국가체제는 그러한 문제점을 사후실적제를 통해 최소한으로 막을 수 있었다. 예컨대 정부는 수출을 촉진하기 위해 여러 가지 지원 정책을 펼쳤다. 수출용 원자재와 부품에 대해서는 관세를 면제해 주었으며, 수출품을 국내에서 판매할 경우에는 내국세도 면제해 주었다. 수출업자에게는 은행의 일반대출보다 낮은 금리로 생산자금을 융자해 주었다. 이같이 수출업자에게 주어진 여러 경로의 보조는 1972년의 경우 공정환율의 30%나 되었다. 1972년의 환율은 1달러에 398원이다. 다시 말해 당시 수출업자는 1달러를 수출하면 정부로부터 130원 가량의 보조금을 받은 셈이었다. 정부는 그런 엄청난 특혜를 베풀면서 반드시 외국에서 신용장을 취득한 수출업자를 그 대상으로 하였다. 그러한 사후실적제의 엄격한 적용은 정부의 자원 배분에 따르기 마련인 부정부패와 도덕해이를 최소한으로 봉합하는 데 큰 도움이 되었다.

앞서 지적한대로 1950년대까지 한국에서 근대적인 관료제의 성립은 매우 불완전한 상태였다. 정부가 관료들의 월급을 충분히 지급하지 못하자 부정부패가 만연하여 더러운 냄새가 코를 찔렀다. 1965년 이후 경제성장의 과실이 어느 정도 쌓이자 박정희정부는 공무원 월급을 파격적으로 인상하였다. 공무원의 채용도 1950년대까지는 비공개적인 연고채용이 일반적이었는데, 공개적인 행정고시로 바뀌었다. 이러한 과정을 통해 근대적인 관료제가 성숙하였다. 관료들의 부정부패는 여전히 심한 편이었지만, 정부 주도의 자원 배분을 심각하게 왜곡할 정도는 아니었다. 한 세대의 고도성장에는 제반 정책을 공정하게 기획하고 집행한 관료사회의 공헌도 적지 않았다.

셋째, 한국의 발전국가체제는 선진 기술과 고급 인력도 주도적으로 공급하였다. 고도성장과 더불어 숙련공의 부족 문제가 대두하였다. 그에 따라 제2차개발계획은 향후 5년간 약 22만 명의 기능공과 기술공을 양성할 목적을 세웠다. 그 중의 10만 명은 기술학교, 전문학교, 초급대학의 교육기관을 통해서, 나머지 12만 명은 공공직업훈련과 사내직업훈련을 통해 양성할 계획이었다. 직업훈련을 지원하기 위하여 1967년에는 직업훈련법이 제정되었다. 그에 따라 1971년까지 전국 각지에 164개 공공 및 사내 직업훈련소가 세웠다. 동 훈련소는 주로 중졸 학력의 젊은이들을 대상으로 기계, 주물, 용접, 단조 등 27개 직능에서 훈련을 실시하였다. 정부의 훈련정책은 제3차개발계획(1972~1976)에서는 더욱 강하게 추진되어 도합 30만 명의 기능공을 양성하였다.

다른 한편, 정부는 과학기술의 발전을 강력히 추진하였다. 박정희정부는 1966년 미국의 원조를 받아 한국과학기술연구소(KIST)를 설립하였다. 정부는 외국에 있는 우수한 한국인 과학자를 유치하고 특별히 우대하였다. KIST는 산업실태조사단을 구성하여 국내 산업의 여건과 과학기술에 대한 수요를 파악하였다. KIST의 우수한 과학자들은 석유화학공업, 제철업, 전자공업 등 이후 한국경제를 이끌고 갈 기간산업의 건설에 큰 공로를 세웠다.

넷째, 한국의 발전국가체제는 개발계획을 세우고 집행하는 데 특별한 능력을 보였다. 경제성장을 위한 자원 배분은 선진국에서는 시장이 주도적인 역할을 하였다. 기업, 상사, 은행, 증권시장, 협회 등이 성장에 필요한 정보를 수집하고 평가하고 자금을 조성하여 자기 책임으로 투자를 하였다. 정부는 시장이 감당할 수 없는 역할만 맡으면 충분하였다. 1960~1970년대 한국에서는 그러한 시장 주체들의 발전이 매우 낮은 수준이었다. 이에 정부가 선진국에서 시장이 한 역할을 대신 떠맡았다. 그 대표적이 예가 5년을 단위로 수립한 개발계획이었다. 이 개발계획은 사회주의 계획경제에서와 같은 명령적(imperative)인 것은 아니었다. 개별 정책을 입안하고 집행하는 데 개발계획은 그리 큰 구속력을 갖지 않았다. 그 대신 개발계획은 정부가 어디로 가고 있다는 것을 민간에 알리는 지시적(indicative)인 역할을 하였다. 기업 등 시장의 주체들은 그 계획에 맞추어 그들의 시장 활동을 펼쳤다. 다시 말해 개발계획은 경제개발에 요구되는 정부와 민간의 협동체제를 만들어 내는 데 유익한 기능을 발휘하였다.

그 외에 박정희정부는 정례적인 회의 체제를 효율적으로 가동하였다. 수출주도형 개발전략의 깃발이 높이 걸린 1965년부터 월간경제동향보고와 수출진흥확대회의라는 두 회의가 매월 정기적으로 열렸다. 경제기획원의 주관으로 열린 월간경제동향보고는 1979년 9월까지 177개월의 기

중앙청에서 열린 수출진흥확대회의. 1974. 1

간에 도합 146회나 열렸다. 상공부가 주관한 수출진흥확대회의가 정례화
하는 것은 1966년부터인데, 이 또한 1979년 9월까지 165개월의 기간에 도
합 147회가 개최되었다. 월간경제동향보고는 물가와 국제수지 등, 거시경
제의 지표를 점검하는 것에서부터 시작하여 개별 산업정책이나 공기업의
구조조정에 이르기까지 포괄적인 국정 과제를 다루었다. 수출진흥확대회
의는 수출과 연관된 국내외 시장의 동향과 수출정책을 미시적으로 추구한
회의였다. 이 두 회의는 아젠다에 따라 관련 업계와 학계의 전문가를 초빙
하는 관민합동으로 열렸다.

　이 두 회의의 역사적 공헌은 관계, 업계, 학계가 축적한 고급정보를
광범하게 수집하고 분석하고 분배함으로써 개발정책의 모색, 입안, 결정,

집행, 조정의 극히 효율적인 체계를 창출한 점에 있었다. 실제 여러 후진국의 개발 경험을 보더라도 계획을 짜는 것(planning)은 그리 어려운 일이 아니었다. 문제는 실행(implementation)이었다. 이를 위해서는 개발계획이 산업과 시장의 현장에서 봉착하는 예상하지 못한 장애를 조속히 인지하고 중앙으로 보고하고 종합적으로 분석하고 그에 따라 정책을 수정, 보완하는 조정(coordination) 과정이 필수적이었다. 그런 역할을 하는 기구를 만드는 것도 그리 어려운 일이 아니었다. 문제는 그 계획과 조정의 기구가 강력하고 효율적으로 상시 가동해야 한다는 것인데, 그 점이야말로 여러 후진국에서 참으로 힘든 난제였다. 그를 위해서는 우수한 능력의 관료제가 필수적이지만, 무엇보다 중요한 것은 최고집권자의 강력한 개발의지(will to develop)였다. 그렇지 않고서는 그 조정기구의 역할을 기대할 수 없었다. 한국에서는 매월 정기적으로 열린 월간경제동향보고와 수출진흥확대회의가 그 역할을 훌륭하게 수행하였다. 15년간이나 매월 두 차례 대형회의를 개최한 나라는 세계의 어디에서도 없었다. 매번 두 회의를 주관한 박정희 대통령의 개발에 대한 집념은 무서운 바가 있었다. 그리고 그는 반복되는 회의의 과정에서 어느 듯 최고 수준의 경제학자로 훈련되어 갔다.

기간산업의 확충

　　수출주도형 개발의 추진과 동시에 박정희정부는 정유, 비료, 석유화학, 제철과 같은 기간산업을 확충하는 데 많은 노력을 기울였다. 그래야 수출공업에 들어가는 원자재와 중간재를 수입하지 않고 국민적 산업으로 내부화함으로써 진정한 의미의 자립적 국민경제를 구축할 수 있었다. 1962

년 박정희정부는 대한석유공사를 설립하고 미국 걸프석유회사의 투자와 차관을 유치하여 울산에 하루 3만 5,000배럴을 생산하는 정유공장을 세웠다. 비료공장은 이승만정부 하에서 제1비료(충주)와 제2비료(호남) 공장이 건설된 바 있는데, 1963년 이후 제3비료(울산)와 제4비료(진해) 공장이 추가로 건설되었다. 이로써 비료의 자급이 가능해졌다.

1965년 이후 제1의 수출품으로 부상한 것은 의류였다. 스웨터, 와이셔츠, 아동복 등 섬유 봉제품의 수출이 증가하자 직물, 화섬, 화섬원료의 순서로 유발 수요가 증가하였다. 그에 부응하여 정부는 석유화학공업의 건설을 제2차개발계획의 핵심 사업으로 선정하였다. 이를 위해 상공부에는 석유화학공업과가 신설되었다. 1968년 울산공업단지에서 나프타 분해공장을 비롯한 9개 석유화학 계열의 공장이 착공되었다. 초기에는 외국에서 차관을 도입하거나 합작투자를 유치하는 데 적지 않은 어려움이 있었다. 1970년 정부는 석유화학공업육성법을 제정하여 투자자금을 적극 지원하였을 뿐 아니라 외국산 제품의 수입을 금지하는 등, 국내 시장을 보호하였다.

국내 공업을 육성하기 위한 정부의 무역제한정책이 강화되자 1967년 60%에 달했던 무역자유화율은 1970년대 중반까지 오히려 하락하는 추세였다. 울산의 석유화학공업단지는 정부의 적극적인 지원에 힘입어 1972년 10월에 준공을 보았다. 이로써 한국경제는 에틸렌, 프로필렌 등 기초 원자재에서 최종 제품까지를 일관 생산하는 석유화학콤비나트의 보유국이 되었다.

1964년 박정희 대통령은 서독을 방문하였다. 그는 서독의 경제부흥을 이끈 기간시설로서 고속도로에 깊은 인상을 받았다. 그는 경부고속도

대전 인터체인지에서 열린 서울-부산간 경부고속도로 개통식에 이어 시주하는 대통령 일행. 1970. 7. 7

로의 건설 계획을 발표하였다. 경부고속도로의 건설비는 당초 300억 원으로 추산되었는데, 이는 1968년 정부예산의 13%나 되는 거액이었다. 이 때문에 고속도로의 건설을 둘러싸고 적지 않은 논란이 일었다. 야당의 유력한 정치인들은 경부고속도로가 한국경제를 일본경제에 예속시킬 뿐이라고 주장하였다. IBRD도 고속도로의 경제적 타당성에 의문을 제기하였다. 심각한 반대에도 불구하고 경부고속도로는 1968년 2월에 착공되어 1970년 7월에 완공되었다. 경부고속도로는 전국을 단일 시장권으로 통합하였다. 한국경제의 대동맥으로서 경부고속도로는 초기 10년간 화물 수송에서 16배의 급속한 신장을 보았다.

종합제철소의 건설계획은 제1차개발계획에 이미 포함되었지만 투자

포항제철 제1기 착공식에서의 박정희 대통령. 오른쪽은 김학렬 부총리, 왼쪽은 박태준 사장. 1970. 4. 1

자금을 확보할 수 없어서 착공을 보지 못하고 있었다. 철강재는 고도성장에 따라 그 수요가 폭증하고 있었는데, 대부분 일본에서 수입되고 있었다. 국내의 제철업도 심각한 불균형에 시달리고 있었다. 예컨대 1962년 제선(製銑) 부문의 생산능력은 4,800톤에 불과했는데, 제강과 압연의 생산능력은 14만 8,000톤과 57만 1,000톤이나 되었다. 종합제철소의 건설은 더 이상 미룰 수 없는 시대적 과제였다. 정부는 종합제철소의 건설에 자금과 기술을 공급할 국제투자단, 곧 대한국제제철차관단(KISA)을 구성하였다. 그렇지만 KISA가 초대한 국제 금융기관들은 한국이 종합제철소를 성공적으로 건설할 수 있는 능력에 희의적이었으며, 이에 쉽사리 투자를 하려 들지 않았다.

박정희 대통령은 종합제철소에 대한 꿈을 포기하지 않았다. 종합제철소의 건설은 다시 제2차개발계획에서 중점사업으로 포함되었다. 정부는 1968년 4월 포항제철주식회사를 설립하고, 포항에 공장부지를 정비하는 등 준비 작업을 진행하였다. 그렇지만 KISA는 끝내 자금과 기술의 제공을 거절하였다. 궁지에 몰린 박정희 대통령은 1965년의 한일협정에 따라 일본에서 도입될 예정인 청구권자금의 일부를 종합제철소의 건설에 투입하기로 하고, 그에 관한 일본정부의 동의를 구하였다. 일본정부는 한국경제의 발전을 돕는 취지에서 그에 동의하였으며 기술 자문까지 제공하였다. 그렇게 일본의 협력을 얻어 1970년 4월 포항종합제철소가 착공되었다. 계획에 비해 무려 3년이나 지연된 착공이었다.

1973년 6월 제선 능력 103만 톤의 포항제철이 완공되었다. 이후 포항제철은 1981년까지 850만 톤으로 제선 능력을 확장하였다. 1985년 포항제철은 전남 광양에 또 하나의 제철소를 건립하였다. 광양제철소는 1992년까지 1,140만 톤의 생산능력을 갖추었다. 포항제철의 성공적인 건설과 사업 확장은 이후 추진된 중화학공업화의 중요한 초석이 되었다.

2 | 중화학공업화와 국토·사회의 개발

중화학공업화의 모험

박정희 대통령은 1973년 1월 '중화학공업화 선언'을 하였다. 그 전 해 1972년 10월 박정희는 10월유신이라는 또 한 번의 정변을 감행하였다. 박정희는 사실상 종신집권이 보장된 가운데 국회의 견제를 벗어난 절대 권력을 휘두를 수 있게 되었다. 후술하듯이 10월유신의 정치적 배경에는 1960년대 말부터 심각해진 군사안보의 위기가 있었다. 1968년 이래 북한은 군사적 도발을 강화하였다. 1969년 미국의 닉슨 대통령은 장차 동아시아에서 점진적으로 후퇴할 계획의 닉슨독트린을 발표하였다. 박정희는 한국의 안보는 스스로 책임질 수밖에 없으며, 자주국방을 위해서는 중화학공업화가 시급하다고 생각하였다.

10월유신의 경제적 배경으로서는 1972년을 전후하여 노동집약적 경공업제품의 수출만으로는 더 이상 고도성장을 지속할 수 없게 된 상황을 들 수 있다. 그 때까지 수출의 주력품은 의류, 합판, 양철, 전기제품, 신발, 가발, 완구 등의 순서였다. 그 상당 부분은 보세가공이라 하여 지정된 공업단지에서 중간재와 부품을 수입하여 가공한 다음 곧바로 수출하는 것들이었다. 이 같은 저수익의 노동집약적 제품을 통해 1971년 한국경제는 수출 10억 달러의 고지를 넘었다. 그렇지만 더 높은 고지를 점령할 성장 동력의 전망은 분명치 않았다. 한국경제가 일종의 한계에 봉착한 징후는 여러 곳에서 분명해지고 있었다. 1972년 5월 박정희 대통령은 수출진흥확대회의가 끝난 뒤 청와대의 집무실에서 오원철(吳源哲) 비서관에게 100억 달러의 수출고를 달성할 방안에 대해 질문하였다. 그에 대해 오원철은 일본이 1956년부터 추진한 중화학공업화라고 대답하였다. 그 대답을 들은 박정희는 약간의 침묵 끝에 그에 관한 계획서를 작성, 보고하라는 지시를 내렸다. 알려진 한에서 중화학공업화의 추진은 여기서 출발하였다.

　　야당과의 정치적 갈등도 다른 한편의 배경을 이루었다. 후술하듯이 야당은 1967년과 1971년의 대통령 선거에서 박정희의 수출주도형 개발정책을 비판하면서 그 대안으로 대중경제론(大衆經濟論)을 제시하였다. 그것은 해외 수출시장이 아니라 국내시장을 무대로 하여 대기업이 아니라 농업과 중소기업을 우선적으로 발전시키자는 개발정책이었다. 박정희와 야당의 개발정책은 그 전제가 되는 정치철학이나 역사관에서 너무 달랐다. 자주국방과 수출 100억 달러라는 고지의 점령을 구상하고 있는 박정희에게 야당의 대중경제론은 아무래도 수용하기 힘든 무책임한 주장이었다. 민주주의 정치제도에 충실하면 야당으로 정권이 교체되어야 마땅한 시기였다. 그렇지만 정권이 교체되면 개발정책의 기조가 근본적으로 달라져 새로운 성장 동력의 모색은커녕 지난 10년간에 걸쳐 구축한 고도성장의 체제가 해체될 터였다.

　이러한 요인들을 배경으로 박정희는 10월유신이라는 정변을 감행하였다. 1973년 6월에 발표된 중화학공업화 계획은 철강, 비철금속, 기계, 조선, 전자, 화학 공업을 6대 전략 업종으로 선정하고, 차후 8년간 총 88억 달러의 자금을 투자하여 1981년까지 전체 공업에서 중화학공업의 비중을 51%로 늘리고, 1인당 국민소득 1,000 달러와 수출 100억 달러를 달성하겠다는 청사진을 제시하였다. 이 계획에 대해 그때까지 개발정책의 수립에 핵심적인 역할을 담당해 온 경제기획원조차 회의적이었다. 뿐만 아니라 한국경제에 자문을 행해 온 IMF와 IBRD도 부정적인 견해를 표명하였다.

　국내외의 공통된 반대에는 나름의 타당성이 있었다. 1964년을 전후한 수출주도형 개발전략으로의 전환은 창의적이라기보다 실용적인 것이었다. 기존의 관념에 매이지 않고 한국경제를 찾아온 국제적 비교우위에 충실히 대응한 것이 수출주도형 개발전략이었다. 그에 비해 1973년의 중화학공업화 계획에는 어떤 형태의 국제적 비교우위도 가시적이지 않았다. 전자를 제외한 철강, 기계, 조선, 화학 등은 중후장대(重厚壯大)의 공업으로서 산업혁명 이래 오랫동안 선진국이 독점해 온 것이다. 거기에 한국과 같은 후진국이 뛰어들어 경쟁력을 확보하기는 거의 불가능해 보였다. 그것은 지나치게 모험적인 투자로서 자칫하면 큰 희생이 따를 수 있는 것이었다. 그렇지만 박정희는 그 길로 돌진하였으며, 그를 위해 10월유신이라는 또 한 차례의 정변을 불사하였다. 그에 따른 정치적 저항은 감내하기 힘든 것이었다. 모험적인 투자였던 만큼 그에 따른 비용도 적지 않았다. 박정희는 결국 7년을 버틴 뒤에 쓰러졌다.

그렇지만 당시의 세계경제는 단기 분석에 익숙한 경제학자들로서는 도저히 예측할 수 없을 정도로 격동하고 있었다. 급격한 기술혁신이 그 원인이었다. 그에 따라 철강, 조선 등의 전통공업이라 해도 선진국의 비교우위는 절대적이지 않았다. 전자와 같은 신흥공업은 더욱 그러하였다. 이들 중화학공업의 비교우위는 기술혁신과 산업정책에 따라 선진국 사이에서 격렬하게 유동하였다. 박정희의 중화학공업화는 그렇게 비교우위의 국제적 배치가 지극히 유동적인 세계경제에 과감하게 뛰어들어 한국 나름의 비교우위를 모색한 것이다. 다시 말해 정태적으로 비교우위를 맞이한 것이 아니라 동태적으로 비교우위를 찾아 나선 것이다. 그 모험적인 투자는 결국 성공하였다. 그의 죽음 이후의 역사가 그것을 증명해 주고 있다. 몇 년을 더 지체했다면 선진국과의 격차가 너무 벌어져 한국인의 자력으로는 도저히 따라갈 수 없는 목적지였다. 박정희는 그곳으로 향하는 세계경제 열차의 마지막 칸에 한국인들을 올려 태움에 성공하였다.

국내외의 반대에 봉착한 박정희는 국무총리 소속의 중화학공업추진기획위원회를 설치하였다. 그리고 청와대 안에 중화학공업추진위원회기획단을 두었다. 이후 중화학공업화의 추진에는 동 기획단의 오원철 단장이 핵심 역할을 맡았다. 기획단은 이 계획으로 건설되는 공장이 국제경쟁력을 갖추기 위해서는 국제적으로 최신의 기술을 도입하고 공장의 규모도 충분히 커야 한다는 원칙을 세웠다. 이러한 원칙에 따라 기획단은 한 분야에서

한두 민간 사업체를 선정하여 국제경쟁력을 갖출 수 있도록 공장부지, 도로, 설비자금 등을 전폭적으로 지원하였다. 이후 오원철은 중화학공업화의 이 같은 정책을 가리켜 '공학적 접근'이라고 표현하였다. 한국경제가 중화학공업화를 향한 마지막 열차에 올라탈 수 있었던 것은 바로 이 '공학적 접근' 덕분이었다. 정치적인 고려와 배려를 일체 배제한 위에 오직 경제적 기술적 효율만을 추구한 이 같은 산업정책은 기회의 균등을 요구하는 정상적인 민주주의 정치에서는 있을 수 없는 일이다. 그럼에도 그것이 가능했던 것은 박정희의 유신체제가 정치가 경제에 개입하고 간섭할 수 있는 모든 경로를 차단하였기 때문이다.

중화학공업화는 우수한 민간기업을 주체로 하여 추진되었다. 전체적인 계획을 세운 것은 정부이지만, 실제로 공장을 건설하고 제품을 생산하고 해외시장에서 판매를 한 것은 민간기업이었다. 기업가들은 처음에는 성공의 가능성이 의심스런 중화학공업화에 참여하기를 주저하였지만, 정부의 강력한 정책 의지에 떠밀려 점차 적극적인 자세로 돌아섰다. 소수의 기업만이 아니라 다수의 국민도 동원되었다. 정부는 1972~1981년에 걸쳐 무려 100만에 가까운 기능공을 양성하였다. 정부는 19개 학교를 기계공고로 지정하고 특별히 지원하였다. 학생들의 50% 이상이 학비 면제의 혜택을 받았으며, 재학 중 정밀기공사 2급의 자격을 취득한 학생에게는 연간 10만 원의 장학금이 주어졌다. 집안이 어려운 학생들을 위해서는 기숙사가 제공되었다. 이들은 졸업과 동시에 중화학공업 부문의 대기업에 경쟁적으로 선발되었다.

고도성장의 지속과 중동건설의 붐

경제학자들의 비관적인 예측과 달리 중화학공업화는 조기에 낙관적인 실적을 거두었다. 조선공업이 그 좋은 예를 보였다. 현대그룹의 정주영(鄭周永) 회장은 박정희 대통령의 강권에 마지못하여 자본, 기술, 경험의 어느 것도 없는 조선공업에 뛰어들었다. 1973년 현대조선중공업이 설립되었다. 최초로 수주한 선박은 그리스 선주의 유조선 2척이었다. 정주영 회장은 런던의 금융시장에서 조선소를 짓는 자금을 끌어내는 데 성공하였다. 영국 자본을 유치한 연고로 현대조선은 영국 조선소의 설계도와 기술자를 영입하였다. 그렇지만 영국의 조선공업은 지상에서 숙련공들이 설계도에 따라 철판을 하나씩 용접해 붙이는 낡은 기술로서 이미 경쟁력을 잃어가고 있었다. 이에 현대조선은 덴마크로부터 도크에서 블록을 조립하는 방식의 건조 기술을 도입하였다. 현대조선의 초대 사장은 덴마크 사람이었다. 그러자 설계도와 건조기술이 어긋나서 많은 문제가 발생하였다. 이를 해결하기 위해 현대조선은 일본 가와사키(川崎)중공업에 설계 기술자를 파견해 줄 것을 요청하였다. 당시 일본의 조선공업은 세계 최고였으며, 넘치는 주문을 감당할 수 없을 지경이었다. 가와사키는 바다 건너 울산에 자신의 하청공장 같은 것이 하나 있어서 넘치는 주문을 해소하면 좋겠다는 기대로 현대조선을 지원하였다. 그리스 유조선 2척에 이어 현대조선이 수주한 홍콩의 유조선 4척은 실은 가와사키가 주선한 것이었다. 그렇지만 현대조선의 경영자와 기술자는 이 같은 해외자본의 의도대로 놀아나지 않았다. 그들은 영국, 덴마크, 일본의 기술자들을 교묘하게 견제하는 가운데 자신만의 설계와 건조 능력을 키웠다. 그리하여 1976년 홍콩 유조선의 건조가 끝날 무렵 현대조선은 고유 모델의 조선 능력을 확보하였다. 불과 3년 만에 그러한 일이 가능하리라고는 기술협력을 제공했던 가와사키로서는 상상하기 힘든 일이었다.

현대조선에 파견된 가와사키의 기술자들은 그 요인을 '현대정신', "뛰어난 국제감각과 임기응변을 토대로 한 실행력 있는 경영", '인재조달력'의 세 가지로 요약하였다. 그들의 설명에 의하면 '현대정신'은 강인한 의지와 활력을 지닌 최고경영자가 종업원을 철저하게 지도하는 토건업자의 자세를 토대로 구축된 것이었다. 좀 더 소개하면 '현대정신'은 매주 금요일 밤에 서울에서 울산에 내려와 현장을 점검하고 회의를 주재하는 정주영 회장의 근면성과 열성, 그리고 수많은 곤란, 실패, 부정적 의견에도 불구하고 밀고 나가는 최고경영자의 의지, 그리고 상명하복(上命下服)의 철저한 군대식 조직에서 나오는 단결심과 종업원의 근로의욕 등을 말하였다.

가와사키의 기술자들이 관찰한 현대조선의 성공 비결은 비단 현대조선만의 일이 아니었다. 그것은 동시대 중화학공업화에 참여한 대기업들에서 공통으로 관찰할 수 있는 현상이었다. 대기업의 최고경영자들은 박정희 대통령이 구축한 발전국가체제의 각 부서를 담당한 책임자와 같은 위치에서 대통령의 '조국근대화'라는 이념과 개발정책을 공유하였다. 그 같은 '산업보국'(産業輔國)의 윤리감각이 최고경영자로 하여금 근면, 의지, 능력의 미덕을 발휘하게 하였다. 기업가들만이 아니었다. 중화학공업화가 성공할 수 있었던 가장 기초적인 조건은 수많은 기술자와 숙련공이 보유한 우수한 인적자본이었다. 그들 역시 '산업보국'의 이념을 공유하는 가운데 외국의 선진기술을 도입하고 학습하고 개량하는 데 최선의 능력을 발휘하였다.

중화학공업화는 기계공업의 실적이 상대적으로 부진한 가운데 전반적으로 당초의 목표치를 초과 달성하였다. 그에 따라 대질주의 고도성장도 계속되었다. 연간 경제성장률은 1978년까지 오일쇼크가 발생한 1974~1975년에 6~8%로 멈칫하였을 뿐, 나머지 해에는 10.1~12.6%의 높은 수준을 유지하였다. 특히 중화학공업을 포함한 제조업이 경이로운 성장률을 기록하였다. 1973~1978년 제조업의 성장률은 무려 20%에 달하였다. 그 결과 1979년 전체 제조업에서 중화학공업이 차지하는 비중은 54%가 되었으며, 그해 공산품 수출에서 중화학 제품의 비중은 48%에 달하였다. 공업구조의 이 같은 변화는 선진국에서는 100년 이상 혹은 수십 년에 걸쳐 서서히 이루어진 것이었다. 수출 100억 달러도 당초의 계획보다 4년을 앞당겨 1977년에 달성하였다. 1인당 국민소득 1,000달러의 약속도 마찬가지로 1977년에 지켜졌다. 그 해의 1인당 국민소득은 1,011달러였다.

1973년 국제 석유가격이 4배 이상 급등하는 오일쇼크가 일어났다. 오

서울 광화문 네거리에 세워진 수출 100억불 달성 기념탑.

일쇼크는 중화학공업화를 막 시작한 한국경제에 적지 않은 시련을 안겨주었지만, 중동건설 붐이라는 선물도 안겨주었다. 석유가격 상승으로 오일머니가 쌓인 중동 지역에서 건설 붐이 일었다. 베트남에 진출해 있던 한국의 건설업은 베트남전쟁이 종식되자 중동으로 진출하였다. 사막이라는 열악한 환경에서 한국의 경영자와 노무자는 놀라울 정도의 근면성과 인내력을 보여주었다. 토목공사의 고된 노동을 지지한 것은 역시 경영자와 노무자가 공유한 '조국근대화'의 이념이었다. 1975~1979년 중동 건설을 통해 한국경제가 벌어들인 외환은 총 205억 달러로서 같은 기간 총 수출액의 40%에 가까운 막대한 금액이었다. 중화학공업화의 성공에는 중동건설 붐이라는 예상하지 못한 국제시장의 변화가 유리한 조건으로 작용하였다.

대기업집단의 성장

　1970년대 이후 한국 시장경제체제의 특질로 자주 지적되고 있는 대기업집단이 부쩍 성장하였다. 중화학공업화가 그 주요 계기였다. 정부는 중화학공업화에 참가한 대기업에게 자본, 기술, 인력, 토지 등을 대대적으로 지원하였다. 주요 대기업은 고도성장이라는 유리한 환경에서 정부의 지원을 밑천으로 하여 여러 비관련 부문으로 급속하게 사업을 확장하였다. 흔히 재벌로 불리는 대기업집단은 1950대부터 존재하였다. 정부가 귀속재산과 원조물자를 민간에 불하하는 과정에서 소수의 기업이 특혜를 받아 재벌이 생겨났다고 한다. 1950~1960년대의 재벌은 섬유, 식료품, 시멘트, 유리 등의 분야에서 성립하였다. 그들의 상당 부분은 이후 전개된 시장과 산업구조의 급속한 변화에 적응하지 못하고 쇠퇴하거나 도태되었다. 예컨대 1960년 당시의 10대 재벌 가운데 1972년까지 그 지위를 유지한 재벌은 4개에 불과하였다. 그 점은 이후에도 마찬가지였다. 혁신을 수행하지 못하고 특혜에 기생하거나 투자를 잘못한 기업집단은 조만간 격변하는 국내외 시장에서 퇴출의 쓴 맛을 보았다. 어느 나라에서도 마찬가지이지만 한국의 기업사를 들여다보면, 기업의 본질은 끊임없는 혁신에 있음을 알 수 있다.

　대기업집단은 나라마다 고유한 문화, 제도, 역사를 배경으로 형태를 달리하면서 존재하는 것으로 지적되고 있다. 재벌로 불리는 한국의 대기업집단은 "외형적으로는 독립해 있으나 실질적으로는 1인 또는 그 가족에 의해 지배되어 자본, 인사, 경영전략 등의 면에서 체계적으로 통합된 가운데 복수의 비관련 시장에서 활동하는 다수 독과점 기업들의 집단"으로 정의

되고 있다. 한국의 대기업집단이 보이는 중요 특질은 기업 간의 상호출자 또는 상호보증을 통한 지배구조이다. 예컨대 모기업이 10억 원의 은행융자를 받아 자회사를 설립하면 그 자회사는 다시 주식을 담보로 은행융자를 일으켜 손자회사를 설립할 수 있다. 이렇게 성립한 집단에 속한 기업들은 자본, 기술, 정보, 부품 등의 내부거래를 통해 끈끈한 유대를 맺으며 사업을 확장해 갔다. 예컨대 1970년대 말 26대 대기업집단의 계열사는 무려 631개를 헤아렸다. 삼성, 현대, 럭키, 대우 등을 수위로 하는 10대 기업집단의 매출액은 총 국민소득의 42%에 달할 정도였다.

대기업집단에 대한 평가는 연구자마다 다양하다. 그에 대해 비판적인 사람들은 1인 지배의 구조 하에서 의사결정 과정이 투명하지 못하고, 상호출자의 방식으로 조성한 가공자본을 토대로 부당하게 큰 지배를 행하며, 흑자기업의 자금을 비효율적인 계열사에 투자함으로써 주주에게 손해를 입힐 뿐 아니라, 국민경제에도 적지 않은 부담을 안겼다고 주장하고 있다. 실제 대기업집단이 위기에 처했을 때 국민경제에 미치는 충격이 너무 크기 때문에 정부는 구제금융을 자주 행하였다. 구제금융은 결국 국민의 부담으로 돌아갔다. 그런 일이 반복되는 과정에서 대마불사(大馬不死)라는 말이 생겨나기도 하였다.

기업집단이 어떠한 경제적 논리로 성립하는가에 대해서는 크게 두 가지 이론이 있다. 하나는 시장불완전설이다. 시장이 투자자금과 고급인력을 충분하게 공급하지 못할 때 그러한 시장의 불완전함을 대체하거나 보완하는 조직으로 기업집단이 발생한다는 것이다. 특히 후진국이 경제성장을 할 때 기업에 자금을 공급할 자본시장이 성립해 있지 않았다. 자본축적이 빈약할 뿐 아니라 기업의 투자계획과 기술을 심사할 능력을 갖춘 금융기관이 없기 때문이다. 이에 대응하여 기업집단은 상호출자라는 방식으로 적은 자본을 극대로 활용하는 금융기법을 만들어냈다. 다시 말해 금융시장이 존재하지 않자 기업집단이 내부금융시장을 창출하여 그에 대응한 것이다. 고급인력의 경우도 마찬가지이다. 고등교육을 받거나 충분한 경험을 쌓은 인재가 부족할 때 기업집단은 계열사에서 우수한 실적을 올린 사원을 발탁하여 새로운 과제나 사업을 맡길 수가 있었다.

다른 하나는 자원·능력공유설이다. 기업은 자본 조직일 뿐 아니라 혁신을 행하는 인적 조직으로서 다양한 종류의 보이지 않은 자원을 보유하고 있다. 대기업의 사원들은 대형 프로젝트를 반복 수행하는 과정에서 새로운 사업을 기획하고 실행하는 종합적인 능력을 키운다. 예컨대 앞서 소개한 1973년에 설립된 현대조선은 원래 1970년 현대건설의 조선사업부로 출발하였다. 토목공사에서 훈련을 받은 인재들은 조선이라는 상이한 부문에서도 능력을 발휘할 수 있었다. 대기업이 비관련 부문으로 다각화하는 것은 이 같은 인적 능력이 대기업에 내포되어 있기 때문이다. 또한 대기업이 보유한 정보력, 기술력, 브랜드 인지도, 대중적 신뢰도는 대기업이 자회사를 설립할 때 기업집단에 속하지 않은 기업보다 성공할 확률을 높이기 마련이다. 이른바 '재벌효과'가 그것이다.

경제학자들은 대기업집단이 비관련 부문으로 사업을 다각화할 때 기업역량을 분산시켜 기업집단 전체의 수익성을 떨어뜨리느냐, 아니면 자원·능력공유설에 따라 수익성을 끌어올리느냐를 두고 검증작업을 수행하였다. 그 결과 1980년대까지는 대기업집단의 다각화 전략이 수익성을 제고하였음이 어느 정도 분명해졌다. 1990년대가 되면 대기업집단의 무분별한 사업 확장이 수익성을 떨어뜨리고 나아가 1997년의 경제위기를 초래했다는 비판이 일반적이다. 이처럼 대기업집단의 역할에 대한 평가는 시대마다 다르다.

박정희 대통령이 구축한 발전국가체제는 이 책이 대상으로 하는 1980년대까지는 건전하게 작동하였다. 대기업집단은 발전국가체제의 일환으로 성립하고 성장하였으며, 그러한 한 국민경제의 발전에 기여하였다. 1990년대 이후 박정희가 구축한 발전국가체제는 슬슬 해체되어 갔다. 시장경제의 수준은 여전히 미숙한 가운데 국민경제의 건전한 조정체계가 작동하지 않자 대기업집단의 문제점도 덩달아 커졌다고 이야기할 수 있다.

국토의 개발

해방 이후 남한의 산림은 급속히 황폐해 갔다. 북한으로부터 석탄의 공급이 끊기면서 연료가 부족해졌다. 정치적 혼란과 사회적 무질서는 도벌과 남벌을 부추겼다. 6·25전쟁으로 인한 산림의 피해도 컸다. 도시 주변과 농촌을 가릴 것 없이 사람의 손이 닿는 곳이면 모두 벌거숭이 붉은 산이었다. 그로 인해 가뭄과 홍수의 피해가 연례행사처럼 찾아들었다. 조림을 위한 정부의 노력이 없지 않았지만 산림녹화를 이룰 정도의 체계성과 추진력을 갖추질 못하였다.

본격적인 산림녹화 정책은 5·16 이후였다. 군사정부는 도벌을 5대 사회악의 하나로 규정하고 그에 대해 엄격히 단속하였다. 1961년 6월 임산물 단속에 관한 법률이 제정되었다. 이 법은 함부로 임산물을 벌채하거나

경북 영일지구 사방사업. 사진은 연차적 효과를 보여준다.

반출한 자를 3년 이하의 징역에 처하도록 하였다. 강력한 산림단속은 이후 제1차, 제2차 치산녹화사업에 이르기까지 인공조림과 더불어 산림녹화를 추진해 가는 중요 정책수단이었다. 그해 12월 군사정부는 현대 산림행정의 모범이라고 할 수 있는 산림법을 제정하였다. 이 법은 동리민으로 하여금 산림계를 구성하도록 강제하였다. 전국의 산림계는 조림과 산림보호를 제일선에서 수행하는 조직으로 기능하였다.

　1960년대의 녹화사업은 사방(砂防)과 연료림 조성에 중점을 두었다. 사방사업은 모래가 흘러내릴 정도로 심각하게 황폐한 산지를 대상으로 행하는 토목공사와 인공조림을 말하였다. 1960년대에 걸쳐 50만ha에 가까운 황폐지에서 사방사업이 실시되었다. 산림 황폐를 초래한 직접적인 원인은 땔감의 채취였다. 도시에서는 연료로서 무연탄의 사용이 일반적이었지만, 농촌에서는 여전히 채취 땔감이 가장 중요한 연료였다. 그에 대한 대책으로 정부는 연료림을 조성하였다. 마을마다 근처의 일정 면적을 연료림으로 지정하고 속성수를 재배하여 주민들이 공동으로 베어 쓰게 한 것이다. 1960년대에 조성된 연료림은 80만ha를 넘는 규모였다. 1970년대 이후 농촌에서도 무연탄의 사용이 일반화하였는데, 연료림은 아직 수확에 이를 만큼 성장한 상태가 아니었다. 결과적으로 연료림의 조성은 당초에 목적한 땔감의 확보보다는 촌락 주변의 황폐한 산림을 복구하는 데 기여하였다.

본격적인 산림녹화는 1973년부터 두 차례에 걸친 치산녹화계획을 통해 추진되었다. 1960년대의 녹화정책에도 불구하고 아직도 전국 임야의 3분의 1 이상인 250만ha에 인공조림이 실시될 필요가 있었다. 제1차 치산녹화10개년계획은 1982년까지 100만ha에서 조림을 실시한다는 목표를 세웠다. 동 계획의 주무 관청은 산림청이었다. 그 때까지 산림청은 농림부의 외청으로 있었는데, 치산녹화계획과 더불어 내무부 산하로 이관되었다. 당시 박정희 대통령은 새마을운동을 막 시작한 참이었다. 그는 치산녹화사업을 새마을운동의 일환으로 추진할 계획이었다. 산림청을 내무부 산하로 옮긴 것은 새마을운동의 주무 관청이 내무부였기 때문이다. 이후 나무심기는 새마을운동의 일환으로 전국의 마을, 직장, 단체, 기관이 참가하는 국민운동으로 전개되었다. 농촌에서는 특히 산림계의 역할이 중요하였다. 산림계는 동리에 구획, 할당된 임야를 조림하고 보호할 책임을 수행하였다. 국민적 참여로 추진된 제1차 치산녹화는 4년을 앞당겨 목표를 달성하였다. 1979년부터는 제2차 치산녹화가 착수되었으며, 그 역시 1987년에 성공리

소양강 다목적댐의 준공. 1973. 10. 15

에 완수되었다. 이후 전국의 산림은 이전의 헐벗었던 모습에 익숙해 있는 기성세대로서는 상상도 할 수 없을 만큼 급속히 푸르러져 갔다.

치산녹화 사업의 본격적인 추진과 더불어 국토종합개발계획 (1972~1981)이 수립되었다. 그 일환으로 전국의 수자원을 안정적으로 확보하고 하천을 체계적으로 관리할 목적에서 4대강유역종합개발이 추진되었다. 4대강은 한강, 낙동강, 금강, 영산강을 말하였다. 4대강의 유역은 국토면적의 64%, 경지면적의 54%를 차지하였다. 인구, 국민총생산, 수자원에서도 해당 유역은 60% 이상의 큰 비중을 차지하였다. 4대강유역의 종합개발은 산림녹화, 다목적댐과 하구언 건설, 관개시설의 개선, 하천의 개수 등을 통해 해마다 되풀이되는 가뭄과 홍수의 피해를 근원적으로 제거하여 식량을 증산하고 생활용수와 공업용수를 확보하기 위한 것이었다. 종합개발계획의 중심 사업은 다목적댐의 건설이었다. 한강 유역에는 소양강댐과 충주댐이, 낙동강 유역에는 안동댐과 합천댐 등이, 금강 유역에는 대청댐이 건설되었다. 영산강 유역에는 장성댐과 하구언 등이 건설되었다. 그로 인해 한국인들은 홍수와 가뭄의 오랜 굴레에서 해방되었다.

새마을운동의 전개

박정희정부는 1960년대 말부터 그간 경제개발의 우선순위에서 밀려 있었던 농업과 농촌의 개발에 힘을 쏟기 시작하였다. 이승만정부 이래 농업정책은 줄곧 저미가의 기조를 유지하였다. 공업화를 위해 도시민과 노동자의 생활을 안정시킬 목적에서 농업의 희생을 강요한 것이다. 그로 인해 도시와 농촌 간의 경제적 격차가 확대되었다. 전통적인 저미가 정책은 1968년을 계기로 고미가 정책으로 전환하였다. 경제개발에 따라 어느 정도 재정적 여유가 생기자 농업을 지지하기 시작한 것이다. 1968~1972년 정부는 추곡의 수매가격을 연평균 25%씩 인상하였다. 이는 같은 기간의 물가상승율 15%를 훨씬 넘는 수준이어서 농가경제의 개선에 도움이 되었다. 본격적인 농업 및 농촌개발은 1972년부터의 새마을운동을 통해서였다.

1971년 정부는 새마을가꾸기사업의 일환으로 전국 3만 3,267개 마을에 시멘트 335부대씩을 내려 보냈다. 그 용도에 대해 10개 사업을 예시한 다음, 마을이 자율적으로 알아서 사용하도록 하였다. 그 결과는 마을마다 가지각색이었다. 어느 마을에서는 긴요하게 공동시설을 짓거나 마을 앞 개천의 다리를 놓는 데 투입했는가 하면, 다른 어느 마을에서는 집집마다 나누어 주거나 심지어 방치해 둔 가운데 시멘트가 굳어 버린 경우도 있었다.

1971년 9월 박정희 대통령은 새마을운동의 추진을 천명하였다. 다음 해 정부는 전 해의 실적이 비교적 양호한 1만 6,600개 마을을 선별하여 시멘트 500부대와 철근 1톤을 내려 보내 환경구조 개선에 쓰도록 하였다. 전 해의 실적이 나쁜 나머지 절반의 마을은 지원의 대상에서 제외하였다. 그랬더니 그 가운데 6,108개 마을이 자진해서 사업에 참여하였다. 정부에 의한 차별적 지원이 마을의 사회적 위신을 차별하여 주민의 단결을 촉구한 셈이었다. 새마을운동은 이렇게 출발하였다.

새마을운동은 범정부적으로 추진되었다. 중앙정부에는 새마을중앙협의회가 설치되었다. 이 협회의에는 내무부 장관을 위원장으로 하여 각 부의 차관, 청장, 농협·수협중앙회의 부회장 등이 참석하였다. 유사하게 도에는 도 새마을협의회, 군에는 군 새마을협의회가 조직되었다. 맨 아래의 마을에는 이동(里洞)개발위원회가 조직되어 새마을운동을 일선에서 추진하였다. 1973년 정부는 전국 3만 4,665개 마을을 리더십과 공동사업의 존재 여부 등을 기준으로 하여 2,307개의 자립마을, 1만 3,943개의 자조마을, 1만8,415개의 기초마을로 구분하였다. 기초마을은 마을의 리더십과 공동사업이 없는 후진마을을 의미하였다.

각 마을에는 그 등급에 적합한 사업이 요구되고 정부의 지원도 그에 맞추어 제공되었다. 기초마을이 자조마을로, 자조마을이 자립마을로 승격하기 위해서는 충족해야 할 기준이 명시되었다. 예컨대 자립마을이 되기 위해서는 마을의 간선도로가 닦여야 하고, 지붕과 담장의 80% 이상이 개량되어야 하고, 농경지의 수리율이 85% 이상이어야 하고, 마을 주변의 세천(細川)이 정비되어야 하고, 회관·창고·작업장 등 공동시설을 2건 이상

제주도민들이 새마을운동으로 도로 확장공사를 하는 모습. 1972

구비해야 하고, 마을기금을 100만 원 이상 조성해야 하고, 농외소득사업을 벌여 호당 소득이 140만 원 이상이어야 했다. 이 같이 마을마다 등급이 부여되고 승격 기준이 제시되자 새마을운동은 요원의 불길처럼 일어났다. 실적이 우수한 마을에는 대통령 하사금이 내려졌는데, 그 또한 마을 간의 심한 경쟁을 부추겼다. 새마을운동은 한국인들이 그들의 사회적 지위나 정치적 위신과 관련된 계기를 중심으로 해서는 얼마나 열정적으로 단결할 수 있는지를 잘 보여주었다.

　한국인들의 일반적 통념과 달리 한국의 전통 마을은 잘 단합된 공동체가 아니었다. 그 기본 이유는 조선시대의 신분제에 있었다 사람들은 양반, 상민, 노비로 신분이 나뉘었으며, 양반은 상민과 노비를 차별하였다. 그렇게 신분이 다른 사람들이 같은 마을을 이루며 살았다. 이 점이 다른 나라에서 보기 힘든 조선왕조 고유의 사회편성을 이루었다. 조선시대의 대표적인 마을은 양반이 상민과 노비를 지배하는 구조였다. 18세기 이후 양반신분의 지배력이 약화되면서 마을의 주민들은 갈등하고 분열하였다. 20세기에 들어와 신분제는 공식적으로 해체되었다. 그럼에도 1950년대까지 사람들은 자신의 원 신분을 예민하게 의식하였다. 양반끼리 또는 상민끼리 모여 사는 마을은 그런대로 잘 협력하였지만, 양반과 상민이 섞여 사는 마을에서는 협동의 질서를 찾기 힘들었다. 양반마을이라 해도 서로 다른 씨족간의 갈등이 심하였다. 양반마을이고 상민마을이고 간에 주민 사이의 협동 질서는 농번기에 노동력을 상호 교환하는 품앗이 수준에 머물렀다. 그것은 같은 마을에 산다는 이웃효과가 빚어내는 최소한의 협력이었다. 마을의 공유재산과 공동사업은 없는 편이 일반적이었다. 1972년 전국의 3만 4,665개 마을을 대상으로 한 정부의 조사에서 리더십과 공유재산을 보유한 자립마을이 2,307개에(6.7%) 불과한 사실은 이 같은 역사적 배경에서 이해될 수 있다.

이 같은 전통사회의 구조에 새마을운동이 추구한 가장 의미 있는 변혁은 마을을 공유재산과 공동사업의 주체로, 곧 법인(法人)으로 재편성하는 것이었다. 새마을운동에 의해 전국의 모든 마을은 마을의 규약에 따른 주민의 총회로 그 성격이 바뀌었다. 총회는 지도자를 선발하였으며, 공동사업을 계획하고 추진하였으며, 그와 관련된 예산과 결산을 심사하였으며, 그 잉여금을 공동기금으로 비축하였으며, 마을회관·작업장 등을 공동명의로 소유하였다. 공유시설을 마련하기 위해 주민들은 조금씩 농지를 갹출하였다. 마을이란 사업체가 성공하기 위해서 주민들은 근면·자조·협동이라는 새마을정신으로 단결하였으며, 마을 내의 미신·도박·음주 등의 퇴폐풍조를 불식하였다.

박정희 대통령은 이 같은 농촌 새마을운동을 어촌으로, 도시로, 공장으로 확산하였다. 그에게 새마을운동은 단지 농어촌의 소득을 증대하고 환경을 개선하는 운동만이 아니었다. 그것은 그가 1961년에 제시했던 "나라의 부패와 구악을 일소하고 퇴폐한 국민도의와 민족정기를 바로 잡는다"라는 혁명공약에 준하여 인간과 사회를 개조하고자 했던 일대 정신운동이었다. 그의 권위주의 통치에 상당수의 국민은 저항하였다. 그럼에도 대다수의 국민은 그가 제창한 근면·자조·협동의 새마을정신에 공감하고, 그 운동에 적극 참여하였다.

새마을운동은 흔히들 간과되고 있지만 동시대의 경제성장에 못지않은 인상적인 성과를 남겼다. 박정희 대통령이 사망한 1979년 말까지 전국 3만 4,871개 마을 가운데 3만 3,893개(97%) 마을이 자립마을로 승격하였다. 나머지 976개 마을은 자조마을이었으며, 기초마을은 하나도 없었다. 그와 더불어 농촌의 생활환경은 크게 개선되었다. 1970년 전기가 들어온 마을은 전체의 20%에 불과했는데, 1978년에는 98%나 되었다. 새롭게 닦이거나 확장된 마을길에는 자동차와 경운기가 통행하였다. 새마을운동에 투자된 자원 중 가장 비중이 큰 것은 소득증대 분야로서 총 투자액의 44%를 차지하였다. 농로 개설, 창고 건설 등의 생산기반조성 분야는 21%였으며, 복지·환경 분야는 29%였다. 이 같은 투자에 힘입어 농가소득이 증가하였다. 1971년 농가소득은 도시근로자소득의 79%에 불과했으나, 1982년에는 103%로서 오히려 도시근로자소득을 상회하였다.

3 | 중진경제로의 진입

구조조정과 산업연관의 심화

1979년 10월 박정희 대통령은 측근인 김재규(金載圭) 중앙정보부장에 의해 살해되었다. 그로 인해 7년간의 유신체제가 해체되었다. 대통령의 갑작스런 죽음과 그 뒤를 이은 정치적 혼란으로 경제는 심각한 불황에 빠졌다. 1980년의 경제성장률은 한국경제가 고도성장을 개시한 이래 처음으로 마이너스를 기록하였다. 1981년에 들어선 전두환(全斗煥)정부는 유신체제의 붕괴와 경제적 혼란의 원인을 중화학공업화의 무리한 추진에서 찾았다. 정부는 중화학공업화추진기획위원회를 해체하고 시장경제의 논리에 따른 경제의 자율화를 추구하였다. 정부는 재정을 동결하고 임금 인상을 억제하는 등의 안정화 정책을 강력하게 시행하였다.

그와 더불어 전두환정부는 중화학공업의 구조조정을 강행하였다. 발전설비 등, 중화학공업화 과정에서 중복 투자가 이루어져 수익성이 낮은 부문에서는 기업의 흡수와 합병이 이루어졌다. 생산설비가 감축되거나 부실기업을 인수한 기업에 대해서는 조세를 감면해 주거나 저리 자금을 융자하는 특혜가 베풀어졌다. 그 외에 정부는 산업합리화를 강구하였다. 산업을 사양산업과 유망산업으로 분류하고, 사양산업에 대해서는 기업의 퇴출을 포함한 합리화조치를 취하고, 유망산업에 대해서는 첨단기술의 개발과 국제경쟁력 강화를 위한 지원을 행하였다.

전두환정부는 경제의 자율화를 강조하였지만 박정희 대통령이 구축한 발전국가체제를 충실히 계승하였다. 정부가 금융자원을 배분하는 체제는 중화학공업의 구조조정 과정에서 오히려 강화되었다. 전체 금융자원에서 정부가 정책적으로 배분하는 금융의 비중은 1970년에 44%의 수준이었는데, 중화학공업화와 구조조정 과정에서 증가하여 1985년에는 71%의 최고 수준에 달하였다. 나아가 전두환정부는 자동차산업을 적극 육성하였다. 1981년 자동차산업의 구조조정으로 현대, 기아, 대우, 삼성 등 자동차관련 회사 간에 생산의 전문화가 이루어졌다. 현대자동차는 승용차 생산에 특화하였다. 1985년 현대자동차는 연산 30만대의 단일 모델 전용공장을 완공하였으며, 대우와 기아도 대량생산체제를 확립하였다. 1986년 현대자동차는 세계 최대의 자동차시장인 미국에 고유 모델인 포니엑셀을 수출하였다.

또한 전두환정부는 산업합리화의 일환으로 중소기업을 육성하였다. 1982년 정부는 중소기업기본법을 개정하여 중소기업에 대한 금융지원을 강화하였다. 금융기관은 기업 대출의 일정 비율을 의무적으로 중소기업에 제공해야 했다. 정부는 계열화촉진법을 만들어 대기업과 중소기업 간에 부품을 중심으로 한 계열·하청 관계를 장려하였다. 정부의 적극적인 지원으로 종업원 300명 미만의 중소 제조업체가 크게 발전하였다. 1979년 중소 제조업체의 수는 2만 8,000개였는데, 1987년까지 4만 8,000개, 1995년까지 7만 8,000개로 부쩍 늘어났다. 대기업과 계열 관계를 맺은 중소기업의 비율은 1979년에 25%였는데, 1987년 48%, 1995년 57%로 확대되었다.

이를 통해 외국에서 중간재와 부품을 수입하던 한국경제가 국내에서 중간재와 부품을 생산하는 자립적인 구조로 전환하였다. 노동집약적 경공업에서 수출가공업에 종사하던 대기업은 자본·기술집약적 중공업의 대기업으로 바뀌었다. 그 과정에서 대기업과 중소기업이 생산·부품·기술·디자인 등에서 상호의존하는 산업연관의 심화가 이루어졌다. 그 결과 1980년대 후반에 이르러 정부가 자본, 기술, 숙련노동 등의 주요 생산요소를 공급하여 중화학공업의 분야에서 대기업을 육성하고, 그와 계열·하청 관련을 지닌 중소기업의 군이 성립하고, 대기업과 중소기업 간에는 기술 지도를 중심으로 하는 상호협력이 작동하는 한국형 시장경제체제가 나름의 완성을 보게 되었다.

무역수지의 흑자로의 반전

한국경제는 정부의 강력한 구조조정과 합리화정책에 힘입어 1980년의 마이너스성장에서 1981~1982년에 6~8%의 성장률을 회복하였다. 한국경제는 1986~1988년에 유례없는 대호황을 누렸다(3저호황). 1987년의 성장률은 무려 12.3%에 달하였다. 대호황이 찾아온 것은 국제시장에서 저달러, 저유가, 저금리라는 이른바 3저현상이 호재로 작용했기 때문이다.

1985년 1달러에 240엔이던 일본 엔화의 시세가 1988년까지 128엔으로 절상되었다. 그로 인해 국제 수출시장에서 일본제품과 치열하게 경쟁하던 한국제품에 커다란 경쟁력이 생겼다. 1985년 1배럴당 28달러였던 국제 유가가 1986년에 15달러로 떨어졌다. 유가의 하락은 석유의 수입 대금을 절약하고 석유를 원료·중간재로 투입하는 공업제품의 경쟁력을 강화하였다. 국제금리는 1986년 이후 안정적인 저금리를 형성하였다. 그에 따라 거액의 외채를 지고 있던 한국경제의 원리금 상환 부담이 크게 경감되었다.

3저호황에 힘입어 1986~1988년 한국의 무역수지가 흑자로 돌아섰다. 1876년 조선왕조가 개항한 이후 110년간 한국경제는 줄곧 무역수지의 적자 신세를 면치 못하였다. 적자를 메우기 위해 원조, 차관, 직접투자의 형태로 외국자본을 유치할 수밖에 없었다. 그래야 종합적인 국제수지가 어느 정도 균형을 이룰 수 있었다. 외국자본을 들여온 다른 한 가지 이유는 자본의 부족이었다. 국내의 저축률이 낮아 투자를 하기 위해서는 모자라는 돈을 바깥에서 꾸어올 수밖에 없었다. 그런데 1986년을 계기로 국내의 저축률이(33.7%) 국내의 투자율을(29.2%) 능가하게 되었다. 다시 말해 국내에서 조성된 저축만으로 필요한 투자자금을 충당할 수 있게 되었다.

1986년은 한국경제사에서 여러모로 중요한 의미를 갖는 해이다. 이 해를 전후하여 한국경제는 무역수지의 흑자와 투자자금의 자급을 보게 되었다. 한 세대에 걸친 고도성장 덕분에 비원(悲願)의 자립경제를 성취한 것이다. 한국경제는 국제적으로 신흥공업국(Newly Industrializing Countries, NICs)으로 불리는 중신국의 대열에 진입하였다.

이 같은 경제적 성취에는 정치적 희생이 따랐다. 전두환정부는 경제안정을 명분으로 노동운동을 탄압하였다. 1981년 노동쟁의는 186건에 참가인원 3만 5,000명이었으나, 1983년에 98건과 9,000명으로 크게 줄었다. 노동자의 파업은 강제 해산되었으며, 노동조합의 지도자들은 불법 연행되었다. 노동조합에 가입한 노동자는 1981년 97만 명에서 1986년 104만 명으로 약간 증가했으나, 그 사이 전체 노동자의 수가 증가하여 노동조합의 조직률은 1981년 15%에서 1986년 12%로 감소하였다. 정부가 노동운동을 탄압하자 기업의 노사관계는 기업가가 노동자 위에 군림하는 후진적 형태에 머물렀다.

삶의 질의 개선과 중산층의 성립

한 세대에 걸친 고도성장으로 한국인의 삶의 질은 크게 개선되었다. 1961~1987년 전체 인구가 2,576만 명에서 4,162만 명으로 급증하였다. 그럼에도 지속적인 고도성장의 덕분에 1인당 국민소득은 1961년의 82달러에서 1987년 3,218달러로 증가하였다. 앞서 소개한대로 실질소득의 증가는 6배에 달하였다. 1인당 1일 섭취 열량은 1962년의 1,943kcal에서 1987년의 2,810kcal로 늘었다. 그 결과 17세 고등학생의 평균신장이 1965년 163.7cm에서 1987년 169.5cm로 커졌다. 같은 기간 의사 1인당 인구수는 3,066명에서 1,218명으로, 상수도 보급률은 17.1%에서 70%로 크게 개선되었다. 건강상태가 좋아지자 국민의 평균수명이 1960년 52.4세에서 1987년 70세로 길어졌다. 한국인은 기아와 질병의 오랜 굴레에서 해방되었다. 교육 수준에도 큰 개선이 있었다. 1961~1987년 중학교 취학률이 38%에서 100%로 높아져 국민학교 졸업생 전원이 중학교에 진학하였다. 같은 기간

고등학교 취학률은 21%에서 80%로, 대학교 취학률은 6%에서 29%로 증가하였다.

주택용 전화는 1962년만 해도 전국에 4만 4,000대로서 일부 상류층에 한하여 보급되었으나, 1987년에 700만 대를 넘어 대부분의 가정에 설치되었다. 1960년대 초반만 해도 냉장고·피아노·자가용은 최상류층의 상징으로, 카메라·전축·텔레비전은 중산층의 자랑으로 여겨졌지만, 점차 전 계층의 내구소비재로 일반화하였다. 텔레비전은 1970년대까지 흑백이었으나 1980년대부터 컬러로 바뀌었으며, 1980년대 말이면 전 가정에서 보편화하였다. 세탁기는 1985년만 해도 그 보급률이 도시에서 30%, 농촌에서 10%에 불과했으나 1990년까지 도시에서 70% 이상, 농촌에서 40% 이상으로 확산되었다. 자동차의 경우 국산 승용차의 연간 내수 판매대수가 1983년 10만 대에서 1989년 50만 대, 1993년 100만 대로 급증하였다. 전국의 자가용 승용차 수는 1995년 말에 577만 대에 달하여 마이카시대를 열었다.

산업화의 물결에 따라 다수의 인구가 농촌에서 도시로 이동하였다. 도시인구는 1960년 28%에서 1990년 74%로 증가하였다. 급속한 인구이동과 경제개발의 과정에서 한국인의 가족형태가 바뀌었다. 우선 가족의 평균 규모가 1960년 5.5구에서 1990년 3.7구로 감소하였다. 독신이나 부부만으로 이루어진 1세대 가족이 1960년 전체 가족의 7.5%에서 1990년 21.2%로 증가하였다. 같은 기간 할아버지-아버지-손자의 3세대가 동거하는 대가족의 비중은 28.5%에서 12.5%로 떨어졌다. 한국인의 표준적인 가족형태는 부부와 1쌍의 자식부부로 이루어진 직계가족에서 부부와 그 미성년 자녀로 이루어진 핵가족으로 바뀌었다.

핵가족으로의 변화는 종래 부자 관계를 축으로 한 가부장제 가족과 친족으로부터 개인과 여성을 해방시켰다. 핵가족의 발달은 개인주의 정신문화의 발전을 자극하였다. 가족은 부부가 사랑의 감정으로 평등한 관계를 이루는 생활공동체로 변모하였다. 남성 중심의 친족생활에서도 여성의 발언권은 크게 신장되었다. 그와 더불어 여성의 사회진출이 크게 늘었다. 공무원·교사·의사 등, 전문직에 종사하는 여성의 수가 1955년에는 남자 100명에 고작 18명에 불과했으나 1990년에는 61명이나 되었다.

급속한 산업화는 사회의 계층구조를 근대적인 형태로 재편하였다. 1960~1990년 전체 경제활동인구 가운데 농업에 종사하는 농민은 64%에서 17.5%로 감소하였다. 그 대신 도시의 근로계층이 8.9%에서 30.6%로 증가하였다. 의사·변호사·엔지니어·회사원·공무원 등, 전문기술직과 관리행정직에 종사하는 신(新) 중간계층은 동기간 6.6%에서 25.5%로 증가하였다. 판매·서비스업에 소규모 자영업으로 종사하는 구(舊) 중간계층은 동기간 13.0%에서 18.2%로 늘었다. 신구의 중간계층은 1990년 전체 인구의 43.7%로서 가장 큰 비중을 차지하였다. 한국사회는 1950년대까지 농민이 인구의 다수를 점하는 전통 농업사회였으나 1990년까지 신구 중산층이 사회의 계층구조에서 다수를 점하는 근대화된 사회로 이행하였다. 1980년대 중반에 이르러 스스로를 중산층으로 의식하는 사람이 전체 인구의 75%나 되었다. 중산층의 성립은 1980년대 후반에 이르러 오랫동안 나름의 역할로 존속해 온 권위주의 정치체제를 민주주의 정치제체로 바꾸는 근본적인 힘으로 작용하였다.

| 제6장 |

민주주의의 발전

1 | 민주화운동의 출발

『광장』의 정서

1960년대는 박정희 대통령을 중심으로 하는 근대화세력이 '조국근대화'를 기치를 내걸고 개발과 고도성장을 주도한 시기일 뿐 아니라, 그에 저항하고 그를 비판하는 민주화세력이 성립하고 성장한 시기이기도 하였다. 이 두 정치세력은 1987년 이후 이른바 '민주화시대'를 이끌어가는 양대 축을 이루었다. 민주화세력은 여러 갈래로 형성되었다. 그 하나의 갈래는 옛 민주당정부의 세력이었다. 그들은 그들의 권력을 쿠데타로 빼앗아간 박정희정부의 정통성을 인정하지 않았다. 1963년 10월의 대통령선거에서 야당의 후보 윤보선은 불과 15만 표의 근소한 차로 석패하였다. 윤보선은 개표 직후 패배를 인정하였으나 11월에는 그것을 뒤집어 자신은 "투표에서는 이겼으나 개표에서 졌다"고 하면서 부정선거의 의혹을 제기하였다. 그는

1964년 1월 새로 구성된 국회에서 행한 연설에서 "오늘의 현상은 박 정권을 타도할 혁명을 정당화할 사태가 아닌가"라고 하면서 정부의 혁명적 전복을 공연하게 선동하였다.

다른 하나의 보다 근본적인 저항은 좌파 지식인사회를 기반으로 하였다. 그들은 4·19 이후 남북협상을 추진하다가 5·16으로 철퇴를 맞았다. 그들 가운데 가장 급진적인 세력은 해방 이후 대한민국의 건국에 저항한 남로당 등의 공산주의세력에 뿌리를 두었다. 1961년 구 남로당 계열의 인사들이 남한의 공산주의화를 목표로 하는 인민혁명당을(인혁당) 비밀리에 조직하였다. 그와 다른 계열로 대학가에서는 마르크스·레닌주의의 학습을 통해 사회주의 이념을 추구하는 세력이 형성되었다. 그들은 당시 제3세계의 후진국을 풍미한 비동맹주의와 그 이념적 기초인 모택동주의로부터 큰 영향을 받았다. 1961년 4·19혁명 1주년을 맞아 서울대학교 총학생회는 반봉건, 반외세, 반매판자본의 민족·민주혁명을 내용으로 하는 선언서를 발표하였다. 그것은 대학가에 침투한 좌파 지식인사회의 영향력에 의한 것이었다.

근대화세력에 대한 또 하나의 저항은 좌우 어느 편도 아닌 중간에 머물면서 현실에 대한 불만과 비판을 자유롭게 표출할 수 있는 지식인사회로부터 제기되었다. 그것은 주로 문학의 형식을 빌었다. 그 대표적인 예로서 1960년에 발표된 최인훈(崔仁勳)의 소설 『광장』을 들 수 있다. 『광장』은 이승만정부 하에서는 발표될 수 없는 이념적 소설로서 4·19가 조성한 정치적 자유의 공간에서 빛을 보았다. 해방 후 월북한 공산주의자의 아들로서 남한에서 감시와 박해를 받던 청년 주인공 이명준은 남한에 절망하고 북한으로 넘어간다. 그렇지만 그는 북한체제에 대해서도 절망한다. 그는 곧이어 터진 6·25전쟁에 인민군 장교로서 참전했다가 국군의 포로가 되었다. 그의 여자 친구 은혜는 인민군 간호장교로 참전하여 죽었다. 정전협정 당시 그는 남도 북도 거부하고 중립국을 선택하지만, 그 중립국으로 가는 선상에서 바다에 투신하고 말았다. 『광장』은 남한과 북한 모두를 비판하였지만, 비판의 현실적 초점은 어쩔 수 없이 소설이 출간된 남한 사회를 겨냥하였다. 그에 의하면 해방 후 남한 사회는 인간이 모여 사는 광장이 아니라 짐승들이 우글거리는 정글과 같은 것이었다.

근대화세력에 대한 지식인사회의 비판에는 조선왕조 이래의 문민주의 전통이 어느 정도 작용하였다. 종교인으로서 순수 인간의 자유를 추구했던 함석헌(咸錫憲)은 '한국의 간디'로 불릴 만큼 영향력 있는 지식인이었다. 그는 5·16이 일어나자 그에 대한 기대감을 숨기지 않았다. 그는 4·19에 이어 5·16마저 실패한다면 이 나라는 공산화될 수밖에 없다고 하였다. 그는 마지막 혁명으로서 5·16이 성공하기 위해서는 '민족개조' 내지 '인간개조'를 추구해야 한다고 주장하였다. 그는 진정한 혁명은 순수 인간인 민중이 자발적으로 하는 것이며, 학생과 군인이 할 일은 아니라고 하였다. 그는 학생과 군인은 인간이 아니라고 하였다. 그에게서 순수 인간은 민중이었다. 그는 4·19를 일으킨 학생은 잎이요, 5·16으로 거사한 군인은 꽃이라고 하였다. 잎과 꽃은 열매를 맺을 수 없다. 열매를 맺는 것은 몸통의 나무로서 곧 민중이다. 함석헌은 꽃이 찬란하게 져야 열매를 맺을 수 있듯이 5·16 세력에게 조속히 민간 정치인에게 권력을 이양하라고 촉구하였다.

함석헌의 기대와 달리 박정희는 병영으로 돌아가지 않고 민간정부에 참여하였다. 함석헌은 그에 대해 격렬한 언사로 저항하였다. 군인은 사람이 아니라는 그의 민중론은 어느덧 "군인은 군복을 벗고 3년이 지나야 사람이 된다"는 주장으로 바뀌었다. 그 밑바탕에는 한국의 문인들이 그들의 역사로부터 물려받은 군인에 대한 막연한 우월감이 깔려 있었다. 5·16세력은 군인은 인간이 아니라는 함석헌의 매도에 격분하였다. 그를 대변하여 이낙선(李洛善)은 선생님의 해박한 지식, 종교적 계시, 현란한 언변과 광필(狂筆)에 대해 우리는 건전한 심신, 단체적 협동심, 주도한 계획성, 묵묵한 실천으로 맞서겠다고 대답하였다. 양측의 불신은 타협할 수 없는 대립으로 심화되어 갔다.

한일국교정상화 반대투쟁

대학가의 운동세력은 군사정부가 민족주의 성향을 강하게 뿜으면서 사회의 온갖 적폐를 과감하게 개혁하자 한동안 관망하는 자세를 취하였다. 그렇지만 그들은 박정희정부가 일본과의 국교를 정상화하고 일본의 자본과 기술을 받아 들여 경제개발을 추진하려 하자 그에 대한 근본적인 반대세력으로 돌아섰다. 1963년 10월 서울대학교에서 민족주의비교연구회라는 서클이 조직되었다. 1964년 초 서울, 부산, 대구, 광주의 주요 대학에서 반제전국학생동맹이라는 지하조직이 결성되었다. 이들은 1964년 한일국교정상화에 반대하는 대학가의 학생운동을 선동하고 지도하였다. 1963년의 대통령선거와 국회의원선거에서 패배하여 의기소침해 있던 야당도 한일국교정상화 반대투쟁을 계기로 전열을 정비하였다. 한일국교정상화는 박정희정부가 밖으로는 우방의 정치적 지지를 얻고 안으로는 경제개발의 대로를 닦는다는 점에서 통과하지 않으면 안 될 관문이었다. 그렇지만 야당과 비판적 지식인과 학생운동세력은 국교정상화의 조건이 굴욕적이라는 명분을 내걸고 국민의 지지를 호소하면서 반정부세력으로 결집하였다.

앞서 소개하였듯이 일본정부는 식민지 지배에 대한 반성과 사과를 거부하였다. 일본정부는 한국정부의 청구권 주장을 인정하지 않았다. 회담방식의 비민주성도 문제였다. 박정희는 국교정상화를 가로막는 난제를 타개하기 위해 밀사를 파견하여 비밀교섭을 벌였다. 그 같은 방식의 외교에는 국내의 반대여론을 수렴하고 설득하는 민주적 절차가 결여되었다. 그렇게 된 것은 일본 정계의 의사결정 방식과 관련이 있었다. 내각책임제의 일본에서는 정계 실력자들의 합의에 따라 중요한 의사결정이 내려지는 경우가 많았다. 박정희 대통령은 중앙정보부 부장 김종필을 일본에 파견하여 일본 정계의 실력자들과 교섭하게 하였다. 그 결과 한국정부가 요구한 청구권 자금에 대해 일본정부가 경제협력자금의 명분으로 무상원조 3억 달러와 공공차관 2억 달러를 제공하고 상업차관 3억 달러를 주선한다는 타협이 성립하였다.

야당과 지식인과 대학생들은 이 같은 국교정상화의 조건에 밀실흥정에 굴욕외교라고 격렬하게 반발하였다. 일본정부의 강한 요구에 밀려 한국정부가 동해상의 이승만라인을 철회한 것도 굴욕적으로 비쳐졌다. 1964년 3월 회담의 조기타결을 위해 김종필이 다시 일본을 방문하자 야당과 대학생들은 대대적인 반대투쟁을 벌였다. 야당은 대일굴욕외교반대 범국민투쟁위원회를 결성하였다. 1964년 3월 24일 서울에서 5,000여 명 대학생들이 굴욕외교를 반대하는 시위를 벌였다. 이날 전국의 주요 도시에서 8만여

대학생들이 한일회담 반대 가두시위를 벌이고 있다. 1964. 3

명이 시위에 참가하였다. 그렇지만 박정희 대통령은 일본과의 회담을 조기에 타결한다는 입장을 고수하였다. 5월 20일 서울대학교 교정에서는 '민족적 민주주의 장례식'이 열렸다. '민족적 민주주의'는 박정희가 표방한 그의 정치적 이념이었다. 학생들은 선언문을 통해 반외세, 반독재, 반매판의 민족·민주정신을 강조하였다. 그들은 5·16쿠데타가 4·19혁명을 부정했다고 비판하였다. 5월 20일 이후 굴욕외교 반대시위는 반정부 투쟁으로 바뀌기 시작하였다. 6월 3일에는 4·19 이후 최대 규모로 서울에서 1만 5,000명이 참가하는 시위가 벌어져 박정희의 하야를 요구하였다(6·3사태).

대규모 시위에 맞서 박정희 대통령은 6월 3일 저녁 계엄령을 선포하고 군대를 동원하였다. 시위대를 진압하기 위해 군대를 동원하겠다는 박정희의 양해 요구에 미국은 협력하였다. 뒤이어 8월 중앙정보부는 남파 간첩의 공작으로 인혁당이 조직된 사건을 적발했다고 발표하였다. 이 사건으로 많은 사람이 수사선상에 올랐으며 50여 명이 구속되었다. 인혁당과 북한과의 연계는 확인되지 않았다. 그렇게 반대세력을 제압했지만 한일협정의 체결은 1년이나 더 지연되었다.

박정희는 지체되고 있는 경제개발을 강력하게 추진해 가기 위해서는 다소간의 굴욕적인 면이 있더라도 일본과의 국교를 조속히 정상화할 수밖에 없다고 생각하였다. 그는 야당과 언론의 무책임한 선동과 학생들의 부화뇌동으로 소요사태가 일어났다고 생각하였다. 6·3사태를 계기로 박정희는 야당을 협상과 타협의 대상으로 인정하기보다 자신의 근대화정책을 방해하는 세력으로 간주하기 시작하였다. 그와 더불어 이승만정부 하에서와 마찬가지로 집권 여당과 야당 사이에 타협이 쉽지 않은 근본주의적 대립이 생겨나기 시작하였다.

대중경제론의 제기

일본과의 국교를 정상화함과 더불어 박정희 대통령은 베트남 파병을 결행하였다. 그에 대해서는 야당이나 학생운동의 반대가 그다지 세지 않았다. 언론의 비판도 그리 강하지 않았다. 한일국교정상화와 베트남 파병을 둘러싼 국제정치와 국제경제의 논리는 동일한 것이었다. 그럼에도 야당과 학생운동이 유독 한일국교정상화에 대해 거세게 반발한 것은 그들이 공유한 반일 민족주의의 정서 때문이었다. 근대화세력에 저항한 민주화세력의 정신적 뿌리는 자유민주주의라기보다 민족주의에 닿아 있었다.

야당이 박정희정부의 개발정책을 비판함에 있어서 그 이론적 근거를

제시하는 것은 1967년의 일이었다. 그 해의 대통령선거를 맞이하여 야당
은 대중경제론을 공약으로 제시하였다. 이는 1971년 대통령선거에서 김대
중(金大中) 야당 후보의 대중경제론으로 발전하였다. 대중경제론은 당시
한국경제를 외국자본과 국내 대기업이 중소기업, 농민, 노동자를 억압하는
종속경제라고 규정하였다. 국민경제에 뿌리를 박지 못한 수출공업이 경제
성장을 주도하여 대중은 성장의 과실로부터 소외되고 있다고 하였다. 수출
은 국내의 저임금과 저곡가를 기반으로 한 것이며, 그로 인해 수출주도형
개발정책을 취하는 한 노동자와 농민은 빈곤에서 벗어날 수 없고 자립적
인 국민경제의 성취도 불가능하다고 하였다.

　　대중경제론은 그 대안으로서 부유층의 사치적 소비를 억제하고 재정
의 낭비를 없애고 국민저축을 높여 국내자본을 최대한 동원한 다음, 그것
을 농업과 중소기업의 발전에 우선적으로 투자하여 국내시장을 확대해 가
야 한다고 주장하였다. 이른바 자립경제를 위한 내포적 공업화의 노선이었
다. 나아가 대중경제론은 중소기업가, 양심적 지식인, 농민, 노동자의 정치
적 연대를 통한 대중민주주의(大衆民主主義)의 발전을 주장하였다. 대중
민주주의는 노동자 계급이 기업 경영에 참가할 권리를 인정하였다.

　　실제로 박정희정부의 수출주도형 개발정책에는 문제점이 적지 않았
다. 수출을 원동력으로 하여 고도성장의 길에 들어서기는 했지만 일본으로
부터 자본재, 원료, 중간재의 수입이 늘어나 무역수지의 적자가 확대되었
다. 일본에 대한 경제적 의존은 점점 커져갔다. 대중경제론은 이 점을 집중
직으로 공격하였다. 정부에 대해 비판적인 경제학자들은 야당의 대중경제
론을 민족경제론(民族經濟論)으로 발전시켰다. 그들은 한국을 신(新)식민

지라고 낙인을 찍었다. 이 같은 대중경제론의 주장은 이후 한국경제가 고도성장을 지속하여 1980년대 후반에 중진경제로 진입하자 그 설득력을 상실하였다.

대중경제론의 논리는 체계적이지 못하였다. 대중경제론은 국내시장을 토대로 한 중소기업의 발전을 지향하였지만, 그래서는 기업의 국제경쟁력이 확보될 수 없었다. 많은 후진국이 대중경제론과 유사한 경로로 국민경제를 건설해 보려고 했으나 실패하고 말았다. 좁은 국내시장에서 국제경쟁력을 갖춘 기업이 나타날 수 없기 때문이다. 그럼에도 대중경제론과 그를 이은 민족경제론은 박정희의 개발정책에 비판적인 야당, 비판적 지식인, 학생운동세력에 의해 널리 수용되었다. 그들은 한국경제에서 일어나고 있는 질적인 변화, 즉 경공업 제품의 수출이 확대되고, 그에 원료와 중간재를 공급하는 산업이 건설되고, 실질임금과 실질소득이 향상되고, 대외 지급능력이 개선되는 현실을 제대로 보지 못하거나 외면하였다. 그 대신 무역수지가 악화되고, 외국차관이 도입되고, 부실기업이 증가하는 부정적인 측면에만 주목하였다. 그들은 한국이 수출주도형 개발정책을 포기하지 않는 한 경제적 파탄을 면할 수 없다는 전망을 공유하였다.

1967년 대통령선거에서 박정희는 야당의 대중경제론을 비판하였다. 그는 이 나라가 어찌하여 대외 종속국인지를 야당에게 물었다. 그는 한국과 같이 자본과 자원이 부족한 나라가 개혁과 절약을 통해 내자를 조성하여 농업과 중소공업 중심의 국민경제를 일으키는 것은 비현실적이라고 야당을 비판하였다. 그렇지만 야당과 저항세력은 박정희의 비판을 수긍하지 않았다. 두 세력은 서로 다른 정치철학과 역사관으로 대립하였다. 그것은 타협과 조정이 쉽지 않은 근본주의적 대립이었다. 건국 당시와 같은 심각한 분열과 대립은 아니었지만, 아직 대한민국은 그 정치철학과 역사관에서 잘 통합된 국민의 형성을 보지 못한 상태였다.

권위주의체제의 재생과 그에 대한 저항

1967년 제6대 대통령선거에서 박정희는 윤보선과 재대결을 벌였다. 지난 선거와는 달리 박정희는 116만 표의 큰 차이로 낙승하였다. 선거의 결과는 나수의 국민이 박정희정부의 개발정책을 긍정적으로 평가하고 있음을 보여주었다. 이어서 실시된 제7대 국회의원선거에서 집권 공화당은 총의석 175석 중 129석을 차지하였는데, 이는 개헌에 필요한 의석보다 13석이나 많은 것이었다. 재선으로 4년을 더 집권하게 되었지만 박정희는 그가 해야 할 일에 비해 주어진 시간은 너무 짧다고 간주하였다. 그는 경제개발과 자주국방의 국가적 과업을 자신만이 감당할 수 있다는 생각에 사로잡혔다. 그는 1968년부터 그의 대통령 3선을 허용하는 개헌을 추진하였다. 그는 집권 공화당 내에서 그의 후계를 노리는 실력자들을 제거하였다. 1969년 9월의 국회에서 공화당은 야당의 반발을 누르고 개헌안을 무리하게 통과시켰다.

대통령의 3선을 허용하는 개헌안은 다음 달에 실시된 국민투표에서 지지를 받았다. 국민투표의 과정은 관권의 개입, 정당의 유권자 매수, 공정한 투표관리의 부재 등의 문제가 있었다. 그러한 현상은 건국 이후에 행해신 모는 선거에서 공통된 바였다. 투표에 임하여 문중이나 마을의 회의가 소집되어 투표의 향배를 집단적으로 정하는 것은 조금도 이상한 일이 아니었다. 유권자들은 정당과 후보자가 베푸는 연회나 선물에 따라 투표를 하였다. 그렇지만 1969년의 국민투표에서 절대 다수의 국민이 대통령을 지지한 것은 단지 부정선거의 결과만은 아니었다. 다수의 국민은 '조국 근대화'의 기치를 높이 걸고 수출을 원동력으로 하여 고도성장을 강력하게 추진하고 있는 박정희의 개발정책과 그 성과에 공감하고 있었다.

경제개발에 대한 박정희의 강인한 집념과 가시적인 성과는 빈농의 아들이라는 박정희의 개인적 이미지와 결합하여 다수의 국민이 자발적으로 수용하는 또 하나의 카리스마를 창출하였다. 박정희 대통령은 이 같이 형성된 그의 개인적 카리스마와 집권 공화당과 정부조직을 일체화하는 정부당체제를 통해 이승만 대통령과 마찬가지의 권위주의체제를 구축하였다. 그와 더불어 박정희는 자신의 개발정책에 한사코 반대하는 야당을 정치협상의 상대로 인정하지 않았다. 정치는 사라지고 효율을 앞세운 행정이 앞장을 서기 시작하였다.

박정희의 권위주의체제가 성립한 데에는 한국을 둘러싼 대외적 위기도 한 몫의 역할을 하였다. 그때까지 남한에 비해 군사적으로 우위에 있던 북한은 1967년 당내 실용주의자들을 숙청한 후 남한에 대한 군사적 공세를 강화하였다. 1968년 1월 북한의 특수부대가 박정희 대통령을 살해할 목적으로 휴전선을 넘어 청와대에 아주 가까운 거리까지 침투하였다. 그 해 11월에는 120명의 북한 무장 게릴라가 울진·삼척 지역에 침투하였다. 1969년 미국의 닉슨 대통령은 아시아의 동맹국들이 자신의 방위를 스스로 책임져야 한다는 내용의 닉슨독트린을 발표하였다. 그에 따라 1971년 6월 한국에 주둔 중인 미국군 1개 사단을 철수할 계획이 발표되었다.

국민교육헌장 선포식. 1968. 12. 5

　박정희 대통령은 이 같은 위기 상황에 직면하여 자주국방체제를 강화하였다. 1968년 4월 250만 명의 향토예비군이 창설되었다. 고등학교와 대학교에서는 군사교육이 실시되었다. 1968년 12월 5일에는 국민교육헌장이 반포되었다. "우리는 민족 중흥(中興)의 역사적 사명을 띠고 이 땅에 태어났다"라고 시작하는 이 교육헌장은 국가와 민족의 발전이 개인이 존재하기 위한 당위적 전제임을 강조하는 국가주의적 성향을 강하게 드러냈다.

　1971년 4월의 대통령선거를 맞이하여 야당의 지도부는 세대교체를 행하였다. 이전까지 야당은 식민지기에 독립운동을 하거나 해방 후의 반공과 건국 노신에 참여한 구세대들이 지도부를 이루었다. 그에 대해 40대기수론을 내세우며 새로운 지도부로 등장한 김영삼(金泳三), 김대중 중심의

7대 대통령선거에 출마한 박정희 후보와 부인 육영수 여사의 유세. 1971. 4. 25

젊은 정치인들은 민주주의에 대해 보다 순수한 열정을 보유하였다. 대통령 선거에서 박정희는 승리하긴 했지만 고전한 편이었다. 야당 후보인 김대중은 선전하였으며, 박정희의 강력한 경쟁자로 부상하였다. 뒤이은 제8대 국회의원선거에서 야당 신민당은 204석 중 89석을 얻어 112석을 얻은 공화당을 압박하였다. 신민당은 도시의 의석 64석 중에서 47석을 차지하였다. 민주주의 가치를 교육받은 도시의 중산층은 박정희의 권위주의체제를 더 이상 용납하려 하지 않았다.

다른 한편 급속한 경제개발의 과정에서 상대적으로 소외된 노동자와 도시빈민층이 형성되었다. 이들도 박정희 권위주의체제에 대해 저항하기 시작하였다. 1970년 11월 서울 평화시장의 재단사 전태일(全泰壹)이 근로조건 개선을 요구하며 분신자살을 하였다. 1971년 8월 서울시가 경기도 광

7대 대통령선거에 출마한 김대중 후보와 부인 이희호 여사의 유세. 1971. 4. 8

주군으로 이주시킨 도시 빈민이 일자리와 생계대책을 요구하며 폭동을 일으켰다. 9월에는 한진상사의 근로자 300명이 체불임금의 지불을 요구하며 본사 건물에 난입하여 방화하는 사건이 벌어졌다. 교련교육 철폐와 부정부패 척결을 요구하는 대학가의 시위도 끊이지 않았다.

2 | 민주화운동의 고양

10월유신

　1972년 박정희정부는 동서냉전의 긴장 완화라는 세계적인 흐름에 부응하여 북한정권과의 대화에 나섰다. 박정희는 그해 7월 북한과의 비밀접촉을 통해 남북 간의 평화통일과 민족의 대단결, 상호 중상·비방과 무력도발 금지 등의 내용을 담은 공동성명을 발표하였다(7·4남북공동성명). 그렇지만 남북 간의 대화는 더 이상 진전되지 않았다. 이후 남한은 유신체제의 성립이라는 급격한 정치적 변동을 맞이하였다. 박정희는 그 전 해부터 그에게 절대권력을 부여하는 정치체제를 구상하고 준비하였다.

　1972년 10월 17일 박정희는 전국에 비상계엄을 선포하여 국회를 해산하고 모든 정당 및 정치 활동을 중지한 다음 헌법을 개정할 것을 선언하였다. 현 국가체제로는 한반도를 둘러싼 국제정세의 변화와 7·4남북공동성명으로 시작된 북한과의 대화에 적절하게 대응할 수 없기 때문이라는 것이 겉으로 내걸린 이유였다. 정부가 마련한 새로운 헌법은 그해 11월 국민투표를 거쳐 확정되었다.

유신헌법이라 불린 새 헌법에서 국가의 최고 주권기관은 통일주체국민회의였다. 통일주체국민회의는 조국의 평화적 통일을 추진하기 위한 국민적 조직체로 규정되었다. 이 회의를 구성하는 대의원은 유권자의 직접선거에 의해 면·동마다 1인 이상 선출되었다. 이 회의는 대통령을 간접 선출하였으며, 나아가 대통령의 추천을 받아 국회의원의 3분의 1을 임명할 권한을 가졌다. 나아가 유신헌법은 대통령에게 국가의 안전보장과 관련하여 중대한 사태가 발생했다고 판단될 경우 국정 전반에 걸쳐 긴급조치를 발동할 수 있는 권한을 부여하였다. 긴급조치의 내용 가운데에는 법관의 영장 없이 사람을 체포, 구금, 압수, 수색할 수 있는 권한이 포함되었다. 실제로 유신체제가 존속한 7년간 모두 아홉 차례에 걸쳐 긴급조치가 발동되었다.

유신체제는 어떠한 국가기구의 통제도 받지 않는 대통령의 절대권력을 성립시켰다. 대의제적 민주주의의 정치 원리는 소멸하였으며, 명령에 의한 행정이 지배하는 행정국가가 전면에 등장하였다. 유신헌법은 박정희의 종신집권을 사실상 보장하였다. 통일주체국민회의의 대의원은 후보의 등록 과정에서부터 중앙정보부 등, 권력기관의 강한 통제를 받았다. 그렇게 구성된 어용기관이 행한 대통령선거에서 박정희에 대항할 경쟁자는 있을 수 없었다. 1972년 12월 박정희는 임기 6년의 제8대 대통령에 취임하였다.

반유신투쟁

유신체제는 국민의 상식적인 정치 감각에 어긋난 것이었다. 1952년 이후 여섯 차례나 대통령을 직선해 온 국민들은 대통령직선제를 민주주의의 소중한 요건으로 받아들이고 있었다. 유신체제는 박정희의 철권통치로 겉으로는 강력해 보였지만 내면에서는 장기 지속할 수 없는 불안정한 체제였다. 유신체제는 처음부터 국민의 마음에서 멀어져 있었다. 1973년 2월에 실시된 제9대 국회의원 선거는 유신체제에 대한 국민적 저항이 이미 만만치 않은 수준임을 보여 주었다. 이 선거에서 집권 공화당의 득표율은 39%였다. 그에 비해 두 야당 신민당과 민주통일당의 득표율은 합하여 48%에 달하였다. 그럼에도 사실상 대통령이 국회의원의 1/3을 임명하는 유신체제로 인해 집권 공화당은 국회에서 다수 의석을 차지하였다.

유신체제에 대한 저항은 1973년 가을부터 본격화하였다. 그 해 8월 김대중 납치사건이 일어났다. 당시 김대중은 일본과 미국에서 유신체제에 저항하는 정치활동을 벌이고 있었다. 그 김대중을 중앙정보부 요원들이 일본 도쿄의 호텔에서 납치하여 국내로 끌고 와 가택에 연금하였다. 이 사건은 국내뿐 아니라 일본과 미국에도 큰 파장을 불러일으켰다. 그해 10월 이 사건에 자극을 받아 유신체제에 저항하는 학생시위가 서울대학교에서 벌어져 전국의 주요 대학으로 확산되었다. 연말에는 종교인, 문인, 언론인이 유신체제의 철폐를 요구하는 백만인 서명운동을 시작하였다.

학생과 재야세력의 저항에 직면하여 박정희는 1974년 1월 긴급조치 제1호를 발동하였다. 그로 인해 유신헌법을 비난하거나 그 개정과 폐지를 주장하거나 청원하는 일체의 행위가 금지되고 처벌되었다. 그럼에도 그 해

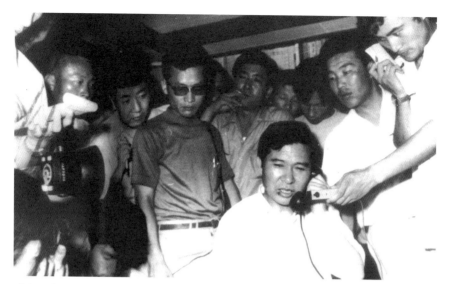

김대중 씨가 일본 도쿄 시내 그랜드호텔에서 중앙정보부원에 의해 납치된 지 5일 9시간 만인 1973년 8월 13일 서울 동교동 자택으로 돌아와 그간의 경위를 설명하고 있다.

봄에 유신체제의 철폐를 요구하는 학생운동이 크게 고양되었다. 그해 4월 정부는 전국민주청년학생총연맹의 조직을 적발했다고 발표하였다(민청학련사건). 정부는 국가의 전복과 공산정권의 수립을 기도했다는 혐의로 180여 명의 학생운동가를 구속하고 기소하였다. 그들 중 주동 인물로 지목된 자들은 사형, 무기징역의 중형을 선고받았으나 곧이어 감형되었다. 이 사건은 여러 모로 과장되거나 조작된 것이었다. 그해 10월에는 동아일보의 기자들이 외부 간섭을 배제하고 정보부원의 출입을 거부한다는 내용의 자유언론실천선언을 발표하였다. 1975년 4월에는 민청학련사건의 배후로서 1964년에 적발된 적이 있는 인혁당 관련의 7명이 체포되고 북한과 내통했다는 이유로 사형을 선고 받았다. 그들은 사형이 확정된 다음날 바로 처형되었다. 그들의 죄목에는 확실한 증거가 없었다.

1975년의 한국 사회는 유신에 대한 저항과 정부의 강경 처벌로 몹시 불안하였다. 이후 한동안 유신체제에 대한 저항이 잠잠해진 것은 베트남 등 인도차이나 국가들의 공산화 때문이었다. 4월 말 베트남이 공산화되고 캄보디아, 라오스 등 인근 국가들도 차례로 공산화되었다. 남한이 공산화의 다음 차례가 될 수 있다는 위기감이 고조된 가운데 박정희는 1975년 5월 13일 긴급조치의 결정판이라 할 수 있는 긴급조치 제9호를 선포하였다. 이 조치는 유신체제를 비판하거나 비방하는 일체의 행위를 금하며 그에 대해 법관의 영장 없이 체포, 구금, 압수, 수색을 할 수 있게 하였다. 아울러 박정희정부는 국민 대중에게 위기의식을 불어넣는 데 총력을 기울였다. 정부는 전국 각지에서 안보궐기대회를 열어 학생과 시민을 동원했으며, 대학과 고등학교에는 학생회를 없애고 학도호국단을 조직하였다. 전국 주요 가로와 관공서 건물 곳곳에는 '총력안보' 등의 구호가 내걸렸다.

유신체제는 1977년부터 위기에 접어들었다. 그 해 초에 취임한 미국의 카터 대통령은 인권외교를 내세우며 한국의 열악한 인권상황을 비판하였다. 카터는 인권을 탄압하고 있는 박정희를 압박하기 위해 주한 미국군의 철수라는 카드를 들고 나왔다. 한국정부와 미국정부 사이에는 깊은 갈등이 조성되었다. 국내의 저항세력은 미국정부의 비판에 고무되었다. 1977년 가을부터 유신체제에 반대하는 대학생들의 시위가 다시 일었다. 유신체제에 대한 저항으로 수감된 정치적 양심수는 1977년 120명에서 1979년 1,239명으로 급증하였다.

유신체제의 위기는 1979년 5월 말 선명 야당과 민주 회복의 기치를 내건 김영삼이 야당 당수로 선출되면서 본격화하였다. 중앙정보부는 야당의 전당대회가 김영삼을 당수로 선출하는 것을 막으려는 공작을 펼쳤지만 실패하였다. 김영삼은 재야세력과 연합하여 유신헌법의 개정을 강력히 요구하였다. 9월 김영삼은 뉴욕타임즈와의 회견에서 미국정부가 공개적이고 직접적인 압력을 행사하여 한국정부를 통제해야 한다는 취지의 주장을 하였다. 정부와 여당은 이 발언을 문제 삼아 10월 초 김영삼을 국회의원직에서 제명하였다.

야당의 민주화 요구에 탄압으로 일관한 유신체제에 대한 민심의 분노는 마침내 폭발하였다. 10월 중순 김영삼의 정치적 기반인 부산에서 학생시위가 일어나 일반 시민이 대거 가담하는 소요사태로 번졌다. 시위는 마산·창원 지역으로 확산되었다. 정부는 10월 18일 부산에 계엄령을 선포하였으며, 10월 20일에는 마산에 위수령을 발동하였다. 사태가 심각해지면서 유신체제의 핵심부가 분열하였다. 부산·마산의 시위 현장을 시찰한 김재규 중앙정보부 부장은 민심의 이반으로 유신체제가 한계에 도달했다고 판단하였다. 김재규는 10월 26일 서울 궁정동의 만찬에서 박정희를 권총으로 시해하였다. 이로써 7년을 버티던 유신체제가 붕괴하였다. 아울러 18년에 걸친 박정희의 시대도 막을 내렸다.

박정희의 꿈과 혁명

박정희는 일제 치하인 1917년 경북 선산의 가난한 농가에서 태어났다. 1937년 대구사범학교를 졸업하고, 경북 문경에서 3년간 소학교 교사로 근무하였다. 그에게는 평소 위대한 군인이 되고 싶은 꿈이 있었다. 이를 위해 그는 1940년 소학교 교사를 그만 두고 만주국 군관학교에 입학하였다. 1942년 3월 그는 동 군관학교 예과과정을 수석으로 졸업하였다. 그해 10월 그는 일본 육군사관학교 본과에 특전 입학하였으며, 1944년 4월 졸업과 더불어 소위에 임관하였다. 이후 그는 중국 화북 열하성에 있는 만주군 보병 제8단에 배속되었으며, 거기서 중국공산당의 팔로군과 대치 중에 해방을 맞이하였다.

1946년 5월에 귀국한 그는 남조선경비사관학교에 입학하여 그해 12월 졸업과 동시에 대위로 임관하였다. 언제인지 알려지지 않은 시기에 남로당에 가입하여 당 군사부 부책임자가 되었다. 그는 정치적 이념에서 공산주의자가 아니었다. 그럼에도 그가 남로당에 가입한 것은 그의 형 박상희(朴相熙)가 1946년 10월 경북 지방에서 남로당이 일으킨 폭동에 가담하였다가 경찰에 살해된 개인적 가정사 때문이었다.

1948년 10월에 일어난 여순반란을 계기로 정부는 군에 광범히 침투한 공산주의세력을 숙정하는 작업을 벌였다. 그해 11월 박정희는 체포되어 처형될 위기에 처하였다. 그를 위기에서 구원한 것은 김창룡(金昌龍) 특무대장과 백선엽(白善燁) 정보국장 등의 군 수뇌부가 박정희와 마찬가지로 만주군 출신이라는 개인적 인맥이었다. 그들은 일본 육군사관학교까지 졸업한 박정희의 능력을 높이 평가하였다. 박정희는 체포된 이후 군의 수사에 적극 협조하였다. 이 점도 그가 위기를 벗어날 수 있었던 한편의 요인이었다. 박정희는 1949년 2월 고등군법회의에서 무기징역을 선고받았으나 곧바로 10년으로 감형되고 형의 집행도 면제받았다.

이후 그는 백선엽의 정보국에서 비공식 문관으로 1년 3개월 근무하

였다. 1949년 12월 말 그가 작성한 보고서는 북한이 조만간 남침할 가능성을 세밀하게 예측한 것으로서 군부에서 그의 능력이 인정되는 계기가 되었다. 6·25전쟁이 터지자 그는 군과 함께 남하하였으며, 이는 그가 확실하게 전향했음을 객관적으로 입증하였다. 그에 힘입어 그는 1950년 7월 현역 소령으로 복귀하였으며, 이후 1960년까지 소장으로 승진하면서 정보학교 교장, 7사단장, 6관구사령관, 2군부사령관 등의 요직을 두루 역임하였다.

박정희는 1961년 5월 군사혁명을 일으켜 성공하였다. 그는 국가재건

최고회의의 의장으로서 2년 6개월간의 군사정부를 이끈 다음, 1963년 10월 제5대 대통령선거에 출마하여 당선되었다. 이후 야당의 반대를 무릅쓰고 한일국교정상화와 베트남 파병을 결행하였으며, 수출주도형 개발정책을 통해 고도성장의 길을 닦았다. 개발정책의 가시적 성과는 그를 정점으로 한 권위주의 정치체제를 부활시켰다. 1969년 그는 그의 대통령 3선을 허용하는 헌법 개정을 강행하였으며, 1971년 제7대 대통령에 당선되었다. 나아가 1972년 10월 국회와 정당을 해산하고 새 헌법을 제정하는 10월유신이라는 또 한 차례의 정변을 감행하였으며, 새 헌법에 따라 통일주체국민회의에서 제8대 대통령에 선출되었다. 이후 자주국방과 수출 100억 달러를 위한 중화학공업화 정책을 강력하게 추진하였다. 그와 더불어 산림녹화, 4대강유역종합개발사업을 비롯한 국토개발, 사회개발을 위한 새마을운동을 추진하였다. 1978년 통일주체국민회의에서 제9대 대통령으로 선출되었다. 이후 그의 장기집권에 대한 국민의 저항이 거세져 정치적 혼란이 가중되는 가운데 1979년 10월 측근과의 만찬 도중에 김재규의 저격을 받아 사망하였다.

일제 치하에서 태어나 군국주의 교육을 받고 중일·태평양전쟁과 6·25전쟁을 거치면서 군인으로 입신한 박정희의 정신세계는 역사와 현실에 대한 근본적인 불만에 기인하는 팽배한 긴장으로 가득 찼다. 그는 식민지로 전락한 한국 민족의 사대주의의 병폐, 자주정신의 결여, 게으름과 명예심의 결여를 증오하였으며, 그 결과로 빚어진 민중의 고난과 가난에 분노하였다. 역사와 현실에 대한 그의 강렬한 비판의식과 소명감은 그의 모든 정치적 선택에 있어서 변함없는 기초를 이루었다. 그는 민족의 역사를 새롭게 개척함에 있어서 소수 엘리트의 지도적 역할을 중시하였다. 그는 공산주의세력의 위협을 받고 있는 가난한 후진국에서 개인의 자유와 인권을 완전하게 보장하는 서구의 민주주의는 시기상조라고 생각하였다. 그는 한국의 민주주의는 민족의 역사를 새롭게 개척하는 데 도움이 되는 '민족적 민주주의' 또는 '행정적 민주주의'이어야 한다고 생각하였다. 그에게서 개인은 민족과 국가의 발전을 자신의 발전과 일치시키는 '민족적 개인' 내지 '국가적 개인'이었다.

이 같은 정신세계에서 박정희는 집권 18년간 그가 추구한 일련의 개발정책을 그가 1961년에 일으킨 혁명의 연속 과정으로 간주하고 또 그렇게 정당화하였다. 그는 정부, 당, 기업, 은행, 민간단체를 일사분란하게 통제하고 조정하는 발전국가체제를 구축하였다. 그것은 경제에 대한 야당을 비롯한 비판적 정치세력의 대중주의적 요구를 일체 차단함으로써 극대의 효율을 추구하는 것이었다. 박정희는 그의 개발정책에 반대만 하는 야당과 비판세력을 불신하였다. 야당이 제기한 대중경제론의 정치철학이나 역사관은 박정희의 개발정책과 근본적으로 상이하여 조정과 타협이 쉽지 않았다. 그에 따라 그의 통치행태는 점점 비타협적 권위주의로 굳어져 갔다.

그가 지향한 '조국근대화'는 단지 경제적인 성취만을 위한 것이 아니었다. 그는 사회와 인간의 근본적인 개조를 추구하였다. 1961년의 혁명공약에서 표출된 그의 이 같은 지향은 10월유신 이후의 새마을운동으로 구체화하였다. 그는 한국인들이 근면, 자조, 협동의 정신으로 그들의 사회를 잘 통합된 공동체로 조직하고 발전시키길 희망하였다. 결국 그의 중화학공

1979년 12월 6일 통일주체국민회의에 의해 대통령으로 선출된 최규하 대통령이 취임선서를 하고 있다.

업화, 산림녹화, 국토개발, 그린벨트보전, 새마을운동 등의 개발정책은 전국이 전원풍의 공업도시로 골고루 발전하는 가운데 인간들이 서로 협력하는 공동체사회로 성숙해 가기를 추구하는 것이었다.

　다수의 국민은 박정희의 이 같은 꿈과 계획을 지지하였다. 그로 인해 그의 18년에 걸친 권위주의 통치는 한국인에게 역사적으로 축적되어 있는 성장의 잠재력을 최대로 동원하는 역설을 낳았다. 그의 집권기에 한국경제는 중진국으로 진입하는 기적적인 성과를 낳았으며, 한국인들은 그들 생애에 상전벽해의 변혁을 경험하였다. 그의 죽음과 더불어 그가 구상한 그랜드플랜은 이후 한국의 민주주의가 타협과 조정을 통해 성취해야 할 역사의 과제로 남았다.

신군부의 등장

박정희가 사망한 다음날 새벽, 정부는 제주도를 제외한 전국에 비상 계엄령을 선포하였다. 이후 현행 유신헌법에 따라 국무총리 최규하(崔圭夏)가 대통령권한대행에 취임하였다. 하지만 18년간 국가권력의 중심을 이루었던 박정희의 갑작스런 죽음은 권력의 진공상태를 조장하였다. 유력 정치인과 군부의 엘리트는 권력의 새 주인을 찾는 싸움에 곧바로 휘말렸다. 야당 당수인 김영삼은 유신헌법을 폐기하고 3개월 내에 새로운 헌법을 제정하고 이후 2개월 내에 새로운 대통령을 뽑자고 제안하였다. 그에 대해 최규하 대통령권한대행은 현행 헌법에 따라 대통령을 선출하여 정부를 안정시킨 다음, 새 헌법을 제정하고 새 정부를 구성한다는 방침을 발표하였다. 1979년 12월 6일 유신헌법에 따라 통일주체국민회의는 최규하 권한대행을 대통령으로 선출하였다. 유신체제를 해체하고 새로운 체제로 이행하는 과정을 둘러싸고 여야 간의 의견대립이 노출됨에 따라 정국은 혼란스러워졌다.

군부에서는 참모총장 정승화(鄭昇和)가 계엄사령관을 맡아 정식 지휘계통의 정점에 있었지만, 이와 별도로 대통령시해사건의 합동수사본부장을 맡은 전두환 보안사령관을 중심으로 일단의 장성들이 결집해 있었다. 이들은 주로 영남 출신으로 구성된 군내 사조직인 하나회에 소속하였다. 이들은 박정희의 지원을 받아 군의 요직을 거치면서 군내에서 강력한 파벌을 형성해 왔다. 이들은 대통령이 시해되는 현장에 정승화가 있었다는 사실을 구실로 하여 1979년 12월 12일 수도경비사령부와 특전사령부 등의 병력을 동원하여 대통령과 국방장관의 승인 없이 정승화 계엄사령관을 체포하였으며, 이를 저지하려 한 상급자들을 제압하였다. 이를 계기로 전두환 보안사령관은 군부의 모든 실권을 장악하였다. 이렇게 새롭게 권력의 실세로 등장한 군부를 가리켜 신군부라 하였다. 신군부는 개헌 등의 정치 일정을 지연시키면서 그들이 국가권력을 장악할 기회를 엿보았다.

1980년 2월 말 윤보선, 김대중 등 유신체제에 저항해 온 유력한 인사 687명에 대한 복권 조치가 취해졌다. 김대중은 오랜 가택 연금의 상태에서 풀려났다. 야당 당수 김영삼과 김대중은 개헌 이후의 대통령선거를 겨냥하여 때 이른 경쟁을 벌이기 시작하였다. 양측 인사들은 서로를 비난하였으며, 야당의 지구당 행사에서 충돌하기까지 하였다. 결국 김대중은 기존 야당으로의 입당을 포기하고 그의 추종자로 구성된 또 하나의 정당을 만들었다.

봄이 되자 민주화의 요구가 분출하였다. 유신체제 하에서 억눌렸던 노동운동이 활성화하여 전국에서 노동쟁의가 빈발하였다. 4월에는 국내 최대의 민영탄광인 강원도 정선군 사북읍에서 어용노조와 저임금에 항의하여 광부와 그 가족 6,000여 명이 시위를 벌였다. 신학기를 맞은 대학가의 동향은 정국의 추이를 가르는 주요 변수로 작용하였다. 유신체제에 저항하다가 처벌을 받았거나 복역 중이던 다수의 학생들이 대학으로 복귀하였다. 학생들은 학내 집회와 시위에서 계엄 해제, 조속한 민주화, 신군부의 퇴진을 요구하였다. 5월이 되어서도 최규하정부가 민주화 일정을 진행시키지 않자 학생들은 학교 밖으로 나왔다. 5월 14~15일 서울역 광장에 10만여 명의 학생이 운집하여 비상계엄 해제와 전두환 퇴진을 요구하는 시위를 벌였다. 시민들은 정치적 안정이 조속하게 회복되기를 바라는 마음에서 학생들의 시위를 방관하였다.

민주화를 요구하는 대학생 시위대로 꽉 채워진 서울역 광장. 1980. 5. 15

5·18광주민주화운동

신군부는 비상계엄을 전국적으로 확대하고, 국회를 해산하고, 국가보위비상기구를 설치할 계획을 수립하였다. 1980년 5월 17일 신군부는 사회 불안을 진정시킨다는 명분을 내걸고 비상계엄을 전국으로 확대하였다. 그에 따라 국회와 각 정당이 해산되었으며, 일체의 정치 활동이 금지되었다. 신군부는 김대중을 체포하고 김영삼을 자택에 감금하였다. 유력한 야당 정치인과 각 대학의 학생운동 지도부도 일제히 검거되었다. 모든 대학에 휴교령이 내려지고 계엄군이 배치되어 학생들의 등교를 막았다.

5월 18일 오전 전남 광주시 전남대학교 앞에서 계엄군 공수부대와 대학생 간에 소규모 충돌이 일어났다. 등교를 저지하는 공수부대에 학생들이 돌을 던졌다. 공수부대원은 학생들을 쫓아가 진압봉으로 잔인하게 가격하고 연행하였다. 그에 자극을 받아 전남대 학생 1,000여 명이 결집하여 계엄 해제의 구호를 외치며 파출소를 습격하였다. 공수부대는 시위대를 강하게 진압하였는데, 그 과정에서 민간인 1명이 부상을 입고 병원으로 후송되었으나 사망하였다. 그 외에 수십 명의 부상자가 속출하였다. 이날 광주 시내에는 악성의 유언비어가 유포되어 광주 시민의 감정을 자극하였다.

19일, 분노한 학생과 시민의 시위대는 공수부대에 화염병, 돌, 보도블럭을 던지며 격렬한 시위를 벌였다. 오후 시위대는 5,000명으로 그 수가 불었다. 시위대는 기름통에 불을 붙여 경찰 저지선으로 굴러 보냈다. 시위대는 공수부대의 장갑차를 탈취하려 했으며, 그에 맞서 공수부대 장교가 위협사격을 하였다. 광주에서 계엄군에 의한 최초의 발포였다. 공수부대는 시위대를 골목, 다방까지 추적하여 진압봉, 소총 개머리판 등으로 강하게 가격하였다. 이날 시위로 또 한 명의 민간인이 사망하였다. 부상당한 민간인은 수십 명이며, 부상을 입은 군인과 경찰도 24명이었다.

20일 광주시의 상가는 거의 철시하였으며, 중·고등학교는 임시휴교에 들어갔다. 시내에는 곳곳에 죽은 인원이 수십 명이며, 공산당도 이렇게 무자비하지 않았으며, 계엄군이 경상도 출신이라는 등의 유인물이 뿌려졌다. 시위대는 계엄 철폐, 공수부대 철수, 김대중 석방, 전두환 퇴진 등의 구호를 외쳤다. 오후 4시경 금남로에 모인 시위대의 수는 2~3만에 달하였다. 공수부대의 무차별 가격에 분노한 택시기사 100여 명이 택시를 몰고 시위에 참가하였다. 시위대는 택시, 트럭, 버스를 앞세우고 계엄군과 대치하였다. 시

5·18광주민주화운동당시 버스 등 차량을 앞세운 시위대. 1980. 5. 20

위대는 차량을 앞세우고 전남도청으로 진출하려 했으며, 군경은 이를 필사적으로 저지하였다. 시위대는 파출소, 경찰서, 소방서, 방송국을 공격하였으며, 광주 MBC와 KBS가 시위대의 방화로 전소되었다. 이 날의 시위 과정에서 민간인 4명이 사망하였다. 군경의 희생도 발생하였다. 시위대의 버스와 트럭에 치여 군경 5명이 사망하였다. 전남도청, 조선대, 전남대를 제외한 광주시 일원이 군경의 통제를 벗어나 시위대에 점거되었으며, 광주세무서 예비군 무기고에서 칼빈 소총이 시위대에 탈취되었다. 공수부대는 시위의 진압을 포기하고 전남도청과 조선대로 집결하여 시위대와 대치하였다. 경찰관과 부대원의 사망에 자극을 받은 공수부대의 장교들은 실탄 지급을 요청하여 분배 받았다.

21일, 계엄사령관은 20사단을 광주에 파견하여 시 외곽에 대기시켰다. 시위대는 이동 중인 20사단의 지프차 대열을 공격하여 지프차 14대를 탈취하였다. 시위대는 아세아자동차 회사를 점거하여 장갑차 4대와 버스 등, 차량 56대를 탈취하였다. 버스와 트럭에 탑승한 시위대는 광주교도소에 접근하였으나 계엄군과 충돌하지는 않았다. 오전 10시 전남대 정문 앞에는 4만여 명의 시위대가 집결하였다. 시위대는 차량으로 공수부대를 공격하였으며, 그에 맞서 공수부대는 최루탄과 진압봉으로 강하게 진압하였다. 이날 전남대 앞 시위에서 임신 8개월의 주부 1명을 포함하여 민간인 4명이 사망하고 3명이 총상을 입었다.

가장 비극적인 유혈사태는 오후 1시경 전남도청 앞에서 빚어졌다. 전남도청을 방어하고 있는 공수부대를 향해 시위대의 장갑차 1대가 돌진하여 부대원 1명이 깔려 죽었다. 뒤이어 시위대의 버스가 돌진하였다. 이에 공수부대 장교들이 차량을 향해 발포하여 운전수가 사망하였다. 뒤이어 시위대의 장갑차 1대가 다시 돌진해 오자 공수부대원이 일제히 발포하여 장갑차 위의 청년이 피격되었다. 다시 시위대에서 5~6명이 태극기를 들고 구호를 외치며 나오자 공수부대는 이들을 향해 발포하였다. 이날 전남도청 앞의 유혈 충돌에서 민간인으로서 성명이 알려진 35명과 성명 미상의 몇 명이 사망하였다. 군경 3명도 사망하였다.

한편 시위대는 동일 오후 1시경부터 광산, 영광, 함평, 화순 등 전남 일원으로 진출하여 경찰서와 예비군의 무기고를 습격하여 칼빈 소총 등 4,900정, 실탄 13만여 발, TNT, 수류탄 등을 탈취하였다. 시위대는 이들 무기로 무장한 다음, 시내 요소에 배치되었다. 동일 오후 5시 계엄군과 경찰이 전남도청에서 광주시 외곽으로 철수하였다. 전남도청은 시민군에 의해 장악되었다.

이후 27일 새벽 계엄군이 다시 전남도청으로 진입하기까지 광주시 일원은 시민군의 통제 하에 있었다. 22일 아침 시위군은 광주교도소에 접근하여 계엄군과 총격전을 벌였다. 광주시 외곽에서는 계엄군과 시민군의 충돌이 간헐적으로 발생하였다. 계엄군이 이동 중인 주민의 차량을 시민군으로 오해하여 사격을 가하여 십여 명이 사망하는 사건도 있었다. 광주 시내에서는 지역 유지와 학생들이 주축이 되어 시민수습대책위원회를 구성하여 계엄군과 사태 해결을 위한 협상을 모색하였다.

22일부터 26일까지 광주 시민은 매일 민주주의 수호를 위한 궐기대회를 개최하여 계엄 철폐, 신군부의 퇴진, 김대중 석방 등을 요구하였다. 계엄군과 협상을 모색한 시민 대표는 무기 반납을 둘러싸고 의견의 대립을 보였다. 약 3,000정의 무기가 회수되어 그 일부가 계엄군에 반환될 예정이었지만, 강경파의 반대에 부딪혀 이루어지지 못하였다. 강경파는 최규하 과도정부 퇴진, 계엄령 즉각 해제, 살인마 전두환 처단, 구국 과도정부 수립 등을 위한 결사항쟁을 주장하였다. 무기의 반납을 주장한 온건파는 점차 도청에서 철수하였다.

27일 새벽 광주시 외곽으로 철수한 공수부대와 20사단을 주축으로 한 계엄군이 광주시와 전남도청으로 재진입하였다. 그 과정에서 끝내 투항을 거부한 17명의 시민군이 총상으로 사망하였다. 그 가운데 10대의 재수생, 고등학생, 중학생이 7명이었다. 14세의 여중생도 있었다. 대학생으로서 희생자는 3명이었다. 그 밖에 시민군 295명이 계엄군에 체포되었다.

이후 1995년 서울지방검찰청과 국방부검찰부가 발표한 '5·18관련사건 수사결과'에 의하면 5월 18일 이래 열흘간의 유혈사태에서 민간인 166명, 군인 23명, 경찰 4명이 사망하였다. 그 외에 행방불명으로 공식 인정된 사람은 47명에 달하였다. 광주에서의 유혈사태는 광주 시민이 신군부의 쿠데타에 저항한 민주화운동이었다. 민주주의의 회복을 요구하는 학생과 시민의 시위대를 공수부대가 무차별 가격으로 진압하고 그에 따라 인명 피해가 발생한 것이 시민의 무장 항쟁을 불러 일으켰다.

5·18광주민주화운동과 관련해서는 광주에서 사태가 전개된 당시부터 미국의 책임론이 제기되었다. 계엄군으로 광주에 출동한 한국군에 대한 작전통제권이 한미연합사령부의 사령관인 미국군 장성에게 귀속되어 있음이 그 근거였다. 그에 대해 1989년 6월 미국정부는 "1980년 5월 대한민국 광주서 일어난 사건에 관한 미국정부 성명서"를 발표하였다. 그 성명서에서 미국정부는 광주에 투입된 공수부대는 처음부터 한미연합사령부의 작전통제권 하에 있지 않았다는 사실, 한미연합군 사령부 설치를 위한 1978년의 협정은 미국과 대한민국은 상대방의 동의 없이 언제든지 자국의 부대에 관한 작전통제권을 행사할 수 있는 주권을 보장하였다는 사실, 그에 따라 한국군은 이미 1979년 10월 26일 박정희 대통령이 피살된 후 발포된 계엄 업무의 수행을 위해 20사단의 작전통제권을 회수한 적이 있다는 사실, 이후 동 사단의 3개 연대 중 1개 연대의 작전통제권이 한미연합사령부에 반납되었지만 나머지 2개 연대의 작전통제권은 반납되지 않았다는 사실, 1980년 5월 20일 한국군은 20사단 1개 연대의 작전통제권을 다시 회수하였다는 사실 등을 근거로 제시하면서 미국 책임론을 부정하였다. 이처럼 광주 유

혈참극에 대한 미국 책임론은 그 근거가 확실하지 않지만, 이후 부활한 급진 좌익세력의 선전과 한국인의 민족주의 정서가 어울리는 가운데 민주화 세력을 중심으로 널리 유포되어 갔다.

유신체제의 개편

1980년 5월 31일 신군부는 국가보위비상대책위원회를(국보위) 조직하여 유신체제의 개편에 나섰다. 전두환 보안사령관은 국보위 상임위원회의 위원징에 취임하여 권력의 무대에 전면 등장하였다. 신군부는 김대중 등 유력 정치인을 체포하였으며, 170여 개의 정기간행물을 폐간하고 400여 명의 언론인을 해고하였으며, 대학가에서 비판적인 교수들을 해직시켰다. 또 박정희정부 하에서 요직을 지닌 인물들을 권력형 부정축재자로 몰아 재산을 환수하였으며, 사회정화의 명분을 걸고 고위 공무원들을 숙정하였으며, 상습 전과자와 우범자를 삼청교육대로 보내 가혹하게 다루었다.

7월에는 김대중 등 37명을 내란음모의 혐의로 기소하였다. 9월 김대중은 1심에서 사형 판결을 받았다. 8월에는 가택연금 상태에 있던 신민당 총재 김영삼이 정계 은퇴를 선언하였으며, 며칠 뒤 최규하 대통령도 사직하였다. 8월 말 통일주체국민회의는 유신헌법에 따라 전두환 국보위 상임위원장을 대통령으로 선출되었다. 이로써 신군부가 전년도 12월에 일으킨 쿠데타는 완료되었다.

그해 10월 국보위는 임기 7년의 대통령단임제와 대통령선거인단에 의한 간접선거를 주요 내용으로 하는 새로운 헌법안을 국민투표에 붙여 통과시켰다. 새 헌법은 대통령이 비상조치권과 국회 해산권을 가지며, 국

전두환 대통령의 취임 선서. 1981. 3. 3

회 의석의 3분의 1을 전국구로 하되 그 3분의 2는 제1당이 차지하게 하였
다. 새 헌법은 대통령단임제를 제외하면 유신헌법과 거의 같았다. 11월 전
두환정부는 민영방송을 없애고 통신사를 통합하는 언론통폐합을 강행하
였다. 12월에는 노동법을 개정하여 노동쟁의에 제3자의 개입을 금지하여
노동자의 쟁의권을 약화시켰다. 동시에 집회 및 시위에 관한 법률을 개정
하여 집회 및 시위의 자유를 크게 억압하였다.

　1981년 2월 전두환은 새 헌법에 따른 대통령선거인단 선거에서 대통
령으로 선출되었다. 내란음모의 혐의로 1심에서 사형을 언도받은 김대중
은 대법원에서 사형이 확정되었으나 곧바로 무기징역으로 감형되었다. 미
국은 김대중을 처형하지 말 것을 강력히 요구하였다. 전두환은 그를 수용

하는 대신 미국의 공식 방문을 초청받았는데, 이는 미국이 전두환정부를 승인함을 의미하였다. 3월 3일 전두환이 제12대 대통령에 취임함으로써 제5공화국이 출범하였다.

급진 좌익세력의 부활

전두환정부는 초기 2년간 강압적인 통치로 일관하였다. 대학에는 사복을 입은 형사들이 대거 포진했다가 시위가 벌어지면 주동자를 즉각 체포하였다. 주동자는 집회 및 시위에 관한 법률을 위반한 혐의로 처벌되었다. 시위의 양상은 이전과 별로 다르지 않았지만 학생운동의 이념적 성향은 훨씬 좌경화하였다. 운동권 학생들은 마르크스·레닌주의, 모택동주의, 제3세계혁명론을 학습하고 반제국주의 민중혁명을 지향하였다. 1982년 3월 급진 좌익의 학생들이 부산에 있는 미 문화원을 방화하는 사건이 발생하였다. 이 사건은 이후 본격화하는 반제·민중·민족운동의 출발로서 전 국민에게 큰 충격을 주었다.

사회와 경제가 어느 정도 안정되자 전두환정부는 1983년 말부터 유화 국면을 조성하였다. 우선 대학을 자율화하여 대학에서 쫓겨난 교수와 학생들을 돌아오게 하였다. 정치 활동을 규제당한 정치인들에게도 활동의 자유가 부여되었다. 그해 5월 야당 지도자 김영삼이 민주화를 요구하며 한 달에 걸친 단식투쟁을 하였는데, 이는 의기소침해 있던 저항세력을 단합시키는 데 자극제가 되었다. 김영삼은 1982년 12월 미국으로 망명한 김대중과 협력하여 1984년 5월 민주화추진협의회를 결성하였다. 이들은 1985년 1월 제12대 국회의원선거를 앞두고 신민당을 창설하였다. 신민당은 그로

부산 미 문화원 방화사건. 1982. 3. 18

부터 채 한 달도 지나지 않아 실시된 국회의원선거에서 기존의 관제 야당
을 압도하였으며, 전체 득표율에서도 여당을 불과 6%p의 차이로 추격하는
대성공을 거두었다. 신민당은 총선 공약으로 대통령직선제로의 개헌을 내
걸어 다수 국민의 열띤 호응을 받았다. 그렇지만 전두환 대통령은 대통령
간선제를 고집하였다. 신민당은 1986년 초부터 직선제 개헌을 위한 1천만
인서명운동에 착수하였다.

　　1986년 5월 신민당은 인천에서 개헌추진위원회 경기지부 결성대회
를 열었다. 그렇지만 이 집회는 반제, 반미, 반파쇼와 같은 구호를 내건 급
진 좌익세력의 폭력 시위로 화염병과 최루탄이 난무하는 가운데 무산되고

말았다(인천사태). 이 사건은 5·18광주민주화운동 이후 급속히 성장한 좌익세력이 독자의 정치세력으로서 최초의 선을 보인 무대였다. 급진 좌익세력의 대두는 5·18광주민주화운동 이후 확산된 반미감정을 토대로 하였다. 좌익 이념은 1985년 정부가 유화 조치의 일환으로 사상과 출판의 자유를 허용한 뒤 대학가에 널리 퍼졌다. 종래 금서로 단속되었던 마르크스·레닌주의와 모택동주의의 고전들이 봇물 터지듯이 출간되었다. 심지어 북한 주체사상의 책도 출간되었다. 1980년대 좌익세력은 크게 민족해방을 중시하는 세력과(NL파) 계급해방을 중시하는 세력으로 갈리었는데(PD파), 점차 민족해방을 중시하는 파가 우세를 점하였다.

이들은 1980년대의 한국을 미국의 지배 하에 있는 식민지 상태로 규정하고 미 제국주의와 그에 종속적인 지배계급을 타도하는 민중·민족혁명을 추구하였다. 그 점에서 이들의 역사관은 해방 후 대한민국의 건국에 저항하였던 공산주의자들의 현실 인식과 크게 다를 바 없었다. 이들의 역사관과 현실인식은 건국 이후 한국사회의 발전 경로와 중산층 시민의 생활양식과 전혀 동떨어졌다. 그럼에도 전두환정부의 집권 과정에서 빚어진 유혈참극과 집권 이후의 강권통치는 그러한 시대착오적 역사관을 배양하고 확산시키는 토양을 이루었다.

민중·민족주의 역사학과 문예

1980년대의 민중·민족주의는 정치만이 아니라 문화의 영역에서두 널리 확산되었다. 정치와 문화는 서로 원인과 결과로 작용하면서 민중·민족주의를 조장하였다. 그러한 문화적 동향의 중심에 역사학이 있었다.

1980년대 한국의 역사학에서는 민족과 민중을 역사의 주체로 간주하는 역사관이 주류의 위치를 점하였다. 그 출발은 식민지기에 일제가 심어놓은 타율사관(他律史觀)과 정체론(停滯論)의 타파를 제일의 과제로 했던 1960년대의 민족주의 역사학이었다. 민족주의 역사학은 17~19세기 조선시대에 자본주의맹아가 자생하였으며, 그에 따라 조선사회는 자기 힘으로 느린 걸음으로나마 근대사회로 이행하고 있었다는 내재적 발전론을 주장하였다. 내재적 발전론은 개항(1876) 이후의 역사를 제국주의가 침입하여 자본주의맹아를 파괴하고 민족의 정상적인 발전을 왜곡한 역사로 해석하였다. 개항 이후 식민지기에 걸쳐 성장한 지주와 자본가는 친일 반민족세력이었다. 그들은 종속적 자본주의의 발전을 추구하였다. 그에 반해 노동자·농민의 민중은 반제국주의 민족혁명을 추구하였다. 해방 이후 전자의 종속적 발전의 길은 대한민국으로 이어졌고, 후자의 혁명적인 길은 북한으로 계승되었다.

이렇게 1980년대 한국의 역사학은 해방 이후의 대한민국 역사를 친일 반민족세력이 제국주의 미국과 결합하여 민족의 분단을 무릅쓰면서 종속 국가를 세운 역사로 파악하였다. 이 같은 역사적 인식을 토대로 민족주의 역사학의 일각에서는 남한의 민중세력이 북한과 협력하여 미국을 몰아내고 민족통일을 이루는 혁명을 수행해야 한다는 정치적 주장까지 제기하였다. 이후 지금까지 17~19세기 조선시대의 역사에 관한 실증적 연구가 크게 진전되었다. 그에 따라 민족주의 역사학의 내재적 발전론이 실제 역사와 많이 동떨어지거나 조선시대 나름의 발전상을 많이 과장했음이 밝혀졌다. 그럼에도 내재적 발전론에 바탕을 둔 한국 근·현대사에 관한 민중·민족주의적 해석은 좌익세력이 공유하는 역사관으로 한동안 건재하였다.

민중·민족주의의 대중적 보급에는 문학의 역할도 역사학 못지않게 중요하였다. 4·19와 함께 출간된 소설 『광장』이 묘사한 지식인의 정신세계는 남과 북 어디에도 속하지 못하는 중간자적 방황 그것이었다. 그들의 눈에 비친 현실 사회는 인간들이 모여 사는 광장이 아니라 짐승들이 우글거리는 정글과 같은 것이었다. 그 같은 무책(無策)의 근원적인 불만은 한일 국교정상화 이후 민중문학으로 한편의 물꼬를 텄다. 1967년에 발표된 신동엽(申東曄)의 시 "껍데기는 가라"가 그 선구의 이정표를 이루었다.

껍데기는 가라.
사월도 알맹이만 남고
껍데기는 가라.

껍데기는 가라.
東學年 곰나루의, 그 아우성만 살고
껍데기는 가라.

그리하여, 다시
껍데기는 가라.
이곳에선, 두 가슴과 그곳까지 내논
아사달 아사녀가

중립의 초례청 앞에 서서

부끄럼 빛내며

맞절할지니

껍데기는 가라.

한라에서 백두까지

향그러운 흙 가슴만 남고

그, 모오든 쇠붙이는 가라.

이 시에서 사월의 알맹이는 4·19민주혁명을, 동학년의 그 아우성은 1894년의 동학농민봉기를 가리킨다. 해방과 자유를 추구한 이 두 역사적 사건의 주역은 민중이요 민족이다. 그것을 시인은 아사달과 아사녀라는 순수 인간으로 형상화하고 있다. 이외의 껍데기는, 모든 쇠붙이는 물러가라. 그것들은 폭력, 군사, 전쟁이다. 다시 말해 일제요, 미제요, 분단이요, 6·25 전쟁이다. 결국 껍데기는 4·19혁명을 부정한 5·16쿠데타를 겨냥한다. 시인은 한라에서 백두까지의 순수 민족이 그 제국주의적 군사세력과 그들이 몰고 온 근대문명을 몰아내고 향기로운 흙 가슴으로 다시 결합하자는 희원(希願)을 노래하였다.

이렇게 문학적 직관만으로 현실의 모순을 역사로 환원시키는 문학의 경향은 이후 근대화세력의 개발독재와 경제개발에 따른 사회모순에 저항하는 민중문학 또는 참여문학으로 발전해 갔다. 앞서 소개한 동시대의 역사학이 그 이론적 근거를 제공하였다. 엉뚱하게 정부도 그러한 문화적

반미 민중·민족운동을 형상화한 그림.

풍조에 동참하고 그것을 장려하였다. 전두환정부는 한국인의 민족주의 정서를 적극 고양하였다. 1980년 신군부는 유신체제를 계승하는 1980년의 제8차 개정헌법에 "국가는 전통문화의 계승·발전과 민족문화의 창달에 노력하여야 한다"는 전례가 없는 조항을 삽입하였다. 헌법이 명시한 대통령의 취임사 가운데도 '민족문화의 발전'이 대통령이 수행해야 할 중요 책무의 하나로 포함되었다.

문예에 있어서 민중·민족주의는 5·18광주민주화운동 이후 일층 강화되었다. 문학, 연극, 음악, 미술, 무용 등 예술의 모든 분야에서 민중·민족주의가 지배적 풍조로 수용되어 민족문학, 민족연극, 민족음악, 민족미술, 민족무용을 발달시켰다. 이들 민족예술은 전통문화에 바탕을 둔 마당극, 풍물패, 진혼굿 등의 새로운 장르를 개발하였다. 1984년에는 한국민족예술인총연합회가 결성되어 민족예술의 전국적 보급과 세력화에 나섰다.

3 | 민주화시대의 개막

6·10민주화운동

1987년 4월 전두환 대통령은 잔여임기가 1년도 채 안되어 임기 중의 헌법 개정이 불가능하니 현행 헌법대로 차기 대통령선거를 치르고 정권을 이양하겠다고 선언하였다(4·13호헌조치). 이는 대통령직선제로의 개헌과 민주화를 갈망하던 국민의 기대에 어긋나는 것이었다. 당시 대다수 국민은 대통령직선제의 복구를 민주주의 정치제도의 상징으로 여기고 있었다. 이 선언을 계기로 김영삼과 김대중이 중심이 된 제도권 야당과 재야 민주화 세력이 연합전선을 구축하였다. 그들은 직선제 헌법을 쟁취하기 위한 국민운동본부를 창설하였다. 학생운동의 주도권은 북한의 주체사상을 신봉하는 NL파 좌익세력에 의해 장악된 상태였다. 그들도 국민운동본부에 참여하여 대중노선을 전개하였다.

6·10민주화운동 당시 서울 종로5가 일대를 메운 대학생과 시민들.

그해 5월 서울대생 박종철(朴鍾哲)의 고문치사 사건의 진상이 폭로되었다. 그해 1월 박종철은 경찰에 연행되어 용공 혐의로 고문을 받다가 사망하였다. 관련 경찰 2명은 구속되었다. 그렇지만 실제 고문에 가담한 경찰은 5명이었다. 사건이 축소 조작되었음이 새롭게 밝혀지자 경찰과 정부의 도덕성은 치명적인 타격을 입었다. 야당과 재야운동권은 고문 살인 은폐 조작을 규탄하는 대규모 대회를 열었다. 6월에 접어들어 대학가의 시위가 격렬해졌는데, 연세대생 이한열(李韓烈)이 시위 도중에 경찰이 발사한 최루탄을 머리에 맞고 의식불명으로 쓰러지는 사건이 일어났다. 그는 결국 사망하였다.

6월 10일에는 국민운동본부가 주관하는 대규모 시위가 서울시청 광

6·29선언하는 노태우.

장에서 열렸다. 이 시위에는 학생만이 아니라 30대 화이트칼라 직장인들, 속칭 넥타이부대가 대거 참여하였다. 1980년 서울역 광장에서의 학생 시위와 달리 다수의 시민이 참여한 것은 박종철·이한열의 사망과 같은 인권유린 사건이 그들의 정치의식을 크게 자극하였기 때문이다. 그 점에서 1987년 6월에 있었던 대규모 시위는 자유와 인권을 추구한 국민적인 민주주의운동이었다. 이후 개헌을 요구하는 군중 시위는 전국의 33개 도시로 확산되었다.

6·29선언과 직선제 개헌

간선제 헌법의 수호를 선언했던 집권세력은 국민의 거센 저항에 부덧혀 군대를 동원하여 강경 진압하느냐, 아니면 직선제 개헌으로 양보하느냐의 기로에 봉착하였다. 집권세력은 양보를 선택하였다. 1987년 6월 29일 집권 민정당의 대통령 후보인 노태우(盧泰愚)는 대통령직선제를 포함하여 야당의 요구사항을 대폭 수용한다고 선언하였다(6·29선언). 이 선언으로 노태우는 일약 대중적인 정치인으로 부상하였다. 건국 이후 최초로 여야의 원만한 합의에 기초한 헌법 개정이 추진되었다. 그해 10월 대통령선거를 국민 직선제로 고치고, 대통령 임기를 단임 5년으로 하고, 국민의 기본권 조항을 대폭 개선한 제9차 헌법 개정안이 국민투표를 거쳐 확정되었다.

1987년 12월에 실시된 대통령선거에서는 집권 민정당의 노태우 후보가 승리하여 신군부 출신의 제5공화국 세력이 재집권에 성공하였다. 이는 직선제 개헌을 쟁취한 김영삼과 김대중이 후보 단일화에 실패하였기 때문이다. 김대중은 기존 야당에서 경쟁자인 김영삼에 비해 세력이 약하였다. 그는 자파세력만으로 평민당이란 정당을 만들어 대통령선거에 출마하였다. 그 결과 다수의 국민이 두 야당을 지지했지만 여당에 패배하였다. 두 김씨는 직선제 개헌을 위한 투쟁에서는 협력했지만 막상 승리의 과실을 누가 먼저 차지할 것인가를 둘러싸고서는 분열하고 말았다.

이 선거에는 박정희정부에서 2인자의 위치에 있었던 김종필도 출마하였다. 네 명의 후보들은 각기 출신 지역의 지역감정을 고취하는 데 주저하지 않았다. 1987년의 대통령선거는 한국 선거의 역사에서 지역감정이 극단적으로 기승을 부린 최초의 선거였다. 1988년 2월 노태우가 제13대 대통령에 취임함으로써 지금까지 이어지는 제6공화국이 출범하였다. 동시에 전두환은 단임의 약속을 지켜 한국 헌정사에서 선거를 통해 선출된 후임자에게 자리를 물려준 최초의 대통령이 되었다.

제6공화국의 출범은 그 때까지 전망이 불투명하던 한국의 민주주의 정치제도가 이후 순조롭게 정착하는 큰 계기가 되었다. 한국의 정치세력들은 대통령선거의 방식을 둘러싸고 극한적으로 대립하였지만 파국을 피하였다. 뒤이어 행해진 대통령선거에서는 5·16에서 출발하는 근대화세력이 승리하였다. 민주화세력은 이를 납득하기 힘들었지만 엄연히 보통선거라는 절차적 정당성을 확보한 권력의 재창출이었다. 그에 따라 집권세력의 단절적인 교체와 과거사의 급격한 청산이 초래할 정치적 혼란도 회피되었다. 정치권력만이 아니라 경제·사회의 구조도 마찬가지로 점진적이고 타협적인 민주화의 길을 걸었다. 1952년에 성립한 권위주의 정치체제는 35년간이나 지속하다가 드디어 역사의 뒤안길로 사라졌다. 그러한 역사적 진보가 가능하게 된 것은 장기에 걸친 경제성장의 효과로 시민적 교양의 중산층이 광범하게 성립하였기 때문이다. 1987년의 직선제 개헌을 요구하는 학생 시위에 화이트칼라의 넥타이부대가 대거 참여한 것이 그 좋은 예이다.

노동운동

경제개발 초기에 박정희정부는 노동운동을 억압하였다. 정부는 수출을 촉진하기 위해서는 임금의 상승을 억제해야 하며, 그러기 위해서는 노동자의 권리를 제약하고 노동운동을 억압할 필요가 있다고 생각하였다. 박정희정부는 1969년 외국인 투자를 유치할 목적에서 외국인 투자기업에서의 노동쟁의를 제한하는 임시조치법을 만들었다. 1971년 12월에는 국가보위에 관한 특별조치법을 만들어 비상사태 시에 대통령이 임금을 통제하고 근로자의 단체교섭권과 단체행동권을 규제할 수 있게 하였다.

그럼에도 1970년대에 걸쳐 노동조합은 양적으로 성장하였다. 1970년 노동조합에 가입한 노동자는 47만 명으로서 조직률은 14.7%였다. 그에 비해 1978년에는 조합원 수가 100만 명을 돌파하고 조직률도 19.2%로 올랐다. 그렇지만 노동운동은 질적으로 정체 상태를 면치 못하였다. 노동쟁의는 1970년대에 걸쳐 연평균 100건 내외에 머물렀다. 노동쟁의는 단체교섭에 의한 자주적 해결에 따르기보다는 정부의 강제적인 조정제도에 맡겨졌다. 노동조합은 대개 노사협조의 어용노조에 가까웠다.

노동자들은 열악한 근로조건을 개선하기 위해 개인 차원의 극한투쟁을 벌였다. 앞서 말한대로 1970년 11월 전태일이 근로조건의 개선을 요구하며 분신자살을 하였다. 1974년 2월 대구의 노동자 정세원이 기업주의 횡포를 고발하는 유서를 남기고 자살하였다. 1978년 10월에는 서울 시내버스의 안내양인 강미숙이 버스회사의 지나친 몸수색에 항의하여 자살하였다. 나아가 노동자들은 기존의 어용노조를 비판하고 노조 지도부를 교체하거나 새로운 노조를 결성하는 투쟁을 벌였다. 1972년 4월 한국모방 노동자의 노조 민주화 운동, 1974년 2월 반도상사 노동자의 노조 결성 투쟁, 1978년 동일방직의 노조 파괴공작에 대한 파업 투쟁이 그 대표적인 운동이었다. 종교단체와 사회단체들은 이러한 노동자의 투쟁을 지원하였다. 기독교농민회, 도시산업선교회, 가톨릭농민회, 가톨릭노동청년회 등이 노동운동과 농민운동을 지원한 대표적인 종교단체였다. 이들 종교단체는 기성 교회가 개인의 구원에만 치중하는 것을 비판하면서 사회의 구원이라는 새로운

교의를 내걸고 근로자와 농민의 권익투쟁을 지원하였다.

1987년 6·29선언 이후 노동운동은 크게 활성화하였다. 직선제 개헌의 요구가 받아들여지자 정치제도의 민주화가 가시화하였다. 그에 따라 그동안 억압되어 온 노동계층의 요구도 한꺼번에 터져 나왔다. 1987년 6월 2,742개였던 노동조합이 그해 연말까지 4,086개로 증가하였다. 1987년의 노동쟁의는 3,749건으로 1986년에 비해 무려 13.6배나 증가했는데, 그 가운데 3,628건이 6·29선언 이후에 발생하였다. 격렬한 노동쟁의 가운데는 법의 테두리를 넘어서는 무리한 행태도 없지 않았다. 오랫동안 억눌려 온 가운데 노사 간의 대화와 타협의 문화가 성숙해 있지 않았기 때문이다.

노태우정부는 노동법을 개정하여 노동자의 단결권, 단체교섭권, 단체행동권에 대한 각종 제약을 완화하였다. 그와 동시에 1988년부터 최저임금제를 시행하였다. 처음에는 5인 이상의 제조업체에 한하였으나 이후 전 산업의 모든 사업장으로 확대 시행하였다. 그에 따라 노동자의 임금 수준은 빠르게 상승하였다. 노동조합의 활동이 자유로워지고 노동자의 처우도 개선되자 노동운동은 오히려 후퇴하였다. 노동조합의 조직률은 1989년에 18.7%였으나 1995년까지 11.7%로 감소하였다. 1995년에는 노동조합의 전국 조직으로서 급진 이념의 민주노총이 발족하였다. 이로써 노동조합의 전국 조직은 1946년에 성립한 온건 이념의 한국노총과 1995년의 민주노총으로 양분되었다.

지방자치

한국에서 지방자치는 1952년에 실시된 지방의회 의원의 선거에서 출발하였지만 5·16 이후 그 시행이 무기한 연기되었다. 1987년 민주화의 시대가 열리면서 지방자치제의 시행은 더 이상 미룰 수 없는 시대의 과제가 되었다. 1988년 3월 지방자치법이 개정되었다. 그에 따라 1991년 주민의 직접선거에 의해 기초 및 광역 자치단체의 지방의회가 구성되었다. 1995년에는 기초 및 광역 자치단체의 단체장을 뽑는 선거가 치러졌다. 그와 더불어 지방자치제의 효율적인 운영을 위해 1914년 일제 하에서 행정구역의 개편이 이루어진 이후 최대 규모의 지방행정구역의 개편이 이루어졌다. 이로써 명실상부한 지방자치의 시대가 열리게 되었다. 지방자치제의 실시는 민주주의 정치제도의 기초를 튼튼히 하고 저변을 확대하였다.

지방자치제는 많은 정치적 사회적 변화를 초래하였다. 지방자치제는 '풀뿌리 민주주의'의 현장으로서 주민들의 일상생활에 관련된 의사결정 과정을 민주적으로 변모시켰다. 관이 주도한 종래의 획일적이며 억압적인 지방행정을 대신하여 자율적이고 다양하고 자유로운 지방정치가 펼쳐졌다. 주민을 위한 행정 서비스도 크게 향상되었다. 지방자치제는 지방의 역사와 문화에 기초한 지방의 정체성 확립에 기여했다. 지방자치단체는 지방의 역사적 유산과 전통을 재발견하고 다양한 내용의 축제를 조직함으로써 지방의 문화를 홍보하였다. 또한 지방자치제는 지역경제의 발전을 위한 지역사회의 자발적 노력을 활성화하였다. '내 고장 발전'을 위한 지방 간의 경쟁이 전국적으로 벌어지면서 주민들의 단결력과 애향심도 높아졌다.

지방자치제는 아직 역사가 길지 않아 여러 가지 미숙한 점을 드러내고 있다. 1995년 기초의회 의원 후보자들에 대해서도 정당공천제가 실시

되자 중앙정치와 중앙정당의 지역사회에 대한 영향력이 확대되었다. 중앙
정치가 지방정치에 개입하거나 통제하는 현상이 불식되지 않고 있다. 또
중앙정부와 지방정부 간에, 지방정부 상호간에, 나아가 주민과 지방정부
간에 적지 않은 갈등이 빚어지고 있다. 이는 의사소통의 부족에 따른 신뢰
의 결여, 정책 담당자의 조정 능력의 미숙, 지방 주민의 지나친 이기심 등
이 그 원인을 이루고 있다. 공설 화장장의 설치가 매번 난항을 겪듯이 "내
지방에서는 결코 안돼"라는 지역이기주의가 횡행하고 있다. 방사성폐기물
처분장의 유치에서 보듯이 지방사회 여론의 분열과 그에 따른 대립과 갈
등도 적지 않았다. 또한 단체장이나 의회의원들이 지방사회의 연줄을 배경
으로 권한을 남용하거나 부정부패를 자행하는 폐단도 우려할 정도로 많이
생기고 있다. 지방정부가 타당성이 결여된 무모한 개발 사업을 추진하거나
호화 청사를 건립해 재원을 낭비하는 일도 적지 않다.

민주주의 정치제도의 정착

1987년 대통령직선제로 헌법을 개정하고 1988년 제6공화국이 출범
한 이래 한국의 민주주의는 크게 발전하였다. 그 첫 정부인 노태우정부의
출범은 순조롭지 않았다. 1988년 4월 국회의원선거에서 집권 여당인 민정
당은 재석 299석 가운데 125석을 얻어 과반수에 훨씬 미달하였다. 야당의
의석수는 김대중의 평민당, 김영삼의 민주당, 김종필의 공화당 순이었다.
지난해의 대통령선거에서와 마찬가지로 지역주의가 선거의 결과를 좌우
하였다. 이때부터 지역주의는 한국의 민주주의 정치를 규정하는 일상적 요
인으로 자리 잡았다. 여소야대의 국회로 국정 운영이 어려워진 노태우 대

김영삼 대통령의 취임식.
1993. 2. 25

통령은 1990년 초 김영삼과 김종필과 교섭하여 민정당, 민주당, 공화당을 민자당으로 합당하였다. 영남과 호서가 연합하여 호남을 고립시킨 것이다. 이로써 한국정치에 있어서 지역주의는 더욱 증폭되었다.

집권 민자당의 대표가 된 김영삼은 1992년 말의 제14대 대통령선거에서 여당 후보로서 승리하였다. 이로써 무려 30년 가까이 지속된 군인 출신의 대통령 시대가 막을 내렸다. 김영삼은 1952년에 국회의원에 당선된 이래 40년에 걸친 정치인생의 대부분을 박정희, 전두환으로 이어진 권위주의체제에 대한 투쟁으로 보냈다. 그는 김대중과 함께 민주화세력을 대표하는 인물이었다. 그의 대통령 당선은 그가 속한 여당의 승리이긴 했지만 실질적으로는 30년에 걸친 군부 중심의 근대화세력을 대신하여 민주화세력이 정권을 담당하게 되었음을 의미하였다.

김영삼 대통령은 군내 사조직인 하나회를 해체하여 군부세력이 더 이상 정치에 개입하지 못하도록 하였다. 그는 대통령에 취임한 직후 하나회 출신으로서 군부의 요직을 차지하고 있던 장군들을 모두 해임하였다. 김영삼은 제5공화국을 주도한 신군부에 대해 처음에는 유화적인 입장을 취하였다. 1993년 신군부가 주도한 1979년 12월 쿠데타의 피해자들이 전두환과 노태우 등을 반란죄와 내란죄로 고발하였다. 그에 대해 검찰은 당시의 정변을 군형법(軍刑法) 상의 군사반란사건으로 규정했으나 국가의 안정을 해칠 우려가 있다는 이유에서 전두환과 노태우 등을 기소하지 않았다. 마찬가지로 1994년 5·18광주민주화운동의 피해자들이 신군부의 주도자들을 내란 및 내란 목적의 살인죄로 고발한 데 대해 검찰은 당시 신군부가 취한 조치가 사법심사의 대상이 아닌 통치행위로서 내란죄 여부를 판단할 수 없다는 결정을 내렸다.

그런데 1995년 10월 노태우 전 대통령이 재임 중에 대규모 비자금을 조성하고 여전히 보유 중임이 폭로되자 김영삼 대통령은 '역사 바로세우기'라는 이름으로 1979년 12월 쿠데타를 일으키고 1980년 5월 광주유혈참극을 빚은 신군부의 주도자들을 단죄하는 작업에 나섰다. 그해 12월 소급입법으로 5·18민주화운동특별법이 제정되었다. 그에 따라 전두환은 사형에, 노태우는 12년 징역에 처해져 복역 중이다가 1997년 12월 사면을 받아 석방되었다.

1997년 제15대 대통령선거에서는 야당 후보인 김대중이 승리하였다. 김대중의 집권은 야당 후보로서는 처음이었을 뿐 아니라 출신지역과 지지계층의 기반에서 최초의 실질적인 정권교체였다. 민주화시대가 열린 후 5년마다 평화롭게 진행된 대통령선거와 정부의 교체는 한국의 민주주의 정

치제도가 공고화의 단계에 들어섰음을 보여주었다. 그 과정을 통해 오랫동
안 한국을 지배해온 권위주의체제의 유산이 점진적으로 청산되어 갔다. 한
국의 정치는 권력의 급격한 교체에 따른 혼란과 갈등을 피하면서 민주주
의 정치제도의 순조로운 정착과 발전을 이루었다.

　　민주주의 정치제도는 정권을 담당하고 국회를 구성하는 정치인을 선
출하는 형식적 절차의 문제이다. 민주주의 정치제도의 정착은 경제, 사회,
문화의 모든 방면에서 자유와 평등이라는 이념을 실질적으로 정착시키는
데 크게 기여하였다. 경제는 정부주도형에서 민간주도형으로 바뀌었으며,
사회의 분위기는 가부장적 권위주의에서 자유로운 개인주의로 이행하였
다. 사회적 평등에 대한 관심도 크게 고양되어 스스로의 힘으로 자활하기
어려운 사회적 약자의 소득과 생활을 지지하는 복지국가가 모색되기 시작
하였다.

복지국가의 모색

국민연금이란 국가가 국민으로 하여금 노령·장애·사망 등으로 소득활동을 할 수 없을 때를 대비하여 월 소득액의 일부를 의무적으로 적립하게 하고, 그것을 기금으로 하여 국민에게 연금을 지급하는 제도를 말한다. 한국에서 국민연금은 1960년대부터 도입되었다. 도입 초기의 국민연금은 경제발전의 수준이 낮아 고용이 비교적 안정적이고 재원의 조달이 용이한 사업장을 대상으로 하였다. 1960년에 공무원, 1963년에 군인, 1975년에 사립학교 교직원을 대상으로 한 공적 연금제도가 우선 도입되었다. 뒤이어 경제성장의 성과가 어느 정도 축적되자 정부는 일반 국민을 대상으로 한 연금제도를 구축하기 시작하였다. 1973년 12월 국민복지연금법이 국회를 통과하였다. 그렇지만 이 법은 곧이어 발생한 제1차 오일쇼크로 인해 그 시행이 무기한 연기되었다.

국민연금제도가 본격적인 실행을 본 것은 1980년대 이후였다. 1986년 12월에 국민연금법이 제정되었으며, 그에 따라 일반 국민을 대상으로 한 국민연금제도가 1988년 1월부터 시행에 들어갔다. 처음 제도가 도입된 1988년에는 10인 이상의 사업장이 그 대상이었는데, 1992년에는 5인 이상의 사업장으로, 1995년 7월에는 농어촌 지역으로, 1999년 4월에는 도시부 자영업자로 점차 확대되었다. 이로써 경제활동에 종사하는 대부분의 국민이 공적 연금제도에 가입하여 장차 그 혜택을 누리게 되었다. 2008년 말 현재 특수직역연금과 국민연금의 가입자 수는 총 1,962만 명으로서 총 인구의 40.4%와 경제활동인구의 81.6%를 점하고 있다.

1963년 의료보험법이 제정되었다. 그렇지만 당시 제반 여건이 불비하여 의료보험제도는 실시되지 못하였다. 의료보험제도의 실질적인 시행은 1976년 12월에 개정된 의료보험법부터였다. 1977년 6월 제도가 시행될 초기에는 정부의 재정 부담을 고려하여 상시 500인 이상의 사업장으로 그 적용 범위가 제한되었다. 뒤이어 1979년에는 공무원 및 사립학교 교직원으로 의료보험제도가 확대 실시되었다. 또한 시기를 같이 하여 300인 이상의 사업장으로 직장의료보험의 대상이 확대되어 전 국민 가운데 의료보험 가입자의 비중이 21.2%로 상승하였다.

뒤이어 1980년에는 군인 가족으로, 1988년에는 농어촌 지역으로, 1989년에는 도시부 자영업자와 5인 미만 사업장으로까지 의료보험제도가 확대되었다. 또한 보험료를 납부할 능력이 결여된 저소득층에게는 1977년부터 의료급여가 실시되었다. 이로써 1977년 이래 12년 만에 전 국민을 대상으로 한 의료보험제도가 완성되었다. 1998년에는 직장, 공단, 지역 조합을 국민건강보험공단으로 통합하는 보험 공급체제의 개혁이 있었다. 이로써 한국인은 전국 어디서나 양질의 의료보험 서비스를 받게 되었다.

현대 국민국가는 국민연금, 의료보험 이외에 사회보험으로서 고용보험, 산재보험과 같은 사회적 안전망을 구축하고 있다. 고용보험은 실업자에게 구제적인 실업급여를 제공함과 더불어 재취업을 위한 직업훈련을 시켜주는 제도를 말한다. 산재보험은 근로자의 직업 활동에서 발생한 상해 및 질병으로 인한 소득감소를 보전해 주는 것이다. 한국에서 고용보험은 1960년대 말에 논의되기 시작했으나 기업의 부담이 크다는 이유로 시행이 유보되었다. 1980년대 초에도 고용보험에 관한 논의가 있었으나 실제의 시행에까지 이르지는 못하였다. 고용보험은 1993년 12월 고용보험법이 제정됨으로써 1995년 7월부터 시행되었다. 이후 고용보험은 1997년 말의 경제위기로 대량의 실업이 발생하자 기존의 30인 이상의 사업장에서 10인 이상의 사업장으로, 나아가 규모에 관계없이 전 사업장으로 그 적용 범위가 확대되었다.

산재보험은 1964년부터 시행되었다. 시행 초기에는 500인 이상 규모의 광업과 제조업 64개 사업장에 근무하는 8만여 명의 근로자를 대상으로 출범하였다. 이후 산재보험 역시 그 적용 범위가 확대되어 1998년에는 사업장의 연수생, 직업훈련생, 해외파견자 및 근로자 4인 이상의 금융·보험업에까지 확대되었다. 2000년에는 근로자 1인 이상의 사업장까지 포괄함으로써 전 사업장에 대한 산재보험의 적용이 완료되었다.

현대 복지국가는 이외에 스스로의 능력으로 생존하기 어려운 자들이 기초적 생활을 누릴 수 있도록 보장하는 제도를 운영하고 있다. 한국에서는 1961년 12월에 제정된 생활보호법이 그 효시를 이루었다. 이 법에 규정된 생활보호의 대상자는 부양의무자가 없거나 부양의무자가 있어도 부양능력이 없는 사람으로 다음과 같은 사람들이었다. 즉, 65세 이상의 노약자, 13세 이하의 어린이, 임산부, 심신장애로 인하여 근로능력이 없는 자, 기타 생활이 어려운 자로서 보호기관이 이 법에 의한 보호를 필요로 한다고 인정하는 사람 등이다. 그렇지만 당시 정부재정의 열악한 형편에서 생활보호제도의 실질적인 시행은 불가능하였다.

생활보호제도는 1980년대 이후 조금씩 개선되어 갔다. 1982년에는 생활보호법이 개정되어 생활보호대상자에게 의료보험이 제공되었다. 생활보호제도의 본격적인 시행에는 1997년의 경제위기가 큰 계기를 이루었다. 자활이 어려운 국민에게 기초생활을 보장해야 된다는 국민적 공감대가 성숙함에 따라 1999년 9월 국민기초생활보장법이 제정되었다. 그에 따라 스스로 생활을 유지할 능력이 없는 빈곤층, 노인층, 장애자에게 중앙정부나 지방정부가 생계비, 주거비, 의료비, 교육비를 보조하는 복지제도가 마련되었다. 2000년 현재 국민기초생활보장제도의 시행으로 빈곤층의 약 40%가 그 혜택을 누리고 있다.

기초생활보장과 더불어 노인복지제도가 강화되었다. 노인복지의 법적 기초는 1981년 6월 노인복지법이 제정되면서 마련되었다. 그에 근거하여 1987년 재가노인복지시범사업, 1989년 노령수당지급, 1990년 노인승차권지급 등의 노인복지정책이 차례로 시행되었다. 장애인복지는 신체적 정신적 장애로 인하여 경제적으로 취약한 상태에 있는 장애인의 생활안정을 위한 복지제도로서 각종 재활사업과 사회참여 활성화 정책 등으로 구성된다. 장애인복지는 1981년 심신장애자복지법이 제정됨으로써 활성화하였다. 1988년에는 서울올림픽과 더불어 장애인올림픽이 한국에서 열리게 됨으로써 장애자 복지에 관한 국민적 인식이 높아졌다. 그에 따라 각종 관련법이 제정되고 장애자 보호시설을 확충함과 더불어 장애자들의 사회생활 및 직업노동을 지원하였다.

4 | 나라만들기가 일단락되다

　이제 해방과 건국에서 출발하여 1988년 민주화시대를 열기까지 대한
민국이 걸어 온 역사에 관한 이야기를 마무리할 차례이다. 이 기간의 역사
를 관통하는 가장 중요한 키워드는 '나라만들기'이다. 새로운 이념에 기초
해서 새로운 나라를 만들어온 역사로 그 시대를 다시 보자는 것이 이 책이
전하고픈 메시지의 핵심이다.

　1945년의 해방은 일제에 억눌려 있던 우리의 전통 국가, 사회, 문화를
원상으로 회복하는 것이 아니었다. 유감스럽게도 조선왕조는 완전히 분해
되고 말았다. 전통 성리학은 20세기 격동의 역사에 대해 한마디 발언할 능
력도 없었다. 성리학을 신봉한 양반 신분은 그 역사에서 은둔하였다. 그것
이 맨 눈으로 본 우리의 솔직한 역사이다. 조선왕조의 멸망이 남긴 업보는
모질었다. 일제의 지배 하에서 한국인들은 서로 다른 이념으로 분열하였

다. 제 힘으로 근대국가를 세웠더라면 공산주의 이념이 그토록 큰 영향력으로 민족을 분열시키는 것을 막을 수 있었을 터이다. 그로부터 빚어진 역사의 업보가 지금까지 민족의 분단이란 비극적 현실로 이어지고 있다. 이 책은 그에 관해 많은 이야기를 할 수 없었지만 그 점을 명확하게 의식하고 전제하고 있다.

나라의 본질은 이념이다. 이념이란 서로 다른 생각과 이해관계의 인간들을 평화롭고 정의로운 질서로 묶어내는 원리를 말한다. 대한민국의 이념은 무엇인가. 그것은 어디서 생겨났으며, 누가 그것을 새로운 나라의 기초 이념으로 받아들였는가. 대한민국 역사의 연구는 이 같은 질문에서 출발하지 않으면 안 된다. 대한민국의 이념은 자유민주주의이다. 그것은 서유럽 근대에서 생겨난 정치철학이다. 그것이 지구를 돌아 19세기 말 한반도에 도착하였다. 그것을 최초로 수용한 정치세력은 구한말의 개화파였다. 이후 일제의 지배 하에서 그 전통은 두 갈래로 이어졌다. 하나는 해외에서 자유민주주의의 깃발 아래 독립운동에 헌신한 세력이다. 다른 하나는 국내에서 일제의 억압과 차별에도 불구하고 근대문명의 실력을 양성한 세력이다. 이 두 세력이 해방 후 정치적 합작을 이루어 새로운 나라를 세운 것이 바로 대한민국이다.

그들이 역사적으로 훌륭한 선택을 한 것은 그들의 인격과 처신이 훌륭해서가 아니다. 그들의 인격과 처신에는 흠결이 있을 수 있다. 그럼에도 그들이 훌륭한 것은 그들이 선택한 이념이 훌륭하기 때문이다. 20세기의 세계사는 사람들에게 정치적 경제적 사유를 허용하는 국가체제가 사람들을 가장 행복하게 만든다는 진리를 경험적으로 입증하였다. 인간을 계급지배로부터 해방시켜 모두가 평등한 사회를 만들겠다는 공산주의 이념은 그 논리적 필연에서 인간의 자유를 억압할 수밖에 없었고, 그 이유로 실패하고 말았다. 일제의 지배 하에서 많은 독립운동가들이 공산주의 이념을 받아들이고 그 길로 민족의 해방과 혁명을 추구하였다. 그들의 인격은 고결하였고 그들의 운동은 헌신적이었다. 그렇지만 그들은 실패하였다. 다름 아니라 공산주의 이념이 틀렸기 때문이다.

해방은 중일·태평양전쟁에서 미국이 일본 제국주의를 해체한 결과로 주어졌다. 대한민국은 크게 보아 미국의 전후(戰後)처리과정에서 생겨난 나라이다. 당초 미국은 연합국의 일원인 소련과 협력하여 한국을 장기간 신탁통치할 계획이었다. 그에 따라 해방 후 미국군과 소련군이 한국을 분할 점령하였다. 북한을 장악한 소련과 공산주의세력은 자유민주주의세력을 몰아내고 장차 공산주의로 가기 위한 준비단계로서 인민민주주의체제를 신속하게 구축하였다. 그들은 남북에 걸친 임시정부가 세워지기도 전에 사실상 독자의 임시정부를 세우고 1946년 2월 무상몰수와 무상분배의 급진적인 토지개혁을 행하였다. 여기서 민족의 분단은 불가피한 운명으로 결정되었다. 통설과 달리 분단을 향해 먼저 달린 것은 북한의 공산주의자들이었다.

1945년 12월 미국과 소련은 한국인의 임시정부를 수립하고 5년간 신탁통치를 행함에 합의하였다. 남한의 자유민주주의세력은 그에 대해 저항하였다. 이승만과 김구 등, 해외에서 자유민주주의 이념으로 독립운동을 한 세력이 그 중심을 이루었다. 소련은 장차 수립될 임시정부에서 이들 자유민주주의세력을 배제하고자 했다. 미국은 소련과의 협정을 준수하기 위해 남한에서 좌우합작을 추진하였다. 미국 역시 남한의 자유민주주의세력을 불신하였다. 그렇지만 미국은 이들 세력이 한국의 역사에서 차지하는 진보적인 역할과 한국인에 대한 그들의 영향력을 과소평가하였다. 미국의 타협적 자세에도 불구하고 소련은 끝내 자유민주주의세력이 임시정부에 참여하는 것을 거부하였다. 미국은 한국 문제를 유엔으로 이관하였으며, 그 결과 남한의 범위에서 이루어진 총선거를 통해 대한민국이 성립하였다.

대한민국의 건국은 한국인이 자유민주주의라는 새로운 이념으로 새로운 나라를 세웠음을 의미하였다. 성리학에 바탕을 둔 전통 왕조체제와 신분사회가 해체되고 그것이 남긴 역사적 유산을 밑거름으로 하여 자유민주주의라는 이념에 기초한 새로운 정치적 통합이 이루어진 것이다. 대한민국의 건국은 그러한 '문명사의 대전환'의 과정에서 영근 첫 열매였다. 이승만을 중심으로 한 건국의 주도세력은 신탁통치나 좌우합작과 같은 형태로 공산주의자들과 협력하는 것은 한국 민족 전체를 공산화할 수 있는 위험한 일이라고 생각하였다. 그들은 민족의 통일은 남한에서 자유민주주의체제의 국가를 굳건하게 세운 뒤에 북한을 지배하는 공산주의세력을 몰아내는 순서로 이루어질 수밖에 없다고 믿었다. 이 같은 건국노선과 통일노선은 자유 이념을 향도로 하여 한국인이 몇 세대는 더 걸어가야 할 '문명사의 대전환'을 올바른 길로 인도하였다.

그렇지만 '나라만들기'의 과정은 결코 순탄하지 않았다. 그것은 모든 나라가 다 그러했듯이 수 세대에 걸쳐 성공과 실패가 반복되는 시행착오의 모색 과정이었다. 이룩해야 할 과제는 많은데, 인적 물적 자원은 너무 빈약하였기 때문이다. 대한민국은 내외의 모순과 공격을 받아 상처투성이의 나라로 출발하였다. 건국에 임박하여 대한민국임시정부를 대표하는 김구가 이탈하였다. 그는 통일이 아니면 독립이 아니라는 도덕정치의 구호를 내걸고 대한민국의 건국세력을 일신에 구차한 안일을 취하는 자들이라고 매도하였다. 그의 비극적 죽음과 더불어 그가 남긴 매정한 비판은 대한민국의 깊은 상처로 남았다.

대한민국은 일제가 남긴 법, 행정, 경제의 제도와 기구를 그대로 계승하였다. 비록 일제가 지배의 목적으로 구축한 것이지만 그것들은 근대문명의 산물이었다. 그것을 그대로 존치한 것은 '문명사의 대전환' 과정에서 정당한 선택이었다. 그렇지만 한국인들이 일제 하에서 발견하고 배양해 온 민족주의 정서는 그러한 선택을 쉽게 용납하지 않았다. 새로운 국가는 친일파를 대표하는 인사들을 법정에 회부하였지만 처벌의 강도는 약하였다. 건국 초기의 현실은 대한민국을 전복하려는 공산주의세력과의 투쟁을 가장 중요한 과제로 하였다. 그 일선을 담당하고 있는 친일 출신의 경찰을 민족의 이름으로 처단함에는 무리가 따랐다. 친일파 청산의 미진함 역시 대한민국이 안고 가야 할 깊은 상처를 이루었다.

숨기지 않고 말하면 건국은 준비가 부족한 채 황급하게 이루어졌다. 건국세력은 새로운 나라의 정부형태를 두고 곧바로 분열하였다. 건국노선을 이끈 이승만은 대통령중심제를 선택한 반면, 국회의원의 다수를 점한 일제 하에서 성장한 실력양성파 세력은 내각책임제를 선택하였다. 해방과 건국은 사회·경제의 연속과 정치의 단절이란 모순을 대한민국에 안겼다. 일제 하의 실력양성파들이 국회에서 다수파를 형성한 것은 사회·경제의 연속에 의해서였다. 그렇지만 그들에 대한 국민의 지지는 미지근하였다.

반면 정치의 단절로 인해 해외에서 귀국한 독립운동세력을 대표하는 이승만은 건국의 원훈으로서 다수 국민이 수용하는 강력한 카리스마를 보유하였다.

이 같은 정치적 자원의 빈곤함과 불균등한 배치는 건국 당초부터 심각한 정치적 갈등을 유발하였다. 국회는 이승만의 압력에 밀려 대통령중심제라 하지만 국회가 대통령과 부통령을 선출하고 국무총리도 인준하는 어중간한 정부형태를 만들어냈다. 이 같은 정부형태의 모순은 1952년 이승만이 그의 카리스마를 동원하여 대통령직선제로 헌법을 개정하는 정치파동으로 이어졌다. 그 와중에서 부통령직선제라는 다른 나라에서 유례를 찾기 힘든 기형의 정치제도가 생겨났다. 이승만의 독재정치에 저항한 야당은 그 유력한 명분으로서 내각책임제를 포기하지 않았다. 정부형태를 둘러싼 정치세력 간의 근본주의적 대립은 1950년대 한국정치의 가장 심각한 모순을 이루었다. 그 역시 대한민국이 역사와 함께 해결해 갈 수밖에 없는 상처를 이루었다. 대한민국은 상처투성이의 나라로 출발하였다.

1950년에 터진 6·25전쟁은 북한의 공산주의세력이 미국의 식민지인 남한을 무력으로 해방시키겠다는 건의를 소련의 스탈린이 공산주의 세계혁명을 위한 유리한 국제정세를 조성한다는 목적으로 승인함으로써 일어난 전쟁이었다. 그들의 계획과 목적은 미국이 신속하게 개입함으로써 좌절되었다. 전쟁은 붕괴하는 북한을 구하기 위해 중국이 참전함으로써 참혹한 국제전으로 비화하였다. 전쟁은 한국인의 생명과 재산에 심대한 피해를 안겼다. 전선이 고착되자 미국은 휴전을 모색하였으나 이승만 대통령은 그에 협조하지 않았다. 그에게 전쟁은 민족통일의 기회였다. 전쟁을 치르는 과정에서 한국의 정치는 통치자의 카리스마, 정부, 집권당이 일체가 되어 민주적인 정권 교체를 사실상 허용하지 않은 권위주의체제로 변질되었다. 이승만은 국회를 억압하여 대통령직선제를 위한 헌법 개정을 강행하였으며, 나아가 종신집권을 추구하는 과오를 범하였다.

그 배경에는 전술한 정치적 자원의 빈곤과 불균등 배치라는 조건이 있었다. 보다 중요하게는 이 신생국이 추구할 반공태세, 민족통일, 정치안정, 경제건설, 미국·일본과의 관계와 같은 근본 과제와 관련하여 여야 정치세력 간에 어떠한 합의나 전망도 존재하지 않았다는 사실이다. 그와 관련하여 이승만이 추구한 것은 북진통일, 대통령중심제, 한미동맹, 일본과의 대립이었다. 그는 그러한 역사적 과제를 미국에 순종적이고 일본과 타협적인 야당이 감당할 수 있으리라고 신뢰하지 않았다.

이 같은 1950년대 한국정치의 모순은 1960년의 파국을 몰고 왔다. 이승만정부는 정권을 유지할 목적에서 부통령선거에서 심각한 부정을 저질렀다. 그에 대한 국민적 저항은 4·19혁명으로 터졌다. 4·19는 한국인들에게 주권은 국민에게 있으며 부정한 권력은 정당하게 타도될 수 있다는 민주주의 정치제도의 가장 근본적인 원리를 체험하게 한 민주주의혁명이었다. 이승만 대통령은 자유민주주의 이념에 입각한 새로운 나라의 건국, 농지개혁, 6·25전쟁의 방어, 한미군사동맹의 체결, 자립경제를 위한 기초공업의 육성, 교육혁명과 같은 수많은 업적을 남겼다. 1960년대 이후 한국의 정치와 경제는 이 같은 1950년대의 성취를 전제하지 않고서는 설명되지 않는다. 그럼에도 그는 종신집권을 추구한 개인적 과오에다 위와 같은 한국정치의 구조적 모순을 이기지 못하고 끝내 독재자라는 오명과 함께 쓰러지고 말았다.

4·19혁명은 야당 민주당으로 하여금 그의 오랜 공약인 내각책임제 정부형태를 실천할 기회를 부여하였다. 그렇지만 그 결과는 실패작이었다. 내각책임제는 붕당정치로 이어졌다. 정치적 혼란은 이승만이 구축한 반공태세의 이완을 빚어 급진 좌익세력을 부활시켰다. 그들은 북한과의 협상을 통한 민족통일을 추구하였다. 국가체제의 위기가 닥치자 1950년대에 걸쳐 한국사회에서 가장 유능하고 조직된 집단으로 성장한 군부가 봉기하였다. 결국 4·19와 5·16으로 이어진 두 정치적 변혁은 새로운 국제정세 하에서 근대화라는 국가의 지체된 과제를 감당하기 위한 새로운 정치세력이 등장하는 과정에 다름 아니었다. 이로써 대한민국의 '나라만들기' 역사는 제2단계에 진입하였다. 종래 그다지 주목되지 못했지만 그 과정은 철저하게 연속적이었다. 박정희를 중심으로 한 군사혁명 세력은 이승만 건국대통령이 추구한 대통령중심제, 반공태세, 한미동맹 등과 같은 국가정체성을 충실하게 계승하였다. 1963년 제3공화국의 출범과 더불어 건국 이래 정부형태를 둘러싸고 벌어진 근본주의적 대립은 해소되었다.

1960년대의 세계경제는 자유무역을 주요 동력으로 하여 급속히 팽창하고 있었다. 국제무역은 선진국이 후진국으로부터 노동집약적 공산품을 수입하는 구조로 바뀌어갔다. 후진국이 의지와 능력만 있으면 선진국에 공산품을 수출할 수 있는 새로운 기회가 도래하였다. 박정희정부는 이전 정부가 누리지 못한 이 같은 기회를 맞아 수출주도형으로 개발전략을 전환하였다. 이를 국내외에 걸쳐 체제화하기 위해서는 일본과의 국교정상화가 필수적인 과제였다. 그것을 추구하는 과정에서 박정희를 중심으로 한 근대화세력과 이후 민주화세력으로 성장한 비판자들 사이에 또 하나의 근본주의적 대립이 생겨났다.

1965년을 전후하여 박정희는 정부, 기업, 은행, 단체 등을 일사분란하게 통제하고 동원하는 발전국가체제를 구축하였다. 대외적으로는 미국, 일본과 정치적 동맹과 경제적 협력의 체제가 강화되었다. 그 과정은 동시에 대통령의 카리스마, 정부, 집권당이 일체가 되는 권위주의 정치체제의 부활이기도 하였다. 박정희 대통령을 정점으로 하는 권위주의 발전국가체제는 한국인에 축적되어 있는 성장의 잠재력을 극대로 동원함에 성공하였다. 노동집약적 경공업제품의 수출에서 비교우위를 추구한 개발정책은 1970년대에 들어 중화학공업에서 비교우위를 모색하는 모험적인 투자로 이어졌다. 그것이 기대 이상의 성공을 거둔 데에는 한국의 기업가들이 발휘한 탁월한 기업가능력이 매우 중요하였다. 박정희가 구축한 권위주의 발전국가체제는 그의 죽음 이후 전두환정부에 의해 계승되어 1987년까지 존속하였다. 그 사이 한국경제는 세계 최빈국 대열에서 중진경제로 진입하는 기적적인 성과를 이룩하였다.

고도성장의 시대는 박정희의 권위주의 발전국가체제에 저항하는 민주화세력이 성장하는 시대이기도 하였다. 민주화세력은 박정희가 추구한 한일국교정상화에 맞서 국민적 저항을 조직하였다. 민주화세력의 뿌리는 자유민주주의를 추구하는 온건한 야당세력, 원 남로당에 뿌리를 둔 급진 좌익세력, 남과 북 어디에도 속하지 못하고 방황하는 지식인들, 군인에 대한 지식인의 우월의식 등으로 다기하였다. 그런 가운데서 그들이 공유한 것은 반일 민족주의 정서였다. 민주화세력이 나름의 비판이론을 정립하는 것은 1967년 이후의 대중경제론을 통해서였다. 대중경제론은 남한을 종속국가로 파악하고, 개혁과 절약을 통해 국내자본을 동원하여 농업과 중소기업을 우선적으로 발전시키자는 개발전략을 제시하였다. 대중경제론은 노동자가 기업 경영에 참가할 권리를 인정하는 대중민주주의를 전제하였다. 대중경제론의 제기와 더불어 비판세력이 공유한 반일 민족주의는 민중·민족주의로 발전해 갔다.

박정희를 중심으로 한 근대화세력은 대중경제론과 대중민주주의를 불신하였다. 박정희는 한국인들이 근면·자조·협동의 정신으로 훈련된 민족적 개인으로 성숙하는 가운데 그들의 사회를 전원풍의 잘 가꾸어진 공업도시와 공동체로 조직해 가기를 추구하였다. 그 꿈을 실현할 박정희 식의 정치는 민족적 민주주의였다. 그렇지만 민주화세력은 이 같은 근대화세력의 정신세계를 용납할 수 없었다. 두 세력 간의 근본주의적 대립은 박정희의 발전국가체제를 점점 더 경직적인 권위주의로 이끌어갔다.

두 세력 간의 타오른 긴장은 결국 박정희의 유신체제를 파열시켰다. 뒤이어 전두환을 중심으로 한 신군부가 또 한 번의 정변과 유혈 참극을 통해 박정희의 권위주의체제를 계승하였지만 그것은 스스로를 지탱할 명분과 능력을 결여하였다. 민주화세력의 저항은 일층 격렬하였다. 그들의 저항은 시민적 중산층으로 성숙한 다수 국민의 지지를 받았다. 전두환정부는 대통령직선제를 복구하자는 다수 국민의 요구에 승복하지 않을 수 없었다. 그 결과 1987년 10월 여야의 합의에 기초한 헌법 개정이 이루어져 오늘에 이르고 있다. 근대화세력과 민주화세력은 오랜 대립과 경쟁 끝에 '나라만들기'의 제3단계에 해당하는 민주화시대를 함께 열었다. 그 사이 한국경제는 중진대열에 진입하였으며, 그에 따라 개발전략을 두고 제2단계를 관철한 근본주의적 대립은 자연스럽게 해소되었다.

　여기까지가 이 책이 새롭게 모색한 대한민국의 역사이다. 그것은 '문명사의 대전환' 과정에서 내외 공산주의세력의 도전을 물리치고 자유 이념에 입각한 새로운 나라를 세운 역사이며, 정부형태와 개발전략을 둘러싼 분열과 갈등을 차례로 해소하면서 1980년대 후반에 이르러 중진경제와 민주주의를 성취한 역사이다. 한국인의 '나라만들기'는 1987년에 이르러 일단락을 보았다. 아직도 가야할 길은 멀었다. 국가경제를 선진화하고, 민주주의를 성숙시키고, 복지국가를 설계해야 했다. 새로운 분열과 갈등의 요소도 잠복해 있었다. 그렇지만 어지간한 내외의 도전에도 잘 넘어지지 않을 국가가 들어선 것은 부정할 수 없는 사실이다. 나라의 기초로 애국적 국민이, 시민적 중산층이 그런대로 도탑게 자리를 잡았기 때문이다.

　앞서 소개한대로 1948년 7월 김구와 유엔위원단의 중국대표 유어만이 대담을 하였다. 북한군의 늠름한 군세(軍勢)에 대한민국의 장래를 어둡게 전망한 김구에 대해 유어만은 대한민국은 장차 국제사회의 지지를 받는 가운데 민족통일의 기지로 성장할 것이라고 반론하였다. 이후 40년의 역사는 유어만이 옳았음을 이야기해 주고 있다. 국가의 본질은 이념이다. 국가의 성공과 실패는 결국 이념의 성공과 실패이다. 대한민국은 건국의 선각자들이 국가이념에서 올바른 선택을 하였기 때문에 성공할 수 있었다. 그 반면교사(反面敎師)가 공산주의 이념으로 향한 북한의 역사이다. 우리의 '나라만들기' 역사에 대한 이야기는 마무리되었지만, 마지막으로 장을 하나 더 열어 6·25전쟁 이후의 북한 역사를 간략하게 살핀다.

| 제7장 |

북한의 역사

1 | 김일성 독재권력의 확립과
공산주의체제로의 전환

남로당계 숙청

1951년 7월 6·25전쟁의 정전회담이 시작될 때 북한정권의 최고 지도부에는 빨치산계의 김일성과 남로당계의 박헌영이 있었다. 그 다음의 지위에 소련계의 허가이(許哥而)와 연안계의 박일우(朴一禹)가 있었다. 이대로 정전이 이루어지면 남한을 해방하여 통일을 이루겠다고 시작한 전쟁은 실패로 끝나는 것이었다. 위의 네 사람 중 누구 하나는 이 실패한 전쟁의 책임을 져야 했다.

전쟁의 책임은 점차 남로당계의 박헌영에게 물어졌다. 1951년 8월 말 노동당 정치위원회는 전쟁 과정에서 남조선의 당 조직이 당이 요구하는 수준까지 자신의 책무를 완수하지 못했다고 비판하였다. 빨치산 투쟁도 결정적 성과가 없었고 인민 대중의 봉기도 일어나지 못했다는 것이 그 요지

김일성

박헌영

였다. 비판은 박헌영 등 남로당계의 지도자들을 직접 겨냥하지는 않고 그 하부조직에 책임을 묻는 우회적인 방식이었다. 겉으로 보기에 김일성과 박헌영은 여전히 협력관계를 유지하였다.

9월 초에는 당 조직의 업무를 맡았던 소련계의 허가이가 비판을 받고 당 부위원장과 당 서기의 직에서 해임되고 부수상으로 물러났다. 전쟁의 와중에서 사망자와 도망자로 인해 당원이 대폭 감소한 책임을 추궁당한 것이다. 이후 당원이 확충되어 1952년 말에는 전쟁 전보다 당원의 수가 50%나 증가하였다. 이 신 당원들은 전적으로 김일성에 충성을 바치는 자들로서 김일성의 정치적 기반을 강화하였다.

남로당계에 대한 본격적인 비판은 1952년 12월에 열린 노동당 중앙위원회에서 개시되었다. 이 회의는 당에는 당중앙위원회의 노선, 곧 김일성노선 밖에 없는데, 이를 이해하지 못하는 기관과 활동가들이 있다고 주장하였다. 이는 명백히 박헌영을 겨냥하는 것이었다. 1953년 1월이 되자 이승엽(李承曄), 임화(林和), 이강국(李康國) 등 남로당계의 지도급 인물들이 하나 둘씩 체포되었다. 이들에게는 일제와 미국의 스파이였다는 혐의가 씌어졌다. 물론 고문으로 얻어낸 자백이었다. 박헌영은 바로 체포되지 않고 이들의 자술서를 근거로 자아비판을 강요받았다. 그는 2월 정부와 당 직위에서 해임되었으며 이후 북한정권의 지도부에서 그 이름이 사라졌다.

김일성은 연안계의 지도자 박일우도 거세하였다. 박일우는 6·25전쟁에서 북한군과 중국군 연합사령부의 부정치위원으로서 사령관 팽덕회를 보좌하였다. 김일성에게는 북한군을 지휘하는 팽덕회를 보좌하면서 중국이 신뢰하는 박일우가 거북스러운 존재였다. 1953년 2월 김일성은 박일우를 내무상으로 불러들이고 최용건(崔庸健)을 대신 그 자리에 보냈다. 1955년 12월 박일우는 박헌영, 이승엽과 연계된 인물로 비판을 받고 출당되었다. 그는 내무성 감옥에 수감되었으며, 가족은 탄광지대로 축출되었다.

남로당계와 연안계에 대한 숙청이 진행되는 와중에 1953년 7월 소련계의 1인자인 허가이가 자살하였다. 이미 당무에서 제외된 그는 새로운 비판에 직면해 있었다. 그가 자살한 것은 남로당계와 같이 숙청될 것을 우려해서였다. 정전이 이루어진 직후 8월 초 남로당계의 이승엽 이하 10명은 재판에 회부되어 사형을 선고받고 곧바로 처형되었다. 곧이어 노동당 중앙위원회 전원회의가 열려 박헌영파를 일소하였다. 수족이 모두 잘려나간 박헌영도 곧바로 간첩혐의로 체포되었으며, 평북 철산의 산골에 감금되어 고문을 받다가 1955년 12월 처형되었다.

공산주의체제로의 전환

6·25전쟁으로 북한이 입은 피해도 막심하였다. 인명의 피해는 북한 군 50만, 민간인 200만 명 이상으로 추정되고 있다. 북한의 공식 인구는 1949년 말 962만 명에서 1953년 말 849만 명으로 감소하였다. 그 사이의 자연 증가를 약 150만으로 잡으면 전쟁에 기인한 감소는 260만 이상이었다고 추정된다. 인구의 감소율은 28%나 되었다. 그 가운데는 전쟁의 직접적 피해로서 사망과 행방불명 이외에 남한으로 피난한 사람이 포함되었다. 전쟁 중의 월남자는 대략 70만에 달하였다.

1953년 7월 정전 협정이 맺어진 다음 날, 김일성은 북한 주민을 상대로 한 라디오 방송에서 전쟁이 조선 인민의 승리로 끝났다고 주장하였다. 이는 그가 일으킨 전쟁을 합리화하는 수사에 불과하였다. 이어서 그는 다섯 가지의 즉각적인 과제가 부여되었는데, 전쟁으로 파괴된 경제를 하루빨리 복구하고 발전시키는 일이 그 첫째라고 하였다. 6·25전쟁으로 북한이 입은 경제적 피해도 막심하였다. 북한 측의 발표에 의하면 8,700개의 공장, 5,000개의 학교, 1,000개의 병원이 파괴되었으며, 공업생산은 전쟁 전에 비해 60% 이하로 떨어졌다.

1954년부터 경제의 복구를 위한 3개년경제계획이 실시되었다. 동 계획은 3개년 동안 모든 분야에서 전쟁 이전의 1949년 수준을 회복함을 일차적 목표로 하였다. 3개년경제계획은 중공업 우선정책으로 추진되었다. 투자의 절반을 공업 부문에 할당했으며, 그 중의 80%를 중공업에 배정하였다. 제철공업, 기계공업, 전력공업, 건재(乾材)공업이 그 대표적 부문이었다. 소련, 중국, 동유럽 공산주의 국가들의 원조를 받아 김책(金策)제철소, 성진

제강소, 흥남질소비료공장, 수풍발전소와 같은 핵심 시설이 복구되거나 확장되었다. 6·25전쟁 때 흥남질소비료공장은 미군의 폭격으로 완전히 파괴되었지만 북한은 건물은 물론, 내부 기계까지 똑같이 복구하였다. 북한은 과거 일본인 기술자들이 넘겨준 설계도를 보고 공장과 기계를 예전과 똑같이 제작하였다. 단기간에 그러한 복구가 가능했던 데에는 소련을 위시한 공산주의국가들의 전폭적인 원조가 있긴 했지만, 북한이 일제로부터 물려받은 고급기술과 숙련노동의 역할도 적지 않았다.

중공업을 우선한 복구정책에는 문제가 많았다. 한정된 자원을 지나치게 중공업에 집중 투입함으로써 다른 부분이 낙후를 면치 못하였다. 게다가 1930년대의 구식 기술을 그대로 답습하는 문제점도 있었다. 어쨌든 1956년 3개년경제계획이 끝났을 때 북한정권은 공업 생산이 전쟁 전의 두 배 이상이라고 그 성공을 자랑하였다. 바깥의 전문가들도 북한정권이 소기의 목표를 거의 달성한 것으로 평가하였다.

아울러 북한은 농촌의 공산주의적 집단화를 추진하였다. 이는 개별 농가를 동리 단위의 협동농장으로 편입시켜 공동생산과 공동분배를 시행함으로써 농촌에 남아 있는 자본주의적 요소를 제거하고 공산주의화를 달성하자는 것이었다. 북한의 지도부는 집단화를 수행하면 농업생산성이 향상되어 남는 노동력과 식량을 공업부문으로 돌릴 수 있다고 생각하였다. 소련과 중국의 경험에서 보듯이 농업의 집단화는 오랜 역사를 통해 성숙해 온 개별 소농의 생산능력을 해체하였다. 농민들은 노동의욕을 잃었으며, 노동도구나 생산시설은 파괴되거나 훼손되었다. 소련과 중국의 공산주의체제가 경험한 농업생산의 후퇴가 북한에서는 어떠하였는지, 그 구체적

북한의 협동농장.

인 사정은 알려져 있지 않다.

　　1956년에 시작된 농업의 집단화는 1958년까지 신속하게 완료되었다. 전국적으로 대략 3,843개의 협동농장이 조직되었다. 이로써 1946년의 토지개혁으로 분배받은 농민들의 경작지는 공동노동과 공동분배의 협동농장으로 모두 편입되었다. 공동분배를 위한 배급제는 1957년부터 전국적으로 시행되었다. 아울러 개인 상공업의 사회주의화도 추진되었다. 1958년에는 생산협동조합 또는 판매협동조합에 소속된 개인 상공업자 비율이 거의 100%에 달하였다. 이전까지 북한정권은 자신을 인민민주주의 국가로 규정해 왔다. 농업과 공업의 십난화를 완수한 북한은 이제 자신을 사회주의 국가로 부르기 시작하였다. 1950년대 말 북한은 조선노동당의 일당독재,

소유의 사회화, 사회주의적 계획경제를 성립시킴으로써 공산주의체제로 탈바꿈하였다.

8월종파사건

김일성으로의 권력 집중과 경제정책에 따른 당내의 갈등은 마침내 1956년에 표면화하였다. 그해 2월에 열린 제20차 소련공산당대회에서는 세계공산주의의 지도자로 추앙을 받아 온 스탈린이 비판의 대상이 되었다. 스탈린 격하운동을 주도한 흐루시초프는 공산당의 집단지도체제를 강조하였다. 이를 계기로 여러 공산국가는 지도자의 독재권력을 비판하고 당을 민주적으로 개혁하기 시작하였다. 헝가리에서는 대규모 반소·반공 시위가 벌어졌다. 공산진영 내의 이 같은 동향은 북한에도 영향을 미쳤다.

1956년 8월의 조선노동당 중앙위원회 전원회의에서는 연안파가 소련파의 도움을 받아 김일성에 반기를 들었다(8월종파사건). 맨 처음 발언에 나선 상무상 윤공흠(尹公欽)은 김일성의 개인숭배를 비판하였다. 또한 그는 인민들이 제대로 먹지도 입지도 못하는 상태에서 중공업에 치중하는 것은 무리라고 지적하였다. 그는 경공업과 농업의 발전 및 인민생활의 향상을 주장하였다. 부수상 겸 재무상인 최창익(崔昌益)도 김일성의 중공업 우선정책을 비판하였다. 그는 이 정책이 북한 주민에게 견디기 어려운 고통이라고 하면서 경공업의 발전에 힘써야 한다고 주장하였다.

그렇지만 당내에서 김일성 세력이 절대다수를 점하였기 때문에 이들의 도전은 역부족이었다. 김일성은 자신에 대한 비판을 용납하지 않았다. 연안파의 윤공흠, 서휘 등은 김일성파가 그들을 체포할 낌새를 눈치 채고 전원회의가 정회된 직후 중국으로 도주하였다. 김일성은 북한에 남은 그들의 가족에 대해 보복하였다. 윤공흠의 부인은 두 아들과 함께 처형되었다. 서휘의 부인은 남편을 공개비판하면서 이혼을 한 뒤 다른 남자와 재혼까지 하였으나 결국 어린 딸과 함께 처형되었다.

김일성은 연안파와 소련파를 완전히 제거하는 작업에 착수하였다. 그 첫 화살은 연안파의 우두머리인 김두봉을 겨냥하였다. 김두봉은 북한의 국가원수에 해당하는 최고인민회의 상임위원장을 맡고 있었다. 1957년 8월 9년 만에 소집된 제2기 최고인민회의에서 김두봉은 상임위원장에서 탈락하였다. 그 대신 김일성파의 최용건이 선출되었다. 최고인민회의는 제2차 내각을 임명했는데, 김일성이 다시 내각의 수상을 맡음은 물론이고 내각의 구성에서 김일성파의 진출이 두드러졌다.

뒤이어 12월 평양시 당열성자대회는 68세의 노인으로 와병 중인 김두봉을 강제로 참석시켜 반당·종파분자로 매도하고 출당시켰다. 아울러 그간 비판은 받았으나 자리는 유지했던 연안파와 소련파의 간부로서 최창익과 박창옥(朴昌玉) 등도 출당되었다. 김두봉, 최창익은 국가검열위원회 산하 특별강습소로 넘겨져 사상개조교육을 강요당하였다. 박창옥은 아내와 함께 함경북도 산골의 농장지배인으로 유배되었다가 누군가에게 타살되었다.

1958년 김일성은 빨치산운동 외의 항일운동세력을 매도하기 시작하였다. 김일성은 김두봉의 조선의용군을 "일본 놈만 오면 달아나던" 군대라고 비웃었다. 3월 김일성은 조선노동당 제1차대표자회의에서 김두봉을 비롯한 연안파가 반당적 범죄를 저질렀다고 성토하였다. 이미 김두봉은 특별강습소에서 사상개조교육을 받고 있었는데, 김일성은 그가 개전의 정이 없으므로 무겁게 처벌되어야 한다고 선언하였다. 김두봉은 어느 산골의 협동농장으로 쫓겨났다가 2~3년 뒤에 사망하였다. 1908년부터 한글학자와 교사로 활동하다가 1919년 3·1운동 후 중국으로 망명하여 항일독립운동에 투신했던 노혁명가의 말로는 비참하였다.

김일성은 소련파의 잔존 인물들도 비판하였다. 그들 중 상당수는 소련의 중앙아시아로 피신하였으며, 나머지는 농촌으로 끌려가 타살되거나 행방불명되었다. 결국 1958년 3월의 제1차대표자회의를 계기로 8월종파사건은 매듭지어졌다. 북한의 지도부에서 김일성의 반대세력은 깨끗하게 숙청되었다. 김일성의 독재권력은 확고하게 굳어졌다.

1958년 말부터 1년간은 중앙당집중지도사업이라 하여 일반 주민에 대한 숙청이 개시되었다. 북한의 모든 주민은 김일성에 무조건 복종하는 열성적인 핵심층, 반대도 지지도 하지 않으나 동요 가능한 중간층, 체제에 반대하는 반혁명분자의 세 계층으로 분류되었다. 반혁명분자란 월남자 가족, 과거에 종교인·지주·기업가·상인이었던 자와 그 가족, 일제 때의 관리와 그 가족 등이었다. 반혁명분자를 가려내기 위해서 자수와 밀고가 권장되었다. 군중집회에서 상호 고발도 이루어졌다. 북한사회는 불안과 공포의 도가니 속으로 들어갔다. 반혁명분자로 낙인이 찍힌 사람의 일부는 군중집회나 인민재판에서 처형되기도 했다.

2 | 군사노선의 강화와 경제건설의 한계

4대 군사노선과 주체사상

1956년 제20차 소련공산당 대회에서 흐루시초프는 스탈린의 독재권력을 비판하고 미국과의 평화공존 노선을 선언하였다. 중국은 이를 수정주의라고 비판하였다. 그에 대해 소련은 중국을 교조주의라고 비난함으로써 중소분쟁(中蘇紛爭)이 시작되었다. 북한은 내심 중국을 지지했지만, 소련의 원조를 받는 처지에 속내를 드러낼 수 없었다. 이후 소련의 원조가 중단되자 북한은 중국을 편들었다. 김일성을 비롯한 조선노동당의 간부들은 상당수 중국공산당 출신이었다. 중국이 6·25전쟁에서 함께 피를 흘렸다는 점도 작용하였다.

그런데 1964년부터 전면전으로 확대된 베트남전쟁에서 중국이 월맹 지원에 소극적인 자세를 취하자 북한은 중국에 실망하였다. 1966년 중국에서 문화혁명이 일어났다. 홍위병은 중국공산당의 당권파를 공격하고 당 중앙위원회를 전복하였다. 북한정권은 이러한 질서 파괴의 풍조가 북한에 전파되어 올 것을 두려워하여 중국과 거리를 두었다. 그러자 중국은 북한에 배신감을 느끼고 김일성을 심하게 비판하였다. 이로써 북한과 중국은 냉랭한 관계가 되었다. 이때부터 김일성은 자주노선을 내걸고 중국과 소련 사이에서 등거리외교를 추구하였다.

중소분쟁을 계기로 북한은 6·25전쟁 때 양국이 보냈던 군사적 지원을 더 이상 기대하기 어렵다는 판단 하에 군사공업의 건설에 박차를 가하였다. 이와 함께 1962년 12월 조선노동당 중앙위원회는 4대 군사노선을 채택하였다. 동 노선은 "전인민의 무장화, 전국토의 요새화, 전군의 간부화, 장비의 현대화"라는 4대 군사노선을 기치로 내걸었다. 동 노선은 외부 침략에 대한 자위를 표방하였지만, 실제로는 남한에서 미국군이 철수하여 기회가 주어지면 소련과 중국의 지원이 없이도 혼자의 힘으로 무력 통일을 수행하겠다는 대남전략의 일환으로 수립되었다. 4대 군사노선은 이후 북한을 점차 군사주의의 국가로 이끌어갔다.

4대 군사노선을 둘러싸고서는 조선노동당 내에서 경제건설에 부담을 주지 않은 범위에서 국방비를 확대하자는 실용주의적 온건파와 경제건설에 상당한 손실을 감수하고서라도 국방력 강화에 우선적으로 힘을 쏟아야 한다는 강경파 사이의 대립이 있었다. 1967년까지는 온건파가 노동당의 핵심적인 지위를 차지하고 있어서 군사비는 그렇게 급격히 증대하지 않았다. 그렇지만 1967년 김일성은 경제건설을 우선시하는 당내 2인자 박금철(朴金喆)을 비롯한 실용주의적 온건파를 대대적으로 숙청하였다. 그와 아울러 북한 전역에 걸쳐 중국의 문화혁명과 비슷한 극좌 노선의 문화 파괴가 있었다.

1960년대 중반까지 북한은 사회 전반에 걸쳐 나름의 활기를 유지하였다. 주민은 어느 정도 통제를 받긴 했지만 정부를 신뢰하였고 미래에 큰 기대를 걸고 있었다. 문학, 미술, 영화 등 각 분야의 예술 활동도 통제 속에서 활기를 유지하였다. 이 같은 분위기는 1967년 노동당 내의 실용주의적 온건파가 숙청되면서 완전히 달라졌다. 학문과 예술에 대한 통제는 매우 심해졌다. 학교에서는 외국어 교과서, 외국어 사전, 어학실습용 테이프 등이 모두 불태워졌다. 이때부터 북한 지식인들의 창의적인 열정은 완전히 꺾이고 말았다. 사회 전반에 걸쳐 통제가 극심해지고, 정치범 수용소가 확대되고, 수용소 내의 통제가 강화된 것도 이 때부터였다.

통제를 정당화하는 새로운 이념은 주체사상이었다. 1950년대 후반 김일성은 연안파와 소련파를 사대주의와 교조주의로 비판하면서 '주체'라는 말을 사용했는데, 우리식으로 사회주의를 건설하자는 뜻이었다. 이후 북한이 주체사상을 통치이념으로 정립하는 것은 1961년 제4차 노동당대회부터였다. 거기서 노동당의 기본 노선으로서 사상에서의 주체, 정치에서의 자주, 경제에서의 자립, 국방에서의 자위가 제기되었다. 이때까지만 해도 주체사상은 체계적인 철학이론을 갖추지 못하였고 우리식의 소박한 민족주의 정도를 의미하였다. 그런데 당 서기실의 황장엽(黃長燁)이 이를 철학이론으로 발선시켜 1970년대 초에는 마르크스·레닌주의와는 완전히 다른 독자적인 정치철학으로 정립되었다.

황장엽의 주체사상은 점차 김일성의 절대권력을 정당화하는 이론으로 변질되었다. 주체사상은 수령과 당과 인민을 하나의 영생하는 사회정치적 생명체로 규정하고, 그 유기적 상호관계를 수령은 최고 뇌수에, 당은 몸체에, 인민은 수족에 해당하는 것으로 설명하였다. 수령은 인민에게 사회정치적 생명을 부여하는 아버지와 같은 존재이며, 인민은 생명의 근원이신 수령을 목숨을 걸고 지키고 섬기지 않으면 안 된다. 이렇게 주체사상은 북한 주민에게 김일성을 정점으로 하는 전체주의 국가체제에 대한 몰아적인 절대적 복종을 강요하였다.

대남 공세

4대 군사노선의 성립과 더불어 북한은 남조선혁명론이라는 대남 전략을 수립하였다. 1964년 2월 조선노동당 중앙위원회는 남조선혁명론을 채택하였다. 이는 북한에서는 사회주의 건설이 계속 추진되어 감에 비해 남조선에서는 미제의 식민지 지배가 계속되어 두 사회의 발전단계와 성격이 현저하게 달라졌다는 북한 나름의 정세 판단을 전제로 하였다. 다른 한편 남한에서 미국군이 계속 주둔하는 한 북한이 무력으로 남한을 해방시키는 것은 불가능하다는 상황 판단도 전제되었다. 중국과의 갈등도 다른 한편의 배경이 되었다. 1964년 10월 중국을 방문한 최고인민회의 상임위원장 최용건에게 모택동은 남조선 무장해방투쟁에 나설 것을 촉구하였다. 북한이 이를 거절하자 북한과 중국의 관계가 악화되었다. 남조선혁명론은 북한이 중국의 입김에서 벗어나 독자로 남한 해방과 조국 통일을 모색하기 위한 전략으로 모색되었다.

남조선혁명론은 남조선 인민이 혁명 역량을 강화하여 독자의 힘으로

혁명을 이루어 인민정권을 세우면, 북한의 사회주의역량이 그 인민정권과 합작을 하여 조국통일을 이룩한다는 내용이었다. 이를 위해 3대 방침이 채택되었는데, 첫째 북한은 사회주의 혁명기지로서 정치·경제·군사의 역량을 더욱 강화하며, 둘째 남조선 민중을 정치적으로 각성시켜 혁명역량을 강화하며, 셋째 국제적 혁명역량과의 단결을 강화한다는 것이었다.

국제적 혁명역량에 대한 언급에서 보듯이 남조선혁명론은 1960년대 동아시아의 국제정세와 밀접한 연관을 맺었다. 1964년부터 베트남전쟁이 전면적으로 확대되었다. 1965년 소련은 베트남전쟁에 공산진영이 공동대응하자고 제안하였는데, 북한은 이에 동조하였다. 북한의 입장에서 베트남전쟁의 고양은 미 제국주의에 대한 아시아민중의 혁명적 투쟁의 강화를 의미하였다. 1965년 한국정부는 일본과의 국교를 정상화한 뒤에 베트남전쟁에 그의 군대를 파견하였다. 이는 북한을 크게 자극하였다. 북한의 조선노동당은 "베트남 인민의 투쟁을 자신의 투쟁으로 인정"하고 "베트남 민주정부가 요구할 때는 언제나 지원병을 파견하여 베트남 형제들과 싸울 준비가 되어 있다"고 선언하였다. 북한은 남한에 미국군이 주둔하는 한 남한의 무력해방은 불가능하지만, 미국이 베트남전쟁에서 패배하여 동아시아에서 철수한다면, 그에 따라 남한에서도 미국군이 철수한다면, 남한을 전복시킬 유리한 기회가 도래할 것으로 기대하였다.

남조선혁명론에 입각하여 북한은 대남 공세를 강화하였다. 그 핵심은 남조선 인민의 혁명역량을 강화하기 위한 혁명적인 지하당의 건설에 있었다. 김일성은 남한에 혁명적인 지하당이 있었더라면, 4·19와 같은 인민봉기 때에 상황이 달라졌을 것이라고 하였다. 1964년 3월 북한의 지원을 받은 김종태(金鍾泰), 이문규(李文奎), 김질락(金瓆洛) 등이 남한에서 통일혁명당을 결성하였다. 통일혁명당은 남한 사회를 "미제의 군사적 강점과 예속 하에 있는 식민지 군사기지이며 사회경제 구성상으로 식민지반봉건사회"라고 규정하였다. 통일혁명당은 남한을 미제로부터 해방시키기 위한 통일전선의 구축에 착수하였다. 이들은 사회주의 사상을 지닌 지식인과 대학생을 포섭하였으며, 대학가와 출판·문화계에 깊숙이 침투하였다. 이들은 결정적인 시기가 오면 무장봉기를 하여 서울을 장악하고 대한민국정부를 전복할 계획이었다. 통일혁명당의 음모는 1968년 김종태 등 158명이 검거됨으로써 수포로 돌아갔다. 김종태, 이문규, 김질락은 사형을 언도받고 처형되었다. 김종태가 사형을 당하자 김일성은 그를 애도하는 군중집회를 열고, 영웅 칭호를 부여하고, 해주사범학교를 김종태사범학교로 개칭하였다. 김일성의 입장에서 통일혁명당의 실패는 남조선혁명론의 좌절을 의미하는 것으로 뼈아픈 타격이었다.

1960년대 후반 북한의 군사주의 노선은 점점 과격해졌다. 휴전선에서 남북 양측의 충돌은 1966년 80건에 지나지 않던 것이 1967년 784건, 1968년 985건으로 급증하였다. 남파 간첩의 수도 1966년 50명, 1967년 543명, 1968년 1,247명으로 급증하였다. 1968년 1월 21일 북한은 무장 게릴라 31명을 침투시켜 서울의 청와대를 습격하였다. 이들은 청와대에서 불과 500미터 떨어진 거리까지 접근하였다. 불과 이틀 뒤 1월 23일 북한은 동해에서 미국의 첩보함을 영해 침범의 이유로 억류하였다. 원산 앞 바다에는 미국의 항공모함이 배치되는 등, 양국 간에는 일촉즉발의 위기가 조성되었지만, 미국은 베트남전쟁 이외의 또 하나의 전쟁을 피하기 위해 북한과 협상하였다.

북한의 모험적인 군사노선은 이후에도 계속되었다. 그 해 10월 북한은 남한의 울진·삼척에 130여 명의 무장 게릴라를 침투시켰다. 1969년 4월 북한은 동해상에서 미국 해군정보기를 격추시켜 31명을 사망케 하였다. 이 사건에서 소련은 동북아시아의 긴장이 조성되는 것을 우려하여 미국의 편을 들었는데, 이로 인해 북한의 지도부는 상당한 정도로 위축되었다. 이후 김일성은 대남 군사노선의 실패에 대한 책임을 물어 민족보위상 김창봉(金昌奉), 대남사업총국장 허봉학(許鳳學) 등, 군부의 강경파들을 숙청하였다. 결과적으로 김일성의 독재권력만이 유일하게 강화되었다. 1967~1969년 북한 지도부의 권력 투쟁에서는 김일성의 동생 김영주(金英珠), 장남 김정일(金正日), 빨치산 동료인 김일(金一), 최현(崔賢), 오진우(吳振宇) 등이 중요한 역할을 하였다.

노력동원에 의한 경제건설의 한계

6·25전쟁 피해의 복구를 위한 3개년계획을 성공적으로 수행한 북한은 1957년 제1차5개년계획을 수립하였다. 이 계획은 중공업 발전에 중점을 두되 경공업 발전도 아울러 추진하고 농업과 개인 상공업의 집단화를 통해 사회주의적 개조를 완성하는 것을 목적으로 하였다. 그에 대해 소련은 비현실적 계획이라고 비판하고 더 이상 원조를 제공하지 않았다. 북한은 자력으로 내부 자원을 동원하는 방식으로 5개년계획을 추진하였다.

김일성은 내부 자원의 동원을 위해 1959년 천리마작업반운동을 고안하였다. 김일성은 이 운동을 "남이 열 걸음 걸을 때 백 걸음 걸으며, 남이 십리를 달릴 때는 백리를 달리는 기세로 투쟁하는 것"이라 비유하였다. 천리마운동은 1930년대 소련의 스타하노프운동을 모방한 것이었다. 스타하노프운동은 우크라이나 탄광노동자 스타하노프가 작업기준량의 14배나 되는 석탄을 캔 것을 모범으로 삼아 노동자들이 경쟁적으로 개인의 실적을 높이게 하는 것이었다. 그런데 천리마운동은 그 추진방식이 스타하노프운동과 달랐다. 스타하노프운동은 노동자 개인의 생산 초과분에 대해 특별보상금을 지불하는 방식을 택하였다. 다시 말해 노동경쟁의 초점은 개인 영웅을 만들어내는 데 있었다. 그에 비해 천리마운동은 집단 영웅을 만드는 데 초점을 맞추었다. 천리마운동은 노동자를 작업반으로 편성하고 뛰어난 실적을 올린 작업반에 대해 천리마작업반이라는 호칭을 부여하였다. 천리마작업반의 수는 1960년 928개에서 1961년 8,562개로 크게 증가하였다.

김일성은 1961년 9월 조선노동당 대회에서 5개년계획을 2년 반 만에 완수했으며, 공업총생산은 연 37% 증가하여 2.6배나 되었다고 발표하였다. 이 주장은 신빙성이 충분하지 않지만, 1958년 이후 북한의 공업이 상당한 정도로 증산에 성공한 것은 사실이었다. 북한의 1인당 국민소득은 1953년 46달러에서 1956년 78달러를 거쳐 1960년에는 177달러로 올랐다. 이미 1950년대 중엽에 1인당 소득에서 남한을 앞지른 북한은 1960년까지 그 격차를 더욱 벌였다. 1960년 남한의 1인당 소득은 79달러에 불과하였다. 물자별 생산 실적의 격차도 컸다. 1961년 북한은 남한에 비해 석탄은 2배, 전기는 5.7배, 철은 16배, 비료는 10배, 면직물은 1.7배나 더 많이 생산하였다. 그에 대해 김일성은 "우리는 몇 해 동안 천리마의 진군을 계속하여 사회주의공업화의 기초를 쌓았으며 부강한 사회주의 조국 건설의 튼튼한 토대를

천리마운동 포스터.

마련하여 놓았다"고 주장하였다.

　자신감을 얻은 김일성은 1961년부터 7개년계획을 실시하였다. 김일성은 1967년이 되면 북한 인민의 생활수준이 일본을 넘어설 것이며, 모두 기와집에서 살고 흰쌀밥과 고깃국을 먹고 비단 옷을 입는 부유한 생활을 하게 된다고 공약했다. 그렇지만 이 7개년계획은 실패로 끝나고 말았다. 북한의 1인당 소득은 1961년 195달러에서 1969년 239달러로 8년간 고작 22% 증가함에 그쳤다. 동 계획이 실패한 것은 외부로부터 고립된 환경에서 주어진 자원에 기초하여 노력을 동원하는 방식으로 추진한 경제성장이 한계에 부딪혔기 때문이다.

　소련과 중국의 지원이 끊어진 가운데 북한이 경제성장에 동원할 수 있는 자원은 수력전기, 석탄, 철광석 및 기타 광물, 일제로부터 물려받은 구식 공장, 노동력 정도였다. 그런데 석탄이 공업의 에너지나 소재를 이루는 시대는 국제적으로 지나가고 있었다. 석유가 석탄을 대체하고 있었다. 석유화학공업이 새로운 소재산업으로 발전하였다. 외부로부터 고립된 북한경제는 이러한 새로운 공업과 기술을 받아들일 여지가 없었다. 에너지와 원료 소재를 석탄에 의존하는 북한의 공업생산성은 점점 낙후되어 갈 수밖에 없었다. 동시대 남한은 개방체제 하에서 외자를 도입하여 석유화학공업을 활발하게 건설하였다.

천리마운동 식의 노력 동원에도 한계가 불가피하였다. 인간의 정신을 자극하여 노력을 동원하는 일은 단기간에는 가능할 수 있어도 노동의 유인이 결여된 상태에서 장기간 지속될 수는 없었다. 노동자들은 끊임없이 동원되었지만 강요된 시간을 그럭저럭 때울 뿐이었다. 기계 장비가 노후화하는 가운데 유인이 결여된 노동의 생산성은 점점 하락하였다. 1967년 이후 북한경제의 성장은 사실상 한계에 봉착하였다. 1967년 경제건설의 우선을 주장하던 당내의 실용주의적 간부들이 대거 숙청되었다. 군사노선이 강화되는 가운데 정부예산 가운데 비생산적인 국방비의 비중이 급증하였다. 이 같은 정치적 충격으로 북한경제는 이후 몇 년간 마이너스 성장을 기록하였다.

3 │ 김정일시대의 개막과 수령체제의 우상화

권력 세습

1960년대 말부터 김일성의 장남인 김정일, 동생 김영주, 처 김성애(金聖愛) 사이에 김일성의 후계자 자리를 놓고 권력투쟁이 벌어졌다. 김성애는 자기 아들 김평일(金平日)을 후계자로 밀었다. 김정일은 건강이 악화된 김영주와 공산당의 내부 정치를 이해하지 못하고 권세만 부리려 했던 김성애를 물리치고 후계자의 자리를 차지했다. 김일성은 1973년 9월 당 중앙위원회 전원회의를 열고 김정일을 당의 최고 권력기관인 비서국의 비서로 승진시켰다. 당의 가장 중요한 세 가지 기능인 조직, 선전, 선동이 그에게 맡겨졌다. 뒤이어 1974년 2월 김정일은 당 중앙위원회 정치위원회의 위원으로 선출되었다. 이로써 그의 후계자로서의 지위가 공인되었다. 이후 김정일은 주요 권력기관과 정보기관을 실질적으로 장악하여 후계자 자리를

김정일

굳혀 갔다.

　김정일은 후계 권력을 강화하기 위해 1973년부터 3대혁명소조운동을 벌였다. 이는 중국의 문화혁명을 북한식으로 변형한 것이었다. 3대혁명은 사상혁명, 기술혁명, 문화혁명을 가리켰다. 사상혁명은 "낡은 사상 잔재를 뿌리 빼고 혁명화와 노동계급화하기 위한 투쟁"이고, 기술혁명은 "낡은 기술을 새 기술로 바꾸어 힘든 일을 잘 하게 하면서도 많이 생산하기 위한 혁명"이며, 문화혁명은 "근로자들의 문화기술 수준을 높이고 생산문화와 생활문화를 세우기 위한 투쟁"이었다. 이 3대혁명을 추진하기 위해 20~30명 때로는 50명을 단위로 한 소조(小組)가 조직되었다. 주로 대학생들이 3대혁명소조로 편성되어 각급 공장이나 협동농장으로 보내졌다. 대학생은 현장에서 배우고, 노동자와 농민은 학생들로부터 자극을 받으라는 취지였다. 1975년 수만 명이 3대혁명소조로서 농촌에 파견되어 2년 이상 체류하기도 하였다. 그렇지만 생산 현장의 혼란만 야기했을 뿐, 아무런 성과를 거두지 못하였다.

또한 김정일은 1977년부터 천리마운동을 변형시킨 3대혁명붉은기쟁취운동을 벌였다. 그 시초가 된 것은 1975년 12월 함경북도 검덕광산의 노동자모임이었다. 이 운동은 참가단체를 규모에 따라 연대(공장, 기업소, 기관), 대대(직장, 분장), 중대(작업반, 부서)로 나누어 그 실적에 대한 판정위원회의 결정에 따라 '붉은기'를 받은 단체에게 김일성의 표창을 수여하고 대원에게 휘장을 달아주었다. 표창을 받은 단체와 휘장을 받은 대원은 특별한 대우를 받았다. 이 운동은 천리마운동과 마찬가지로 생산단체 상호간의 경쟁을 유발하여 노동력을 최대한 동원하기 위한 것이었다.

1980년 10월 김정일은 조선노동당 제6차대회에서 총 34인으로 이루어진 당 정치국 상무위원회에서 4위의 서열에 올랐다. 그 외에 김정일은 10인의 비서국에서 서열 2위로, 19인으로 구성된 군사위원회에서 서열 3위로 올랐다. 정치국 상무위원회, 비서국, 군사위원회라는 당의 3대 중추기관에 모두 참가한 사람은 김일성과 김정일 뿐이었다. 이로써 김일성 부자의 권력 세습은 사실상 완료되었다. 김정일의 나이 38세 때였다. 이후 김정일은 김일성과 공동통치하는 지위에 섰다. 김일성은 통치하기보다는 군림하는 입장이었고, 김정일이 통치의 전면에 나섰다. 그와 더불어 북한정권의 지도부에도 변화가 생겨 빨치산 출신의 원로들이 퇴장하고 40~50대의 테크노크라트들이 대거 등장하였다.

나아가 김정일은 김일성으로부터 군을 통솔하는 지위와 권한을 물려받았다. 1991년 12월 김일성은 김정일을 조선인민군 최고사령관으로 임명하고, 이듬해 4월에는 김정일에게 인민공화국 원수 칭호를 주었다. 1993년 4월 김정일은 국방위원회 위원장으로 추대되었다. 이 자리는 김일성이 사망한 뒤 "나라의 정치, 군사, 경제 역량의 총체를 통솔 지휘"하는 "국가의 최고 직책"으로 승격되었다.

수령유일체제의 우상화

1980년대에 걸쳐 북한에서는 김일성·김정일의 수령유일체제가 극에 달했다. 다양한 매체와 교육기관은 김일성·김정일의 위대성을 끊임없이 선전하여 국민들을 세뇌하였다. 경제가 침체하여 생활이 곤란해지고 있었지만 대부분의 사람들은 김일성·김정일의 위대성에 대해 의문을 품지 않았으며, 거의 종교적인 신앙으로 두 사람을 받들었다. "위대한 수령 만세!"와 "친애하는 지도자 만세!"를 제외하고는 마음대로 할 수 있는 정치적 발언이 거의 없었다. 심지어 자연과학이나 공학 분야에 관한 학술도 수령의 위대성과 연결시키지 않으면 안 되는 분위기였다. 예술은 철저하게 수령유일체제의 선전도구로만 용인되었으며, 그에 조금이라도 어긋나는 예술가는 살아남기 어려웠다.

김정일은 김일성뿐 아니라 그의 생모인 김정숙(金正淑)을 비롯하여 김씨 일가의 여러 사람을 위대한 인물로 조작하였다. 김정숙은 김일성이 만주에서 동북항일연군의 사장(師長)으로서 조그만 빨치산 부대를 지휘할 때 취사, 세탁, 재봉을 담당했던 병사에 불과했는데, 김정일은 그녀를 백두산 3대 장군의 한 명으로 치켜세우며 우상화하였다. 김일성의 아버지 김형직(金亨稷)과 어머니 강반석(康盤石) 뿐 아니라 삼촌 김형권(金亨權)과 증조부 김응우(金膺禹)까지 우상화의 대상이 되었다. 그들의 이름을 딴 지역, 학교, 기업이 생겨났으며, 그들의 동상이 각지에 무수하게 세워졌다. 라디

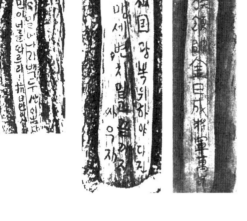 
항일 슬로건을 새긴 구호목.

오와 텔레비전은 그들의 조작된 영웅담을 끊임없이 내보냈다.

　김정일에 대한 개인숭배와 우상화 작업은 점차 김일성에 못지않은 수준이 되었다. 김정일은 제3세계의 혁명이론을 창시한 뛰어난 사상가와 철학자로 묘사되었으며, 그의 저작들은 영어, 프랑스어, 스페인어, 기타 제3세계권의 언어로 번역되었다. 김정일의 우상화는 1984년부터 본격화하였다. 김정일은 극동 소련령 하바로프스크 와츠코예에 있는 소련군 88특별여단의 야영에서 1942년 2월 16일에 태어났다. 그럼에도 불구하고 1984년부터 김정일이 민족 수난의 역사에 종지부를 찍기 위해 백두산 밀영에서 태어났다는 설이 전파되기 시작하였다. 그에 따라 백두산 밀영이 조성되어 성지로 지정되었다. 밀영의 뒷산은 정일봉으로 이름이 붙여졌다.

　1987년 11월 북한의 당 역사연구소는 백두산 일대에서 김일성의 지도 하에 무장투쟁을 전개한 항일전사들이 밀림의 나무에 항일 슬로건을 새긴 구호목(口號木)이 발견되었다고 발표하였다. 이후 본격적인 조사가 시작되어 노동신문의 보도에 의하면 1989년 2월까지 확인된 구호목은 3,050그루에 달하였다. 구호목에 새겨진 구호는 처음에는 "민족의 태양 김일성"을 찬양하는 것이었으나, 1989년 김정일의 생일을 앞두고는 김정일을 찬양하는 구호목이 대량으로 발굴되었다. 김정일은 "민족의 태양 김일성 장군, 그 태양광을 계승하는 백두광명성"으로 찬양되었다.

반짝 개방과 후퇴

북한은 1971년부터 6개년계획을 추진하였다. 이 계획은 외국의 자본과 기술을 도입하고, 수출입 무역을 확대하고, 중공업과 경공업의 격차를 줄이고, 공업노동자와 농민의 소득격차를 줄이는 것을 주요 목적으로 하였다. 이 계획은 북한으로서는 첫 번째 개방노선이었다. 1975년 북한은 당초의 계획보다 1년 앞당겨 목표를 달성했다고 발표하였다. 그해에 북한경제는 수입의 증가와 외자 도입에 따라 외채가 누적하여 채무불이행의 사태에 빠졌다. 실제로 확인된 것이 그러하기 때문에 6개년계획을 성공적으로 수행했다는 북한의 발표는 신뢰하기 힘든 것이었다.

뒤이어 북한은 1978~1984년에 걸친 7개년계획을 추진하였다. 사회주의 경제건설을 위한 10대전망목표가 제시되었으며, 그를 위해 서방과의 무역이 재차 강조되었다. 이 계획 역시 1985년의 공식 발표에 의하면 모든 목표를 성공적으로 달성하였다. 공업생산이 2.2배 늘었으며, 연평균 성장률은 12.2%나 되었으며, 국민소득은 1.8배 증가하였다. 그렇지만 이 역시 믿기 힘든 발표였다. 북한 당국은 생산의 구체적인 수치와 내역에 대해 전혀 언급하지 않았다. 1984년을 전후하여 북한에서는 전기 부족이 심각해졌다. 평양조차 밤이 되면 암흑의 도시로 바뀌었고, 지방에서는 촛불이 전등을 대신하였다. 전력이 그렇게 부족해서는 북한의 발표대로 공업생산을 증가시키는 것은 불가능하였다.

1984년 북한은 외국인의 투자를 허용하는 조선합작경영법을 공포하였다. 이로 인해 북한도 중국을 뒤따라 개혁과 개방의 길로 들어선 것이 아닌가라는 낙관적인 기대가 외부세계에서 형성되었다. 1988년에는 정무원 산하에 합영공업부가 설치되었다. 1991년 북한은 나주·선봉지구를 자유경제무역지대로 개방하였으며, 1992~1993년에는 외국인 투자를 활성화하는 새로운 입법 조치가 취해졌다.

그렇지만 그 효과는 별로였다. 1992년 말까지 140여개 외국인과의 합영회사가 세워졌지만, 대부분 일본 조총련계의 자본이었으며 규모도 그리 크지 않았다. 무역은 1990년대에 들어와 오히려 위축되었다. 1990년 약 47억 달러에 달했던 무역은 1993년까지 26억 달러로 줄어들었다. 반면 외채는 눈덩이처럼 불어나 1990년 말 약 78억 달러이던 것이 1993년 말에는 103억 달러나 되었다.

김정일은 자신의 권력기반이 약화될 것을 우려하여 북한의 경제와 사회를 실질적으로 개방하고 개혁하는 데 반대하였다. 오히려 그는 개혁을 주장하는 사람들을 핍박하고 배척하였다. 무리한 정치행사도 경제에 부담을 주었다. 북한은 1989년 여름에 제13차 세계청년학생축전을 평양에서 열었다. 이 행사는 1988년 서울에서 열린 올림픽에 대항할 목적에서 개최되었다. 여기에 북한정권은 무려 40억 달러를 낭비하였다. 그것은 1990년 북한의 연간 무역 총액에 해당하는 금액이었다.

명령경제의 문제점도 점점 심각해졌다. 북한의 계획경제는 수령의 교시에 따라 영위되었다. 수령은 무오류의 존재로서 결코 잘못을 저지르지 않기 때문에 수령의 교시에 이의를 제기할 수는 없었다. 잘못된 교시에 따른 부작용은 방치되거나 점점 악화되었다. 지방의 허위 보고와 사실 은폐도 사태를 악화시켰다. 생산의 목표를 달성하지 못했음에도 언제나 초과 달성이니 하는 보고가 올라왔다.

1990년대에 들어 북한경제는 본격적으로 후퇴하기 시작하였다. 1990~1995년 북한경제는 연평균 -4.5%의 성장을 기록하였다. 그에 따라 1995년 북한경제는 1989년의 80% 수준으로 퇴보하였다. 특히 에너지와 식량 부문에서 심각한 후퇴가 있었다. 1994년 북한의 정유 능력은 연간 350만 톤이나 수입 원유량은 130만 톤에 지나지 않았다. 석탄은 연간 5,200만 톤이 필요한데, 생산량은 2,700만 톤에 불과하였다. 그 결과 연간 발전능력이 710만 KW임에도 250만 KW밖에 생산하지 못했다. 그로 인해 공업의 조업률이 제약을 받아 1990년대 전반에 30% 수준까지 낮아졌다.

고난의 시대로

국제사회의 변화는 북한을 더욱 궁지로 몰았다. 1987년 미국과 소련은 냉전의 종식을 선언하였다. 뒤이어 동유럽과 소련에서 공산주의체제가 해체되기 시작하였다. 1989년 가을 베를린장벽이 무너졌으며 1990년 3월 서독이 동독을 흡수 통일하였다. 1989년 12월 루마니아에서 일어난 인민봉기는 더욱 충격적이었다. 독재자 차우세스쿠 내외가 처형되었는데, 이는 그와 가까운 사이일 뿐 아니라 여러 가지 비슷한 점을 지닌 북한의 김일성에게 큰 충격이었다. 1991년 12월에는 소련마저 해체되어 여러 독립국으로 분리되었다. 김일성은 "70여 년이나 사회주의를 건설하던 소련이 하루아침에 무너진다는 것은 참으로 상상하기 어려운 일"이라고 그가 받은 충격을 토로하였다. 아시아에서는 중국이 1980년대 초부터 개혁·개방을 수행하여 시장경제체제로 돌아섰으며, 베트남과 몽골이 그 뒤를 따랐다. 1988년 이후 남한의 노태우정부가 북방노선을 펼쳐 과거 북한을 지원하고 지지했던 국가들과 잇달아 외교관계를 수립한 것도 큰 충격이었다. 1991년 8월 동유럽의 마지막 공산국인 알바니아마저 남한과 수교하였다. 1992년 8월과 12월에는 중국과 베트남이 남한과 수교하였다.

반면 1995년 소련의 뒤를 이은 러시아는 1961년부터 지속되어온 북한과의 군사동맹조약을 폐기하고 일반적인 우호협력조약을 체결하였다. 중국은 북한과의 동맹조약을 폐기하지 않았다. 그렇지만 양국의 관계가 더 이상 냉전시대의 혈맹관계와 같을 수는 없었다. 국제사회에서 북한은 점점 더 심각한 외교적 고립에 처하였다.

이러한 사태는 북한의 지도부를 위축시켰다. 남한의 경제력은 북한이 상대할 수 없을 정도로 커졌으며, 군사력 또한 북한을 능가하게 되었다. 북한의 집권세력은 체제 존망의 위기감을 느끼게 되었다. 1990년 북한의 지도부는 그 동안 혁명의 대상으로 간주해 왔던 남한이 북한을 흡수 통일하고자 한다고 비난함으로써 그들의 위기의식을 숨김없이 드러냈다. 1991년 김일성은 일본의 마이니치(每日)신문과의 회견에서 "하늘이 무너져도 솟

아날 구멍이 있다"는 속담을 인용하면서 북한의 미래를 낙관하였다. 그 구멍을 찾아 북한의 지도부는 '우리식 사회주의'라는 구호를 외쳤다. 그것은 구사회주의 국가들을 휩쓴 개혁과 개방의 물결에 북한은 휩쓸리지 않고 독자의 사회주의체제를 고수해 가겠다는 절박한 위기의식의 표현이었다.

4 | 수령체제의 위기와 선군정치

김일성의 사망과 유훈체제

북한에서 신과 같이 군림하던 김일성은 1994년 7월 82세의 나이로 사망하였다. 김일성 사망 이후 몇 주간 북한 전역은 울음바다로 변했다. 세뇌교육의 영향으로 김일성을 신적인 존재로 생각하고 슬퍼하는 사람들도 많았지만, 슬프지 않더라도 사상을 의심받지 않기 위해 억지로 우는 사람도 많았다. 김일성의 시신은 영구보존 처리되어 금수산 의사당에 안치되었다. 김정일은 금수산 의사당에 화강석 70만 개를 깔고 주요 시설을 순금으로 치장하는 데 9억 달러를 투입하였다. 이는 당시 굶어죽었던 사람들의 대부분을 먹여 살릴 수 있는 큰돈이었다.

김정일은 북한의 최고 권력인 조선노동당 총비서 자리와 국가원수인 주석 자리를 김일성의 3년상을 명분으로 비워두었다가 1997년 조선노동

김일성의 죽음이 알려지자 북한은 울음바다로 변했다.

당 총비서 자리는 승계하였다. 주석 자리에 대해서는 1998년 헌법을 개정
하여 김일성을 '영원한 주석'으로 추대하였다. 아울러 김일성이 '민족의 태
양'이며 '조국통일의 구성'임을 선포하였다. 김정일은 김일성의 사망 이전
부터 사실상 최고 권력자로 군림해 왔기 때문에 주석이란 공식 직함에 연
연할 필요가 없었으며, 오히려 거추장스럽게 생각했다. 죽은 김일성이 북
한의 '영원한 주석'으로 추대됨으로써 북한은 죽은 자의 유훈으로 통치되
는, 현대세계의 문명사회와는 크게 동떨어진, 신정(神政)체제의 국가로 떨
어지고 말았다.

식량난과 대규모 아사

북한의 경제난은 1990년대 후반에 더욱 심해졌다. 1990년 250만 톤

이던 원유 도입량은 1994년에 130만 톤으로 감소하였으며, 2000년대에 들어서는 50만 톤까지 줄어들었다. 석유를 비롯한 에너지와 원자재 수입의 격감은 북한의 전 산업을 마비시켰다. 공장의 가동률은 1990년대 전반에 이미 30% 수준에 불과했으나 후반에 이르러 20%로 더욱 감소하였다. 북한의 국민총생산은 1990년 232억 달러에서 경제난이 최고에 달한 1998년에 126억 달러로서 무려 45%나 감소하였다.

경제난은 심각한 식량난으로 이어졌다. 북한의 식량 부족은 훨씬 이전부터 만성화해 있었다. 중공업 중심의 공업정책으로 비료·농기계와 같은 농업자재의 공급이 부족했을 뿐 아니라 노동의 유인을 결여한 협동농장의 생산성이 매우 낮았기 때문이다. 거기에다 수령의 명령에 따른 비과학적인 국토개발이 큰 재앙을 안겨주었다. 북한은 김정일의 지도 아래서 1976년 10월 자연개조5대방침을 정하여 곡물 증산을 위한 자연개조 사업에 착수하였다. 산지를 개간하여 계단식의 다락밭을 만드는 작업에 전 인민을 동원하여 1980년대 초에 '전국토의 다락밭화'를 완료하였다. 그런데 토사(土砂)의 유실을 방지하기 위해 토목공사를 하거나 다년생식물을 심는 등의 대책을 마련하지 않은 채 무리하게 산지를 개간한 것이 화근이었다. 이에 조금만 비가 내려도 토사가 흘러 수로를 메우고 논밭을 덮거나 작물을 쓸어가는 피해가 거의 매년 발생하였다.

북한의 산이 대부분 민둥산으로 변한 데에는 다락밭 이외의 다른 요인도 있었다. 1990년대에 들어 농민들은 협동농장에 속하지 않은 주변의 산지를 뙈기밭으로 개간하기 시작했다. 뙈기밭의 소출은 농민의 개인 소유였다. 농민들은 뙈기밭을 왕성하게 개발하여 모자라는 식량과 소득을 보충

대기근 당시의 북한 어린이들.

하였다. 연료난으로 나무를 함부로 벌채한 것도 산림을 황폐시킨 또 하나의 요인이었다.

　북한의 곡물 생산량은 1985년의 616만 톤을 정점으로 하여 1998년 311만 톤으로까지 감소하였다. 1인당 식량 배급량은 1970년대를 정점으로 계속 감소하여 1990년대 초에는 연간 180kg에 불과하였다. 식량의 배급은 1992년부터 그 양이 급격히 줄어들었으며 1994년부터는 사실상 중단되고 말았다. 1957년 이후 북한 주민들은 대부분의 식량을 배급제에 의존해 왔다. 식량의 배급이 중단되자 많은 사람들이 굶어 죽었다. 1990년대에 북한에서 굶어죽은 사람의 수는 거의 300만 명에 달하는 것으로 추정되고 있다. 이 같은 대규모 기근은 세계사에서 전례가 드문 비극으로서 당시 경제적으로 승승장구하던 남한과 너무나 대조적이었다.

김정일은 1996년 12월 어느 비밀연설에서 "열차 칸에는 식량을 구하러 다니는 사람들로 혼잡을 이루고 있다"고 하면서 "현 시기 제일 긴급하게 풀어야 할 것은 식량문제"라고 말하였다. 그것은 철저한 위선의 립 서비스에 불과하였다. 일반적으로 후진국에서 기근과 아사가 발생하는 것은 식량이 절대적으로 부족해서가 아니었다. 독재자가 제한된 자원을 잘못 설정된 국가목표에 투입할 때 기근과 아사가 발생하였다. 이후 명확히 폭로된 바이지만, 김정일은 대량의 아사자가 발생하고 있음을 알면서도 핵무기 개발에 대량의 자금을 투입하였다. 그 돈으로 모자라는 식량을 수입하였더라면 대량 아사의 비극은 충분히 막을 수 있었다.

이어지는 탈북행렬

기근이 발생하자 많은 사람들이 집에서 배급을 기다리다 굶어 죽었지만, 다른 많은 사람들은 심한 규제를 무릅쓰고 식량을 구하러 멀리까지 이동하였다. 사람들 사이에는 중국에 가면 식량이 풍부하다는 소문이 돌았으며, 이에 목숨을 걸고 국경을 넘어 중국으로 나가는 사람들이 생겨났다. 이러한 현상은 1996~1997년에 절정에 달하였다. 당시 중국에 단기나 장기로 체류하는 탈북자들은 20~30만 명이나 되었다. 처음에 북한 당국은 탈북자를 고문하거나 정치범 수용소로 보내는 등 가혹하게 처벌하였지만, 탈북자의 수가 줄지 않고 국제사회의 여론이 나빠지자 한동안은 1~2개월 정도의 징역형으로 가볍게 처벌하였다. 1998년 이후 식량 위기가 완화되어 탈북자의 수는 줄었지만, 낙후되고 억압적인 북한에 염증을 느끼고 탈출하

북한 주체사상을 정립한 황장엽(왼쪽)의
귀순. 1997. 4. 20

는 사람들의 행렬은 지금까지 이어지고 있다.

2011년 말 현재 중국에 머물고 있는 탈북자는 약 10만 명에 달할 것으로 추산된다. 이 중의 7할은 여성인데, 이들은 인신매매의 표적이 되기도 한다. 인신매매범은 중국정부의 보호를 받지 못하는 탈북 여성의 처지를 악용하여 이들을 유흥업소에 팔거나 중국 한족이나 조선족 남성과 강제 혼인을 시키기도 한다. 그 밖에 탈북자들은 농장에서 노동을 해도 임금을 제대로 받지 못하는 경우가 많다. 악덕 농장주가 탈북자를 혹사해도 신분이 탄로 날까 두려워하여 신고를 하지 못하기 때문이다.

중국정부는 탈북자를 불법적 월경자로 간주하고 그들을 체포하여 북한으로 송환하였다. 중국정부는 탈북자에 대한 포상금까지 내걸었으며, 탈북자를 도와준 사람을 처벌하고 있다. 탈북자들은 중국정부의 체포를 피해 멀리 동남아시아나 몽골을 거쳐 한국으로 오기도 하고, 치외법권인 중국 주재 외교공관에 들어가서 보호를 받다가 한국에 오기도 하며, 간혹 미국 등 다른 나라로 가기도 한다. 2011년 말 현재 남한에 정착한 탈북자는 2

만 3,097명에 달한다. 한국정부는 이들의 정착을 돕기 위해 정착교육을 하고 정착자금을 지원하고 있다. 일부 적응하지 못하는 사례가 있긴 하지만, 대부분의 탈북자는 자유로운 남한 사회에서 나름대로 자기 꿈을 실현하기 위해 열심히 생활하고 있다.

동요하는 수령체제

1990년대에 수백만이 굶어 죽은 참사를 겪은 이후 북한사회에는 적지 않은 변화가 생겼다. 사람들은 너나없이 장사에 나서 필요한 생계소득을 확보하고 있다. 노동자들도 소속 공장에 출근하지 않고 일정액을 공장에 상납한 다음 장사에 종사하고 있다. 각급 관료도 자신의 직책을 이용하여 장사를 하거나 상인과 결탁하여 돈 버는 일에 몰두하고 있다. 김정일을 비롯한 최고 수뇌부도 각기 국가재산을 사유재산으로 삼아 외국과의 무역에서 번 돈으로 개인 금고를 채우고 있다. 북한에서는 현재 저급한 수준의 황금만능주의와 관직을 이용한 부정부패가 극에 달해 있다.

오늘날 북한 주민의 생활자료는 장마당이나 도시의 종합시장을 통해 공급되고 있다. 시장에서 거래되는 상품은 북한의 공업생산이 마비되어 대개 중국에서 수입한 것이 주종을 이루고 있다. 북한에서는 허물어진 배급제를 대신하여 초보적 수준의 시장경제가 정착해 있다. 그럼에도 김정일 권력은 북한의 개혁·개방을 추진하지 않고 있다. 김정일 권력은 경제활동의 자유와 재산권을 인정하지 않고 있으며, 지속적인 감시와 단속을 통해 외부로부터 새로운 정보와 상품이 북한에 유입되는 것을 제한하고 있다. 중국식의 개혁·개방이 결국 수령체제의 해체로 이어질 것을 경계하는 것이다.

북한 주민들은 태어나면서부터 수령님과 장군님은 인민의 어버이로서 위대하다고 세뇌교육을 받았다. 종교집단과 같은 이러한 국가체제는 1990년대 초까지는 그런대로 잘 유지되었다. 그렇지만 어버이 수령만 믿고 있던 수백만의 사람들이 굶어 죽은 후, 이러한 신뢰는 근본적으로 흔들리기 시작하였다. 중국과 남한의 발전상에 관한 정보들이 여러 갈래로 들어오면서 사람들은 조금씩 자신의 불우한 처지를 인식하고 있다. 부정부패가 극심해지면서 국가와 관료에 대한 불신도 깊어지고 있다. 아직은 국가안전보위부나 정치범 수용소와 같은 탄압기관들이 기능을 유지하고 있기에 사람들은 겉으로는 "장군님 만세!"를 외치지만, 속으로는 등을 돌리고 있는 실정이다. 현재 북한체제를 떠받치는 유일한 힘은 선군정치(先軍政治)의 폭력이다.

선군정치와 벼랑끝 외교

내외의 겹친 위기에 대응하여 1995년 김정일은 선군정치를 제창하였다. 선군정치란 "군을 앞세우는 통치방식", "군을 중시하는 정치"이다. 김정일은 선군정치의 핵심을 "사탕알보다 총알을 더 중시해야 한다"는 말로 요약하였다. 선군정치에서는 군대가 노동자와 농민을 앞서는 혁명의 주력군이며, 이에 군대가 당과 정부의 권위를 압도한다. 그에 따라 북한에서는 국가예산의 절반 이상이 군에 배정되고 있으며, 많은 인력과 자금이 핵무기와 신형 미사일의 개발에 투입되고 있다.

선군정치의 등장에 따라 1970~1980년대 북한의 주요 이념이었던 주체사상은 사실상 포기되었다. 주체사상을 정립한 황장엽이 1997년 남한으로 망명하자 주체사상은 북한에서 자취를 감추었다. 이후 북한은 어떠한 통합적 정치이념도 존재하지 않은 가운데 오로지 군에만 의존하는 폭력국가로 변질하였다. 김정일은 김일성의 빨치산부대가 1938~1939년 혹한기에 만주군의 토벌을 견뎌냈던 것에 빗대어 1996~1997년 북한이 직면한 내외의 위기를 '고난의 행군'으로 불렀다. 이어서 1998년에는 '강성대국의 건설'을 내세워 핵무기 개발에 박차를 가하였다.

북한의 핵무기 개발을 둘러싼 국제적 위기는 1989년 미국의 정찰위성이 영변의 플루토늄 재처리 시설을 확인하고, 1993년 북한이 핵확산금지조약(NPT)을 탈퇴하면서 가시화하였다. 유엔 안보리는 북한에 대한 제재 조치를 취하였다. 한국과 미국은 합동군사훈련을 실시하고 미국은 영변의 핵시설에 대한 폭격까지 고려하였다. 위기를 수습하기 위한 미국과 북한의 협상으로 제네바기본합의가 타결되었다. 이로써 북한은 NPT에 복귀하고 핵시설을 동결하였으며, 미국은 북한에 매년 중유 50만 톤을 제공하고 경수형 원자로 발전소를 건설해 주기로 했다.

그렇지만 2002년 북한이 우라늄 농축 방식의 핵무기를 개발하고 있음을 시인함으로써 미국의 중유 지원과 발전소의 건설이 중단되었다. 북한은 다시 NPT를 탈퇴하고 핵시설을 가동하기 시작하였다. 중국의 중재로 2003년 남한, 북한, 미국, 일본, 중국, 러시아가 북한 핵 문제를 해결하기 위한 6자회담을 개최하였다. 이 회담은 북한이 미국의 금융제재에 반발하면서 중단되었다. 그 사이 2006년 10월 북한은 제1차 핵실험을 강행하였다.

2007년 2월에는 6자회담 당사국 사이에 북한의 핵 문제를 평화적으로 해결하기 위한 합의가 도출되었다. 주 내용은 북한의 핵시설 폐쇄와 불능화, 핵사찰 수용, 북한에 대한 중유 100만 톤 상당의 경제적 지원 등이었다. 10월에는 미국이 북한을 테러지원국에서 해제하였지만, 북한은 핵시설 폐기의 검증을 거부하였다. 이로써 6자회담은 다시 중단되었다.

2008년 이후 남한의 이명박정부가 종래의 대북 지원정책을 수정하자 북한은 강경한 자세로 국제사회를 위협하였다. 북한은 2009년 4월 장거리 로켓을 시험 발사하였으며, 5월에는 제2차 핵실험을 강행하였다. 그에 대해 유엔 안보리는 포괄적인 제재조치로 맞섰다. 이후 국제사회의 우려 속에 6자회담 당사국들의 회담 재개를 위한 노력이 계속되고 있으나 북한은 아랑곳하지 않고 있다. 북한은 핵무기 보유를 기정사실화하고 있으며, 이 같은 북한의 벼랑끝 외교는 동북아시아의 평화에 심각한 위협이 되고 있다.

| 부록 |

주요 참고문헌

강광하·이영훈·최상오, 『한국고도성장기의 정책결정체계』, 한국개발연구원, 2008.

강준만, 『한국현대사산책』(1940년대, 1950년대, 1960년대), 인물과 사상사, 2004.

교과서포럼, 『대안교과서 한국근현대사』, 기파랑, 2008.

그렉 브라젠스키, 『대한민국 만들기, 1945-1987』, 책과 함께, 2011(원저는 2007).

김광동 외, 『한국현대사이해』, 경덕출판사, 2008.

김구 지음, 도진순 엮음, 『백범어록』, 돌베개, 2007.

김구, 『백범일지』, 정암, 1988.

김영호 외, 『6·25전쟁의 재인식』, 기파랑, 2010.

김육훈, 『살아있는 한국근현대사 교과서』, 휴머니스트, 2006.

김일영, 『건국과 부국』, 기파랑, 2010.

김정렴, 『한국경제정책30년사』, 중앙일보사, 1995

김학준, 『북한의 역사』1·2, 서울대학교출판부, 2008.

김형아, 『유신과 중화학공업 박정희의 양날의 선택』, 일조각, 2005

남시욱, 『(증보판)한국 보수세력 연구』, 청미디어, 2011.

남시욱, 『한국 진보세력 연구』, 청미디어, 2009.

데이비드 핼버스탬, 『콜디스트 윈터』, 살림, 2009.

로버트 올리버 지음, 박일영 옮김, 『이승만 없었더라면 대한민국 없다』, 동서문화사, 2008.

木村幹, 『民主化の韓國政治』, 名古屋大學出版會, 2008.

木村幹, 『韓國における權威主義的體制の成立』, ミネル書房, 2003.

박명림, 『한국 1950 전쟁과 평화』, 나남출판, 2002.

박명림, 『한국전쟁의 발발과 기원』 Ⅰ·Ⅱ, 나남출판, 1996.

박지향 외 편, 『해방전후사의 재인식』상·하, 책세상, 2007.

박진희, 『한일회담』, 선인, 2008.

박태균, 『우방과 제국, 한미 관계의 두 신화』, 창비, 2006.

백동현, 『대한제국기 민족담론과 국가구상』, 고대민족문화연구원, 2009.

백선엽, 『내가 물러서면 나를 쏴라』 1·2, 중앙일보사, 2010

브루스 커밍스 지음, 김자동 옮김, 『한국전쟁의 기원』, 일월서각, 1986.

서울지방검찰청·국방부감찰부, 『5·18관련 사건 수사결과』, 1995.

서중석, 『사진과 그림으로 보는 한국 현대사』, 웅진, 2005.

손세일, 『이승만과 김구』 1~3, 나남, 2008.

안병직 편, 『한국민주주의의 기원과 미래』, 시대정신, 2011.

안철현, 『업그레이드 특강 한국현대정치사』, 새로운사람들, 2009.

양동안, 『대한민국 건국사』, 현음사, 2001.

양정심, 『제주4·3항쟁-저항과 아픔의 역사-』, 선인, 2008.

오원철, 『한국경제건설』, 한국형경제정책연구소, 1999.

유영익·이채진 편, 『한국과 6·25전쟁』, 연세대학교출판부, 2002.

이대근, 『해방후 1950년대의 경제』, 삼성경제연구소, 2002.

이도성, 『실록 박정희와 한일회담』, 한송, 1995

이병철, 『호암자전』, 중앙일보사, 1986.

이석제, 『각하, 우리 혁명합시다』, 서적포, 1995.

이인호 외 편, 『대한민국 건국의 재인식』, 기파랑, 2009.

이승만, 『풀어쓴 독립정신』, 청미디어, 2008.

이영훈, 『대한민국 이야기』, 기파랑, 2007.

이완범, 『한국해방3년사 1945-1948』, 태학사, 2007.

이정식, 『21세기 다시보는 해방후사』, 경희대출판문화원, 2012.

이종은, 『평등, 자유, 권리 -사회정의의 기초를 묻다-』, 책세상, 2011.

이주영, 『대한민국은 왜 건국을 기념하지 않는가』, 뉴데일리, 2011.

이주영, 『이승만과 그의 시대』, 기파랑, 2011.

이지수 엮음, 『박정희시대를 회고한다』, 선인, 2010.

이한우, 『우남 이승만, 대한민국을 세우다』, 해냄, 2008.

전인권, 『박정희평전』, 이학사, 2006.

정병준, 『한국전쟁 - 38선 충돌과 전쟁의 형성』, 돌베개, 2006.

정성화 편, 『박정희시대와 한국현대사』, 선인, 2006

정용욱, 『해방 전후 미국의 대한정책』, 서울대학교출판부, 2003.

정용욱, 『하지와 미군 점령통치 3년』, 중심, 2003

조갑제, 『내 무덤에 침을 뱉어라』, 조선일보사, 1998.

중앙일보 특별취재반, 『비록 조선민주주의인민공화국』 상·하, 중앙일보사, 1993

한국농촌경제연구원, 『농지개혁사연구』, 1989.

한국역사연구회, 『역사학의 시선으로 읽는 한국전쟁』, 휴머니스트, 2010.

한국현대사학회 현대사교양서팀, 『대한민국을 만들다』, 기파랑, 2012.

찾아보기

대한민국 역사
나라만들기 발자취 1945~1987

1판 1쇄 발행일 2013년 7월 15일
1판 17쇄 인쇄일 2024년 4월 25일

지은이 이영훈
펴낸이 안병훈
펴낸곳 도서출판 기파랑

등록 2004년 12월 27일 제300-2004-204호
주소 서울시 종로구 대학로8가길 56 (동숭동 1-49)동숭빌딩 301호
전화 02 763 8996 (편집부) 02-3288-0077 (영업마케팅부)
팩스 02-763-8936

이메일 info@guiparang.com

ISBN 978-89-6523-906-2 03900